HANNSJOACHIM W. KOCH

GESCHICHTE PREUSSENS

Aus dem Englischen von Joachim Heimannsberg und Ulrich Riemerschmidt
Die Originalausgabe *A History of Prussia* erschien 1978 im Verlag Longman, London und New York
Umschlaggestaltung: Design Team, München
Umschlagmotiv: Der Orden »Pour le Mérite« für Kunst und Wissenschaft. (Bildarchiv Preußischer Kulturbesitz, Berlin)

Lizenzausgabe 1986 für
Manfred Pawlak Verlagsgesellschaft mbH, Herrsching

ISBN: 3-88199-309-6

INHALT

Liste der Stammtafeln und Karten

(Seite 422–433)

FÜR VERONA

Vorwort zur deutschen Ausgabe

Angesichts der Vielzahl und Vielfalt der in jüngster Zeit erschienenen Bücher zum Thema »Preußen« ist man versucht auszurufen: »Preußen ist tot! Lang lebe Preußen!«

Ein neues, weiteres Buch über Preußen vorzulegen, ist daher für den Autor mit einer gewissen Peinlichkeit verbunden, die nur durch zwei Faktoren geschmälert wird.

Erstens wurde dieses Buch in den Jahren 1976/77 geschrieben, also zu einer Zeit, da man von einer »Preußenwelle« noch nicht sprechen konnte. Zweitens haben die bisher erschienenen Bücher zum Thema eine sachgerechte Gesamtdarstellung keineswegs überflüssig gemacht, sondern fordern eine solche gewissermaßen heraus.

Die entscheidende Rolle, die Preußen in der deutschen und europäischen Geschichte gespielt hat, macht dieses Königreich und seine Dynastie neben den Habsburgern zu einem der beiden Angelpunkte deutscher Geschichte. Zweifelsohne ist Preußens Rolle in dieser Geschichte recht umstritten, aber es ist nicht die Absicht des Autors, einen weiteren polemischen Beitrag vorzulegen. Als deutscher Historiker – von bayerischer Geburt, preußisch-hugenottischer Abstammung und in England lehrend – weigert er sich, von einem spezifisch »preußischen« Standpunkt aus zu schreiben, darzustellen und zu urteilen. Nichtsdestoweniger liegt es in der Natur des Themas, daß auch der preußische Standpunkt Berücksichtigung finden muß.

Es soll schon vorab nicht verschwiegen werden, daß diese Geschichte Preußens auf eine ihr eigene Weise »revisionistisch« angelegt ist. Sie mußte es sein, um den seit über einem Jahrhundert verbreiteten Schablonen entgegenzuwirken. Es sollte niemals die Aufgabe des

Historikers sein, den ausgetretenen Fußstapfen seiner Vorgänger zu folgen und alte Klischees durch ein paar neue Farbtupfer aufzufrischen. Aber auch die einfache Umkehrung offensichtlich verfehlter Einschätzungen wäre völlig falsch.

Der Autor hat sich die Aufgabe gestellt, Preußens Historie aus den jeweils inneren Bedingungen und Voraussetzungen, im Zusammenhang ihres Werdens und Wachsens unmittelbar zu betrachten. Die deutsche Geschichte und in ihr diejenige Preußens wird infolgedessen auch nicht vor dem Hintergrund der wilhelminischen Ära oder gar des Dritten Reiches interpretiert.

Schwierig bei der Beschäftigung mit dem preußischen Staat und eins der zahlreichen Probleme, die sich damit stellen, ist die Entscheidung, wann er zu bestehen aufhörte.

War es 1871, als das Deutsche Reich ausgerufen wurde und Preußen in ihm aufging? Geschah es 1918, als die Hohenzollern abdankten? Erfolgte es 1932, als Kanzler von Papen mit seinem »Preußenstreich« der letzten aus ordentlichen freien Wahlen hervorgegangenen Regierung ein Ende setzte? Oder war es 1947, als die Sieger des Zweiten Weltkriegs Preußen formell auflösten? Der Autor entschied sich für das Jahr 1871, aus Gründen, die in den letzten zwei Kapiteln dieses Buches ausgeführt werden. Deshalb sind die politischen Vorgänge nach dieser Zeit nur skizzenhaft angedeutet.

Ein Buch dieser Tendenz steht tief in der Schuld anderer Historiker, die in ihren Arbeiten neue Materialien und Einsichten zu seinem Thema geliefert haben. Dahingehende ausführlichere Verweise sind in der Bibliographie zu finden. Außerdem hat der Autor zu danken den Mitarbeitern der Morell-Library der University of York und deren Fernleihdienst – ohne ihre Hilfe wären viele der mitbenutzten Quellen unzugänglich geblieben. Tiefer Dank gebührt auch der mütterlichen Freundin Frau Karla Zapf, München, und Frau Magdalena Sailer, Kirchdorf bei Haag/Obb., die in stetiger Sorge um das Wohlergehen des Autors seine Arbeit förderten. Ebenso sei Dank gesagt den Familien Willy Hess und Oberstleutnant Helmut Buchenberger, München, sowie dem Stammtisch beim »Eib« in Kirchdorf.

Hannsjoachim W. Koch
München/York 1980

1. KAPITEL

Der Deutsche Orden

Dem Deutschen Ritterorden werden Härte, romantischer Idealismus und ähnliche Charakteristika zugeschrieben. Die Geschichte der Deutschritter ist dennoch weniger farbig als die ähnlicher Orden wie etwa der Templer. Die meisten Orden führten – nicht immer zu Recht – ihre Ursprünge auf Bernhard von Clairvaux zurück, der den beiden Rittern Hugo de Payens und Gottfried von St. Omer die Regeln der Templer ausgearbeitet hatte: Regeln, die vom Geist des Zisterzienserordens, dem Bernhard angehörte, geprägt sind, seiner tiefen christlichen Demut und strengen Askese. Zur Zeit des 2. Kreuzzugs, 1147–1149, warb Bernhard selbst Gefolgsleute für die Templer. In einem eigens zu diesem Zweck verbreiteten Traktat »Über das Lob der neuen Ritterschaft Christi« heißt es:
»Milder denn Lämmer und wilder denn Löwen seien die Streiter, die des Mönches Sanftmut und des Ritters Tapferkeit vereinten, die man Mönch oder Ritter zu heißen im Zweifel sein könne, die Salomons Tempel mit Waffen zierten statt mit Edelsteinen, mit Schilden statt mit goldenen Kronen, mit Zäumen und Sätteln statt mit Kandelabern, nach Sieg begierig und nicht nach Ruhm, nach Kampf und nicht nach Pomp, die sinnloses Reden, nutzloses Tun, maßloses Lachen, Geschwätz und Geflüster verabscheuten, wie sie Eitles verachteten, die ihrer Vielheit zum Trotz in Einem Hause Eines Geistes nach Einer Regel lebten, Eine Seele und Ein Herz . . .«
Bernhards Stiftung bedeutete nicht das Ende des ritterlichen Helden und seiner höfischen Aufgaben und Dienstleistungen im ›Zeitalter des Rittertums‹. Aber sie konfrontierte, vor allem im Fall der Templer, den »ruhelosen, wankelmütig weltlichen fahrenden Ritter, der

von Abenteuer zu Abenteuer eilte, sich dem Dienst für seine Herzensdame weihte und sein individuelles Leben führte, destruktiv für ein solides Staatsgefüge«, mit einer geschlossenen, streng disziplinierten Körperschaft, die sich dem Dienst Christi geweiht hatte. Ihre Mitglieder waren Mönche, die den Jerusalempilgern Schutz gewährleisten und den Kampf gegen die Ungläubigen führen wollten: Männer, die einem gemeinsamen Herrn sich unterordneten. Um es modern auszudrücken: sie waren Aktivisten des geistlichen Wortes und des Schwertes, erkennbar an ihrer einheitlichen Kleidung, dem weißen Mantel mit dem achtspitzigen roten Kreuz, und ihrem in Keuschheit, Gehorsam und Armut geübten Lebensstil.

Wie bei allen menschlichen Institutionen blieb der ursprüngliche Idealismus auch hier nicht lange erhalten. Ende des 12. Jahrhunderts schien das geistliche Rittertum fast erloschen. Die Gesellschaft der Templer, deren Mitglieder hauptsächlich Franzosen waren, und die Gesellschaft der Johanniter, zumeist Engländer und Italiener, drohten zu verfallen. Eben zu jener Zeit, um 1190, tauchte ein neuer Orden auf, der Deutscher Orden genannt werden sollte. Die Initiative dazu ging weder von der Geistlichkeit noch von deutschen Rittern aus, sondern von deutschen Bürgern, Kaufleuten der Hansestädte Bremen und Lübeck.

Seuchen und Hungersnot hatten das Heer der Kreuzfahrer, das auf dem Hügel Toron vor der Stadt Akkon lagerte, schwer in Mitleidenschaft gezogen. Die Kaufleute der beiden deutschen Städte hatten Mitleid mit ihren hilflosen Landsleuten. Aus Koggensegeln fertigten sie ein Zelt, das sie als Hospital ausstatteten. Sie übernahmen die Kosten für die Instandhaltung und bildeten eine der Jungfrau Maria geweihte Ordensgemeinschaft, die sich den Krankendienst an verwundeten deutschen Rittern zur besonderen Pflicht machte. Ihr Anführer, ein deutscher Kaufmann namens Sibrand, erhielt als ›Magister‹ vom künftigen König Guido von Jerusalem noch vor der Eroberung Akkons dort ein Stück Land und eine Straße als Schenkung. Hier sollte die neue Ordensstiftung eine ständige Heimstatt finden. Als Sibrand und die Kaufleute in ihre Heimat zurückkehrten, übergaben sie die Verwaltung dem Kaplan Konrad und dem Kämmerer Burchard, die im Oktober 1190 zusammen mit Friedrich von Schwaben, einem Sohne Friedrich Barbarossas, in Akkon angekommen waren.

Konrad und Burchard verwalteten die Stiftung gemäß den Gelübden des Johanniterordens. Nachdem die Stadt am 12. Juli 1191 endlich eingenommen war, nahmen sie die Landschenkung, die ihren Vorgängern versprochen worden war, in Besitz. Sie bauten dort eine Kirche, ein Hospital und Unterkünfte für die Mitglieder. Dann ersuchten sie als deutsche Brüder der Kirche der Heiligen Maria in Jerusalem um Anerkennung des Schutzprivilegs. Die Anerkennung wurde 1196 vom Papst Coelestin III. gewährt und 1199 durch Papst Innozenz III. bestätigt. Dieser bestand jedoch darauf, daß die Bruderschaft ein Ritterorden werde, der seine Regeln von den Templern übernehmen solle. Das Gebot der Armen- und Krankenpflege, vom Johanniterorden übernommen, sollten sie dennoch beibehalten.
Der neue Orden zeichnete sich niemals im Heiligen Lande aus. Er schlug dort weder bedeutsame Schlachten noch erfreute er sich übermäßigen Wohlstands, der zum Verfall der älteren Orden geführt hatte. Er war und blieb eine rein deutsche Bewegung, deren wichtigstes Merkmal die enge Verbindung zum deutschen Bürgertum war. Für die langfristige Entwicklung des Ordens, für die Besiedelung des deutschen Ostens, war dies von großer Bedeutung. Als Gründer von Ortschaften und Städten und als Beschützer und Teilhaber von Handelsunternehmungen im nordöstlichen Europa verschaffte er sich Ansehen. Später, als die Interessen der Städte und der Kaufmannschaften einerseits und die der Deutschritter andererseits auseinanderstrebten, verfiel der Orden.
Solange er bestand, setzte er sich aus drei Hauptzweigen zusammen. Der deutsche Zweig konzentrierte sich vor allem im südlichen und südwestlichen Deutschland einschließlich des Elsaß und hatte auch Besitzungen in Burgund. Der zweite Zweig bildete sich in Livland, der dritte, preußische, hatte seinen Mittelpunkt auf der Marienburg. Nachdem die Residenz des Hochmeisters dorthin verlegt worden war, bildete sie das Zentrum des gesamten Ordens.
Die Diener der Heiligen Maria des Deutschen Hauses, wie die Deutschritter in ihrer ältesten Regelsatzung genannt wurden, waren geweihte Männer des Herrn Jesus Christus: von der weltlichen Gerichtsbarkeit ausgenommen und dazu verpflichtet, den Zustand der Keuschheit zu bewahren und jeglicher Willensfreiheit und dem Besitz persönlicher Güter zu entsagen.

Nur der Orden durfte Ländereien, Baulichkeiten und Leibeigene besitzen und finanzielle Einkünfte beziehen. Eingedenk der Tatsache, daß ein Hospital den Ursprung des Ordens gebildet hatte, war er stets zur Unterhaltung weiterer Hospitäler verpflichtet. Die Kranken und Versehrten, die aufgenommen wurden, hatten zunächst einmal zu beichten; während ihres Aufenthalts erhielten sie ihr Essen stets vor den Ordensbrüdern, die auch für Ärzte sorgten. Die Kranken mußten demütig und zuverlässig bedient werden. Um die erheblichen Kosten des Hospitals zu decken, war der Hochmeister berechtigt, Brüder weit herumzuschicken, um Almosen zu erbitten.
Den eigentlichen Mittelpunkt des Ordens bildeten Kleriker und Laien. Beide waren verpflichtet, der Messe und anderen gottesdienstlichen Handlungen beizuwohnen und siebenmal jährlich an der heiligen Kommunion teilzunehmen. Die Regeln besagten auch, daß, wenn ein Bruder starb, seine besten Kleider und seine Speisung für 40 Tage unter die Armen zu verteilen seien. Nur die Ritter unter den Laienbrüdern durften weiße Mäntel tragen, die mit einem schwarzen Kreuz geschmückt waren. Sonst gab es zwischen ihnen und den anderen Laienbrüdern keinen Unterschied. Alle hatten ihr Haar kurzgeschoren zu tragen, der Klerus eine Tonsur, die Laienbrüder Bärte von maßvoller Länge. Als Gegensatz zur ritterlichen Mode wurde der Vollbart das charakteristische Merkmal der Brüder und brachte ihnen den Spitznamen ›die Bärtigen‹ ein.
Die Priester segneten bei den Mahlzeiten das Essen, dann beteten die Laienbrüder ein Vaterunser und ein Ave-Maria. Fleisch war nur an drei Tagen der Woche Bestandteil des Essens, an drei anderen Tagen gab es Milchprodukte und Eier. Freitag war Fastentag, aber den Schwachen und Kranken durfte, wenn es nötig war, Nahrung gegeben werden. Je zwei Brüder teilten sich beim Essen einen Napf, doch die Getränke durften sie aus einem eigenen Becher zu sich nehmen.
Gewöhnlich bestand jedes Ordenshaus aus einem Konvent mit zwölf Brüdern – der Zahl der Jünger Christi. Der ›Komtur‹ stand als Verwalter oder Amtsträger dem Orden vor und hatte aus der Bibel vorzulesen. Die Brüder mußten bei Tisch schweigen – es sei denn, der Komtur gestattete eine Ausnahme, wenn Gäste zugegen waren. Alle Brüder mußten in einem Saale schlafen, in Hemd, Hose und Strümpfen, und im Schlafraum brannte die ganze Nacht ein Licht.

Ein Bruder durfte weder sein Siegel noch einen eigenen Waffenrock besitzen. Es war ihm verboten, Briefe zu schreiben oder ohne die Erlaubnis des Vorstehers zu empfangen und zu lesen, er konnte verlangen, daß der Inhalt laut bekanntgegeben wurde. Selbsthergestellte Waffen aus Holz wie Armbrüste, Speere und Pfeile durften von den Brüdern getauscht oder verschenkt werden. Truhen und Schränke hatten ohne Schlösser zu bleiben. Was auch immer ein Bruder zur Erfüllung seiner kriegerischen Aufgaben benötigte – Pferde, Waffen und Knechte –, konnte er besitzen, aber es gehörte ihm eigentlich nicht. Schild, Sattel und Zaumzeug durften weder mit weltlichen Farben noch mit Gold oder Silber verziert sein. Der Vorsteher konnte verlangen, daß ein Bruder die Pferde und Waffen, die ihm anvertraut waren, widerspruchslos einem anderen Bruder übergab. Auch die Jagd, ja sogar jegliches Interesse daran, war verboten. Wo Jäger benötigt wurden, zog man sie wohl hinzu, aber sie mußten die wilden Tiere ohne Hilfe von Jagdhunden töten. Die Brüder durften diese Jäger zum Schutz begleiten. Auf Vögel durften die Brüder allerdings schießen, wenn sie sich im Gebrauch des Bogens übten.
Für ihre Beziehungen untereinander bestimmten die Regeln, daß, wenn ein Bruder einen anderen beleidigt hatte, er bis zum Sonnenuntergang um Verzeihung bitten mußte. Waren Entscheidungen zu treffen wie zum Beispiel über den An- oder den Verkauf von Land, mußten die Brüder versammelt und um Rat gefragt werden, aber der Vorsteher hatte zu entscheiden, welcher Vorschlag der beste sei und befolgt werden solle. Reisten die Brüder durch das Land, hatten sie jederzeit ein gutes Beispiel abzugeben. Hochzeitsfeierlichkeiten waren zu meiden, desgleichen Geselligkeiten mit weltlichen Rittern und weltliche Spiele. Die Ordensbrüder durften Frauen, vor allem junge, nicht sprechen, wenn es auch nur im geringsten Anstoß erregen konnte. Es war ihnen verboten, Frauen zu küssen, und dieses Verbot galt sogar für die eigenen Mütter oder Schwestern. Frauen war die Teilnahme an den Zeremonien grundsätzlich verwehrt, da ihre Anwesenheit die Mannhaftigkeit des Ordens beeinträchtigt hätte. Die einzige Aufgabe, die Frauen zugestanden wurde, war die Sorge um Kranke und um Tiere. Sie hatten sich aber in einem getrennten Hause aufzuhalten.
Jugendliche konnten erst in den Orden aufgenommen werden, wenn

sie 14 Jahre alt waren. Weltliche Bewerber, verheiratete und ledige, durften dem Orden beitreten, wenn sie als würdig erachtet wurden und bereit waren, alle ihre Besitztümer dem Orden zu übereignen. Der Hochmeister hatte der Beschützer der Schwachen und der Verfolger der Ungehorsamen zu sein. Deshalb hielt er Rute und Stab in seinen Händen. Es stand in seiner Macht, Dispens von jeglichen Ordensregeln zu gewähren außer denen der Keuschheit, der Armut und des Gehorsams.

Wer als Bruder in den Orden eintreten durfte, mußte zunächst von einem anderen in den Zeremonien, die der Aufnahme vorangingen, unterwiesen werden. Bei der Einführung hatte er vor der gesamten Bruderschaft niederzuknien und zu bitten, daß er um des Heils seiner Seele willen aufgenommen werde. Dann fragte ihn der Vorsteher, ob er irgendwelche Verpflichtungen habe oder mit einer Schuld belastet sei, die dem Orden schaden könnte. Vermochte der Bewerber mit Nein zu antworten, legte er das Gelübde ab, den Kranken zu dienen, das Heilige Land und alle dem Orden gehörenden Besitzungen zu beschützen und ohne Erlaubnis den Orden nicht zu verlassen. Damit war er für eine Probezeit angenommen. Der Orden seinerseits gelobte, den Bewerber mit Wasser, Brot und Kleidung aus vorhandenen Beständen zu versorgen. Von den Bewerbern wurde erwartet, daß sie das Glaubensbekenntnis und das Vaterunser kannten; wenn nicht, waren sie von den Priestern in den ersten sechs Monaten ihres Aufenthalts zu unterweisen.

Wenn ein Hochmeister starb, berief sein Stellvertreter alle ›Komture‹ von Deutschland, Preußen, Livland und Apulien ein. Ihre Aufgabe war es, 13 Mitglieder zu ernennen, die dann den neuen Hochmeister wählten. Zu den Qualifikationen für dieses Amt gehörte es, ehelich geboren zu sein, niemals gegen die Gesetze der Keuschheit verstoßen noch einen Diebstahl begangen zu haben.

Der Deutsche Orden war zu keiner Zeit seines Bestehens eine rein aristokratische Organisation, und er nahm keineswegs nur Leute ritterlicher Herkunft auf oder nur solche, die vom Hochmeister zu Rittern gemacht worden waren. Eine Bedingung gab es jedoch: Man mußte ein Freier sein, wollte man in den Orden eintreten. Daß es auch von dieser Regel Ausnahmen gab, beweist jener Hochmeister, dessen Persönlichkeit über weite Strecken die frühen Geschicke des

Ordens prägte. Er war wahrscheinlich über die Stellung eines ursprünglich unfreien Kanzleibeamten am Hofe Kaiser Heinrichs VI. und seines Sohnes Friedrichs II. in dieses hohe Amt aufgestiegen. Die ersten Hochmeister des Ordens waren Bürger der Stadt Bremen. 1216 bestand dann Papst Honorius III. darauf, daß der Hochmeister des Ordens ritterlicher Herkunft sei oder zumindest von edler Geburt, damit er zum Ritter ernannt werden konnte. Diese Maßnahme sollte verhindern, daß uneheliche Söhne von Prinzen oder sogar von Hochmeistern Erbansprüche auf das Amt geltend machen könnten.
Ritterliche Moral bestimmte die Institutionen, die Einstellungen und das Verhalten des Ordens. Sein höchster Repräsentant war der Hochmeister. Obwohl verpflichtet, in allen wichtigen Angelegenheiten den Rat erfahrener Brüder einzuholen und Entscheidungen des Ordenskapitels in Betracht zu ziehen, war er in der Blütezeit des Ordens ein Mann höchster Machtbefugnis. Erst in den letzten Phasen der Auflösung des Ordens wandelte sich die Herrschaft des Hochmeisters in eine Gemeinschaftsregierung, bei der andere Obere des Ordens beteiligt waren.
Dem Hochmeister unterstanden die Ämter der Zentralverwaltung: der Großkomtur, der Ordensmarschall oder Großmarschall, der Spittler (Hospitalvorsteher), der Tressler (Schatzmeister) und der Trapier (Quartiermeister). In der Folgezeit der Eroberung Preußens gewann das Amt des Großschäffers an Bedeutung, da er in seiner Funktion als Handelsbeauftragter für die wachsende Ausdehnung der Handelsbeziehungen des Ordens sorgte. Die Gebiete des Ordens waren in Komtureien unterteilt – jeweils mehrere bildeten eine Ballei; kleinere Gebietsabschnitte wurden von Vögten oder Verwaltern regiert.
Während der ersten Jahrzehnte seines Bestehens hatte der Orden wenige geistliche Brüder, und die Mönche von Bettelorden widmeten sich den kirchlichen Angelegenheiten. Das verhinderte, daß mächtige Bischöfe Einfluß auf den Orden gewinnen konnten. Auch in der weiteren Geschichte des Ordens wird eine Politik erkennbar, die dem Einfluß der Ordensgeistlichkeit enge Grenzen setzte, denn es gehörte zu den Zielen des Ordens, Krieger auszubilden statt selbstzufriedene Mönche. Der Klerus trug schließlich den weißen Mantel mit dem schwarzen Kreuz nicht nur als leeres Zeichen.

Die Laien, die Krieger und die übrigen Mitarbeiter kamen aus allen Lebensbereichen. Sie legten ihr Mönchsgelübde ab, erhielten alle gleiches Essen und Unterkommen, nahmen gleichermaßen an den Angelegenheiten des Kapitels teil und besaßen prinzipiell gleiche politische Rechte wie aktives und passives Wahlrecht. Sie trugen sämtlich das Kreuz auf ihrem Mantel. Bei weltlichen Mitgliedern, verheirateten Männern, oder solchen, die nicht alle drei Gelübde abgelegt hatten, wurde der obere Teil des Kreuzes weggelassen, und sie trugen somit den Buchstaben T auf ihrem Mantel. Unter den Laienbrüdern repräsentierten Ritter die Aristokratie, obwohl ihnen, außer dem Weiß ihrer Mäntel, ritterliche Auszeichnungen versagt waren. Im Kampf nahmen sie die Aufgaben einer schweren Kavallerie wahr, da sie mehr Pferde besaßen als andere Krieger. Der Hochmeister hatte das Recht, Ordensbrüder oder Personen, die der Ritterschaft beitreten wollten, zu befördern und ihnen das Ritterschwert zu verleihen. Ungeachtet der Tatsache, daß der Orden eine spezifisch germanische Institution war, nahm er auch Fremdländische in seine Reihen auf, besonders Polen und andere Slawen.

In diesen ersten Jahrzehnten gab es wenig Anzeichen für die historische Rolle, die der Orden einmal spielen sollte. Er führte ein relativ unbedeutendes Dasein am Rande der politischen und militärischen Ereignisse Europas. Es ist richtig, daß Kaiser Heinrich VI. (1165–1197), der Sohn Friedrich Barbarossas, während der Planung eines Kreuzzugs auf den neuen Orden aufmerksam wurde, aber diese Entwicklung brach durch seinen Tod jäh ab. Der Aufstieg der Deutschritter war eng mit der Herrschaft und Regentschaft Friedrichs II. (1194–1250) verbunden. Friedrich erkannte bald das Potential dieses relativ neuen und unbekannten Ordens. Im Unterschied zu anderen, ähnlichen Stiftungen konnte er, frei sowohl von feudalen Verpflichtungen wie auch vom Einfluß weltlicher und geistlicher Herren, noch in einen Eliteverband umgewandelt werden, der für die kaiserlichen Ziele kämpfte. Friedrich erkannte ihn als einen Verband mit unbedingter Loyalität dem Kaiser gegenüber. Zugunsten des Ordens erreichte er beim Papst die Gewährung von Privilegien; er warb prominente Mitglieder und ging sogar so weit, Mitglieder anderer Orden zum Beitritt zu überreden. Im Heiligen Land verließ er sich fast ausschließlich auf die Deutschritter, wenn er für eine bestimmte

Aufgabe Männer brauchte, denen er voll und ganz vertrauen konnte. Er überantwortete den Rittern die Verwaltung großer Gebiete wie zum Beispiel des Elsaß. Er gewährte dem Orden das Privileg, wonach der Hochmeister während seiner Anwesenheit bei Hofe Mitglied der königlichen Hofhaltung war und zum inneren Kreis der kaiserlichen Ratgeber gehörte. Zwei Brüder des Ordens hatten ständig am kaiserlichen Hofe anwesend zu sein.

Friedrichs engster Vertrauter war der erste bedeutende Hochmeister, Hermann von Salza. Über mehr als zwei Jahrzehnte war er sein Ratgeber und engster Freund: natürlich nicht nur als Hochmeister des Deutschen Ordens, sondern weil er seine unerschütterliche Loyalität gegenüber Friedrich mit sicherem Urteilsvermögen und gutem politischem Gespür verband. Diese Qualitäten befähigten ihn, von Zeit zu Zeit als Vermittler zwischen Friedrich und dem Papsttum zu fungieren, ohne beider Respekt und Hochachtung zu verlieren.

Friedrichs Hof und seine Verwaltung prägten die Struktur des Deutschen Ordens. Die Geschichte des mittelalterlichen Europa wird immer noch zu ausschließlich aus europäischer Perspektive betrachtet, während Einflüsse etwa aus der arabischen Welt nahezu unbeachtet bleiben. Dies gilt vor allem für die Entwicklung der öffentlichen Verwaltung. Jakob Burckhardt schrieb über Friedrich II.:

»Der erste moderne Mensch auf dem Thron hatte sich frühe gewöhnt an eine völlig objektive Beurteilung und Behandlung der Dinge. Dazu kam eine nahe, vertraute Kenntnis mit dem Innern der sarazenischen Staaten und ihrer Verwaltung und jener Existenzkrieg mit den Päpsten, welcher beide Parteien nötigte, alle denkbaren Kräfte und Mittel auf den Kampfplatz zu führen . . . Er zentralisierte die ganze richterliche Gewalt und die Verwaltung in einer bisher für das Abendland unerhörten Weise . . .«

Die von Friedrich eingeführte zentralisierte Verwaltung nahm Hermann von Salza als Modell für die strukturelle Neugliederung des Ordens – für seinen Zweck natürlich beträchtlich modifiziert. So hatte Friedrich in Süditalien das Wahlrecht weitgehend abgeschafft, eine Maßnahme, die im Orden höchstwahrscheinlich zu einer Revolte geführt hätte.

Unbeabsichtigt befähigte genau diese Neuorganisation den Orden, seine künftigen Aufgaben im nordöstlichen Deutschland so erfolgreich wahrzunehmen. Als Zentrum missionarischer Tätigkeit wurde immer das Heilige Land angesehen; als aber die Durchführbarkeit dieser Aufgabe in den Bereich frommer Hoffnungen und Wünsche geriet, faßte der Orden Niederlassungen und Missionstätigkeiten im östlichen Mitteleuropa ins Auge. Um 1222 versuchte er im transsilvanischen Burzenland Ungarns Fuß zu fassen, das ihm König Andreas von Ungarn, wenn auch widerwillig, zum Geschenk gemacht und der Papst zu seinem Lehen erklärt hatte. Dem Orden gelang es zwar, fünf Burgen in diesem Gebiet zu errichten, aber der vereinigte Widerstand der dort ansässigen Ungarn und Deutschen zwang ihn, alle Versuche, die eigene Herrschaft durchzusetzen, aufzugeben. Zur gleichen Zeit, als das Scheitern des Ordens in Ungarn offensichtlich wurde, sah sich Konrad von Masowien, Herzog von Polen, außerstande, die heidnischen Preußen zurückzuschlagen. Er wandte sich hilfesuchend an die Deutschritter mit der mündlichen Zusicherung, sie für ihre Dienste mit den Gebieten um Kulm, entlang der Weichsel, zu entlohnen.

Hermann von Salza erkannte die günstige Gelegenheit. Mit der Unterstützung Kaiser Friedrichs, der bereit war, dem Orden weitgehende Privilegien zu verleihen, trug er die Angelegenheit dem Papst vor, der ihm ebenfalls wohlgesonnen war. Als Ergebnis der Verhandlungen erließ der Papst 1226 die Goldene Bulle von Rimini. Sie umriß die zukünftigen Aufgaben des Ordens und legte bis ins Detail die Satzung des künftigen Ordensstaates im nordöstlichen Mitteleuropa fest. Die Bulle war bereits verfaßt, bevor die Beratungen mit Konrad von Masowien zum Abschluß gekommen waren und ein einziger Ritter mit schwarzem Kreuz auf weißem Mantel das Westufer der Weichsel erreicht hatte.

Auf den ersten Blick sieht es nicht so aus, als ob Papst und Kaiser irgend etwas verschenkt hätten, da ja das Land erst noch erobert werden mußte. Tatsächlich waren die Schenkungen der Urkunde von großem Ausmaß und gewannen beispiellose Bedeutung, weil sie Vorrechte gewährten, die die Entwicklung des Ordens nahezu zwei Jahrhunderte lang bestimmten: Alles geschenkte und alles neu eroberte Gebiet sollte dem Orden zu freiem Besitze gehören, daß er volle Landeshoheit habe und gegen niemanden verantwortlich sei, daß der Hochmeister alle Rechte haben solle, die sonst einem Reichsfürsten zustanden unter Einschluß sämtlicher nur in Betracht kommenden Regalien, und daß der Orden im Preußenland frei sein solle von allen Diensten und Lasten gegen das Reich. Das zukünftige Gebiet des Ordens sei »unter der Monarchie des Imperiums einbegriffen«. Friedrich sah also in der missionarischen Tätigkeit primär die Aufgabe des Reiches und dann erst die der Kirche: ». . . daß wir also auf Unterdrückung nicht minder als auf Bekehrung der Heidenvölker unsren Sinn lenken mögen«. In diesen Sätzen ist eine unverkennbare Spitze gegen die päpstliche Absicht enthalten, wonach die Neubekehrten »niemand anders als Christus und dem Gehorsam der römischen Kirche« unterworfen sein sollten.

Natürlich konnte 1226 niemand vorhersehen, welche Bedeutung es haben würde, daß die künftige Stellung des Ordens durch die Urkunde abgesichert war. Neben den Deutschrittern war auch der Zisterzienserorden in der Bekehrung der Heiden des Nordostens tätig. Hermann von Salza gelang es, sich auch mit ihm zu verbünden, und seither bildeten beide Orden die tragenden Kräfte dieser Missionstätigkeit. Es gehört zu einer der subtilen Ironien der Geschichte, daß Hermann von Salza sowohl mit Friedrich II. als auch mit Rudolf von Habsburg eng befreundet war. So stand also Friedrich II. an der Wiege zweier deutscher Staaten, deren Rivalität und Widerstreit das Schicksal ganz Deutschlands bestimmen sollte.

Die Heiden, die die Küstengebiete der Ostsee zwischen Weichsel und Memel in Besitz hatten, waren schon früher das Ziel erfolgloser Bekehrungsversuche gewesen. Sie gehörten verschiedenen Stämmen an, wahrscheinlich von den Lithuaniern herkommend, und befehdeten einander ständig. Ihre Bräuche unterschieden sich weitgehend von denen ihrer slawischen Nachbarn. Sie waren bekannt für ihre Gastfreundschaft, für ihre Trinkfreudigkeit, für ihr Opferzeremoniell und für gewisse barbarische Bräuche. So durften Witwen ihre Männer nicht überleben, und gefallene Krieger wurden mitsamt ihren Sklaven, Hunden und Falken verbrannt. Mit anderen Worten: ihre Sitten unterschieden sich nicht sonderlich von denen der alten Germanen, aber im Gegensatz zu diesen zeigten sie trotz ihrer Fehden wenig Ehrgeiz, ihre Herrschaftsgebiete auszudehnen. Sie waren recht zahlreich und lebten in Dorfgemeinschaften und Burganlagen.

Die in die Ostsee mündenden Flüsse öffneten den Zugang zum Landesinnern. Handelsleute auf dem Weg nach Polen oder gar nach Nowgorod durchquerten das Land. Das Gebiet um Kulm und Löbau war zwar polnisch geworden; dort wohnten jedoch, wie in der gesamten Region zwischen Weichsel und Memel, nicht nur Pruzzen, sondern noch zahlreiche andere Stämme. Schon bevor die Deutschritter ihre Unternehmung begannen, wurden ihnen im Westen und Süden die von den Bischöfen von Kulm ins Land geholten deutschen Kolonisatoren zur Gefahr; an der Ostsee hatten sich ebenfalls christliche Deutsche unter dem Schutz der Bischöfe von Livland angesiedelt. Sie trieben hauptsächlich Handel mit dem Landesinnern, beschützt von einem Ritterorden, der vom Bischof von Riga gegründet und dem Templerorden nachgebildet worden war, und trugen dazu bei, deutsche Herrschaft, Sprache und Kultur in Kurland, Lettland und Estland zu verbreiten.

Die Deutschritter treten also recht spät in Erscheinung. Tatsächlich sind sie im Kontext des 13. Jahrhunderts als Anachronismus anzusehen, da zur selben Zeit der Niedergang des mittelalterlichen Rittertums begann. Innerhalb Deutschlands verweigerten die Edlen immer wieder dem Kaiser die Gefolgschaft; zur Kaiserkrönung nach Rom zu fahren, war bedeutungslose und lästige Pflicht geworden und nicht mehr lebendiges Bekenntnis zum Heiligen Römischen Reich Deutscher Nation. Die von höfischer Ritterlichkeit inspirierte Dichtung versiegte; Epen wie das »Rolandslied«, der »Parsifal« oder das »Nibelungenlied« wurden nicht mehr geschrieben. Ludwig der Heilige markiert den Schlußpunkt europäischen Rittertums. Eine Neuordnung der Macht kündigte sich an, in Frankreich durch die Realpolitik Philipps des Schönen, in England durch das House of Commons. Der Niedergang des europäischen Rittertums wird auch durch die Veränderung militärischer Taktik deutlich, die die ritterliche Daseinsberechtigung in Frage stellte. Die englischen Langbogenschützen hatten schon bei Crecy einen Vorgeschmack geliefert, und als die österreichische Ritterschaft 1386 bei Sempach von schweizer Fußtruppen geschlagen wurde, erwies sich die individuelle ritterliche Kampfform als ein für allemal überholt. In Preußen und Livland konnte der Deutsche Orden die alten Traditionen zwar noch eine Weile aufrechterhalten, aber es war klar, daß er nur noch von geborgter Zeit lebte.

Während jener Epoche nahmen die Deutschritter die Schaffung eines eigenen Staates in Angriff, um damit die Kolonisierung des Ostens zu vollenden. In wenigen Jahren christianisierte der Orden die Gebiete um Kulm und Löbau, woraufhin Konrad von Masowien ihm 1230 das Land übereignete. Damit die neuen Besitzungen seitens der Kirche anerkannt wurden, womit sie dem Streit zwischen Papst und Kaiser entzogen werden sollten, hatte Hermann von Salza das Gebiet zum Besitz des heiligen Petrus erklärt, was langfristige Folgen haben sollte. Die Deutschritter stießen auf viele Rivalen. Die Bischöfe des Ostens neideten dem Orden seine guten Beziehungen zu Papst und Kaiser. Der Adel, besonders der polnische, der den Aufstieg des Ordens gefördert hatte, mußte nun die Bildung eines deutschen Staates als potentielle Bedrohung begreifen. Das allgemeine Interesse an der Sache der Religion endete dort, wo die eigene politische Einflußsphäre gefährdet schien.
Während der ersten Jahre, um 1230, zeigte der Orden wenig Neigung, seine Missionstätigkeit mit Waffengewalt zu unterstützen, da er noch zu wenige Mitglieder hatte. Der Orden war zu dieser Zeit auch ökonomisch noch schwach und begann erst, sich wirtschaftlich auszudehnen und zu konsolidieren, nachdem Friedrich ihm Land geschenkt hatte, das er den Templern und Johannitern in Sizilien und Italien entzogen hatte, und nachdem die Kolonisation ebenfalls erheblichen Landbesitz eingebracht hatte. Die Mitgliederzahl zur Zeit Hermanns von Salza wird in einem Bericht mit annähernd 600 angegeben, während sie um 1280 fast 2000 betrug. Daraus läßt sich folgern, daß es nicht die Brüder des Deutschen Ordens waren, die das neue Land eroberten und besiedelten, sondern im Deutschen Reich angeworbene Kreuzritter, denen für die Teilnahme am Kreuzzug gegen die heidnischen Pruzzen der Ablaß für alle begangenen Sünden versprochen wurde. Der Aufruf zum Kreuzzug muß offene Ohren gefunden haben, denn 1231 überquerten Hermann Balke und sieben Ordensbrüder an der Spitze eines Kreuzzugsheeres die Weichsel. Sobald sie Fuß gefaßt hatten, segelten Boote mit Ausrüstungen und Baumaterialien die Weichsel hinauf, und es entstanden die ersten mächtigen Burgen: Thorn, Kulm und Marienwerder. Das waren Basen, von denen aus die weitere Expansion unternommen werden konnte und die die Hauptangriffsziele für die Einheimischen bildeten.

Aber die Pruzzen und die anderen Stämme dieser Region nahmen zunächst die drohende Gefahr gar nicht wahr; die Eindringlinge konnten völlig ungestört ihre Burgen bauen. Obwohl sie in der Überzahl waren, verhinderte die Uneinigkeit der Stämme untereinander ein gemeinsames Vorgehen gegen die Invasoren. Als sie die ersten Schritte in diese Richtung unternahmen, mußten sie sich einer deutschen Minderheit beugen, die militärisch weitaus effektiver organisiert war. Unaufhaltsam drangen die Deutschen in die Wildnis vor, sicherten die Weichsel durch eine Festung bei Elbing, zerstörten die heidnischen Kultstätten und unterwarfen oder bekehrten die Stämme gewaltsam. 1237 verband sich der Orden des Bischofs von Riga mit dem Deutschen Orden. Zwei Jahre später konnte Hermann von Salza, der selbst nie einen Fuß in die neuen Kolonialgebiete gesetzt hatte, in dem Bewußtsein sterben, daß der Orden mehr als 150 Kilometer der Ostseeküste kontrollierte und sich von da aus ins Landesinnere ausdehnen konnte. 1255 schloß sich König Ottokar von Böhmen dem Kreuzzug in Preußen an, und eine neue Festung in Samland wurde ihm zu Ehren Königsberg genannt: auf ihren Waffen war ein Ritter mit gekröntem Helm zu sehen, und auch der schwarze Adler stammte von ihm.

Es wäre völlig falsch, die Kreuzzüge im Heiligen Land mit denen im nordöstlichen Europa gleichzusetzen. Dort wurden die eroberten Gebiete geplündert, und die Mehrzahl der Kreuzfahrer kehrte nach einem oder mehreren Jahren wieder nach Hause zurück. Es war vor allem eine ritterliche Unternehmung. In Preußen hingegen gab es starke Bindungen zwischen Rittern und Bürgern, und die neu errichteten Siedlungen wurden für die Zukunft gebaut. Die Siedler kamen aus allen Teilen des nördlichen, nordwestlichen und südwestlichen Deutschland. Ein flämisches Lied erfreute sich großer Beliebtheit:

> Gen Ostland wollen wir reiten,
> Dort ist ein besseres Bleiben.

Die zahlenmäßige Unterlegenheit der Ordensbrüder und der Kreuzritter bestimmte zunächst ihre Taktik sowohl bei der Kriegführung wie im friedlichen Umgang mit den Ureinwohnern. Es war wenig ratsam, Feindseligkeit herauszufordern. Als aber sowohl die Mitgliederzahl der Deutschritter wie ihre Burgen wuchsen und sie ständig weiter ostwärts vordrangen, konnten ihre eigentlichen Absichten nicht länger verborgen bleiben. Damit wurde aber auch der Widerspruch zwischen der religiösen Motivation des Kreuzzugs und der politischen Realität sichtbar. Die Deutschen waren den unterworfenen Pruzzen gegenüber in der Minderzahl und mußten ihre Vorherrschaft behaupten. Deshalb schien es ihnen unklug, allzu viele Pruzzen zu bekehren: Sie hätten mit der Taufe annähernd gleiche Rechte erlangt und damit die Stellung der Invasoren gefährden können. Zwar sah sich der Papst bereits 1237 genötigt, zugunsten der Pruzzen beim Orden zu intervenieren, aber bis 1241 konnte der Deutsche Orden relativ unbehelligt seine Taktik weiter verfolgen. Während der nächsten elf Jahre kam es zu kleineren unkoordinierten Aufständen, aber die Deutschen behielten die Oberhand. 1260 schien die Herrschaft des Ordens in Preußen gesichert.

Doch das Bild trog. Fast alle Ordensmitglieder taten sich schwer damit, Kenntnisse der fremden Sprache zu erwerben. Die Priester zerstörten aus Überheblichkeit alte Weihestätten und verbreiteten die Symbole der neuen Religion mit Gewalt statt durch Überzeugungskraft. Ein Volk von Bauern und Hirten wurde gezwungen, mächtige Burgen zu errichten und andere schwere Dienste zu leisten. Das gegenseitige Mißtrauen war so stark, daß kein Pruzze einem Deutschen einen Krug Met anbieten durfte, bevor er nicht selber den ersten Schluck getan hatte.

Überdies wiederholte sich 1261 beinahe das, was in Deutschland zu Beginn der christlichen Ära geschehen war, als Armin der Cherusker, in Rom von Römern erzogen und ausgebildet, die römischen Legionen in den Tiefen des Teutoburger Waldes bezwang: pruzzische Edelleute, in deutschen Klosterschulen aufgewachsen, planten, ihre Herren mit deren eigenen Waffen zu schlagen. Ein deutscher Ritter erkannte die Gefahr, lud die pruzzischen Edlen auf seine Burg ein und zündete sie über ihren Köpfen an. Die Flammen der Burg von Lenzenberg wurden das Signal für einen allgemeinen Aufstand gegen die Deutschen, der zehn schreckensreiche Jahre dauerte und die deutsche Herrschaft in Preußen fast beendet hätte. Erst 1271, unter dem Landmeister des Ordens Konrad von Thierberg begann sich das Blatt wieder zu seinen Gunsten zu wenden. Es vergingen aber noch einmal zehn Jahre, bis die deutsche Herrschaft wiederhergestellt und konsolidiert war.

Der Aufstand bildete einen Wendepunkt im Verhältnis des Ordens zu den Ureinwohnern. Waren die Deutschritter bisher, trotz ihrer Arroganz und trotz gelegentlicher Exzesse, noch bereit gewesen, mit den einzelnen Stämmen zu verhandeln, Verträge abzuschließen und Fehden mit Friedensvereinbarungen zu beenden, so verlangten sie nun völlige Unterwerfung: Gnade und Verzeihung gewährte man nur entsprechend dem Ausmaß der Schuld. Ein Großteil des pruzzischen Adels wurde zu Leibeigenen gemacht, und potentiell gefährliche Gemeinschaften deportierte man aus ihren Heimatdörfern in Gegenden, wo ihre Aktivitäten keinen Schaden anrichten konnten. Die Bevölkerung mußte äußerst harte Lehnsverpflichtungen erfüllen. Das System der zentralisierten Verwaltung nach sarazenischem Vorbild, von Friedrich II. in Europa eingeführt und von den Deutschrittern übernommen, wurde nun auch in Preußen in vollem Umfang angewandt. Die Pflichten der Einwohner waren genau und einheitlich für das gesamte Kolonialgebiet geregelt, und der Deutsche Orden etablierte sich zum alleinigen Eigentümer des ganzen Landes. Besitzrechte wurden nur noch vergeben, wenn Sicherheit bestand, daß die Vormacht des Ordens für alle Zeit anerkannt war. Um mehr Deutsche zur Einwanderung zu bewegen, verfolgte der Orden zur gleichen Zeit eine Politik, die das Wachstum der Städte förderte. Verfassungen wie die von Lübeck und Magdeburg wurden im deutschen Osten aufgegriffen. Der besondere Charakter des Ordens mit seiner Integration von Priestern und Laien stellte sicher, daß eine Rivalität, wie sie die Geschichte der Beziehungen zwischen Kaisertum und Papsttum durchzog, kaum existierte. In Preußen war die Kirche ein wesentliches Element des Staatssystems und im Grunde bereits eine Staatskirche. Diese Integration, verbunden mit einem wachsenden Zustrom deutscher Bauern, Kaufleute und Handwerker, führte gegen Ende des 13. Jahrhunderts zu einer raschen Germanisierung Preußens. Es gab in Wirklichkeit nur wenige Anzeichen dafür, daß Pruzzen und Deutsche gleichermaßen integriert wurden; man kann eher annehmen, daß die Pruzzen durch Gewalt und andere Mittel absorbiert wurden. Zu Beginn des 14. Jahrhunderts dominierte jedenfalls die deutsche Sprache eindeutig.

Es war den Deutschen verboten, mit ihren pruzzischen Leibeigenen in deren Sprache zu reden. Sogar den bekehrten Pruzzen war die

Andacht auf pruzzisch verboten. Die Predigt wurde in deutsch gehalten und dann für diejenigen, die sie nicht verstehen konnten, übersetzt.
Diese Germanisierungspolitik wurde so rigoros nur in Preußen und besonders in jenen Gegenden, die rebelliert hatten, durchgeführt. In den Ostseegebieten Estland, Livland und Kurland beherrschte eine deutsche Oberschicht die Bevölkerung, obwohl der Integrationsprozeß weit weniger intensiv war. Deutsche regierten zwar das Land, aber außer in den kleineren und größeren Städten, die sie meist selbst gegründet hatten, gelang ihnen die Germanisierung nicht.
Preußen war als Ganzes eine Kolonie des Reiches; die Verbindungen dorthin waren kurz und relativ unkompliziert. Im Zuge der Ausdehnung nach Osten wurden Dörfer und Städte nach dem Vorbild der Siedlungen im Westen gebaut – ein Vorgang, der sich Jahrhunderte später auf dem nordamerikanischen Kontinent wiederholen sollte. Das Grenzerleben war gefahrvoll. Das Überleben hing von guten Verkehrswegen ab und von weiterer Expansion. Folglich wandte sich der Orden, kaum daß Preußen erobert war, dem Land westlich der Weichsel zu, dem in polnischem Besitz befindlichen Pommerellen. Die Weichsel war nun keine natürliche Grenze mehr, sondern ein wichtiger Verbindungsweg nach Deutschland. Doch die Expansionspolitik des Ordens war nicht mehr unumstritten, da die westlichen Nachbarn, die Markgrafen von Brandenburg, nach dem Aussterben der pommerellischen Herzöge sich für deren rechtmäßige Erben hielten und Danzig besetzten. Daraufhin rief König Wladislaw von Polen den Deutschen Orden zu Hilfe, um die askanischen Brandenburger zu vertreiben: eine Aufgabe, die der Orden 1308 erfolgreich ausführte. Anschließend verlangte er, in genauer Einschätzung der Lage, eine so große Vergütung, daß die Polen sie nicht aufbringen konnten. Deshalb erklärte sich der Orden mit Danzig zufrieden und beschwichtigte gleichzeitig die Brandenburger, indem er ihnen einen Ausgleich für ihre Ansprüche auf Pommerellen zahlte. Die polnische Monarchie war nicht bereit, diese politische Wende zu akzeptieren, mußte aber trotzdem hinnehmen, daß ihre Streitkräfte vertrieben wurden. Die Bauern versöhnten die Deutschritter mit der neuen Situation, indem sie ihre Feudalverpflichtungen beträchtlich verminderten. So besaß der Orden neben Thorn, Kulm und Elbing nun

auch Danzig und damit die Kontrolle über die Weichselmündung. Aber die neue Feindschaft zwischen Polen und dem Deutschen Orden konnte ernste Folgen haben, da die heidnischen Litauer, deren Herrschaft zu jener Zeit bis Kiew reichte, der Expansion des Ordens widerstanden. Die Gefahr einer polnisch-litauischen Allianz begann sich am Horizont abzuzeichnen.

In der Zwischenzeit hatte der Orden sein Hauptquartier von Venedig, wohin es von Akkon gezogen war, nach Preußen verlegt. Der Hochmeister nahm 1309 seine Residenz auf der Marienburg und saß somit auf dem halben Weg zwischen Königsberg und Thorn. Der erste Hochmeister dort, Siegfried von Feuchtwangen, legte Wert auf weitere Konsolidierung und Ausweitung des Kolonialgebietes, lehnte aber gleichzeitig den alten Kreuzzugseifer ab. Das war um so ratsamer, als König Kasimir von Polen die einzige Tochter des litauischen Königs geheiratet hatte. Den Deutschen freundlich gesinnt, widerstand der König zunächst der Forderung des Adels, sie anzugreifen, um dem Orden die Kontrolle über die Weichsel zu entreißen. Schließlich mußte er aber doch nachgeben. Nahezu drei Jahrzehnte lang kam es immer wieder zu Gefechten zwischen Polen und Litauern auf der einen und den Deutschrittern auf der anderen Seite, bis die Polen im Frieden von Kalisch 1343 endgültig ihren Ansprüchen auf Pommerellen entsagten. Der Konflikt war von weitreichender Bedeutung, da er von ersten ernsten Anzeichen einer Entfremdung zwischen Papsttum und Deutschrittern begleitet wurde. Rom unterstützte die Polen, während der Konflikt den Orden zeitweilig enger an das Reich band. Für Kaiser Ludwig den Bayern war dies von einigem Nutzen bei seiner Auseinandersetzung mit der Kirche.

Nach dem Sieg über Polen minderte sich die Bedrohung durch die Litauer wesentlich, und der Orden konnte seine Expansionspolitik wiederaufnehmen. Zwischen 1329 und 1382, als der Orden auf der Höhe seiner Macht stand, galt es als ein stolzes Ziel, Ritter in Preußen zu werden – nicht nur für Deutsche, sondern auch für viele Angehörige des europäischen Adels wie Henry Bolingbroke und Jean Boncicat.

Die ständige Bedrohung durch die Litauer dauerte, wenn auch vermindert, fort, und eines der Hauptziele des Ordens war es deshalb, dieses Problem für alle Zeiten zu lösen. Die zahlreichen Scharmützel hinderten ihn aber nicht daran, in Verbindung mit der Hanse einen regen Handel zu treiben. Es gehörte zur Politik der Deutschritter, größtmöglichen Nutzen aus dem eroberten Land zu ziehen. Da die Bevölkerung ständig wuchs und die Preise in gleichem Maße stiegen, wurde Getreide zu einer besonders wichtigen Ware. Das war ein mächtiger Ansporn für die weitere Urbarmachung und weitere Expansionen. Deshalb wurde auch damit begonnen, die verfügbaren Erzvorkommen auszubeuten. In der strikt zentralistischen Verwaltung des Ordens in Marienburg gewann nun, ganz unbeabsichtigt, das Amt des Tresslers an Bedeutung. Der Orden führte deshalb ein bisher in der Finanzpraxis der europäischen Staaten unbekanntes Prinzip ein, nämlich die Trennung des Staatsbudgets von dem seines Oberhauptes. Letzterer mußte nun seine persönlichen Ausgaben aus den Einkünften seiner eigenen Ländereien bestreiten. Der Ordensstaat gedieh, und diese Entwicklung wurde auch nicht beeinträchtigt durch die zerstörerischen Praktiken, die im Reich verbreitet waren: so das Fehderecht oder die zunehmend unverschämtere Straßenräuberei, geplant und durchgeführt von Adligen, denen Gesetz und Recht nur solange etwas bedeuteten, wie es ihren eigenen Zwecken dienlich war.

Mit der wachsenden Bedeutung des Bargeldverkehrs, die der Orden früh und schnell erkannt hatte, konnte er dazu übergehen, Lehnsverpflichtungen in Zahlungsverbindlichkeiten bescheidener Größe umzuwandeln. Das bezog sich sowohl auf die Bauern als auch auf die Klöster, die allerorten unter der Kontrolle des Ordens blieben. Mitglieder von Bettelorden durften ihre Tätigkeit nur mit expliziter Erlaubnis des Ordens ausüben – eine Erlaubnis, gewöhnlicherweise nur gegen Beteiligung an den Einnahmen gewährt, die die Mönche auf ihren Reisen durch Preußen erzielten. Der Komtur war nicht nur Vorsteher der Komturei, sondern gleichzeitig auch Oberhaupt der Verwaltung für das umliegende Land. Er leitete den Thing, die Volksversammlung, und sogar kleinere und größere Städte hatten ihm zu gehorchen. Der Hochmeister erließ für die Städte allgemeine Statuten, die die Aufnahme von Fremden und den Handel regelten. Kraft seiner Autorität führte er in Preußen einheitliche Maße und Gewichte ein. Doch trotz seiner scheinbaren Allmacht behielten die preußischen Hansestädte Kulm, Elbing, Königsberg, Braunsberg und Danzig besondere und unabhängige Rechte, die auch das Recht einschlossen, selbst zu entscheiden, gegen wen sie Krieg führen wollten; so konnten sie gegen Länder und Herrscher ziehen, mit denen der Orden in Frieden lebte. Die engen Bindungen zwischen Orden und Bürgern zeigen, daß sich in diesem Verhältnis die Bürger nicht unterordneten, sondern daß es auf der allgemeinen Erkenntnis der Interessengleichheit beruhte – ein Zustand, der sich natürlich irgendwann ändern konnte. Zum Teil basierte diese Interessengleichheit auf der Einsicht, in einer vorwiegend feindlich gesinnten Umwelt aufeinander angewiesen zu sein. Die Städte konnten sich ohne den Schutz des Ordens tatsächlich nicht entwickeln. Die Unabhängigkeit, die die Hansestädte beanspruchten, machte sie wiederum zu nützlichen Mittlern bei Konflikten zwischen dem Orden und seinen Nachbarn. Die Kontrolle über die Weichsel und einen weiten Teil der Ostseeküste ließ ihn zwangsläufig zu einer Seemacht werden. Er schuf sich eine eigene Flotte und befriedete 1398, unterstützt von den Hansestädten, die Ostsee, eroberte Gotland und vernichtete die Piraterie entlang dieser wichtigen Handelswege.

Der Wohlstand und die politische Vorherrschaft bargen den Keim des Untergangs in sich. Die Gehorsams-, Armuts- und Keuschheitsgelübde waren, wiewohl auch noch im späten 14. Jahrhundert abgelegt, immer mehr zu Lippenbekenntnissen geworden. Die nüchternen Komture waren Männer von Welt geworden, die die Annehmlichkeiten eines bequemen Lebens schätzten. Der Vorwurf der Tyrannei erhob sich immer stärker: vor allem die Städte und die Landeigentümer beklagten sich, daß der Orden ihre ökonomische Freiheit beschränke und somit ihre wirtschaftliche Entwicklung hemme. Der Hauptfaktor, der sie alle zusammengehalten hatte, war die Bedrohung durch die Heiden, besonders durch die Litauer gewesen. Hatten sie aber einmal das Christentum angenommen, gab es keinen Vorwand, Polen und Litauer voneinander fernzuhalten oder die Bürger der preußischen Städte daran zu hindern, sich bei den Polen oder Litauern, oder bei beiden, Unterstützung für die Beseitigung der Mißstände des Deutschritterordens zu holen.

Die geistige Entwicklung des Ordens im 14. Jahrhundert ist kaum der Rede wert. Es gab Hochmeister, die weder lesen noch schreiben konnten. Eine Rechtsschule in Marienburg versank schon bald wieder in Bedeutungslosigkeit. Das Vorhaben, in Kulm eine Universität zu gründen, wurde nie realisiert. Mönche, die einem Orden von geistigem Rang angehörten wie zum Beispiel die Benediktiner, wurden im Ordensgebiet nicht geduldet, die Zisterzienserklöster nur deshalb toleriert, weil sie bei der Missionierung mit dem Orden zusammengearbeitet hatten oder Gründungen des pommerellischen Adels waren. Allgemein bevorzugte man Mitglieder der Bettelorden, weil sie im Ruf standen, geistig besonders träge zu sein. Auch ritterliche Dichtung konnte sich im Umkreis des Ordens nicht entfalten. Einzig in der Baukunst, auch der der Burgen, finden wir so etwas wie eine Kontinuität der Kunstproduktion. Die Marienburg, unter einem der großen Hochmeister, Winrich von Kniprode, vollendet, ist dafür ein bedeutendes Beispiel. Dieses gewaltige gotische Ziegelbauwerk ist symbolisch für die gesamte Ordensarchitektur; seine stilistische Strenge strahlt den Geist eines Militärstaates aus – eine gotische Bauweise, frei von den eher lichten Raffinements, die die Gotik in England und Frankreich hervorbrachte. Wenn sie sich durch irgend etwas auszeichnete, dann durch den Geist der Funktionalität, ein Charakteristikum aller Ordensburgen. Welch unterschiedliche Einstellungen sich in Architekturstilen ausdrücken können, zeigt der Vergleich der Hermannsburg am Westufer der Narwa mit der Burg von Iwangorod am Ostufer des Flusses: auf der einen Seite herausfordernde Aggressivität als Symbol für die vordringende christliche Kultur, auf der anderen ein niedriger Bau, dem gesamten Erscheinungsbild nach defensiv, sich eher in die Landschaft einfügend denn sie dominierend.

Der Deutsche Orden hatte gesiegt und begann, sich auf seinen Lorbeeren auszuruhen. Er wurde nicht mehr wie früher von der Interessengleichheit mit den Einwanderern, die das Land besiedelt und kultiviert hatten, getragen: der aus unverheirateten Mönchen bestehende Orden hatte institutionelle, aber keine persönlichen Bindungen mehr im Lande. Die Ordensmitglieder waren ihren eigenen Leuten entfremdet. Sogar Angehörige des Landadels, die nicht Mitglieder des Ordens waren, hatten den Eindruck, unter einem rauhen Regime zu leben, und die Bauern sahen ihr wirtschaftliches Fortkommen durch die restriktive Ordenspolitik schlichtweg blockiert.

In dieser Atmosphäre wirtschaftlicher und sozialer Unzufriedenheit, die sich nicht nur auf Preußen beschränkte, sondern weite Teile Deutschlands, Frankreichs und Englands ergriff, begannen die Slawen – nach einer langen Zeit, in der sie, wenn nicht Opfer der deutschen Expansion, so doch ihr Objekt gewesen waren – ihre nationale und politische Identität wieder geltend zu machen. Die größte und historisch bedeutendste Bewegung war die der Hussiten in Böhmen, wo die Verbindung von nationaler, ökonomischer, sozialer und religiöser Unzufriedenheit zu einem Widerstand führte, der über Jahrhunderte der Mittelpunkt der Politik der Slawen bleiben sollte. Da das Reich diesen Widerstand nie zurückdrängte oder völlig niederwarf, konnten die Slawen ihr Selbstbewußtsein, das sie unter jahrhundertelanger deutscher Vorherrschaft verloren hatten, wiedergewinnen.

Die Heirat des Prinzen Jagiello von Litauen mit der Kronerbin Polens 1386 und seine spätere Politik der Christianisierung aller Litauer entzog dem Deutschen Orden seine missionarische Existenzberechtigung. Es gab keine Kreuzzüge mehr gen Osten, sondern nur noch weltliche Kriege. Was ein Jahrhundert lang befürchtet worden war, fand schließlich statt: die Vereinigung von Polen und Litauen. Ein Ergebnis dessen war, daß katholische Kräfte, die angestaute Unzufriedenheit in der Bevölkerung nutzend, dem Orden entgegentraten, wobei sie ihr eigentliches Ziel, die Herrschaft an sich zu reißen, kaum verhehlten. Die Hansestädte in Preußen begannen die Privilegien zu fordern, die die Stadt Lübeck besaß; sie waren durch innere Auseinandersetzungen zwischen den Zünften geschwächt. Gleichzeitig entstand im Norden ein starkes Dänemark, stark genug, um 1408 den Deutschen Orden zur Rückgabe Gotlands zu zwingen. Aber der Orden stellte sich nicht der Notwendigkeit von Reformen; er vollzog nicht die notwendige Umwandlung von einer geschlossenen in eine offene Körperschaft, die die städtischen und demokratischen Elemente hätte mit einbeziehen können. Die Bedrohung durch Skandinavien im Norden und durch Polen-Litauen im Osten und Süden machte es dem Orden schwer, weiterhin seinem Prinzip ›Divide et impera‹ zu folgen. Sogar der Klerus in Livland und der Landadel in Preußen bat die Polen um Unterstützung, ja sogar bei der Ordensnachhut in Pommern setzte diese Entwicklung ein. Der

Deutschritterorden drohte von seinem Hinterland abgeschnitten zu werden und damit von den Verbindungswegen zum Reich.
Das Reich seinerseits beschäftigte sich nicht mehr sonderlich mit den Problemen, denen sich der Orden gegenübersah. Preußen war weit entfernt, und es gab ohnehin schon genug Probleme. Um der drohenden Gefahr zu begegnen, setzte Hochmeister Ulrich von Jungingen 1410 alles auf eine Karte. Er stellte ein Heer von einer Größe auf, wie sie der Orden niemals zuvor gesehen hatte. Es zählte fast 50 000 Mann, ein Drittel davon beritten und unterstützt von Artillerie, die aber wenig nützlich war, weil das Pulver naß vom Regen wurde. Am 15. Juli 1410 trafen sie in der Schlacht bei Tannenberg auf die Polen und Litauer und wurden von einem Feind, der doppelt so stark war, vernichtend geschlagen. Die Schlacht wurde jedoch letztlich nicht aufgrund zahlenmäßiger Unterlegenheit verloren, sondern weil der Deutsche Orden an längst veralteten Taktiken festhielt, die auf schwerer Bewaffnung basierten, weswegen die Pferde nur langsam agieren konnten.
Tannenberg offenbarte eine Krise, die auch im ökonomischen Bereich eine Parallele fand. Die Agrarkrise, die Deutschland um die Mitte des 14. Jahrhunderts erschütterte und mehr als hundert Jahre andauerte, führte zum Verfall des Weizenpreises, während zur gleichen Zeit die Werte und Preise verarbeiteter Güter anstiegen. Der niedere Adel war insofern am stärksten betroffen, als er seinen Lebensunterhalt von den Pachtzahlungen seiner Bauern bestritt. Eine stark inflationäre Tendenz machte es für die Bauern einfacher, ihre Abgaben zu zahlen, auf der anderen Seite war es für den Adel schwieriger, vom festgelegten Pachtzins zu leben. Der Deutsche Orden litt schwer. In Preußen, wo seine ökonomische Basis vom Weizenexport abhängig war, verarmte er rasch, und andere Niederlassungen des Ordens konnten den Brüdern in Preußen aus den gleichen Gründen keine finanzielle Unterstützung gewähren.
Daß der Orden Gelegenheit erhielt, unter Heinrich von Plauen neue Kräfte zu sammeln, lag weniger an seiner Regenerationsfähigkeit als an internen Auseinandersetzungen der Slawen. König Wladislaw fürchtete so sehr den Einfall des ungarischen Königs Sigismund in Polen, daß er sich gezwungen sah, mit dem Deutschen Orden 1411 den Thorner Frieden zu schließen. Nun sah es wohl so aus, als ob der

Orden wieder über fast alle Domänen herrschte, die er vor 1410 gehalten hatte. Aber die Beziehungen zu Polen blieben feindlich, und Heinrich von Plauen war auch nicht der Mann, um neue Wege zu beschreiten. Er erkannte aber immerhin, daß interne Reformen um der Stabilität willen notwendig seien, selbst wenn dies den Regeln und Statuten des Ordens widersprach. Obwohl diese Regeln die Mitsprache weltlicher Mitglieder bei Beratungen und Entscheidungen des Ordens verboten, gründete er 1412 einen Landesrat, eine Versammlung der Stände. Eine solche Versammlung war notwendig geworden, nachdem im Thorner Frieden erhebliche Zahlungen an die Polen vereinbart worden waren, nun aber die Mittel des Ordens nicht ausreichten und Steuern erhoben werden mußten. Die Versammlung setzte sich aus Repräsentanten der Städte und des Landadels zusammen und hatte die Aufgabe, die Steuern zu bewilligen und Rat in verschiedenen Angelegenheiten zu geben, die das Ordensgebiet als ganzes betrafen. Von nun an war Preußens Entwicklung durch die Konflikte zwischen dem Orden und den Ständen gekennzeichnet. Diese bruchstückhaften Reformen konnten den Niedergang des Ordens jedoch nicht aufhalten. Die interne Zerstrittenheit dauerte an; die Reformen waren denjenigen eine Bestätigung, die den Hochmeister des Verrats an den Ordensprinzipien bezichtigten. König Wladislaw ergriff diese Gelegenheit auch, und obwohl offiziell kein Krieg erklärt war, fielen marodierende Banden von Litauern und Polen in Preußen ein. Heinrich von Plauen bat den ungarischen König um Vermittlung. Der Versuch schlug fehl, und folglich entschloß sich der Hochmeister 1413, militärisch die Initiative zu ergreifen. Er scheiterte weniger an der Stärke seiner slawischen Gegner als an den gegensätzlichen Auffassungen innerhalb des Ordens, die er schlichtweg ignoriert hatte. Anscheinend lehnte sich sogar sein eigener Bruder gegen ihn auf und machte mit den Polen gemeinsame Sache.

Von diesem Zeitpunkt an gab es laufend Uneinigkeiten im Orden. Ritter aus dem nördlichen Deutschland stellten sich gegen die aus dem Süden und Südwesten, aus Bayern, Schwaben und Franken. Schier endlose Kriege und Fehden zehrten nicht nur am Orden selbst, sondern am Wohlstand ganz Preußens, wobei eine Serie von Mißernten noch ihr übriges tat.

Um der zunehmenden politischen Schwäche des Ordens entgegenzuwirken, gründeten die Städte und der Landadel 1440 in Marienwerder den Preußischen Bund, der sich zu einer Gegenregierung zum Deutschen Orden entwickelte. In weniger als fünfzehn Jahren entmachtete er den Orden, eroberte seine Burgen und brannte sie nieder, so auch die erste Ordensburg in Kulm. Dann unterstellte der Bund sich der polnischen Krone, da es in Deutschland niemanden gab, der ihm Schutz hätte gewähren können. Hie und da versuchten die Deutschritter noch, Widerstand zu leisten, doch am Pfingstsonntag 1457 wurde der Hochmeister von böhmischen Söldnern von der Marienburg vertrieben. Es gelang ihm, nach Königsberg zu entkommen, wo der Magistrat, von plötzlichem Mitleid bewegt, ihm wenigstens ein Faß Bier stiftete.

Schließlich wurde im Thorner Frieden vom 19. Oktober 1466 – wie viele Friedensverträge damals trug er das Adjektiv ›ewig‹ – das gesamte Territorium westlich von Weichsel und Nogat an Polen abgetreten, dazu noch Kulm, Marienburg, Elbing und einige Bistümer. Endlich hatte Polen die Kontrolle über die Weichsel wiedergewonnen. Preußen erhielten die Deutschritter als Lehen der polnischen Krone, und der Hochmeister schwor dem polnischen König den Treueid, angeblich unter Tränen und in Lumpen gekleidet.

Das Deutsche Reich verhielt sich weitgehend indifferent gegenüber dem, was seinen Kolonialgebieten widerfahren war. Nur der Kurfürst von Brandenburg, Friedrich II., hegte den Ehrgeiz, seine Herrschaft bis zur Ostseeküste auszudehnen und Preußen unter seine Kontrolle zu bekommen. Doch seine Macht und seine finanziellen Kräfte reichten lediglich dazu aus, 1454 von Preußen die Neumark zu erwerben. Einige Widerstandskräfte hatten sich im Deutschen Orden noch erhalten. Um der Bestrebung entgegenzuwirken, das Hochmeisteramt mit der polnischen Krone zu vereinigen, wählten die Deutschritter 1498 Herzog Friedrich von Sachsen in dieses Amt. Ihm folgte 1511 der erste Hochmeister aus Brandenburg, der Markgraf Albrecht von Brandenburg-Ansbach. Unter ihm wurde der Orden, infolge der Reformation, eine weltliche Institution und Preußen ein weltlicher Staat. Das schwarze Kreuz verschwand von Mantel und Schild. Was lediglich blieb, bis 1945, war die später so berühmte Albertina, die Universität von Königsberg, die Albrecht 1544 gegründet hatte. Aber der Staat des Deutschen Ordens war an seinem Ende angelangt.

Das Bild vom Orden und seiner Politik ist noch immer durch den Eindruck zweier Weltkriege, durch die Germanisierungspolitik des Deutschen Reiches nach 1871 und noch mehr vielleicht durch das ›Feindbild‹ der slawischen Nationen, das für die Herstellung ihrer eigenen nationalen Identität benötigt wurde, gefärbt. Nach diesem Bilde war der Orden die Geißel der friedliebenden Slawen und Vorläufer jener Politik der Ausrottung und der Vernichtung, die in unserem Jahrhundert im Zeichen der Rune und des Hakenkreuzes praktiziert wurde. Neueste Forschungen verlangen jedoch eine differenziertere Betrachtungsweise. Zunächst einmal betrieb der Deutsche Orden nicht allen Einheimischen gegenüber die gleiche Politik. Es gab erhebliche Unterschiede im Auftreten und im Verhalten gegenüber Pruzzen, Polen, Pommern, Kurländern und Litauern. Zum zweiten wurde seine Handlungsweise auch durch die von den Ureinwohnern gegen den Orden an den Tag gelegte Einstellung determiniert. Drittens war sein Verhalten diesen Gruppen gegenüber im Laufe der Zeit mancherlei Veränderungen unterworfen. Die Pruzzen bildeten die volkreichste Gruppe, mit der der Orden zu tun hatte, und es gab offensichtlich zahlreiche Konfliktpunkte. Die Frage des ›Zehnten‹, seit den Tagen Alcuins ein Hauptproblem missionarischer Unternehmungen, beunruhigte die Einheimischen, denen er auferlegt war, besonders arg; dazu gehörten gleichermaßen Verpflichtungen wie der Burgenbau und der Militärdienst für die neu Getauften. Faktoren wie diese führten zu Aufständen und deren Niederschlagung. Die Auseinandersetzungen wurden mit der für jene Zeit typischen Grausamkeit geführt. Doch das Ziel des Ordens war nicht Ausrottung, sondern Unterwerfung, bei vertraglicher Fixierung von Rechten und Pflichten. Der früheste Aufstand gegen den Orden, 1242, wurde erst sieben Jahre später durch päpstliche Vermittlung und durch einen Vertrag beendet, der diese gegenseitigen Rechte und Pflichten bis ins Detail festlegte. Er galt allerdings nur für die freien Einheimischen, also für ein Viertel bis ein Drittel der Gesamtbevölkerung. Darüber hinaus versuchte der Orden die Unterstützung verschiedener Gruppen unter den Pruzzen zu erlangen, um die eine gegen die andere auszuspielen. Er war insofern erfolgreich, als er weite Teile des eingeborenen Adels für sich gewann, dessen Söhne dann in Deutschland erzogen wurden – freilich nicht immer mit dem gewünschten Resultat, wie zu sehen war. Doch der einheimische pruzzische Adlige konnte bereits im 13. Jahrhundert Deutscher Ritter werden.

Auch die freien pruzzischen Bauern genossen Vorrechte, vor allem brauchten sie nur geringe Abgaben zu entrichten. Natürlich hatten in Preußen wie auch anderswo die Leibeigenen die schwerste Last zu tragen. Sie bildeten den Kern der Rebellion und waren auch am schwierigsten zu christianisieren.

Pruzzen konnten noch im 14. Jahrhundert in den Orden aufgenommen werden, denn die Bedingung, als Deutscher geboren sein zu müssen, setzte sich erst viel später durch, als sich der Deutsche Orden zu einer Wohlfahrtsinstitution des niederen deutschen Adels entwickelte. Einige Pruzzen stiegen sogar bis zum Komtur auf. Aber abgesehen von den hohen Ämtern standen zahlreiche niedere Positionen den Einheimischen offen: so konnten sie Stellungen als Übersetzer, als Schreiber und manche andere Ämter von ökonomischer, militärischer und politischer Bedeutung einnehmen. Durch den Dienst auf Ordensburgen vermochte ein junger pruzzischer Adeliger die gleichen Rechte zu erlangen, die auch ein gebürtiger Deutscher besaß. Die Mehrzahl der pruzzischen Landbesitzer überlebte nicht nur, sondern konnte sogar ihren Besitz erweitern. Und viele von denen, die noch nicht frei waren, konnten es werden, wenn sie sich in bestimmten Fertigkeiten im Dienste des Ordens bewährten.

Es bleibt jedoch die Frage, warum deutsche Siedlungen alteingesessene pruzzische Siedlungen angriffen. Die unausweichliche Antwort lautet, daß die Deutschen gezwungen waren, die Einheimischen als Gegner zu behandeln. Burgen und neue Städte konnten nicht gebaut werden, ohne jemandem sein Eigentum zu nehmen oder Gemeinden umzusiedeln. Dennoch stieg die Geburtenrate der einheimischen Bevölkerung, und außerhalb der Zentren des Ordens blieben die Besitzverhältnisse weitgehend unangetastet. Unter der Bauernschaft in solchen Gebieten, die in enger Nachbarschaft des Ordens lagen, waren Beeinträchtigungen allerdings spürbar: die Bauern wurden zu Abhängigen. Einzelne Dorfgemeinschaften faßte man zu größeren, wirtschaftlich effektiveren Einheiten zusammen. Das damals in Deutschland vorherrschende Anbausystem, bei dem das Land planmäßig parzelliert und bearbeitet wurde, fand auch in Preußen Anwendung, gegebenenfalls wurde es zwangsweise eingeführt. Das bedeutete aber nicht, daß die Einheimischen im Verhältnis zur Größe ihrer ursprünglichen Besitzungen einen wesentlichen Teil ihres Landes verloren hätten. Ihre Ländereien waren zwar kleiner als die der deutschen Einwanderer, aber nicht unbedeutend. Da diese Einwanderer ihre eigene Rechtsprechung aus den Regionen mitbrachten, woher sie stammten, kollidierten diese Gesetze und Bräuche oft zwangsläufig mit denen der Pruzzen. Für die Position des Ordens war dies nur von Vorteil, denn es festigte seine Rolle als Schiedsrichter und als oberste Rechtsautorität über die Pruzzen.

Die Einheimischen, vor allem die Freien unter ihnen, nahmen teil an der weiteren kolonialistischen Expansion, an der Öffnung und Besiedlung neuen Landes und erkannten bald, daß die nach deutschen Maßstäben geführten Siedlungen vorteilhafter waren. Das machte sich besonders nach 1320 bemerkbar, als der Orden in großem Stil in noch nicht erschlossene Gebiete vorzustoßen begann. Auch der allgemeine Übergang zum Geldverkehr hatte Einfluß auf die Abgabepflichten der Einheimischen. Bestand für freie Bauern zunächst noch die zusätzliche Pflicht, die leichte Kavallerie bei jeder militärischen Aktion zu unterstützen, so wurde im Laufe des 14. Jahrhunderts die Steigerung der landwirtschaftlichen Erträge immer wichtiger, denn nun konnten Dienstleistungen in Geldzahlungen abgegolten werden, was wiederum das Anwerben eines Söldnerheeres möglich machte.

Im Gegensatz zu den Rittern durften sich die minderen Freien in ihrer Muttersprache unterhalten, und selbst in der Endphase der Ordensherrschaft im 15. Jahrhundert unterstützten die Pruzzen eher den Orden als den Preußischen Bund, da sie von ihm ein höheres Maß an Schutz und Gerechtigkeit erwarten konnten als von den Bürgern der Städte und vom Landadel. Gegen dessen Ehrgeiz, seinen Landbesitz auf Kosten der Einheimischen auszudehnen, versprach einzig der Deutsche Orden wirksame Hilfe.

Alles in allem ist der Vorwurf, der Orden habe eine Ausrottungspolitik betrieben, ein Klischee, das einer weitgehenden Einschränkung und damit einer Revision bedarf.

Worin bestand aber dann die Beziehung zwischen dem Deutschen Orden und dem künftigen preußischen Staat? Sicherlich, der Orden besaß keinen Einfluß auf die Gestaltung des brandenburg-preußischen Staates. Doch wie in allen Grenzgebieten, so waren auch in Preußen Qualitäten wie Nüchternheit, Pflichterfüllung, Klarheit und Genauigkeit verlangt, da nur sie das Überleben sicherten. Tatsächlich mag dem Mangel an einigen dieser Eigenschaften der Untergang des Ordens zuzuschreiben sein. Es gab und es blieb eine harte Umwelt. So ist es kaum verwunderlich, daß es diesem Lande nicht gelang, auch nur den bescheidensten Anfang einer Renaissance hervorzubringen. Trotzdem brachte es, wundersamerweise, den ›Magus des Nordens‹, Johann Georg Hamann, und einen Immanuel Kant hervor.

Das entscheidende, das dauerhafte Vermächtnis des Deutschen Ordensstaates blieb sein ökonomisches System, basierend auf einer weitgefächerten landwirtschaftlichen Produktion. Es war in Deutschland ohne Beispiel und blieb in den kommenden Jahrhunderten für Preußen jenes starke wirtschaftliche Fundament, das seinem Adel einen tiefgreifenden politischen Einfluß sicherte, zunächst im Königreiche selbst und später in ganz Deutschland.

2. KAPITEL

Brandenburg und Preußen

Die Besiedlung Preußens durch den Deutschen Orden war nicht das einzige deutsche Kolonialisierungsunternehmen im Osten. Als Karl der Große die Sachsen unterwarf und bis an die Elbe vordrang, war das die erste Expansionsbewegung in diese Richtung. Er hatte damit einen idealen Ausgangspunkt geschaffen, um weiter ostwärts vorzudringen. Zum Schutz gegen die heidnischen Wenden und Slawen wurden einige Marken gesichert. Dazu gehörte die Mark Brandenburg, deren Ursprung in die Zeit der Regentschaft Karls des Großen fällt. Sie war in verschiedene Gebiete unterteilt, und das bedeutendste, die Nordmark, war fast mit der späteren Mark Brandenburg identisch. Die damalige Mark Brandenburg umfaßte sämtliche kolonisierten Gebiete am Westufer der Elbe und wurde später als Altmark bezeichnet. Von hier aus wurde der Handel mit den wendischen Nachbarn ausgebaut; und gleichzeitig war hier die Basis für den Krieg gegen die Wenden und ihre Missionierung. Schon im 10. Jahrhundert, unter Otto dem Großen, entstanden in Havelberg und Brandenburg zwei Diözesen, die dem 968 gegründeten Bistum Magdeburg unterstanden. Eine Rebellion der Wenden gegen die neuen Herren und ihre Religion führte zu einer vorübergehenden Aufhebung dieser Diözesen. Erst im 12. Jahrhundert, im Zuge des allgemeinen Kreuzzugfiebers und des weiteren Vordringens der Deutschen nach Osten, wurden die deutschen Siedlungen östlich der Elbe neu gesichert. Dieser Prozeß der Kolonisierung des Ostens hatte im Grunde wenig mit der Reichspolitik zu tun, deren Augenmerk nach Süden, auf Italien, gerichtet war. Hier machten vielmehr einige deutsche Territorialfürsten ihre Politik, besonders Heinrich der

Löwe, der sich als Vasall Friedrich Barbarossas mit ihm zerstritten hatte, weil er sich weigerte, den Kreuzzug ins Heilige Land zu unterstützen. Er sah seine Aufgabe in der Ausdehnung Deutschlands gen Osten.

Ziel der Expansionspolitik war die Ausdehnung des Landbesitzes, von der man wiederum einen Fortschritt in der wirtschaftlichen Entwicklung erhoffte. Die Herrscher hatten sich aber auch, dem Geist ihrer Zeit entsprechend, die Bekehrung der heidnischen Bevölkerung zum Ziel gesetzt. Die Art der Kolonialisierung war regional unterschiedlich. Oft hatte sie militärischen Charakter wie im Fall des Deutschen Ordens oder bei den Feldzügen Heinrichs des Löwen in Mecklenburg und Holstein. Aber in anderen Gebieten, zum Beispiel um Magdeburg, vollzog sich die Kolonisierung recht friedlich. Orden wie die Prämonstratenser im 12. und die Zisterzienser im 12. und 13. Jahrhundert entwarfen Modelle expansionistischer Organisation für Wirtschaft und Agrikultur. Polen, die dominierende Macht im Osten, unterstützte unter der Herrschaft König Boleslaws III. im 12. Jahrhundert die Missionstätigkeit des Bischofs Otto von Bamberg. In Pommern und Schlesien war es der einheimische Adel, der die Deutschen dazu aufforderte, die Region zu kolonisieren, Städte und Dörfer zu bauen und den Handel auszuweiten. Es gab dort nie eine Politik, die einheimische Bevölkerung auszurotten oder durch deutsche Siedler zu verdrängen. Sicherlich lassen sich einzelne Beispiele von Brutalität zitieren, insbesondere als Ergebnis falsch verstandenen Kreuzzugeifers. Aber im großen und ganzen wurden die wendischen und deutschen Bevölkerungsteile allmählich assimiliert. Das Gebiet war ein Schmelztiegel, der nicht nur Deutsche und Wenden mischte, sondern auch eingewanderte Flamen, Wallonen, Nordfranzosen, Engländer und Piemonteser. Die Siedler, von Anfang an militärisch und ökonomisch besser organisiert, beanspruchten natürlich auch die politische Führung.

Das Haus der Askanier, das sächsischen Ursprungs war, führte in Brandenburg die Kolonisierung an. Albrecht von Ballenstedt, genannt ›der Bär‹, erhielt 1134 von Kaiser Lothar für Verdienste, die er sich in Deutschland und Italien erworben hatte, die Nordmark als Lehen. Später wurde dieses Gebiet Heinrich dem Löwen übertragen. Im benachbarten Pommern hatte Bischof Otto von Bamberg den kirchlichen Einfluß bereits auf die an der nördlichen Grenze der Nordmark lebenden Heiden ausgedehnt. Albrecht unterhielt nicht nur gute Beziehungen zu Bischof Otto, sondern auch zum Prämonstratenserorden in Magdeburg, der einige Siedlungen und Klöster in Brandenburg gegründet hatte.

Als Bernhard von Clairvaux 1147 den Kreuzzug gegen die Slawen predigte, schloß sich Albrecht ihm sofort an, obwohl ihm das keinen Landgewinn brachte. Infolge eines Wendenaufstands ging Brandenburg vorübergehend wieder verloren. Erst seit 1157 kann man von einer systematischen und extensiven Kolonisierung Brandenburgs durch Albrecht sprechen, die Siedler aus allen Teilen Deutschlands und aus den Niederlanden in das neue Land zog.

Die Herrschaft Heinrichs des Löwen in Norddeutschland verhinderte bis zu einem gewissen Grad die Entwicklung der Regionen, die von weniger mächtigen Landesherren regiert wurden. Nach seiner Verbannung jedoch hatten die Markgrafen von Brandenburg einen größeren Spielraum für ihre politischen Ambitionen: Sie wollten Pommern dazugewinnen und an die Ostsee vordringen. Die Dänen nahmen diese Übergriffe nicht hin und behielten zunächst auch die Oberhand. Erst nachdem sie in der Schlacht von Bornhoeved 1227 besiegt worden waren, gelang es den Askaniern, in Pommern wirklich Fuß zu fassen. 1231 erkannte Kaiser Friedrich ihnen das Land als Lehen zu. 1250 erhielten sie auch noch Pommern-Stettin und das Grenzland, die Uckermark. Zur gleichen Zeit erwarben sie das Gebiet um Lebus und erreichten damit die Oder. Somit war das Gebiet der Neumark konsolidiert und hieß nun, zusammen mit der Nordmark, die Altmark. Die Länder jenseits der Oder, denen von der Mitte des 15. Jahrhunderts an auch der Name Neumark gegeben wurde, erwarb man Stück um Stück durch Ankäufe, durch Heiratsverträge oder als Anerkennung für die der polnischen Piasten-Dynastie geleisteten Dienste.

Mit dem Erwerb des Gebietes um Lebus war die Flächenausdehnung Brandenburgs abgerundet worden. Im Laufe des 13. Jahrhunderts wurde eine Reihe von Siedlungen gegründet oder zu Städten erweitert, darunter Stendal, Spandau und Brandenburg-Altstadt. Die Gründung der beiden letzteren geht in das 12. Jahrhundert zurück. 1232 folgte Cölln an der Spree, 1242 Berlin, 1253 Frankfurt an der

Oder und 1257 Landsberg an der Warthe. Im Gegensatz zur Art und Weise der Expansion in Preußen, wo Landgewinne stets durch Burgen- und Festungsbau abgesichert wurden, sorgten in den brandenburgischen Gebieten die Askanier für militärischen Schutz, indem sie Ritter und Soldaten in offenen Dörfern stationierten. Auf Burgen wurden Ritter nur in der Neumark zusammengezogen, hauptsächlich zum Schutz gegen die polnischen Nachbarn. Erst im 14. Jahrhundert, als die zentrale Macht des Reiches verfiel, baute man zahlreiche Burgen. In einigen Fällen fühlten sich Ritter unabhängig genug, um sie selber zu errichten; sonst wurden sie ihnen nach ihrer Fertigstellung übergeben.

Zunächst lebten die Ritter als Nachbarn der Bauern in Siedlungen entlang der Straße oder in ›Rundlingen‹, deren kreisförmige Bauweise für Verteidigungszwecke ideal war. Straßen und Rundlinge wurden zwar geplant, aber wenn die Siedler sich selbst überlassen wurden, bauten sie Häuser und Höfe, wo und wie es ihnen gefiel, und ignorierten militärische Überlegungen. Dennoch waren sie klug genug, sich nicht in vereinzelten Höfen anzusiedeln. In den neugegründeten Städten wurde angestrebt, möglichst viele Häuser innerhalb des Schutzwalls unterzubringen. Den Mittelpunkt bildete der Marktplatz, um den sich die Häuserblöcke gruppierten.

Brandenburg war kein reiches Agrarland und wurde später nicht zu Unrecht die Streusandbüchse des Heiligen Römischen Reiches genannt. Den trockenen Boden und die ausgedehnten Wälder in Ackerland zu verwandeln, verlangte beträchtliche Anstrengungen von den Siedlern. Bis zum heutigen Tage aber besitzt die Gegend ihren großen Reiz – mit den ruhig strömenden Flüssen, den still verborgenen Seen und der Friedlichkeit einer Landschaft, die niemand anschaulicher als Theodor Fontane beschrieben hat.

Das Erstgeburtsrecht existierte in Brandenburg genauso wenig wie im übrigen Reich. Sämtliche Söhne eines Markgrafen wurden mit dem Gebiet belehnt, wenn es auch nur vom ältesten am Hof des Kaisers vertreten wurde. Im Reich spielten die Markgrafen von Brandenburg eine bedeutende Rolle. Friedrich Barbarossa zum Beispiel ernannte Markgraf Otto I. von Brandenburg zum Reichskämmerer, und im Laufe des 13. Jahrhunderts wurden sie Kurfürsten und gehörten somit zu dem Gremium, das den Kaiser wählte. Die Askanier hegten große politische Ambitionen. Sie hatten ein Auge auf Danzig geworfen, waren aber gezwungen, es dem Deutschen Orden zu überlassen. Sie versuchten auch, das von Heinrich dem Löwen gegründete Lübeck an sich zu ziehen, hatten aber auch damit nur kurzfristig Erfolg. Ihr Ehrgeiz, die Küstenregionen der Ostsee unter ihre Herrschaft zu bringen, verwickelte sie erneut in einen Konflikt mit den Dänen, in dem sie abermals unterlagen. 1320 ging das Haus Askanien unter.

Es folgten vorübergehende Dynastien der bayerischen Wittelsbacher und der Luxemburger, alle stark genug, Brandenburg nach außen hin mächtig zu halten, aber nicht kraftvoll genug, um den überlegener werdenden Territorialfürsten entgegentreten zu können. 1411 starb der letzte Herrscher aus dem Hause Luxemburg. Die innere Situation Brandenburgs hatte sich derart verschlechtert, daß die Abgesandten der Städte den Kaiser nun baten, einen fähigen Mann zu senden, der Frieden und Ordnung wiederherstellen könnte. Neuer Markgraf wurde der Burggraf Friedrich von Nürnberg aus dem schwäbischen Hause Hohenzollern.

Nachdem sich Staatsverfassung und -verwaltung Brandenburgs im 12. und 13. Jahrhundert rasch und gut entwickelt hatten, verschlechterte sich im 14. Jahrhundert die Situation wieder.

Während der gesamten Kolonisationszeit blieb das Muster der Landnahme im allgemeinen dasselbe. Die Entwicklung begann, sobald ein Adliger mit einem Stück Land belehnt wurde, für das er sogleich einen ›Lokator‹ auswählte, eine Art von Unternehmer, der einen Teil dieses Landes als Gegenleistung dafür erhielt, daß er sich um die Ansiedlung deutscher Bauern sorgte. Die Flächeneinheit, die ›Hufe‹, war kein einheitliches Maß, sondern variierte von Region zu Region. Eine Hufe in Magdeburg war kleiner als in Schlesien, und in Brandenburg umfaßte sie etwa das Mittel. Der Lokator erhielt zwei bis vier Hufe für seine Bemühungen, zwei wurden automatisch der Kirche überschrieben. Hatte der Lokator einmal das Dorf errichtet, wurde er gewöhnlich auch administratives Oberhaupt der Gemeinde, der ›Schulze‹. Sein Land war frei bis auf die Verpflichtung, Weideland für die Pferde der Adligen zur Verfügung zu halten. Die übrigen Bauern hatten für ihr Land Steuern zu entrichten, konnten bisweilen aber eine Befreiung erlangen, besonders in Gebieten, wo es mühselig war, den Boden urbar zu machen.

Städte wurden im allgemeinen in ähnlicher Weise gegründet. Da das Gebiet größer war, legte man die Siedlung in die Hände einer Gruppe von Lokatoren. Oft waren Mitglieder des Adels unter ihnen. Die Rechtsprechung, prinzipiell vom Adel kontrolliert, wurde einem Beauftragten, dem ›Schultheiß‹, überantwortet. Der Lokator einer Stadt hatte, im Unterschied zu dem eines Dorfes, Steuern zu zahlen, je nach der Art seines Hauses bemessen. Besonders in Regionen, wo die Landverteilung kompliziert war, wurden die Felder von der Gemeinde bewirtschaftet: eine verständliche Praxis in einer Umgebung, wo sich die Menschen aufeinander verlassen mußten, um ihr Überleben zu sichern. Auch die Dreifelderwirtschaft wurde bereits angewandt, und natürlich standen gewöhnlich Wald, Wasser und Wiesen dem ganzen Dorf frei zum Gebrauch. Nur die Flamen und Holländer, die jedoch in der Minderheit waren, hatten die Teilung des Landes stärker systematisiert.

Neben den Bauern siedelten sich auch Ritter in den Dörfern an; ob zunächst nur als einfache Nachbarn oder schon von Anfang an als Landbesitzer, steht nicht fest. Zeugnisse über den Landbesitz von Rittern gibt es jedenfalls erst seit dem späten 14. Jahrhundert, und die Landgüter des Adels entstanden im 15. Jahrhundert. Daß die Bauern den Rittern bestimmte Dienste zu leisten hatten, also eine Lehnspflicht eingeführt wurde, ist für das Ende des 13. Jahrhunderts nachweisbar. Man kann mit einiger Sicherheit davon ausgehen, daß während der Kolonisierung besonders günstige Bedingungen für die Bauern geherrscht haben müssen, da sie andernfalls nicht als Erste eingewandert wären. Sobald aber das ehemalige Kolonialgebiet kein Grenzland mehr war und sich soziale und wirtschaftliche Schichten stärker herausbildeten, bemühte sich der Adel um eine Ausdehnung seiner Macht über die Bauernschaft, indem er ihre wirtschaftlichen und finanziellen Belastungen erhöhte. Der Adel war dazu aufgrund seines Waffenmonopols in der Lage besonders in Zeiten, da die Zentralautorität geschwächt war, wie nach dem Aussterben des Hauses Askanien.

Im Laufe des 13. Jahrhunderts wurde die administrative und exekutive Gewalt den vom Markgrafen ernannten ›Advocati‹ übertragen. In seinem Namen verwalteten sie die an Städte und Burgen angrenzenden Distrikte. Sie verfügten nicht unbedingt über eine juristische oder administrative Ausbildung, sondern waren häufig Ritter, adlige Bedienstete des Markgrafen oder ›Ministeriale‹. Sie konnten vom Markgrafen nach Belieben ernannt und abgesetzt werden; als Entgelt für ihre Arbeit erhielten sie einen Anteil von den Geldbußen und Steuern. Ihre Funktionen waren umfänglich und reichten von der Kriegsführung und der Sicherung des Friedens bis zur juristischen, finanziellen und steuerlichen Verwaltung. Ziemlich früh entwickelte sich eine Unterscheidung zwischen Hof- und Landesbeamten, obwohl die Austauschbarkeit dieser beiden Beamtentypen im 13. Jahrhundert noch im hohen Grade gegeben war und die Bezeichnung ›Ministeriale‹ auf beide angewandt werden konnte. Auf dieser Basis konnte später eine von Beamten getragene Staatsverwaltung entstehen.

Schon bald entstanden zwei Arten von Gerichtshöfen: der hohe Gerichtshof des Markgrafen und der niedere des Advokatus oder des Vogts, wie er letztlich genannt wurde. Der eine übte die Rechtsprechung über die Mitglieder des Adels aus, der andere über die der einfachen Stände. Da aber Rechtsstreitigkeiten zwischen Bürgern und Adligen, besonders wenn es um Schulden ging, nicht ungewöhnlich waren, hatte für einige Zeit der hohe Gerichtshof des Markgrafen keinen festen Verhandlungsort, sondern reiste in Brandenburg herum. Schließlich wurde es notwendig, in den verschiedenen Distrikten Niederlassungen einzurichten.

Die Städte waren natürlich auch der markgräflichen Herrschaft unterworfen. Aber in den städtischen Gemeinden entwickelte sich rasch ein Solidaritätsgefühl unter den Bürgern. Vom 13. und 14. Jahrhundert an begannen sie mehr Macht zu erlangen, indem sie vom Markgrafen Rechte erwarben wie das auf eigene Gerichtsbarkeit. Dadurch wurde der Schulze Stadtrichter, und die Rechtsgewalt einer Stadt fiel an die Gemeinde. Als Ergebnis des wachsenden Einflusses des Adels wurde andererseits die Justizgewalt der Städte auch an Adlige verkauft.

Die Verwaltung der brandenburgischen Städte lag in der Hand des Stadtrats, dessen Mitglieder wahrscheinlich auch Mitglieder der Stadtgerichte waren. Als die Städte ihre kommunale Unabhängigkeit erlangten, übernahm der Rat ebenfalls die Verantwortung für die Verwaltung der Stadtfinanzen und die Ordnungskräfte. Es war jedoch nur eine Frage der Zeit, bis die einzelnen Ratsmitglieder zusätzliches Personal hinzuziehen mußten, das sich um die täglichen Angelegenheiten kümmerte: Leute, die mit der Zeit Experten auf ihrem Gebiet werden sollten. Das führte schließlich zu einer Trennung von Gerichtsbarkeit und Verwaltung der Städte.

Sobald die Macht des Markgrafen gefährdet war, stieg die Macht der Städte, ihm Unterstützung zu gewähren oder zu verweigern. Der Markgraf wiederum war gezwungen, Vorrechte zu gewähren, und wenn er diese mißachtete, waren die Städte berechtigt, mit Waffengewalt gegen ihn vorzugehen. Eine jährlich zu wählende Kommission von sechs Bürgern hatte die ausschließliche Aufgabe, zu prüfen, ob der Markgraf gegen irgendeines der städtischen Rechte verstieß. Die Markgrafen versuchten, diese Entwicklung zu unterbinden, und wollten Unterstützung vom Adel gewinnen, um die Städte zu isolieren. Da aber die Interessen des Adels und der Markgrafen einander bisweilen zuwiderliefen, waren interne Streitigkeiten in Brandenburg nicht ungewöhnlich.

Sowohl Böhmen als auch Polen versuchten, Vorteile aus den internen Zwistigkeiten Brandenburgs zu ziehen, besonders nachdem die Polen den Deutschen Orden unterworfen hatten. Im Thorner Frieden von 1466 hatte der Orden die Oberhoheit der polnischen Krone anerkannt und Westpreußen mit der Weichselmündung abgetreten. Seit Ostpreußen von Deutschland abgeschnitten war, verlor es wesentlich an Bedeutung.

Als Markgraf Friedrich von Nürnberg die Herrschaft übernahm, sah er sich vor große Schwierigkeiten gestellt. Der Adel stand ihm so feindselig und aufrührerisch gegenüber, daß es zu offenen Kriegshandlungen kam. 1414 verfügte er aber schließlich über genügend Geldmittel, um die Burgen seiner Gegner mit Hilfe von Artillerie zu schleifen. Eine der größten Anleihen kam von seinem Verwandten, Friedrich von Zollern, dem Großkomtur des Deutschen Ordens. Burgmauern, die einst als unbezwingbar gegolten hatten, fielen nun in Trümmer, und seinen hartnäckigsten Gegner, die Familie Quitzow, konnte er völlig unterwerfen. Das mittelalterliche Rittertum und seine Art, Krieg zu führen, hatten sich überlebt. Pferde und glänzende Rüstungen waren nicht in der Lage, den schweren, aber wirkungsvollen Belagerungskanonen zu widerstehen.

Am 20. März 1414 hielt Friedrich in Tangermünde Gericht über die Rebellen. Einigen wurde der gesamte Besitz konfisziert. Alle Stände des Landes, der Adel, die Kirche und das Bürgertum, bekundeten dem Markgrafen ihre Ergebenheit, und die reguläre Funktion der Gerichte war wiederhergestellt.

Etwas später erhielt Friedrich auch die Oberlehnsherrschaft über Pommern, was ihn in extensive kriegerische Auseinandersetzungen mit Pommern, Mecklenburg und besonders Polen verwickelte. Als Bezwinger des Deutschen Ordens war Polen nicht zu unterschätzen. Nach Friedrichs Plan sollten enge familiäre Bande zwischen den Hohenzollern und der polnischen Krone geknüpft werden, und so wurde sein zweiter Sohn mit der Tochter des Königs Wladislaw von Polen, der keine männliche Nachkommenschaft besaß, verlobt. Damit beschwor Friedrich aber einen Konflikt mit Kaiser Sigismund herauf, dem er seinen Aufstieg verdankte. Der Kaiser stritt mit den Polen um die Zukunft Böhmens, wo er seine eigene Erbfolge gegen die Hussiten durchzusetzen versuchte. Für den erfolglosen Feldzug in dieser Angelegenheit machte Sigismund Friedrich verantwortlich, der ihm in der Stunde der Not nicht geholfen hatte. Die Vergeltung folgte rasch. Der Kaiser unterstützte verschiedentlich den Markgrafen von Sachsen und gewährte dann Brandenburgs nördlichen Gegnern, besonders den Herzögen von Pommern, entscheidende Hilfe. Er verlieh ihnen das Recht über die Uckermark, die Friedrich bis dahin erfolgreich gehalten hatte. Der Krieg brach im Frühling 1425 aus. Gegen Brandenburg standen Pommern, Mecklenburg, der Deutsche Orden und sogar Polen, das Friedrich trotz der Verlobung seines Sohnes mit König Wladislaws Tochter im Stich ließ.

Friedrich wurde besiegt. Er übergab die Regentschaft seinem Sohn Johann. Ein Jahr später folgte die Versöhnung mit Sigismund. 1427 wurde mit Pommern und Mecklenburg Frieden geschlossen, und Brandenburg wurde die Uckermark wieder zuerkannt. Friedrich kehrte jedoch nicht nach Brandenburg zurück, sondern widmete sich seinen Besitzungen in Franken. Dort starb er 1440 als Kurfürst.

Sein ältester Sohn, Markgraf Johann, besaß nicht die Fähigkeiten seines Vaters, und sein Mangel an Durchsetzungskraft stellte beinahe wieder die Verhältnisse her, die Friedrich vorgefunden hatte, als er nach Brandenburg kam. Wieder einmal verhielt sich der Adel herausfordernd. Ohne vorherige Konsultationen verbanden sich Berlin und Cölln 1432 zu einer städtischen Gemeinde. Um des Friedens willen mußte Johann ganz Berlin meiden; der nächstliegende Ort, wohin er sich wagen konnte, war Spandau. Friedrich, der noch lebte, erkannte die Probleme und teilte seinen Besitz. Brandenburg erhielt sein zweiter Sohn Friedrich, der 1437 die Verwaltung übernahm. Er mußte jedoch versprechen, die Regentschaft mit seinem jüngsten Bruder sechzehn Jahre lang gemeinsam zu führen und anschließend das Land mit ihm zu teilen. Diese Teilung fand 1447 statt, und der jüngste Bruder erhielt einen Teil der Altmark, der aber nach seinem Tod wieder an Friedrich II. fiel.

Friedrich II. war am polnischen Hof zu Krakau aufgewachsen und mit einer polnischen Prinzessin verlobt, die sehr bald starb. Er folgte weitgehend der politischen Linie seines Vaters, indem er die Rechte über sein Herrschaftsgebiet geltend machte und den Adel, besonders die Raubritter, die Brandenburgs Handel bedrohten, unterwarf. Mit den Städten verfuhr er in ähnlicher Weise. Bedeutsam in diesem Zusammenhang war sein Konflikt mit Berlin und Cölln, weil andere Städte es ihnen nachtun wollten. Er schränkte die Freiheit, die sie sich in Abwesenheit eines starken Herrschers in Brandenburg genommen hatten, wieder ein. Um seine Entschlossenheit zu demonstrieren und die Union zwischen ihnen zu lösen, ernannte er neue Stadträte und behielt sich auch für die Zukunft das Recht vor, sie zu bestimmen. Außerdem zog er die gesamte Rechtsprechung an sich. Dann zwang er die Städte, freie Handelswege – nach Mecklenburg zum Beispiel – zu gewährleisten. Er nahm das Land zwischen den beiden Städten in Besitz, um dort seine eigene Residenz zu errichten. Die Berliner Bürger erkannten darin zu Recht eine Bedrohung ihrer Freiheitsrechte und erhoben sich 1442 mit dem Ziel, Berlins und Cöllns Autonomie wiederherzustellen. Die Aktion erwies sich als Fehlschlag, und die Städte mußten sich schließlich Friedrich unterwerfen. Ihr Recht, Allianzen mit anderen Städten zu schließen, wurde aufgehoben und damit ihre Verbindung zur Hanse, die aber ohnehin nur noch symbolischen Wert hatte, da die Bedeutung der Hanse im Schwinden war. Auch die Kirche in Brandenburg mußte von nun an Friedrich Gehorsam leisten, und er bestand erfolgreich auf dem Recht, die Bischöfe zu ernennen. Außerdem konnte er sich

die Vorherrschaft der weltlichen Justiz über die kirchliche Gerichtsbarkeit sichern.
Die Verwaltung wickelte er mit seiner eigenen Kanzlei ab, in der er nach und nach die kirchlichen Mitarbeiter durch weltliche ersetzte. Sicherte ihm seine Innenpolitik auch die Oberhoheit über sein Gebiet, so erwies sich Friedrichs Außenpolitik, besonders in finanzieller Hinsicht, als recht kostspielig. Sein Ziel war es, alle Gebiete wiederzugewinnen, die einst zu Brandenburg gehört hatten, aber als Ergebnis der Auseinandersetzung zwischen seinem Vater und Kaiser Sigismund verlorengegangen waren. Er führte einen erfolgreichen Krieg gegen Mecklenburg; außerdem gewann er die Nieder-Lausitz und andere kleinere Regionen zurück. Sein bedeutendster Gewinn aber war die Neumark, die an den Deutschen Orden gegangen war und in polnischen Besitz überzugehen drohte. Friedrich tat den entscheidenden Schritt und kaufte das Land rechtzeitig vom Hochmeister Ludwig von Erlichhausen zurück. Sein ehrgeizigstes Ziel jedoch war der Erwerb Pommerns, weil Brandenburg damit die Vormachtstellung im nordöstlichen Deutschland erlangt hätte. In einem weiteren Krieg konnte Friedrich aber nur einen Teil seiner Absicht realisieren. Seine Schatzkammer war nach diesem Unternehmen geleert, und er beendete seine Regentschaft mit beträchtlichen Schulden. Da Friedrichs einziger Sohn 1467 gestorben war, ging die Thronfolge in Brandenburg an Friedrichs Bruder Albrecht Achilles.
Albrecht war in Brandenburg aufgewachsen und mit fünfzehn Jahren Page am Hofe König Sigismunds in Preßburg geworden. Er nahm an den Hussitenkriegen teil und war später in ausgedehnte Fehden mit seinen fränkischen Gebieten, besonders mit der Stadt Nürnberg, verwickelt gewesen.
Als er die Herrschaft in Brandenburg übernahm, schloß er zunächst einen Frieden mit Pommern, der ihm alle Besitzungen sicherte, die sein Bruder erobert hatte. Trotzdem brachen schon bald wieder Kämpfe zwischen Brandenburg und Pommern aus, bei denen es um einige kleinere Gebiete ging, die er 1470 erhielt.
Im Vergleich zu seinem Bruder Friedrich hinterließ Albrecht wohlgeordnete Finanzen und gut gefüllte Speicher. Ebenso wichtig für Brandenburgs Zukunft war seine Festlegung, daß das Territorium durch die Erbfolge nicht mehr gemindert werden dürfe. Er führte

formal nicht das Erstgeburtsrecht ein, sondern verteilte seinen Besitz auf eine Weise, die seinen Söhnen die Herrschaft über relativ geschlossene Gebiete überließ. Er war auch der letzte Hohenzollernfürst, der gleichzeitig über Brandenburg und seine fränkischen Stammgebiete regierte. Sein Nachfolger Johann (1486–1499) bemühte sich weniger um territoriale Ausdehnung als um die innere Konsolidierung. An der Politik des kaiserlichen Hofes zeigte er keinerlei Interesse.

In seiner Regierungszeit finden sich jedoch die ersten deutlichen Anzeichen für die wachsende Unterdrückung der Bauernschaft durch den Adel. Es gelang dem Adel der Altmark, ein Vergehen daraus zu machen, wenn jemand Bauern beherbergte oder ansiedelte, die in der gleichen Gegend eigenmächtig das Landgut eines Adligen verlassen hatten. Da der Bedarf an Getreide ebenso stieg wie die Preise, hatte der Adel ein dringendes Interesse daran, den Ertrag zu erhöhen, indem er seine Landgüter nachhaltig rationalisierte. Das wurde unter anderem dadurch erreicht, daß man die Arbeitskraft vergrößerte, indem man freie Bauern wieder zu Leibeigenen machte. Kurfürst Johann stand sicherlich auf der Seite des Adels, da seine wirtschaftlichen Absichten letzten Endes die gleichen waren.

Ein weiterer bemerkenswerter Schritt Johanns war, daß er die aus dem Fränkischen stammenden Stadträte und Verwaltungsbeamten durch einheimischen, brandenburgischen Nachwuchs ersetzte. Zum ersten Mal gewinnen Namen wie Bülow, Alvensleben und Schlabrendorff Ansehen bei Hofe. Brandenburg bietet ein hervorragendes Beispiel für die Entstehung des modernen Staates – als Produkt der zentralisierten Macht des Absolutismus, der wiederum das Ergebnis des Konflikts der regierenden Fürsten mit zwei wesentlichen Kräften war. Die Fürsten mußten sich uneingeschränkten Zugang zu den Finanzquellen verschaffen. In Brandenburg hieß das, sie mußten ihre bereits erfolgreichen wirtschaftlichen Unternehmungen weiter ausbauen. Sie konnten sich, wie die Habsburger, nicht mehr auf die Geldquellen verlassen, die sich im Besitz privater Finanzmonopole befanden. Die Inhaber solcher Monopole, Familien wie die Fugger oder Welser, in deren Hand beträchtliche wirtschaftliche Macht konzentriert war, konnten, wenn es in ihrem Interesse lag, momentane Lücken zwischen den schwindenden Einnahmen der Fürsten und

ihrem tatsächlichen Bedarf überbrücken, aber nicht schließen. Der zweite Konflikt bestand mit den Ständen des Reichs, mit dem Adel, der Kirche und den Städten. Die Stände hatten in vielen Bereichen erfolgreich mittelalterliche Feudaltraditionen in demokratieähnliche Strukturen umgewandelt, indem sie darauf bestanden, daß die öffentliche Macht in den Händen derer liegen solle, die die Grundlagen des Staates hervorbrachten. Der aufsteigende absolute Fürst mußte seine Macht ausdehnen, indem er Herrschaftsansprüche, die noch von Institutionen wie der Kirche, den Gilden oder allgemein von den Ständen beansprucht wurden, in seinen eigenen, privaten ›Besitz‹ überführte, was in den meisten Fällen auch gelang. Früher lag dieser ›Besitz‹ mehr oder minder in der Hand der Reichsstände, der Inhaber der Finanzmonopole und der Fürsten.
Diese erfolgreiche Verschiebung der Macht erforderte auch Veränderungen in anderen Bereichen. Zum einen beeinflußte sie das Verwaltungssystem, besonders die Bürokratie. Die Wurzeln der modernen Bürokratie sind, trotz einiger Versuche im Mittelalter und der Renaissance, im Zeitalter des Absolutismus zu suchen. Eine Politik, die darauf abzielte, größtmögliche Macht in der Person des Fürsten zu konzentrieren, war genötigt, eine effektive Zentralisierung durchzusetzen. Bei der wachsenden Komplexität aller Formen sozialen und wirtschaftlichen Lebens reichte es nicht mehr aus, einen Schreiber für die Verwaltung einzusetzen; man konnte immer weniger auf den spezialisierten Experten verzichten. Die absolute Monarchie und die institutionalisierte Bürokratie sind jedoch – vorausgesetzt, man versteht unter Bürokratie etwas anderes als die täglichen Verrichtungen untergeordneter Beamter – nicht miteinander vereinbar, schließen sich auf lange Sicht sogar aus. Je mehr Fachwissen, je mehr Spezialisten benötigt werden, desto weniger kann ein Mann, der Fürst, diese Spezialisten beherrschen und überwachen. Forderungen nach mehr Unabhängigkeit, Unzufriedenheit und schließlich die völlige Ablehnung jeglicher Einmischung seitens des Fürsten sind unvermeidbare Folgen. Die einzige Möglichkeit, gegen diese Tendenz ein Gegengewicht zu schaffen, war, den Adel in die Dienste des Fürsten bzw. der Bürokratie zu ziehen.
Veränderungen gab es auch im Bereich der Kriegführung. Nach dem Niedergang des Rittertums und dem Aufkommen der Söldnerheere

brachte der Absolutismus, modern ausgedrückt, die Verstaatlichung der Armeen hervor, mit anderen Worten: die Berufsheere. Sie wechselten aus dem Privatbesitz einiger Hauptleute in das Eigentum des Fürsten. Wallenstein war der erste, bei dem diese Veränderung dramatisch sichtbar wurde.

Das Volk, insbesondere die Unfreien waren zunehmender Härte ausgesetzt, denn die Fürsten gaben, um den Adel in den absolutistischen Staat zu integrieren, ihre Zustimmung, daß den Bauern noch höhere Belastungen auferlegt werden konnten. Um sich selbst von der Notwendigkeit zu befreien, Anleihen bei privaten Bankiers aufnehmen zu müssen, war der Fürst darauf angewiesen, alle ökonomischen Reserven seines Landes voll auszubeuten. Und auch dafür war eine wirkungsreiche Verwaltung vonnöten.

Die Anfänge all dieser Veränderungen, die ein Zeitalter prägen sollten, sind in Brandenburg im 15. und 16. Jahrhundert zu erkennen. Äußerlich schien diese Entwicklung von den Auswirkungen der Reformation überschattet. Zunächst griff die Reformation auf das Gebiet des Deutschen Ordens über. Seine Herrschaft schien endgültig zu zerfallen, und es war fragwürdig, ob er überleben würde. Die Polen übten einen starken Druck aus, und die Reformation erfaßte zuerst Danzig und dann Königsberg, wo der Bischof von Samland, Georg von Polentz, an Weihnachten 1525 seine berühmte Predigt zugunsten der neuen Lehren hielt. Der Hochmeister des Ordens, Markgraf Albrecht von Brandenburg-Ansbach, sympathisierte mit Luther und sah den einzigen Weg zur Rettung des Ordens in dessen Säkularisierung.

Er schloß mit dem König von Polen einen Vertrag, in dem er auf das Amt des Hochmeisters verzichtete und die Gebiete des Deutschen Ordens der polnischen Krone anvertraute. Dafür erhielt er von Polen Preußen als weltliches Herzogtum zum Lehen. Albrecht war nun polnischer Herzog und nicht länger einer des Reiches; Preußen war Herzogtum.

In welchem Umfang Albrecht seine Ordensbrüder um Rat gefragt hat, ist nicht bekannt. Um seine Aktion zu rechtfertigen, verwies er auf die Notwendigkeit der Säkularisierung aller religiösen Orden, wie Luther es gefordert hatte. Unmittelbar nach seiner Rückkehr nach Königsberg verkündete Albrecht seinen Übertritt zum Luthertum und seine Erhebung zum Herzog von Preußen von des polnischen Königs Gnaden. Er widerrief die Gelübde des Deutschen Ordens und heiratete die Prinzessin Dorothea von Dänemark. War der Katholizismus auch streng gewesen, so war es das Luthertum zumindest in preußischer Ausprägung noch um einiges mehr. Ständige Überwachung sollte sicherstellen, daß die neuen Lehren überall befolgt wurden, und diejenigen, die sich gegen sie vergingen, wurden streng bestraft.

Albrechts Universität in Königsberg war über mehr als zwei Jahrhunderte eine ausschließlich protestantische Institution. Die ersten zweihundert Studenten kamen aus dem Herzogtum Preußen, aus Elbing und Danzig und aus Polen und Litauen. Da Luther gefordert hatte, daß die biblischen Lehren jedermann in seiner eigenen Sprache zu vermitteln seien, richtete die Universität schon bald ein polnisches und ein litauisches Seminar an der theologischen Fakultät ein. Religiöse Texte wurden in die verschiedenen Sprachen der einheimischen Bevölkerung übersetzt.

Es gibt keine Hinweise auf irgendeinen Widerstand gegen die neue Religion in der Bevölkerung – vielleicht ein Beweis dafür, wie sehr sich die alte im Laufe der Zeit diskreditiert hatte. Aber die Tatsache, daß der Deutsche Orden, der so stark die katholische Macht repräsentiert hatte, den Protestantismus verbreiten half, mag den Bruch in der Kontinuität weniger kraß spürbar gemacht haben, als es sonst der Fall gewesen wäre. Ein Wiederaufleben des Katholizismus war kaum zu verzeichnen, dafür tauchten aber erstaunlicherweise wieder heidnische Bräuche auf, besonders in dem Gebiet, wo die ursprünglich pruzzische Bevölkerung noch in der Mehrzahl war. 1525 ging als das Jahr des Bauernkriegs in die Geschichte ein, aber diese Aufstände beschränkten sich auf den Südwesten Deutschlands und Thüringen. Östlich der Elbe gab es nur im Samland Unruhen. Die Stände schworen dem neuen Herzog die Treue, die Bauern aber waren nur bereit, den Schwur auf die Person des Herzogs zu leisten. Als Gegenleistung verlangten sie außerdem die Aufhebung aller besonderen Rechte, die sich der landbesitzende Adel seit Beginn des Zerfalls des Deutschen Ordens angeeignet hatte: Rechte, die natürlich größere Knechtschaft für die Bauern bedeutet hatten.

Die Bauern versammelten sich vor den Toren Königsbergs, wo Albrecht und seine Truppen sie zwangen, die Waffen niederzulegen, und dann einige ihrer Führer exekutierten. Wenn der Aufstand auch niedergeschlagen worden war, so flackerte er doch häufig und zum Teil in religiöser Form wieder auf. Preußen wurde bekannt als eine Brutstätte protestantischen Sektierertums. Luther hielt es für nötig, Albrecht zu mahnen, die Einheit des Glaubens zu erhalten. Albrecht wußte jedoch, daß die erfolgreiche Entwicklung Preußens von neuen Einwanderern abhing und deshalb ein gewisses Ausmaß an Toleranz in bezug auf religiöse Belange vonnöten und zu gewähren war, solange das Prinzip der Reformation nicht in Frage gestellt wurde.

In der Außenpolitik zielte Albrecht auf die Konsolidierung des neuen Herzogtums und dessen allgemeine Anerkennung bei seinen Nachbarn und in ganz Europa. Sein Verhältnis zum Heiligen Römischen Reich Deutscher Nation war schwer belastet, da seine Hinwendung zur polnischen Krone als Verrat ehemalig deutschen Kolonialgebiets aufgefaßt wurde. 1532 wurde er vom obersten Gerichtshof des Reiches in Reichsacht erklärt, nachdem auch die katholische Kirche ihn mit dem Bann belegt hatte. Die Reichsacht wurde auf alle preußischen Untertanen ausgedehnt. Daß sich daraus keine ernsthaften Konsequenzen ergaben, kann dem allgemeinen Erfolg der Reformation zugeschrieben werden. Die Haltung Polens war dabei ebenfalls von Bedeutung. Die Reformation hinterließ auch hier ihre Spuren, aber trotz gelegentlich gespannter Beziehungen zur römischen Kirche blieb das Land dem katholischen Glauben treu. Es scheint ein Widerspruch zu sein, daß die größte katholische Macht an Preußens Grenze viele Mühen auf sich nahm, das Überleben ihres neuen protestantischen Nachbarn zu fördern – ein Verhalten, das nur durch die polnische Politik gegenüber dem Reich verständlich wird, dessen nordöstliche Kolonie immer als eine Bedrohung der eigenen Sicherheit empfunden worden war. Die gleichen Motive, die Richelieu dazu veranlaßten, Gustav Adolf zu unterstützen, lagen der Hilfe Polens für Albrecht zugrunde.

Im Innern ist Albrechts Herrschaft dadurch gekennzeichnet, daß die Stände politisch die Oberhand gewannen. Der landbesitzende Adel drängte mehr und mehr in den Vordergrund. Das scheint verständlich, wenn man sich die Geographie Preußens betrachtet: seine weiten, für den Ackerbau geeigneten Flächen, die Entwicklung größerer

Anbaugebiete und Landgüter, die ausgedehnter und ökonomisch anders organisiert waren als im übrigen Deutschland.
Die unkomplizierte politische Struktur war vor allem ein Vermächtnis des Deutschritterordens. Die Verwaltung und die effektive wirtschaftliche Organisation mußte fähigen Leuten übergeben werden, doch nicht zu vielen, um Zersplitterung und damit Machtauswüchse zu verhindern. Die Politik, die Preußen zum Land der großen, vom Adel verwalteten Güter machte, wurde, wie nicht anders zu erwarten, auf dem Rücken der Bauern ausgetragen. Die immer weiter fortschreitende Parzellierung des Landes, wie sie für den Grundbesitz im südlichen Deutschland so typisch ist, wurde vermieden. Die Landgüter wurden ständig vergrößert, die Bauern zwangsweise enteignet und zur Knechtschaft gezwungen und ganze Teile der bäuerlichen Bevölkerung ihrer Rechte beraubt. Im 16. Jahrhundert erreicht der Adel in Preußen eine wirtschaftliche Position, die mehr als drei Jahrhunderte lang seinen politischen Einfluß in Brandenburg-Preußen bedingte.
Albrecht konnte seine Stellung nicht als gesichert betrachten. Er mußte sich nach Unterstützung umsehen. Der Bauernaufstand im Samland machte es nicht ratsam, die Herrschaft wie sein schwedischer Nachbar auf einer freien Bauernschaft aufzubauen. So glaubte er, der Landadel sei die einzig verläßliche Stütze. Auf der anderen Seite war der Adel nicht nur eine Klasse von Agrarunternehmern, sondern übte auch richterliche und politische Gewalt über seine Leibeigenen aus und beherrschte häufig die örtlichen Kirchen. Das Ergebnis war die Zersetzung der Staatsautorität und eine ernsthafte Schwächung der sozialen und wirtschaftlichen Position der Bauernschaft. Ironischerweise waren die Bauern die Nachfahren jener, die dem Aufruf zur Kolonisierung des Ostens, zur Verbreitung des Christentums und zur Ausweitung des christlichen Einflusses Folge geleistet hatten.
Der ostpreußische Landadel unterschied sich in einem wesentlichen Punkt vom landbesitzenden Adel im übrigen Deutschland und in Europa, wo das Land hauptsächlich verpachtet, Gutsverwaltern übergeben oder von anderen bearbeitet wurde. Der preußische Landadel betrieb seine Güter selbst. Der grundbesitzende Adlige war hier schlicht und einfach Landwirt. Die Eignung des preußischen Bodens

für den Großanbau von Weizen war eine wichtige Klammer für die Beziehung von Hanse und Deutschritterorden gewesen. Nordosteuropa, einschließlich Preußen, war die Kornkammer Westeuropas: Weizen vor allem machte Städte wie Stettin in Pommern, Danzig in Westpreußen, Königsberg und Memel in Ostpreußen, Riga in Lettland zu wichtigen Exporthäfen. Weizen bedingte ihr rasches Wachstum und ihre blühende, urbane Kultur.

Solch wirtschaftliche Macht mußte all ihre Energie aufwenden, um ihren politischen Ausdruck zu finden. Der Landtag, die Ständeversammlung, hatte bei zusätzlichen Einkommensforderungen des Staates, bei Steuererhöhungen, seine Zustimmung zu geben. Er setzte sich aus den drei Ständen zusammen, deren erster aus Mitgliedern des aus dem Reich stammenden Adels bestand, der zweite aus dem ortsansässigen Adel und der dritte aus Abgeordneten der Städte. Es gibt keine Anzeichen dafür, daß sich Albrecht je auf den ersten oder dritten Stand gestützt hätte, um den einheimischen Adel im Zaum zu halten. Im ganzen gesehen, ließ der Landtag Albrecht in Frieden, da er sicher war, daß seine Politik, Preußen vor der möglichen katholischen Reaktion zu schützen, mit seinen Interessen übereinstimmte. Aber er duldete keinerlei Einmischung in die eigenen ökonomischen Interessen. Die Zentralisierungstendenzen, die für die deutschen Fürstentümer so charakteristisch waren und sich in Brandenburg im 16. Jahrhundert vollzogen, steckten in dieser Ecke des nordöstlichen Mitteleuropa noch in ihren Anfängen. Die Stände sicherten sich ihren Einfluß im Regierungsapparat und in der Verwaltung. Dieser Apparat glich im wesentlichen dem des Deutschen Ordens. Die Verwaltung entschied selber über die Auswahl ihres Nachwuchses – Albrecht hatte darauf wenig Einfluß. Der Adel tat desgleichen und schuf sich zudem Gesetze, die auf seine Interessen zugeschnitten waren.

Später scheint Albrecht die enorme Macht, die die Stände sich angeeignet hatten, bemerkt zu haben und versuchte eine absolutistischere Herrschaft einzuführen. Die Stände waren empört und ließen zur Warnung – ähnlich wie ein Jahrhundert später in England im Falle Thomas Wentworth – einige Räte des Herzogs hinrichten.

Die Stände sicherten sich weitere Vorrechte wie zum Beispiel das Privileg, als Repräsentanten des Herzogs handeln zu dürfen, sollte er abwesend sein oder sterben. Albrecht verschied 1568 und hinterließ einen Sohn Albrecht II. als Nachfolger. Er zeigte jedoch schon bald Zeichen einer geistigen Erkrankung, und 1605 wurde Kurfürst Joachim Friedrich von Brandenburg zum preußischen Regenten ernannt.

In der Zwischenzeit war die Reformation auch in Brandenburg erfolgreich gewesen. Kurfürst Joachim I., 1499 an die Macht gekommen, duldete, obwohl noch gläubiger Katholik, die humanistischen Strömungen des späten 15. Jahrhunderts und gründete die Universität Frankfurt an der Oder, die, versehen mit päpstlichen und kaiserlichen Privilegien, 1506 ihre Tore öffnete. Dietrich von Bülow, der Bischof von Lebus, war ihr erster Kanzler. Joachim ließ auch die Stiftskirche in Halle bauen und mit Werken Dürers und Peter Vischers ausschmücken. Er war mit Ulrich von Hutten und Erasmus von Rotterdam befreundet. Brandenburg hatte beträchtlichen Einfluß auf die Reichspolitik, der noch größer hätte sein können, wenn sich die Hohenzollern einiger gewesen wären. Die Differenzen traten bei der Kaiserwahl 1519 zutage, wo Karl von Spanien, der Enkel Kaiser Maximilians I., und Franz von Frankreich die Konkurrenten waren. Joachims Vetter, Johann Albrecht, der Bruder des Hochmeisters des Deutschritterordens, unterstützte von Anfang an Karl; auf der anderen Seite hielt sich Joachim seine Option offen, um zu sehen, welcher der beiden Kandidaten ihm am meisten bot. Unter dem starken militärischen Druck der Streitkräfte Karls mußte sich Joachim schließlich doch auf die Seite Habsburgs schlagen, und am 28. Mai 1519 wurde Karl V. Kaiser.

Trotz seiner humanistischen Neigungen bekämpfte Joachim den Aufstieg Luthers und stand damit im Gegensatz zu seinem Bruder, dem Kurfürsten von Mainz. Als Gegenleistung erhielt er von der Kirche das Privileg, die Bischöfe für die brandenburgischen Bistümer selber nominieren zu dürfen. Karl V. aber zeigte wenig Neigung, Joachims Dienste in gleicher Weise zu entgelten, und belehnte zu dessen Kummer den Herzog von Pommern mit Pommern, obwohl das Land vorher schon von Karl als Lehen Brandenburgs anerkannt worden war. Heiratspläne mit Habsburg scheiterten ebenso wie die mit Frankreich. Statt dessen heiratete Joachims Sohn 1524 Magdalene, die Tochter des Herzogs Georg von Sachsen, was zu engeren Bindungen zwischen den Vettern in Brandenburg und Preußen führte. Die erfolgreiche Schlacht Karls V. bei Pavia und der Erwerb Böhmens und Ungarns durch die Habsburger führte Joachim vor Augen, daß angesichts dieser Macht jeder Gedanke, die Unterstützung des Kaisers aufzugeben, sinnlos war. Trotz Joachims Bemühungen, sie davon abzuhalten, wurde seine Gemahlin Elisabeth Lutheranerin. Er verbot ihr, an protestantischen Gottesdiensten teilzunehmen, und so hielt sie es für ratsam, nach Sachsen zu flüchten.

Auf dem Reichstag zu Augsburg 1530 war Joachim der Führer des katholischen Kampfes gegen den Protestantismus, und er betrieb auch die Wahl des Bruders Karls V., Ferdinand, zum König der Römer. Als er im Juli 1535 in seinem Schloß zu Berlin starb, hinterließ er seinem jüngeren Sohn Johann von Küstrin die Neumark und das Herz des Landes, die Kurmark, seinem älteren Sohn Joachim. Bis 1570 regierten beide in ihrem jeweiligen Teil Brandenburgs. Joachim II. hegte nicht die politischen Ambitionen seines Vaters und war ein recht sanftmütiger Mann. Johann glich seinem Vater eher: auch er glaubte, die Unterstützung der Reformation brächte letztlich Vorteile. Während Joachim es liebte, seinen Wohlstand zu zeigen und in wahrhaft fürstlichem Stile lebte, war Johann eher wirtschaftlich orientiert und folglich nicht abgeneigt, seinem Bruder und anderen Kredite zu sehr hohen Zinssätzen zu gewähren. Er schuf ein hervorragend organisiertes Landsknechtsheer, das er für beträchtliche Summen an den Kaiser und andere Fürsten vermietete. So wundert es wenig, daß Johann am Ende seiner Regentschaft einen ansehnlichen Mehrwert erwirtschaftet hatte, während Joachim II. erhebliche Schulden hinterließ.

Von Anfang an war Johann, ungeachtet des Widerstandes seines Vaters, ein Anhänger der Reformation gewesen, wohingegen sein Bruder sich in dieser Hinsicht weit reservierter verhielt. Er konvertierte nach und nach zum Luthertum, wobei er immer nur bestimmte Inhalte übernahm. Auf diese Weise vermied er den Konflikt mit Katholiken und Protestanten und erreichte letztlich doch die Reformierung der Kurmark. Im Rahmen der Reichspolitik wurde er 1542 mit dem Kommando des Reichsheeres im Krieg gegen die Türken betraut, aber sein Mangel an militärischer Erfahrung, die zusammengewürfelten Truppen und andere Faktoren ließen seine Mission, Buda von den Türken zu befreien, scheitern. Weder Joachim noch Johann hielten es für ratsam, am Schmalkaldischen Krieg der protestantischen Fürsten und Städte gegen Karl V. zwischen 1546 und 1547 teilzunehmen – ein Entschluß, der beide Brüder enger zusammenschloß, auf der anderen Seite aber den Bruch und den anschließenden Krieg mit Karl herbeiführte. Die Furcht vor einem kaiserlichen Angriff hatte eine bedeutsame Annäherung zwischen Brandenburg und Albrecht I. von Preußen zur Folge, aber weder Joachim und Johann noch Albrecht waren bereit, so weit zu gehen wie ihr Verbündeter, Kurfürst Moritz von Sachsen, der den Kaiser im Bündnis mit Frankreich angriff.

Der Frieden von Augsburg brachte eine vorläufige Lösung der religiösen Frage und beendete auch die damit verbundenen Kriege. Im Mittelpunkt der Diskussion stand nun die Erbfolge in Magdeburg und in Preußen. Magdeburg beschäftigte Brandenburg und den kaiserlichen Hof jahrzehntelang, da der Kaiser verhindern wollte, daß dieses kirchliche Gebiet säkularisiert wurde – der Erfolg blieb ihm letztlich versagt. Brandenburg bemühte sich, Einfluß auf alle das Lehen des Herzogtums betreffende Fragen zu erlangen. Nach langen Verhandlungen wurde dies von Polen gewährt, allerdings zu einem erheblichen Preis, der von den brandenburgischen Ständen aufgebracht werden sollte. Die Säkularisierung von Kirchenland hatte die herzogliche Domäne vergrößert, aber um die Schulden zu mindern, mußte viel davon den Mitgliedern der Stände abgetreten werden.

Die Teilung Brandenburgs durch Joachim I. hatte unter den Städten entlang der Oder zu Handelsrivalitäten geführt. Frankfurt an der Oder war bei weitem das bedeutendste Handelszentrum in Brandenburg, aber Landsberg und Krossen, die zu Johanns Neumark gehörten, versuchten Frankfurt die Monopolstellung streitig zu machen. Die beiden Brüder kamen überein, Frankfurts Position aufrechtzuerhalten, was auf Kosten Stettins in Pommern geschah, während Johann, wiederum zu Lasten Stettins, Handelsstraßen nach Polen ausbauen wollte.

1571 starben Joachim und Johann innerhalb von zehn Tagen nacheinander. Johann hinterließ nur Töchter, und folglich war Joachims Sohn Johann Georg der Erbfolger, wodurch die Kurmark und die Neumark wiedervereinigt wurden.

Johann Georg war kein Verschwender wie sein Vater, und unmittelbar nach seiner Amtseinführung ließ er die Günstlinge seines Vaters und die Kaufleute, die ihm stets Geld geliehen hatten, gerichtlich verfolgen. Unter ihnen war eine Anzahl von Juden, die aus Brandenburg ausgewiesen wurden. So erging es allerdings den meisten Juden, und sie durften erst unter dem Großen Kurfürsten wieder ins Land. Johann Georgs Innenpolitik zielte auf die wirtschaftliche Wiedergesundung Brandenburgs; im Reich kümmerte er sich hauptsächlich um den Widerstand gegen die militanten Kräfte der Gegenreformation, was Brandenburgs Staatskasse keine großen Verluste brachte. Gleichzeitig erhob er den Anspruch auf die Erbfolge in den Herzogtümern Kleve und Jülich, den er aus der Heirat seines Sohnes Johann Sigismund mit einer Enkelin Albrechts von Preußen 1594 herleitete. Herzogin Maria Eleonore wurde als die Schwester der Herzogin von Kleve seine Schwiegermutter. Spanien, die treibende Kraft der Gegenreformation bis zur Verbindung mit dem Erzherzog Ferdinand von der Steiermark, dem nachmaligen Kaiser Ferdinand II., widersetzte sich den Ansprüchen des protestantischen Brandenburg, während Brandenburg offen das calvinistische Haus Jülich-Kleve unterstützte. Johann Georg starb 1598, und Joachim Friedrich, zu dieser Zeit bereits 52 Jahre alt, wurde sein Nachfolger. Er besaß umfassende Erfahrungen in der Verwaltung. Eins seiner ersten Ziele war es, eine wenn nicht herzliche, so doch immerhin funktionierende Beziehung zum Hause Habsburg herzustellen. Johann Georg hatte Schulden hinterlassen, die bezahlt werden mußten. Was in Preußen geschehen war, passierte nun auch in Brandenburg. Der Landtag versammelte sich, um Steuern zu genehmigen, die zwei Drittel der Schulden abdeckten, tat dies aber nur um der Gewähr sozialer und wirtschaftlicher Vorrechte willen, die im wesentlichen die ökonomische Macht des Adels absicherten. Er wollte aber keinerlei Verpflichtungen eingehen, die weitere Ausgaben bedingt hätten, egal ob es sich um einen Krieg gegen Spanien, gegen die Kirchenfürsten oder gegen den Kaiser handelte. Besonders in der Frage Jülich-Kleve riet der Landtag zu Vorsicht und Geduld. So waren dem Ehrgeiz Joachim Friedrichs deutliche Grenzen gesetzt.

Seine Regentschaft ist durch verschiedene Neuerungen in der Verwaltung Brandenburgs gekennzeichnet. Natürlich hatten sie ihre

Vorläufer in anderen deutschen Fürstentümern, doch für das Haus Hohenzollern in Brandenburg bedeuteten sie den formalen Beginn einer Zentralverwaltung. Im Dezember 1604 wurde der Geheime Rat begründet, eine kollegiale Körperschaft mit neun geheimen Räten. Seine Arbeit unterlag im außen- wie innenpolitischen Bereich der Aufsicht des Kurfürsten. Das alte System von Räten, die den Kurfürsten individuell berieten, wurde aufgelöst und in das kurfürstliche Kammergericht umgewandelt. Hinzu kam die Amtskammer, zu deren Aufgabe vor allem die Verwaltung der kurfürstlichen Besitzungen gehörte. Joachim Friedrich stellte auswärtige Beamte an, die nicht nur den Einfluß der Stände mindern sollten, sondern eine Regierung leiten konnten, die zunehmend komplizierter wurde.
Joachim Friedrichs Sohn, Kurfürst Johann Sigismund, verstärkte die brandenburgische Unterstützung für die protestantische Sache. Aus heutiger Sicht ist die Belehnung mit Preußen 1611 das wichtigste Ereignis seiner Regentschaft. Als Albrecht II. 1618 starb, ging das Erbfolgerecht an das Haus Hohenzollern über. Johann Sigismunds Heirat mit Albrechts ältester Tochter begründete seinen endgültigen Anspruch auf das Herzogtum Jülich-Kleve.
Der Kurfürst von Preußen war nun ebenso Vasall des Kaisers wie des Königs von Polen. Das spielte jedoch keine große Rolle. Wichtig war die Vergrößerung des Hohenzollerngebiets, das sich nun fast verdoppelt hatte. Königsberg war seit den Tagen des Deutschen Ordens Handelszentrum und unerreicht von den brandenburgischen Städten. In Preußen wie in Brandenburg war es der Landadel, der sich um die politische Vorherrschaft bemühte, und oft genug hatte er dabei Erfolg.
Die Vergrößerung des Hohenzollerngebiets und die Einrichtung der Zentralverwaltung wurden bald durch Anzeichen der Nachlässigkeit in der Regentschaft Johann Sigismunds überschattet. Seine Aktivitäten als kurfürstlicher Prinz waren vielversprechend gewesen, aber die Erwartungen wurden enttäuscht. Richtig ist, daß er, als er seinem Vater folgte, kein gesunder Mann mehr war, und Krankheit scheint seine früheren Kräfte verzehrt zu haben. Seine exzessiven Eß- und Trinkgewohnheiten dürften dabei kaum heilsam gewesen sein. Außerdem hatte er eine spannungsreiche Beziehung zu seiner Gemahlin Prinzessin Anna, da ihr strenges Luthertum seinen calvinistischen

Neigungen entgegenstand. Die beiden führten zumindest eine unkonventionelle Ehe: bei ihren Auseinandersetzungen bewarfen sie sich mit Tellern und Gläsern.

Im März 1609 starb Herzog Johann Wilhelm von Jülich. Kurfürstin Anna war in der Erbfolge die nächste, und so nahm Brandenburg offiziell Jülich-Kleve in Besitz. Der Kaiser erhob Einspruch, und es wurde der Reichshofrat einberufen. Dessen Präsident, Graf Johann Georg von Hohenzollern-Sigmaringen, vertrat bei diesem Treffen den Kaiser. Neuenburg machte Brandenburg den Anspruch streitig, und um beide Seiten zufriedenzustellen, bestimmte der Reichshofrat eine gemeinsame Regentschaft von Brandenburg und Neuenburg in Jülich-Kleve. Die örtlichen Stände stimmten der Lösung unter der Bedingung zu, daß im Fürstentum die religiöse Toleranz für Protestanten, Calvinisten und Katholiken gewährleistet werde.

Aber die Frage Jülich-Kleve war doch noch komplizierter. Sie war mit dem spanischen Krieg in den Niederlanden verknüpft, wo die deutschen Protestanten gemeinsam mit Frankreich und England die Holländer unterstützten. Im Frühjahr 1610 bemühten sich die Franzosen, Jülich vom Kaiser zu erlangen, während zwischen Spanien und Holland noch ein Waffenstillstand in Kraft war, der die südlichen Niederlande unter der Kontrolle der Spanier beließ. Solange keine katholischen Interessen verletzt wurden, waren die katholischen Kräfte in Deutschland nicht bereit, in der Sache Jülich einzugreifen. Die französischen Pläne fanden durch die Ermordung König Heinrichs IV. ein jähes Ende. Brandenburg nahm nun das Herzogtum Jülich voll in Besitz, da es dem Reichshofrat, der sich ausschließlich aus Katholiken zusammensetzte, nicht traute. Dagegen wehrte sich natürlich das Haus Neuenburg, und es kam zum offenen Konflikt, wobei Brandenburg nicht sonderlich gut abschnitt. England und Frankreich vermittelten, und Brandenburg mußte Teile seines Erbes aufgeben. Die Kontrahenten teilten sich die Einkünfte und die Regierung des Fürstentums, wobei Brandenburg die vorwiegend protestantischen Regionen übernahm: das Herzogtum Kleve sowie die Grafschaften Mark und Ravensberg. Neuenburg erhielt die katholischen Regionen, das Herzogtum Jülich und die Grafschaft Berg. Für diese Lösung, die nicht dauerhaft sein konnte, waren Johann Sigismund, der die Interessen Brandenburgs nur halbherzig verfolgte, ebenso wie die brandenburgischen Stände verantwortlich, die größere Ausgaben vermeiden wollten. Für sie war die Politik der Hohenzollern im nordwestlichen Deutschland nicht von Interesse, im Gegensatz zum Erwerb Preußens. 1613 trat Johann Sigismund zum Calvinismus über. Die Reformierte Kirche, eine neue und spezifisch deutsche Form des Puritanismus, übte nachhaltigen Einfluß auf die frühe Hohenzollerndynastie aus.

Johann Sigismunds Gesundheit verfiel zusehends, und im November 1619 übergab er die Regentschaft seinem Sohne Georg Wilhelm. Er starb zwei Monate später, im Januar 1620. Trotz seiner Schwäche hinterließ er Brandenburg ein Vermächtnis, das seine Geschicke in den nächsten zweieinhalb Jahrhunderten bestimmen sollte. Die Hohenzollern hatten jetzt sowohl auf den Nordosten wie auf den Nordwesten Deutschlands Einfluß. Brandenburg war nicht mehr länger ein beliebiges mitteldeutsches Fürstentum, sondern hatte Polen und Rußland auf der einen und die Niederlande auf der anderen Seite zu Nachbarn. Das wirkte sich aus: Brandenburg konnte nicht weiterhin auf religiöser Einheit insistieren. Die besondere Zusammensetzung seiner Bevölkerung machte aus der religiösen Toleranz eine politische Forderung, die sich auch der Staat schließlich aneignen mußte. Brandenburg hörte auf, ein konfessionell gebundener Territorialstaat zu sein – falls es je einer gewesen war.

Georg Wilhelm, bei seiner Amtsübernahme 25 Jahre, besaß ebenso nicht die beste Gesundheit, und es fehlte ihm auch an Bestimmtheit, Voraussicht und rascher Entschlußkraft – schlechte Voraussetzungen zu einer Zeit, da die ersten Wogen jener Verwüstungen, die zusammenfassend als Dreißigjähriger Krieg bezeichnet werden, über Deutschland zusammenschlugen. Infolge seiner Schwäche war es für den Präsidenten des Geheimen Rates, den katholischen Reichsgrafen Adam zu Schwarzenberg aus dem Rheinland, nicht schwer, Brandenburgs Politik zu lenken.

Georg Wilhelm wollte vor allem andern beim polnischen König die offizielle Einsetzung des Kurfürsten als Herzog von Preußen erreichen. Aber da gab es noch ein Problem: seine Mutter. Sie verfolgte eine eigene Politik: die Heirat ihrer Tochter mit dem König Gustav Adolf von Schweden. Georg Wilhelm war gegen diese Verbindung, vor allem, weil der polnische König mit Schweden im Kriege lag;

aber während der Kurfürst in Königsberg weilte, schickte seine Mutter ihre Tochter zum schwedischen Kanzler Oxenstierna, damit sie in Schweden verheiratet werde. König Sigmund von Polen sah darin zunächst eine Verschwörung der Hohenzollern, und Georg Wilhelm war wegen der Niederlage in der Investiturfrage in Verlegenheit: er wollte weder Gustav Adolf noch Sigmund unterstützen, sondern strikt neutral bleiben. Schwedens Vormarsch in Livland bedrohte ernsthaft polnische Interessen, und so zeigte der polnische Hof gegen Georg Wilhelm eine größere Konzessionsbereitschaft. Am 23. September 1621 erhielt er Preußen zu den gleichen Bedingungen wie sein Vorgänger. Weitergehende Forderungen ließen die Polen fallen. Brandenburg gelang es, sich aus dem Konflikt zwischen Schweden und Polen herauszuhalten; die gleiche Politik verfolgte es im Hinblick auf den Krieg in Böhmen, obwohl Kurfürst Friedrich V. von der Pfalz, der ›Winterkönig‹, Georg Wilhelms Schwager war. Nach der Schlacht am Weißen Berge – vielleicht die wichtigste Schlacht in Deutschlands politischer Entwicklung, denn wäre sie von den böhmischen Aufständischen gewonnen worden, hätte es wohl kaum die Gelegenheit für einen Bismarck und seine Politik gegeben – waren die Hohenzollernfürsten, die Friedrich unterstützt hatten, auf der Verliererseite und wurden ihrer Besitztümer beraubt. Aber Georg Wilhelm schien von der Auflösung der Protestantischen Union, der Eroberung der Oberpfalz und ihrer Übergabe an Maximilian von Bayern nicht sonderlich betroffen.

Die Neutralität brachte jedoch auch Isolation. Während sein Nachbar, Johann Georg von Sachsen, Sonderverhandlungen mit der katholischen Seite führte, wurden Georg Wilhelms Besitzungen im nordwestlichen Deutschland von den kaiserlichen Truppen unter Tilly besetzt. 1624 planten die Feinde Habsburgs, besonders Frankreich, England und die skandinavischen Staaten, eine Koalition. Brandenburg nahm am Rande teil, indem es mit Gustav Adolf verhandelte, der einen großen Feldzug in Schlesien plante. Georg Wilhelm war dies zu nah, und er versuchte, bei ihm das Interesse für einen Feldzug im westlichen Deutschland, mit dem Ziel der Rückgewinnung der Pfalz, zu wecken. Der Plan wurde schließlich aufgrund der Feindschaft zwischen Gustav Adolf und König Christian IV. von Dänemark aufgegeben. Georg Wilhelm nahm auch mit einem der ärgsten Feinde des Kaisers, dem Fürsten Bethlen Gabor von Transsylvanien, Verbindung auf, brach aber die Verhandlungen ab, als er vom kaiserlichen Hof dazu ermahnt worden war, und nahm auch vom Beitritt zur Allianz in Den Haag, die im Dezember 1625 zwischen England, Dänemark und Frankreich beschlossen wurde, Abstand.

Um seine Neutralität zu schützen, hob Georg Wilhelm 3000 Mann aus, aber es war zu spät, um den wohlbekannten Berufssoldaten Mansfeld und seine Leute am Durchqueren der Altmark und der Priegnitz zu hindern. Wallensteins Sieg über ihn, 1626, beraubte Brandenburg zeitweise der Städte Magdeburg und Halberstadt. Als die kaiserlichen Truppen Brandenburg durchquerten, respektierten sie die Neutralität des Landes soweit wie möglich, aber Gustav Adolfs Landung in Pommern, 1630, zwang Georg Wilhelm, gegen den Kaiser Partei zu ergreifen, und von da an wurden Brandenburg und Preußen wie die meisten anderen Teile Deutschlands zum Schlachtfeld des Dreißigjährigen Krieges. Die Seiten zu wechseln half nicht. Brandenburg war verwüstet und stand nach Ansicht von Zeitgenossen im Begriff, gänzlich zu zerfallen, als Georg Wilhelm am 1. Dezember 1640 im Alter von 46 Jahren starb.

3. KAPITEL

Der Große Kurfürst

Zu der Zeit, als Georg Wilhelm nach Preußen gereist war, um von Polen seine Investitur als Herzog von Preußen zu erhalten, 1620, gebar seine Frau Charlotte von der Pfalz, die Schwester des Winterkönigs, ihren ersten Sohn Friedrich Wilhelm. Sein erster Vorname wurde ihm zu Ehren des Winterkönigs gegeben, der zweite zu Ehren seines Vaters. Die Mutter der Kurfürstin wiederum war die Tochter Wilhelms von Oranien.

Als Friedrich Wilhelm den Thron bestieg, war er erst 20 Jahre und besaß kaum Erfahrung in Regierungs- und Verwaltungsangelegenheiten. Sein Vater hatte ihn behutsam von jeder Beteiligung an den Staatsgeschäften ferngehalten. Davon abgesehen war sein politisches Interesse durch eine tiefe Bewunderung für Gustav Adolf geweckt worden, dessen Leichnam er als 13jähriger an Bord des Schiffes begleitet hatte, das den toten König zurück nach Schweden bringen sollte. Wegen des Dreißigjährigen Krieges kam er zur Erziehung von Berlin nach Küstrin, reiste dann 1634 nach den Niederlanden, wo er in Leyden Mathematik, Latein, Geschichte und Kriegskunst studierte. Neben Deutsch sprach er Französisch, Niederländisch und Polnisch.

Der niederländische Einfluß auf ihn war tief und nachhaltig; so sympathisierte er stark mit dem Kampf des Hauses Oranien gegen das katholische und spanische Reich der Habsburger. Als sich sein Vater 1637 entschloß, Brandenburg am Kampf gegen die Schweden teilnehmen zu lassen, opponierte er, mußte aber nach Berlin zurückkehren, wo die Spannungen zwischen Vater und Sohn noch einige Zeit andauerten, immer wieder angefacht durch Schwarzenberg, der auch für den Seitenwechsel Brandenburgs zugunsten der Habsburger verantwortlich war. Graf Schwarzenberg förderte scheinbar eine Wiederversöhnung von Vater und Sohn, aber Friedrich Wilhelm mißtraute ihm so sehr, daß er vermutete, der Minister wolle ihn vergiften. Als Friedrich Wilhelm krank wurde, schien sein Verdacht bestätigt, aber es stellte sich schließlich heraus, daß es nur die Masern gewesen waren.

Die Zeit bis zum Tod seines Vaters verbrachte er in Königsberg, bedrückt durch seine erzwungene Inaktivität. Zur Zeit seiner Thronbesteigung war Brandenburg arg heruntergekommen. Die Soldaten, die Brandenburg ausgehoben hatte, um dem Reich zu helfen, wirkten als eine Landplage; schlimmer dürften die Schweden kaum gewesen sein. Tatsächlich hielt die Bevölkerung die Schweden, als sie 1639 Landsberg, Driesen und Frankfurt eroberten, für eine geringere Belastung als die eigene Soldateska. Als Georg Wilhelm starb, befanden sich die preußischen Teile Pommerns in der Hand seiner Gegner; auch Ostpreußen war bedroht. Man konnte kaum glauben, daß in bezug auf die Flächenausdehnung die Hohenzollern knapp hinter den Habsburgern rangierten. Aber das allein reichte nicht. Was den Hohenzollern fehlte, war die effektive Stärke, ihre Gebiete auch zu behalten: sie verdankten sie nur der Gnade ihrer Nachbarn. Dies wiederum hatte es den Ständen ermöglicht, ihre eigene Macht zu behaupten und ihren Sonderinteressen zu folgen, ohne sich um die Hohenzollernbesitzungen als Ganzes zu kümmern.

Der Dreißigjährige Krieg hatte diese Gebiete verwüstet. Allein Brandenburg hatte über 50 Prozent seiner Bevölkerung verloren, und seine strategisch wichtigsten Gebiete befanden sich in der Hand des Feindes. In Preußen hatten die Stände ihre Stellung voll ausgeschöpft und spielten die Hohenzollern gegen die Polen aus. Vom wirtschaftlichen Standpunkt gesehen war Preußen für die Hohenzollern wichtiger als Brandenburg. Der Herzog von Preußen besaß riesige Domänen mit erheblichen wirtschaftlichen Erträgen und vielen Untertanen. Das war die direkte Folge der Siedlungspolitik des Deutschen Ordens, der den größten Teil des Landes an sich gezogen hatte. Außerdem war ein hoher Prozentsatz der Bevölkerung in den vorausgegangenen anderthalb Jahrhunderten zur Leibeigenschaft gepreßt worden. Die ökonomische Bedeutung Preußens lag darin, daß die Hohenzollern seine Bevölkerung direkt besteuern konnten, ohne daß sie die Stände fragen mußten. Preußen war also die bedeutendste einzelne Einnahmequelle. Außerdem war es weniger von den Kriegsereignissen in Mitleidenschaft gezogen worden als Brandenburg und die anderen Gebiete.

Gleichbedeutend, im Hinblick auf die Einkünfte, war die Handelsmacht Königsbergs. Es exportierte die Produkte Preußens und Litauens, vor allem Getreide, Holz, Hanf und Pelze. Der Deutschritterorden hatte bereits versucht, einen Anteil am Endverdienst zu bekommen, indem er einen Ausfuhrzoll erhob. Als Folge des Krieges besetzten die Schweden bis 1635 Pillau am Ausgang des Frischen Haffs. Danach flossen die Zolleinkünfte wieder nach Preußen, aber da der Herzog immer noch Vasall des Königs von Polen war, verlangte auch dieser seinen Anteil. Der Herzog mußte zustimmen, und Friedrich Wilhelm war gezwungen, nach seiner Amtseinführung diese Situation zu akzeptieren.

Der Hohenzollernanteil an Jülich-Kleve war durch Georg Wilhelms Unterstützung der Habsburger ernsthafter Gefahr ausgesetzt worden, was ökonomisch betrachtet hieß, daß die am Rhein anfallenden Einkünfte aus Wäldern und anderen Quellen von den Niederlanden eingezogen wurden.

Die politische Stellung der Hohenzollern in Brandenburg war noch relativ stabil. Sie repräsentierten das residierende Herrscherhaus. Aber ihre wirtschaftliche Position war schwach. Brandenburg lebte von Schafzucht und Wollproduktion, und beides war durch den Krieg schwer angeschlagen. Die andere größere Einnahmequelle waren die Flußzölle, die an Elbe und Oder erhoben wurden. Da sich jedoch die Flußmündungen im Besitz anderer Staaten befanden, hatten die Hohenzollern den Handel nicht unter Kontrolle. Stettin beispielsweise gelang es immer wieder, seine Vorherrschaft gegen Frankfurt an der Oder zu verteidigen. Als Brandenburg selbst zum Schlachtfeld wurde, kam der Handel fast zum Erliegen.

So trat Friedrich Wilhelm kein beneidenswertes Erbe an. Im Gegensatz zu seinem Vater, der sich auf Schwarzenberg gestützt hatte, vertraute Friedrich Wilhelm seiner Mutter. Auf ihre Initiative wurden mehrere Memoranden erstellt, um Brandenburgs Probleme zu analysieren, aber sie halfen nicht, praktische Lösungen zu finden. Sie verwiesen nachdrücklich auf die Unmöglichkeit, weiterhin Krieg gegen die Schweden zu führen, betonten aber gleichzeitig die Notwendigkeit, sich den Habsburgern und dem Reich gegenüber loyal zu verhalten. Wie diese beiden Grundsätze miteinander vereinbart werden sollten, blieb unbeantwortet. Einem Punkt schenkte Friedrich Wilhelm letztlich große Beachtung: der Notwendigkeit einer schlagkräftigen Armee; denn ohne sie sei das Haus Hohenzollern nicht in der Lage, aktiv eigene Politik zu betreiben, sondern bleibe Objekt der Politik anderer. Auch gegenüber den Ständen war eine Befriedungspolitik erforderlich.

Statt Schwarzenberg zu entlassen, beschnitt er dessen Macht bis zur Bedeutungslosigkeit und übergab sie, auf den Rat seiner Mutter, Sigismund von Götzen, den er zum Kanzler ernannte. Zunächst versuchte Friedrich Wilhelm dem Vorschlag zu folgen, einträchtigere Beziehungen zu den Ständen herzustellen. Es war sein ausdrücklicher Wunsch, sie an der Diskussion über das Verhältnis von Brandenburg zum Reich, über das Problem Pommern und über die Frage einer Reduzierung der Streitkräfte zu beteiligen und um Rat zu fragen. Er vertraute dabei auf seine Erfahrungen in den Niederlanden und seine Erkenntnisse über die Politik der holländischen Regierung. Aber die Erwartungen erfüllten sich nicht. Die Stände zeigten wenig Interesse an Fragen der großen Politik; was sie allein beschäftigte, war die Erhaltung und der Ausbau ihrer eigenen Privilegien. Diese Lektion bedachte Friedrich Wilhelm bei der Formulierung seiner künftigen Politik. Das einzige, was man als Folge der Konsultationen akzeptierte, waren die Beschwerden gegen die Truppen Brandenburgs, die daraufhin reduziert wurden.

Dies scheint ein direkter Gegensatz zu der Empfehlung zu sein, ein starkes stehendes Heer aufzubauen. Aber dieser Widerspruch ist nur oberflächlich. Die Kampfkraft der vorhandenen Truppen war mehr als zweifelhaft. Die meisten Offiziere und Mannschaften repräsentierten den Abschaum der Gesellschaft, der durch den Dreißigjährigen Krieg hochgespült worden war. Die Voraussetzung einer neuen Armee war die Auflösung der alten. Zum anderen war es geboten, so rasch wie möglich mit den Schweden zu einer Einigung zu kommen, und Verhandlungen ohne ein Heer im Hintergrund mochten wenig aussichtsreich sein. Als Schwarzenberg unerwartet im März 1641

starb, war Friedrich Wilhelm einer Bürde entledigt, aber das Dilemma zwischen den Verhandlungen mit Schweden und einer Auflösung des Heeres war noch nicht beseitigt.
Der Reichstag zu Regensburg stand den Bemühungen, einen Waffenstillstand mit den Schweden zu erreichen, skeptisch, wenn nicht feindselig gegenüber. Deshalb instruierte Friedrich Wilhelm seine Delegierten, dieses Thema auf keinen Fall auf dem Reichstag anzuschlagen, und fuhr dann selber fort, mit den Schweden zu verhandeln. Das zog sich über einige Monate hin. Schließlich wurde am 24. Juli 1641 ein zweijähriger Waffenstillstand zwischen Brandenburg und Schweden geschlossen. Während er Brandenburg von der Belastung befreite, Krieg führen zu müssen, beließ er die Schweden in den Stellungen, die sie in Brandenburg innehatten. Anders ausgedrückt: durch diesen Waffenstillstand wurde die politische und militärische Ohnmacht Brandenburgs offenbar. Schweden hatte nichts opfern müssen, und vielleicht war das der Grund dafür, daß Friedrich Wilhelm nie die Ratifizierungsurkunden austauschte. Indem er immer noch neue Punkte fand, die einer Klärung bedurften, gewann er Zeit bis zu den Beratungen des Westfälischen Friedens 1648.
Wie schon für seinen Vater, so mußten auch für ihn die Beziehungen zu Polen von elementarer Wichtigkeit sein, da er als polnischer Herzog immer noch Vasall des polnischen Königs war. Der Waffenstillstand von Stuhmdorf mit den Schweden hatte die Polen alarmiert, denn sie fürchteten, nun dem militärischen Druck der Schweden ausgesetzt zu werden. Friedrich Wilhelm versicherte, daß er die preußischen Häfen den Schweden nicht zur Verfügung stellen werde. Aber er ließ Wladislaw IV. allgemein im unklaren über seine Vereinbarungen mit den Schweden und benutzte sie so als Hebel, um eine offizielle Belehnung oder faktische Machtübernahme in Preußen durch einen von ihm nominierten Abgesandten zu erreichen. Das geschah, aber im Gegensatz zu Friedrich Wilhelms Plan insistierte Wladislaw auf das persönliche Erscheinen Friedrich Wilhelms. Dieser mußte sich beugen, und die Einsetzung fand schließlich am 7. Oktober 1641 statt. Knapp einen Monat später, am 1. November, kam Friedrich Wilhelm nach Königsberg und wohnte dem preußischen Landtage bei. Unter anderem versprach ihm der Landtag, die Verbrauchssteuer einzuführen, die zu einer der wichtigsten Einnah-

mequellen in Brandenburg-Preußen werden sollte. Da die Steuerverwaltung in Preußen Sache des Adels war, sorgte er jedoch dafür, daß er selber nicht allzusehr unter ihr litt.

Der Adel bestand aus jenen, die allgemein als ›Junker‹ bekannt geworden sind – ein Ausdruck, der irreführend ist, da er seine heutige Bedeutung erst in der Revolution von 1848 erhielt, als er zu einem Schmähwort unter Liberalen wurde, gegen den preußischen Adel gerichtet. Tatsächlich war ein Junker ursprünglich ein Sohn aus adligem Hause, der im Mittelalter häufig seinen Militärdienst als Knappe eines Ritters leistete; in moderneren Armeen war er auch ›Fahnenjunker‹ oder Fähnrich, ein Rang, den vorzugsweise angehende Offiziere innehatten.

Der Ausdruck, wie er allgemein benutzt wird, verschleiert die Tatsache, daß sich in Preußen und anderswo der Adel aus einem hohen und einem niederen zusammensetzte. In Ostpreußen gab es die sogenannten ›Grafenfamilien‹ mit so berühmten Namen wie Dohna und Dönhoff; ihnen waren Ritter unterstellt, die durch Lehnsverpflichtungen an sie gebunden waren, und, im 16. und 17. Jahrhundert, jene Schicht, die dem hohen Adel Verwaltungsbeamte wie die Landräte stellte. Während der gleichen Zeit sorgte der größte Teil des niederen Adels jedoch dafür, daß er den Landtag der Provinz beherrschte, und ging eine durchaus dauerhafte Allianz mit dem hohen Adel ein. Mit der Entwicklung und dem Ausbau der Domänen und dem Niedergang des gutsherrschaftlichen Systems wuchs auch allgemein die wirtschaftliche Macht des preußischen Adels östlich der Elbe.

Er erwarb und usurpierte Privilegien, die schließlich 1653 vom Großen Kurfürsten bestätigt wurden und im Grunde bis zu den Reformen im frühen 19. Jahrhundert unverändert blieben. Die Landbevölkerung östlich der Elbe setzte sich aus Leuten zusammen, die im wesentlichen in vier Kategorien zu trennen sind. Da gab es zunächst die Bauern, die zwischen 30 und 60 Hektar Land besaßen und deren Verpflichtungen dem Grundherrn gegenüber darin bestanden, ihn mit zwei bis vier Pferden und ein bis zwei Landarbeitern zu unterstützen. Zweitens die Kleinbauern, die meist höchstens 30 Hektar Land hatten und gezwungen waren, Handlangerdienste zu leisten. Drittens lebten dort Kleinbauern, die wenig mehr als einen kleinen Garten ihr eigen nannten und gelegentlich und nur während der

Erntezeit ihre Arbeitskraft zur Verfügung zu stellen hatten. Schließlich gab es noch die Bediensteten und Bauern, die dem Herrn unmittelbar dienten und auch auf seinem Besitz wohnten. Außer den erwähnten Dienstleistungen hatten die Bauern dem Gutsherrn Abgaben in Form von Geld oder Agrarprodukten zu entrichten. Sie waren Untertanen des Herrn oder des Verwalters der kurfürstlichen, später königlichen Domäne. Ihnen war verboten, den Grundbesitz ohne Erlaubnis des Herrn zu verlassen oder ohne seine Einwilligung zu heiraten. Auch bestimmte Handwerke durften sie nur mit seiner Zustimmung erlernen. Sie waren alle einer erblichen Justiz unterworfen, alle polizeiliche und rechtliche Gewalt über sie lag bei ihrem Herrn. In Pommern und der Uckermark herrschte zudem Leibeigenschaft. Wie lebendes Inventar konnten diese Leibeigenen nach Belieben geoder verkauft werden, ohne daß sie das Recht hatten, ein Gericht anzurufen. Städte und Ortschaften, die ihre Unabhängigkeit an einen Gutsherrn verloren hatten, waren in einer ähnlichen Situation und hatten Feudalabgaben beizubringen. Die Zustände in den Gebieten östlich der Elbe, also jenen, die man meist meint, wenn man von Junkern spricht, fanden sich in den Ländern westlich der Elbe überhaupt nicht oder in wesentlich milderer Form. Die frühe soziale und wirtschaftliche Entwicklung Preußens war auch stark von den Lebensbedingungen beeinflußt, die man bei den nächsten Nachbarn, Rußland und Polen, beobachtete. Im späten 16. und 17. Jahrhundert glichen sich deshalb die Verhältnisse in Ostpreußen und Polen sehr stark. Um es mit Otto Hintze auszudrücken, handelte es sich um eine ›veritable Adelsrepublik‹ – bis der Große Kurfürst dieser Mißlichkeit ein Ende setzte.
Während er in Königsberg verweilte, unternahm Friedrich Wilhelm auch Schritte, um in der Frage Jülich-Kleves zu einer Einigung zu gelangen. Nach dem Tode Schwarzenbergs meinten die Niederlande, Brandenburg werde seine Politik zugunsten Habsburgs aufgeben oder zumindest in ihrem Sinne modifizieren. Preußens Gesandter in Den Haag, Joachim Friedrich von Blumenthal, ergriff die Initiative, um aus dem heiratsfähigen Junggesellen Friedrich Wilhelm einen achtenswerten Ehemann zu machen. Der polnische Hof hatte ihm ebenfalls schon seine Aufmerksamkeit zugewandt. Nun schlug Blumenthal Friedrich Heinrich von Oranien die Heirat seiner Tochter

Luise Henrietta mit Friedrich Wilhelm vor. Das Projekt war zu jener Zeit aber noch nicht ausgereift, und es sollten noch einige Jahre vergehen, bis die erste Ehe Friedrich Wilhelms geschlossen wurde. Immerhin versprach die Ankunft der Delegierten von Kleve in Königsberg vor dem Hintergrund dieses Heiratsvorhabens einen Ausgangspunkt, von dem eine für Friedrich Wilhelm befriedigende Lösung erreicht werden konnte.

Friedrich Wilhelm war in seiner religiösen Auffassung Calvinist, und die Eindrücke während seines Aufenthalts in den Niederlanden haben dazu wohl den Ausschlag gegeben. Die Mehrzahl seiner Untertanen waren orthodoxe Lutheraner. Friedrich Wilhelm unterstützte in der Öffentlichkeit die religiöse Toleranz, aber im engsten Kreise umgab er sich mit Männern seiner eigenen Überzeugung. Der lutherische Klerus in Preußen fürchtete die Verbreitung der calvinistischen Lehre und bekämpfte deshalb von Anfang an auf militante Weise jedes Anzeichen in dieser Richtung. Diese Bedrohung bestärkte Friedrich Wilhelm mehr als alles andere, daß er aus Gründen der Stabilität eine Politik der religiösen Toleranz verfolgen müsse und Ämter und Ehren allen Mitgliedern der christlichen Glaubenslehren offenstehen sollten.

Die meisten seiner Aktivitäten in Regierungs- und Verwaltungsfragen entwickelte er im Geheimen Rat, der sich zwei bis drei Mal in jeder Woche traf und an dem stets sechs bis acht Räte teilnahmen. Bei diesen Treffen kamen alle Probleme der Außen- wie der Innenpolitik zur Sprache oder zur Entscheidung. Da die Räte zur Zeit der Amtseinführung Friedrich Wilhelms bereits recht betagt waren, ernannte er einige neue. Meist nahm er bei den Besprechungen mehr die Rolle eines Schiedsrichters zwischen den verschiedenen Parteien ein, anstatt von vornherein entschieden seine Meinung zu allen Fragen kundzutun.

Seine Ansicht zur Funktion der Justiz wird am besten durch ein Gemälde illustriert, das er im Berliner Kammergericht hatte aufhängen lassen. Es stellte dar, wie der persische König Kambyses einen Richter häuten ließ, den er eines ungerechten Urteils für schuldig befunden hatte.

Die Aufstellung der neuen Armee fand im Frühjahr 1644 statt, nachdem Friedrich Wilhelm ein gewisses Maß an innerer und äußerer

Konsolidierung erreicht hatte. Die ersten Rekrutierungen markierten den Beginn des brandenburgisch-preußischen Heeres. Die Stärke der Truppen variierte den Bedürfnissen und Umständen entsprechend, und erst nach 1660 war es möglich, es in ein regulär stehendes Heer umzuwandeln. Friedrich Wilhelm und seine Räte waren sich der Notwendigkeit bewußt, daß Brandenburg eine kleine effiziente Armee besitzen mußte, die politischen Forderungen Nachdruck verleihen könnte. Der Kanzler Götzen erhob lediglich zwei Einwände: das Heer werde Geld kosten und bei den Schweden Verdacht erregen.

Aber gegen diese Einwände standen nicht nur die erwähnten Vorteile, sondern stand vermutlich vor allem ein Memorandum, das Bertram von Phul, ein Mitglied des brandenburgischen Adels, der in der schwedischen Armee gedient hatte, 1644 vorlegte. Phul sprach sich ebenfalls für eine solche Armee aus, da ihre Existenz das diplomatische Prestige Brandenburg-Preußens heben werde. Er wies auch darauf hin, daß ein diszipliniertes stehendes Heer von beträchtlichem wirtschaftlichem Vorteil sei, das habe sich schon in den Niederlanden und in Schweden erwiesen. Obwohl dies grundsätzlich wohlbegründet war, erfüllten sich die mit diesen Ideen verknüpften Erwartungen erst im 18. Jahrhundert.

Friedrich Wilhelm setzte behutsam das Rekrutierungsprogramm fort und vertraute es zunächst einem engen Getreuen, Johann von Norprath, an. Es mußte am Niederrhein durchgeführt werden, um einer Berührung mit den Schweden zu entgehen, die mißtrauisch hätten werden können. Die Garnisonen in Brandenburg und Preußen wurden nach und nach vergrößert. Aber das Herz des stehenden Heeres befand sich in Kleve, wo die Holländer ihre Truppen aufgrund des Krieges zwischen Spanien und den Niederlanden abzogen und es so Friedrich Wilhelm überließen. 1646 waren annähernd 3000 Mann am Niederrhein stationiert, hauptsächlich Holländer und Preußen.

Es blieb jedoch ein großes Problem: wie die Armee zu bezahlen sei und woher man die Geldmittel nehmen solle, um die Soldaten überhaupt anwerben zu können. Der wesentliche Beitrag kam aus Preußen; die Zahlungen hatten der Schweden wegen heimlich zu erfolgen, und die Stände wurden dabei umgangen. Ratsherren und bestimmte Mitglieder des Landtags wie auch wichtige Repräsentanten in Stadt und Land wurden einzeln angegangen und zur Unterstützung überredet. Trotzdem bestand immer noch eine erhebliche Differenz zwischen dem preußischen Aufkommen und der tatsächlich benötigten Summe. Man nahm Anleihen bei den Städten auf, aber bis heute sind uns nicht alle Quellen bekannt, aus denen die Armee in den ersten Jahren finanziert wurde.

Größeren Schwierigkeiten begegnete man in Kleve, wo sich die Stände heftig gegen die Rekrutierung der Armee und die damit verbundene Eintreibung von Beiträgen wehrten. Man versuchte, ihnen die Notwendigkeit eines Heeres, seinen Zweck und seine Funktion im Zusammenhang mit der Politik Brandenburg-Preußens zu erklären: es nützte nichts. Sie waren nur für den Fall zur Unterstützung bereit, daß Friedrich Wilhelm seine Truppen aus Kleve abzog. Er seinerseits war durchaus willens, diesen Punkt zu konzidieren und die Truppen in die Grafschaft Mark zu verlegen, konnte das aber erst veranlassen, sobald die betreffenden Garnisonen dort von den kaiserlichen Truppen geräumt waren. Wegen der Uneinsichtigkeit der klevischen Stände blieb ihm keine andere Wahl, als die Steuern ohne ihre Zustimmung einzuführen. Das war wohl auf dem Lande möglich, traf aber in den Städten auf heftigen Widerstand, weshalb dort dann auch die Verwaltung fehlte, die die Steuern hätte erheben und eintreiben können. Friedrich Wilhelm stieß auch auf die Gegnerschaft Österreichs und der Niederlande: beide erhoben prinzipielle politische Einwände gegen seine Besteuerungsmethode. Für den Augenblick konnten er und die Stände keine gemeinsame Basis herstellen; sie befehdeten sich mit Verlautbarungen über das Recht und das Unrecht der Steuererhebung ohne vorherige Konsultation mit Argumenten, wie sie nur wenige Jahre zuvor von Vertretern des britischen Parlaments gegenüber Karl I. gebraucht worden waren.

In der Zwischenzeit hatte Schweden seine Aufmerksamkeit von Deutschland auf Dänemark verlagert. Es gingen Gerüchte über eine Heirat zwischen Friedrich Wilhelm und Königin Christine um. Dieses Vorhaben war früher nachdrücklich von den Schweden betrieben worden, aber anscheinend zeigten weder Friedrich Wilhelm noch Christine sonderliche Begeisterung für den Plan. Brandenburg, natürlich auf den fälligen Ausgleich hoffend, versuchte zwischen Schweden und Dänemark zu vermitteln, aber der Versuch wurde ignoriert. Aus militärischen Gründen waren die Schweden jedoch gezwungen, die besetzten Festungen Frankfurt an der Oder und Krossen aufzugeben, die sie nur mit äußerster Anstrengung gegen etwaige Angriffe von kaiserlichen Truppen hätten verteidigen können. Brandenburg-Preußen mußte versprechen, daß es keine Besetzung dieser Festungen durch die Österreicher zulassen werde. Das war offensichtlich eine unangenehme Forderung, da es keineswegs sicher war, daß Brandenburg-Preußen die notwendige Stärke besaß, um sie zu erfüllen. Es war nicht einmal klar, ob seine Kräfte ausreichten, einen Durchzug der kaiserlichen Truppen zu verhindern. Abgesehen davon war Brandenburg-Preußen offiziell noch Alliierter der Habsburger. Nach langen und weitschweifigen Verhandlungen, bei denen sich die Repräsentanten Brandenburg-Preußens notwendigerweise nicht immer ehrenhaft verhielten, wurde ein Vertrag geschlossen, und im Juli 1644 räumten die Schweden die Festungen. Die ersten Truppenteile der neuen Armee Brandenburg-Preußens bezogen sie unmittelbar darauf.

Die Schweden schienen auch bereit, die Frage Pommerns zu erörtern, aber wegen seiner Beziehungen zum Reich konnte Brandenburg-Preußen bei den Verhandlungen nicht sonderlich nachgiebig sein. Die Schwäche des Staates angesichts einer größeren Macht wurde noch im selben Jahr sichtbar, als kaiserliche Truppen ungestraft Brandenburg-Preußen durchquerten, um die Dänen zu unterstützen, und Friedrich Wilhelm nicht in der Lage war, etwas dagegen zu unternehmen.

Wegen dieser Schwäche sah er sich nach einem stärkeren Bundesgenossen um. 1643, als die ersten Gerüchte über einen bevorstehenden Friedensschluß kursierten, nahm er rasch Verbindung mit Frankreich auf, da man sich auf eine längerfristige Unterstützung durch die Schweden nicht mehr verlassen konnte. Frankreichs Ziel im ganzen 17. Jahrhundert war die Schwächung der Habsburger in Spanien und im Reich gewesen, um zu verhindern, daß nochmal ein derartiger Machtblock entstand, wie Karl V. ihn einst geschaffen hatte. Richelieu, Mazarin und der spätere Ludwig XIV. hatten Frankreich fest und zielbewußt zur führenden europäischen Großmacht entwickelt. Aber immerhin unterschätzten sie die politische, die soziale und die wirtschaftliche Kraft von Seemächten wie Großbritannien und der

Niederlande, während sie diejenige Schwedens überschätzten, das nach Ende des Dreißigjährigen Krieges ernsthafte Anzeichen von wirtschaftlicher Auszehrung zeigte.
Vorläufig ließ der schwedisch-dänische Krieg die Hoffnung auf einen allgemeinen Frieden sinken. Schweden, das stärker war im Konflikt mit Dänemark, zeigte sich auch hochmütig gegen Brandenburg-Preußen, was sich besonders in der Schlüsselfrage um Pommern bemerkbar machte. Immerhin war Friedrich Wilhelm nicht ohne Verbündete, da die Niederlande, lebhaft am Handel mit dem Baltikum interessiert, keine Lösung wünschten, die Schwedens dortige Stellung weiter gefestigt hätte. Sie nahmen es auch ernst, als sich Schweden weigerte, weitere Festungen in Brandenburg zu räumen.
Die Verhärtung der Positionen wurde in Münster und in Osnabrück deutlich, wo sich die Abgesandten der verschiedenen Mächte versammelten, um erneut einen möglichen Friedensvertrag zur Beendigung des Dreißigjährigen Krieges zu diskutieren. Die brandenburgische Delegation nahm im Frühjahr 1646 an beiden Orten ihren Sitz. Im August machten die Schweden klar, daß sie auf Pommern bestanden. Brandenburg lehnte mit der Begründung ab, daß diese Provinz sozusagen sein Vorfeld sei, ein wesentliches Gebiet für die Verbindung zwischen Brandenburg und Preußen, und daß ein Verlust den Kurfürsten ruinieren würde. Die Niederlande hielten sich, trotz fundamentaler Gegnerschaft gegenüber den schwedischen Forderungen, vorläufig zurück, während die Polen die Lage noch mehr komplizierten, indem sie selber Teile Pommerns für sich verlangten. Da Pommern nur ein Posten auf einer langen Liste schwedischer Ansprüche war, fühlte sich Frankreich abgedrängt und fragte im Hinblick auf einen franko-schwedischen Konflikt an, ob Friedrich Wilhelm Frankreich unterstützen werde. Es wollte einen allgemeinen Frieden erreichen, der Wien daran hindern sollte, seine spanischen Verwandten zu stützen. Es bestand die Gefahr, daß Schweden durch einen Separatfrieden mit Österreich seine sämtlichen Ziele hätte erlangen können. Für Brandenburg hätte ein solcher Separatfrieden nur Nachteile gebracht.
Von nun an bestimmte Flexibilität die Verhandlungsführung Brandenburgs, das sich von der krassen Ablehnung schwedischer Forderungen weg einer Position zuwandte, wo es auf eigene Initiative

Schweden einige Landstriche Pommerns anbot, ohne jedoch dabei seine Grundabsicht aufzugeben: die Kontrolle über die Odermündung bei Stettin wiederzubekommen. Von dort aus hoffte Friedrich Wilhelm, einen ausgedehnten Überseehandel aufbauen und Kolonien erlangen zu können: er wollte mit anderen Worten Brandenburg-Preußen zu einer Art Ebenbild der Niederlande machen, deren Stabilität und Wohlstand er so sehr bewunderte.

Doch Schweden war nicht zu überreden. Wien, interessiert an einem raschen Friedensschluß mit Schweden, unterbreitete nun eigene Vorschläge. Sie sahen vor, den Großteil der schwedischen Wünsche, das nördliche Deutschland betreffend, zu erfüllen; dazu gehörten ganz Pommern sowie die Städte Wismar, Bremen und Verden. Danach hätte Brandenburg lediglich Halberstadt und einen finanziellen Ausgleich erhalten. Brandenburg antwortete mit Gegenforderungen, die fast zu einer totalen Konfrontation mit Schweden und Österreich führten. In dieser Situation intervenierte Frankreich mit einem Kompromißvorschlag, Pommern zu teilen, wobei der nördliche Teil, Vorpommern und die Odermündung einschließlich Stettin an Schweden fallen sollte; das südliche Pommern und Hinterpommern sowie die Bistümer Halberstadt, Minden und Cammin sollten an Brandenburg gehen, außerdem noch Magdeburg, ein Anspruch, der 1680 realisiert wurde.

Ohne die Unterstützung von Mächten, die bereit waren, den Krieg fortzusetzen, nur um Brandenburgs Wünsche erfüllt zu sehen, war Friedrich Wilhelm gezwungen, zuzustimmen. Sein Ehrgeiz, einen Handelsstaat wie die Niederlande zu schaffen, war gescheitert. Er blieb vom wichtigsten Teil des Baltikums abgeschnitten. Aber allein schon die Tatsache brachte Vorteile, daß Brandenburg-Preußen nicht mehr in den Krieg verwickelt war, der die Bevölkerung vieler Städte um die Hälfte, einige um zwei Drittel dezimiert hatte. Ein Drittel aller Landgüter war verwüstet, wobei die Bauern naturgemäß stärker von der Zerstörung betroffen waren als die Adligen.

Der Westfälische Friede bedeutete einerseits das Ende des Übergewichts der Habsburger, andererseits leitete er den Aufstieg Frankreichs ein. Die spanische Macht entlang des Rheins brach zusammen, wenn es auch noch 11 Jahre dauern sollte, bis dies geschehen war.

Paradoxerweise wurde auch der Aufstieg Brandenburg-Preußens im

17. und 18. Jahrhundert vom Westfälischen Frieden begünstigt, da er bedeutenden Gebietszuwachs brachte. Obwohl die Schweden vorläufig noch die Kontrolle über die Elb- und Odermündung innehatten, sicherte seine Position entlang dieser Flüsse Brandenburg-Preußen eine wichtige Rolle, da auf ihnen der bei weitem größte Teil der deutschen Exportgüter befördert wurde. Zudem verschafften die Gebiete an der Weser und am Niederrhein eine Schlüsselposition zwischen dem Norden und dem Süden Deutschlands, zwischen dem Nordwesten, besonders Hamburg, und den Gebieten südöstlich von Brandenburg, an der oberen Oder und ihren angrenzenden Regionen. Eine Politik der Öffnung und des Ausbaues der bestehenden Infrastruktur, vor allem der Straßen und Kanäle, die über ein Jahrhundert lang betrieben wurde, festigte diese Schlüsselposition. Der Export ostpreußischen Getreides in die dichtbesiedelten Gegenden Nordwesteuropas und der erwähnte Handel ermöglichten es Brandenburg-Preußen, sich relativ rasch von den Zerstörungen des Dreißigjährigen Krieges zu erholen. Die Besitzungen Kleve, Mark und Ravensberg verschafften zusätzliche Einnahmen. Ravensberg produzierte Baumwolle, Mark besaß eine beachtliche Eisen- und Stahlindustrie, Kleve Stoff- und Seidenmanufakturen.
Brandenburg-Preußen, immer noch relativ unbedeutend und aufgrund seiner schillernden Rolle im Dreißigjährigen Krieg sicherlich nicht besonders vertrauenswürdig, geriet in Gefahr, zur Schachfigur im diplomatischen Spiel der Großmächte zu werden. Daß es überleben konnte, bedingten vor allem die Ausgezehrtheit Österreichs und der ablenkende Einfluß der Türken, die so unbeabsichtigt den Aufstieg Brandenburg-Preußens begünstigten. Aber da es keine geschlossene Gebietseinheit darstellte, sondern über Norddeutschland verstreut war, besaß es eine Verwundbarkeit, die von seinen Nachbarn gehörig ausgenutzt wurde. Die Schweden zum Beispiel fühlten sich nicht an die Vereinbarungen des Westfälischen Friedens gebunden und hielten ganz Pommern besetzt. Auch die Besitzungen im westlichen Deutschland wie Kleve waren gefährdet, wenn es dort auch mehr um Differenzen in religiösen Belangen ging. Friedrich Wilhelm versuchte das Problem durch eine militärische Intervention zu erledigen, brachte damit aber nur Wien gegen sich auf. Da Kaiser Ferdinand III. jedoch die Stimme des Kurfürsten zugunsten des Kö-

nigstitels für seinen Sohn sichern wollte, war er bereit, ihm in einer anderen, wesentlicheren Angelegenheit beizustehen, nämlich die Schweden zu zwingen, Hinterpommern wie vereinbart zu räumen. Das wurde schließlich im Frühjahr 1653 erreicht. Aber abgesichert durch die Wahl, kehrte der Kaiser zu seiner ursprünglichen Gegnerschaft wider Friedrich Wilhelm zurück. Die Streitpunkte entstanden meist durch Beschwerden Friedrich Wilhelms wegen der Unterdrückung von Protestanten in Gebieten wie Schlesien, während der kaiserliche Hof die Stände Brandenburg-Preußens gegen den Kurfürsten unterstützte. Im großen und ganzen war das Verhältnis zwischen Brandenburg-Preußen und dem Reich von Spannungen und nicht von Kooperation bestimmt.

Im Juli 1655 brach Krieg zwischen Schweden und Polen aus, was Friedrich Wilhelm vor ein ernsthaftes Problem stellte, da er als Vasall des Königs Johann Kasimir von Polen verpflichtet war, Beistand zu leisten. Zu dieser Zeit zeigte Polen jedoch schon schwere innere Schwächen, die dann wenig mehr als ein Jahrhundert später zu seiner Zerstörung führen sollten. Die Schweden drangen siegreich vor und blickten dabei begehrlich auf Preußen, das sie gern in Besitz nehmen wollten, weil es auch als Operationsbasis gegen Polen von Bedeutung war. Friedrich Wilhelm bemühte sich um eine Vermittlung, stieß aber bei den Schweden auf schroffe Ablehnung. Vor die Wahl gestellt, Polen zu unterstützen oder unter Umständen selbst vernichtet zu werden, ließ er seinen Lehnsherrn im Stich. Die siegreichen Schweden vertrieben Johann Kasimir aus seinem Land, von wo aus er Zuflucht in Oberschlesien suchte, und nun war Friedrich Wilhelm gezwungen, die schwedische Oberlehnsherrschaft anzuerkennen. Am 17. Januar 1656 schloß er den Vertrag von Königsberg, in dem er akzeptierte, Preußen aus den Händen Karls X. zu erhalten. Er öffnete den Schweden auch die preußischen Häfen Memel und Pillau und teilte sich mit ihnen in die Hafeneinkünfte. Abgesehen davon mußte er sich verpflichten, die Schweden mit 1500 seiner eigenen Männer zu unterstützen.

Kaum war der Vertrag geschlossen, als sich das Kriegsglück entscheidend gegen die Schweden wandte. Mit Hilfe einer weitumfassenden Volksbewegung und der Kirche kehrte Johann Kasimir nach Polen zurück, griff die Schweden an und vertrieb Karl X. Das erhöhte natürlich für die Schweden Brandenburg-Preußens Wert als Alliierter, und am 25. Juni 1656 wurde ihm im Vertrag von Marienburg ein Anteil der Kriegsbeute versprochen, sofern Polen geschlagen werden sollte.

Seinen Höhepunkt erreichte das Bündnis in der dreitägigen Schlacht von Warschau, in der die brandenburgisch-preußische Armee ihre Feuertaufe erhielt. Sie zeigte sich ihren Gegnern weit überlegen. Sicherlich lag es kaum in Friedrich Wilhelms Interesse, einen vollständigen schwedischen Sieg zu ermöglichen, der die Vorherrschaft Schwedens verlängerte. Zudem begannen Wien und die neue Macht im Osten, Rußland unter dem Zaren Alexej, Polen Beistand zu leisten und Schweden wieder in die Defensive zu drängen. Der Augenblick schien Friedrich Wilhelm günstig: er war nun stark genug, um von Karl X. zu verlangen, daß er seine Lehnspflicht aufhebe und ihn als Herzog und Souverän Preußens anerkenne. Dem wurde im Vertrag von Labiau am 20. November 1656 stattgegeben. Friedrich Wilhelm verhandelte nach allen Richtungen und wäre wohl bereit gewesen, die Seiten zu wechseln und Johann Kasimir zu stützen, aber der polnische König überschätzte die Stärke seiner Lage und lehnte die Forderungen, denen Karl X. zugestimmt hatte, ab. Der Hof zu Wien jedoch versicherte Friedrich Wilhelm seiner Hilfe, wenn er sich der für die Schweden enthielt. Die Schweden, die sich nun auch von den Dänen angegriffen sahen, verlangten, daß er sich den Polen allein entgegenstellen solle, während sie sich den Dänen zuwandten.

Wiederum erwies sich eine Wahl als ausschlaggebend. Kaiser Ferdinand III. war am 2. April 1657 gestorben, und so war es wichtig, den Kurfürsten für die Habsburger Seite zu gewinnen. Hauptbedingung des Kurfürsten war die Anerkennung der Souveränität Preußens durch Polen – eine Bedingung, der der polnische König nur unter schärfstem Druck des Wiener Hofes zustimmte. Im Vertrag von Wehlau vom 19. September 1657 wurde Preußen wieder souverän. Das einstige Land des Deutschen Ordens war wieder ein deutscher Staat.

Die Schweden fühlten sich zu Recht verraten, aber Friedrich Wilhelm konnte es sich hinsichtlich der Verwundbarkeit seiner Territorien nicht leisten, in der Politik etwas anderes als die Interessen seines Hauses zu verfolgen. Strikte Loyalität wäre von keiner der umliegenden Mächte honoriert worden: seine Situation verlangte ein beträchtliches Maß an Flexibilität, was wechselnde Bündnisse, die den wechselnden Bedürfnissen Brandenburg-Preußens entsprachen, mit einschloß.

Die erneute Feindschaft mit Schweden veranlaßte ihn, ein Verteidigungsbündnis mit Österreich einzugehen, dem auch Polen beitrat; nun förderte er ohne weitere Einwände die Wahl Leopolds zum Kaiser des Heiligen Römischen Reiches Deutscher Nation, der dann auch am 18. Juli 1658 im Alter von 18 Jahren gewählt wurde.

Einen Monat später begann Karl X. erneut den Krieg, aber statt sich wie erwartet gegen Preußen zu wenden, segelte er mit seiner Flotte gegen Kopenhagen, wo ihm der Dänenkönig Friedrich III. solch verwegenen Widerstand leistete, daß er in schwere Verlegenheit geriet. Genau in diesem Moment entschied sich Friedrich Wilhelm für einen Angriff auf die Schweden. An der Spitze eines 30 000 Mann starken Heeres, aus brandenburgischen, kaiserlichen und polnischen Kontingenten zusammengesetzt, vertrieb er die Schweden aus Schleswig und Holstein, während die Niederländer mit ihrer Flotte die schwedische Blockade vor Kopenhagen durchbrachen.

Schwedens einzigem großen Verbündeten, Frankreich, waren die Hände durch seinen Krieg mit Spanien gebunden. Erst als dort Frieden geschlossen war, sah sich Mazarin in der Lage, den Schweden Hilfe zu gewähren. Er verurteilte die Besetzung Vorpommerns durch Brandenburg und stellte ein Heer von 40 000 Mann auf – eine Bedrohung, die ausreichte, um den Kaiser und auch die Polen zu überzeugen, daß es ratsam sei, sich von Brandenburg abzuwenden. Polen hatte sein Land von den Schweden befreit, und der Kaiser war an einer Fortsetzung des Krieges nicht mehr interessiert, seit Spanien mit Frankreich Frieden geschlossen hatte. Brandenburg-Preußen war wieder auf sich selbst gestellt.

Nun trat Frankreich als Vermittler auf, doch nur dank dem Tode Karls X. wurde eine Friedensvereinbarung erreicht. Beim Frieden von Oliva nahe Danzig am 3. Mai 1660 war Friedrich Wilhelm in einer isolierten Position und mußte ein weiteres Mal Vorpommern an die Schweden abtreten. Die einzige größere Konzession, die er erreichte, war die Anerkennung der Souveränität Preußens. Er war ein enttäuschter Mann, der kaum noch Ambitionen zu haben schien.

Fast 20 Jahre lang hatte er jetzt regiert und auf seine engsten Ratgeber gehört. Oliva stellt einen Wendepunkt in seinem Regierungsstil dar. Denn von jetzt an realisierte er nur mehr seine eigenen Ratschlüsse und wurde zu einem der Hauptrepräsentanten des Absolutismus in Europa. Seine Stellung wurde durch das Sendungsbewußtsein unterstrichen, mit dem er Brandenburg-Preußen zu einer starken Macht im Heiligen Römischen Reich machte – ein Sendungsbewußtsein, das noch durch seinen strengen Calvinismus bestärkt wurde. Als Kurfürst von Gottes Gnaden nahm er es, komme, was wolle, auf sich, seinen Staat in eine achtunggebietende Macht zu verwandeln, wenn nötig gegen den Willen der repräsentativen Organe wie der Stände. Der Landtag in Brandenburg hatte bereits 1653 zum letzten Mal getagt.

Daß die Besitzungen des Kurfürsten so weit verstreut lagen, bedeutete, daß ihnen die natürliche Einheit fehlte. Folglich war es für ihn leichter, die Stände der verschiedenen Regionen nicht zu beachten und seine eigene Politik durchzusetzen. Aus dem gleichen Grund stieß freilich seine Politik auf den erbittertsten Widerstand im größten und geschlossensten seiner Territorien, in Preußen selbst. Dort forderten die Stände, daß die Souveränität des Kurfürsten über Preußen ihrer vorhergehenden Einwilligung bedürfe. Sie gingen so weit, mit den Polen gegen ihren Landesherrn zu konspirieren. Bis dahin war die polnische Krone stets eine Kraft gewesen, die die Stände als Gegenmacht zu den absolutistischen Strebungen des Kurfürsten aufmarschieren lassen konnte. Dieses Hintergrunds beraubt, bestritten sie jetzt die Rechtmäßigkeit der Souveränitätsdeklaration.

In der ersten Sitzung, die der preußische Landtag nach dem Friedensschluß von Oliva abhielt, brach der Konflikt zwischen dem Kurfürsten und den preußischen Ständen offen aus. Das geschah in Königsberg 1661, und die Auseinandersetzung entzündete sich an einem konstitutionellen Dokument. Friedrich Wilhelm teilte den versammelten Ständen mit, daß er nunmehr das ›jus supremi et absoluti domini‹ besitze. Die Privilegien des Landtags sollten bestehen bleiben, sein Zusammentreten jedoch seiner Erlaubnis bedürfen. Die Stände lehnten es ab, dem zuzustimmen, und verweigerten dem Kurfürsten die Huldigung. Versuche, sie zugunsten der Veränderung umzustimmen, schlugen fehl. Den Führer des Widerstands fand man in der

Person des Vorsitzenden des Königsberger (Stadt-)Gerichts, Hieronymus Roth. Er war äußerst populär und erfreute sich des vollen Vertrauens und der Unterstützung der Zünfte. Roth stellte auch den Kontakt zu den Polen her und befand es einmal sogar für nötig, nach Polen zu flüchten. Als er nach Königsberg zurückkehrte, schützte ihn der Stadtrat und weigerte sich, ihn auszuliefern. Es schien, als ob in dieser Situation nichts mehr zu machen sei, bis sich der Kurfürst 1662 entschloß, selber nach Preußen zu gehen und seine Forderungen zu bekräftigen. Im Oktober landete er von Danzig kommend mit 2000 Mann und zog in Königsberg ein. Wenn Stadtrat und Bevölkerung auch im allgemeinen passiven Widerstand leisteten, so vermieden sie doch offene Feindseligkeit. Einer der kurfürstlichen Patrouillen gelang es aber, Roth zu fassen, womit ein wichtiges Ziel Friedrich Wilhelms erreicht war.

Die Zünfte, vor die Wahl gestellt, Krieg gegen eine überlegene Militärmacht zu führen oder sich zu ergeben, entschieden sich für das letztere und opferten Roth. Der Kurfürst wiederum versicherte die Stände ihrer Rechte nach Maßgabe seiner eigenen absolutistischen Ansprüche, und sie brachten ihm nun die fällige Huldigung dar. Eine der Modifikationen, die eingeführt wurden, war die Abschaffung der Regel, daß nur orthodoxe Lutheraner öffentliche Ämter bekleiden dürften. Jetzt konnten auch die calvinistischen Vertrauten Friedrich Wilhelms angestellt werden. Sämtliche Regierungsräte wurden angewiesen, regelmäßige Berichte über die Vorkommnisse in ihren Distrikten zu übermitteln.

Roth jedoch wurde des Verrats beschuldigt. Eine Sonderkommission untersuchte den Fall, befand ihn für schuldig, empfahl aber, mit Rücksicht auf die komplexe Rechtslage Gnade walten zu lassen. Friedrich Wilhelm war bereit, sie zu gewähren, und erwartete, daß Roth ein Gnadengesuch stellen werde. Da Roth überzeugt war, im Recht zu sein, nahm er davon Abstand und blieb bis zu seinem Tode 1678 Gefangener der Festung Peitz. Aber damit war der Ärger mit Preußen für den Kurfürsten noch nicht beendet. 1669 bat er die Stände um Gelder für militärische Zwecke. Die Stände lehnten ab, und die Spannungen wuchsen.Einer der Hauptopponenten war der Oberst Christian Ludwig von Kalckstein, der aus polnischen Diensten in die des Kurfürsten übergetreten war. Wegen Unterschlagung entlassen, wurde er später wegen Majestätsbeleidigung verurteilt, konnte jedoch nach Warschau entkommen, wo er als selbsternannter Sprecher der Stände agierte. Der polnische Hof lehnte seine Auslieferung ab. Schließlich entführten ihn Agenten des Kurfürsten und brachten ihn nach Preußen. Er wurde des Verrats angeklagt und gefoltert um preiszugeben, ob er Mitverschwörer habe; schließlich befand man ihn für schuldig, verurteilte ihn und enthauptete ihn 1672 in Memel.

Ob Urteil und Hinrichtung einer genauen Prüfung standhalten würden, sei dahingestellt. Die Aktion war vor allem politisch motiviert und sollte demonstrieren, daß der Kurfürst keinerlei Opposition duldete und die Hoffnungen, die der preußische Adel auf polnische Unterstützung setzte, fruchtlos seien. Das Exempel erfüllte seinen Zweck. 1673 und 1674 wurden, allerdings ohne Genehmigung der Stände, die ersten Steuern erhoben und gezahlt. Ebenfalls ohne ihre Zustimmung wurden in Königsberg auch erstmals Truppen stationiert.

In Brandenburg zeitigte der Kampf mit den Ständen weniger ernste Folgen, da die regierende Dynastie hier nicht als Eindringling betrachtet wurde, wie dies in den anderen Besitzungen des Kurfürsten der Fall war. Aber auch hier war der Unterhalt eines stehenden Heeres Thema beträchtlicher Kontroversen, die über Beschwerden allerdings nie hinausgingen. Die Stände verwehrten Friedrich Wilhelm auch nicht die Bewilligung von Geldern, allerdings um den Preis von Konzessionen an den Landadel: Er sicherte dem Adel die persönliche Rechtsgewalt über die Leibeigenen seiner Güter zu und befreite ihn von Steuern und Abgaben. Opfer war dabei der Bauer, der, sobald er frei war, als erster zu zahlen hatte.

Friedrich Wilhelm versäumte, in Brandenburg ein einheitliches Steuersystem und eine Verbrauchssteuer, die Akzise, einzuführen. Hier widersetzte sich der Adel erfolgreich, da die Verbrauchssteuer seine generelle Steuerfreiheit aufgehoben hätte. Die Folge war, daß sie nur in den Städten eingeführt werden konnte. Es entwickelte sich also ein zweigleisiges, für Stadt und Land unterschiedliches Steuersystem. Das erforderte zweierlei Steuerbehörden und, zur Maximierung der Einkünfte aus der Verbrauchssteuer, das Verbot von Handelsunternehmungen zwischen Stadt und Land. Zunächst verwalteten die

Städte die Verbrauchssteuer selbst, dann wurde sie ab 1682 in eine offizielle Staatssteuer mit entsprechenden Verwaltungsbehörden umgewandelt. Dieses System beseitigte endgültig jegliche Interessenübereinstimmungen, die zwischen den Städten und dem Landadel existiert haben mochten.

Noch schwieriger war die Situation in den rheinischen Besitzungen, da Kleves Stände bereitwillige Unterstützung in den Niederlanden finden und die katholischen Teile Jülich-Bergs mit der Hilfe des Kaisers rechnen konnten. Die Versuche des Kurfürsten, die Stände an die Kandare zu nehmen, führten zu nichts: sie bewahrten ihr Recht, nach eigenem Willen zusammenzutreten. Außerdem durften nur Einheimische als Beamte eingestellt werden, was bedeutete, daß niemand aus Brandenburg oder Preußen in Kleve eine Funktion übernehmen konnte. Der Kurfürst mußte sogar versprechen, in seinen rheinischen Besitzungen keine Truppen zu stationieren oder Festungsanlagen zu errichten. Erst nach dem Frieden von Oliva begann für den Kurfürsten eine Phase, in der er seine Macht in diesen Provinzen festigen konnte. Seinen rheinischen Landen war es von nun an untersagt, mit ausländischen Mächten Verhandlungen zu führen. Alle Beschwerden waren an den Kurfürsten zu richten und nicht an den Kaiser. Zudem bekam er jetzt auch das Recht der Truppenstationierung, ohne die Einwilligung der Stände einholen zu müssen. Mit der Einführung eines stehenden Heeres in Brandenburg erhielten die rheinischen Provinzen auch ein relativ einheitliches Steuersystem.

Die Eingliederung Hinterpommerns in den Staat Brandenburg-Preußen geschah ohne ernsthafte Komplikationen. Die Region war seit dem Dreißigjährigen Krieg an regelmäßige und hohe Abgaben gewöhnt. Im Vergleich dazu war das Steuersystem des Kurfürsten eine beträchtliche Verbesserung. Schwieriger lag der Fall mit der Stadt Magdeburg, von der nach dem Westfälischen Frieden verlangt wurde, offiziell dem Kurfürsten zu huldigen. Er forderte außerdem die ständige Stationierung brandenburgischer Garnisonen, doch die Stadt lehnte ab. Daraufhin erschien er 1666 mit einem starken Truppenkontingent vor den Toren. Kurz danach willigten die Ratsherren in die Wünsche des Kurfürsten ein.

Die Eigenarten der diversen Provinzen, ihre politischen Traditionen und historischen Entwicklungen verhinderten die rasche Bildung einer einheitlichen Regierung. Eine zentralisierte und wirksam funktionierende Lenkung des Staates brauchte Zeit, um sich zu entwickeln und auszudehnen. Die kurfürstliche Regierung eines jeden Gebiets bestand zunächst aus einem ›Statthalter‹ als direktem Repräsentanten, dem ein Ratskollegium zur Seite stand. In diesem Gremium gab es keine Trennung zwischen einem administrativen und einem legislativen Teil – es erfüllte beide Funktionen.

Die Keimzelle einer Zentralregierung entwickelte sich aus dem Geheimen Rat der Kurmark, der langsam zur zentralen Verwaltungsbehörde wurde, deren Zuständigkeit bis an die Grenzen Brandenburgs reichte. Sie begann Verwaltungsorgane einzurichten, aber um das durchzuführen, benötigte sie Anerkennung in allen Territorien des Kurfürsten. Das brauchte Zeit, und die Hindernisse, die beiseitegeräumt werden mußten, waren beträchtlich.

Das wirksamste Zentralisationsinstrumentarium war die kurfürstliche Finanzpolitik, die in der Durchführung eines einheitlichen Besteuerungssystems bestand und hauptsächlich für den Unterhalt des stehenden Heeres benötigt wurde. Deshalb wurden die Steuern vom ›Kriegskommissariat‹ eingezogen und verwaltet, das der Zentralinstitution der allgemeinen Kriegsintendantur untergeordnet war. An dessen Spitze stand wiederum der dienstälteste General, der gleichzeitig auch Mitglied des Geheimen Rates war.

So war die Finanzverwaltung eng mit der Heeresverwaltung verbunden, weil die Funktion der einen hauptsächlich darin bestand, den Bedürfnissen der anderen zu dienen. Otto Hintze beschreibt die Armee des Großen Kurfürsten zutreffend als die ›Verstaatlichung der Soldateska des Dreißigjährigen Krieges‹. Das Instrument eines militärischen Unternehmers wurde in ein Instrument des Staates umgeformt. Die Armee Brandenburg-Preußens entwickelte sich in ähnlichen Bahnen wie die französische: die Militärpolitik des Kurfürsten orientierte sich eng an der des französischen Kriegsministers Louvois. Daß eine Armee in Friedenszeiten zu keinem anderen Zweck als zum Drill in den Garnisonen gehalten wurde, war etwas, das die meisten Untertanen nicht verstehen konnten. Für sie war es bestenfalls ein Luxus, der die Steuern in die Höhe trieb. Für jedes geschlachtete Rind, Schwein oder Schaf war eine Abgabe zu entrichten, die in den Schatzkasten des Heeres wanderte. Nach anfänglichen kümmerlichen

Versuchen, den Ständen seine Gründe darzulegen, warum eine Armee vonnöten sei, sah der Kurfürst weder eine Notwendigkeit noch einen Sinn darin, sich weiterhin zu erklären. Eine allgemein gebilligte Neuerung war die Einführung strenger Disziplin in der Armee. Die Geistlichen verkündeten es von der Kanzel herab, und die Offiziere lehrten es ihre Untergebenen, daß jeder Akt von Plünderung mit dem Galgen bestraft werde. Jeder Offizier, der einen Zivilisten angreife, werde für ein Jahr seines Ranges entkleidet und habe als gewöhnlicher Soldat wieder die Muskete zu tragen. Jede Einheit hatte ihre eigene Bibel, und morgens und abends war ein Gottesdienst abzuhalten.

Einige der neuen Maßregeln überlebten die Regentschaft Friedrich Wilhelms nicht. So verbot er zum Beispiel die Züchtigung der Soldaten durch ihre Offiziere sowie das Spießrutenlaufen. Sogar Deserteure wurden nicht mehr sofort gehenkt. Jedes Militärgerichtsurteil mußte vom Kurfürsten persönlich bestätigt werden. Jede Rekrutierung hatte in seinem Namen zu geschehen und nicht im Namen von ›condottieri‹. Handwerker und Bauern durften nicht rekrutiert werden. Friedrich Wilhelm versuchte also, die Armee zu professionalisieren und ihr ein Ansehen zu geben, dessen sich auch andere Gewerbe und Berufe erfreuten.

Der Kurfürst schuf die Regimenter und ernannte ihre Obersten, obwohl während seiner Regentschaft die allgemeine Praxis herrschte, daß Regimentsoffiziere immer noch von ihren Obersten und nicht vom Kurfürsten bestimmt wurden. Er begriff, daß Reformen nötig waren und ein einigermaßen homogenes Offizierskorps sich nicht über Nacht schaffen ließ, sondern ein Produkt jahrzehntelangen Wachstums sei. Als Resultat solcher Bemühungen konnte er die raschen Fortschritte einer Neuerung Ludwigs XIV. verfolgen, der ein eigenes Kadettenkorps zur Offiziersausbildung geschaffen hatte. Der Kurfürst übernahm diese Idee und gründete eine Kadettenanstalt, die die nächste Generation von Offizieren hervorbringen sollte. Die Offiziere Brandenburg-Preußens waren keine Glücksritter mehr, die da kamen und gingen, wie es ihnen paßte, sondern eine Gruppe von militärischen Führern, deren Schicksal engstens mit ihrem Land verbunden war.

Dies machte die Armee auf lange Sicht zu einem idealen Instrument, den Adel in den Hohenzollernstaat zu integrieren; zunächst war es aber eben dieser Adel, der am stärksten gegen das stehende Heer opponierte. Verständlicherweise traute der Kurfürst seinen adligen Offizieren ebensowenig wie seine Nachfolger. In der Zusammensetzung des Offizierskorps ist deutlich der Versuch sichtbar, den einheimischen Offizieren aus Brandenburg-Preußen eine Kraft entgegenzusetzen, die aus solchen Offizieren bestand, die als ehrbar galten, aber aus zweifelhaften sozialen Verhältnissen stammten. Der gefürchtetste General, Feldmarschall von Derfflinger, war Österreicher und der einen Quelle zufolge Sohn eines Bauern, nach einer anderen der eines Schneiders. Er machte als Condottiere im Dreißigjährigen Krieg sein Glück, bevor er in die Dienste Brandenburg-Preußens trat. Der Große Kurfürst machte es sich zur Aufgabe, sich mit seinen älteren Offizieren zu beraten. Diese Treffen können als der Ursprung des preußischen Generalstabs betrachtet werden.

Es dauerte seine Zeit, bis die Offiziere ein Gefühl für persönliche Loyalität der Dynastie gegenüber entwickelten; ebenso dauerte es, sie in großen militärischen Einheiten zu organisieren, die fähig waren, innerhalb eines zentralisierten Befehlsgefüges zu operieren. Probleme wegen Ungehorsams gab es ständig. Die Masse des Heeres wurde auf dem ›freien Markt‹ ausgehoben, und seine Größe hing davon ab, ob Krieg herrschte oder Frieden. Der Kurfürst beschäftigte sich eine Zeitlang mit der Idee, zumindest in Preußen so etwas wie einen regulären Militärdienst einzuführen, ließ sie aber bald wieder fallen, weil er seinen Untertanen noch immer nicht traute, am wenigsten all denen aus dem Herzogtum Preußen. Im Frieden zählte die Armee im Durchschnitt annähernd 7000 Mann, zu Kriegszeiten waren es etwa 15 000 bis maximal 30 000.

Obwohl er ein einheitliches Steuersystem eingeführt hatte und die Abgaben auch effizient eingetrieben wurden, reichten die Einkünfte nicht aus, um eine Streitmacht dieser Größe unter Waffen zu halten. Folglich war Friedrich Wilhelm auf Subventionen der Großmächte angewiesen – der Niederlande, Österreichs, Spaniens und Frankreichs. Seine Außenpolitik war aber damit von diesen Mächten abhängig und erforderte ein flexibles Taktieren, das darauf hinauslief, ständig die Seiten zu wechseln, je nach Maßgabe der Vorteile, die die eine oder die andere bot.

Als Ludwig XIV. 1667 den Versuch unternahm, die spanischen Niederlande unter seine Kontrolle zu bekommen, war Friedrich Wilhelms Verhalten gegenüber dieser Situation von einem anderen Problem bestimmt. In Polen hatte Johann Kasimir abgedankt, und die Franzosen bestanden auf dem Prinzen Louis de Condé als seinem Nachfolger, was für die Sicherheit Preußens nicht eben vielversprechend war. Aber Ludwig zeigte sich bereit, diese Kandidatur fallenzulassen, vorausgesetzt, Preußen verhielt sich im Krieg gegen die spanischen Niederlande neutral. Friedrich Wilhelm stimmte zu. Michael Wisnowiecki, ein polnischer Adliger, wurde zum König von Polen gekrönt und erwies sich als der schwache Monarch, den sich der Kurfürst erhofft hatte. In der Zwischenzeit weigerte sich Brandenburg-Preußen, dem Bündnis zwischen den Niederlanden, England und Schweden beizutreten. Aber Friedrich Wilhelm ging noch einen Schritt weiter. Für eine jährliche Subvention von 40 000 Talern bot er Ludwig die aktive Unterstützung nach dem Tod des spanischen Königs an. Das wäre auf ein Geheimbündnis gegen die Niederlande hinausgelaufen, gegen die der Kurfürst, trotz prinzipieller Bewunderung, ernsthafte praktische Einwände hatte. Wegen seiner Schulden hielten sie immer noch Teile seiner rheinischen Gebiete besetzt; er warf ihnen vor, sie unterhielten dort ständige Kontakte mit den unbotmäßigen Ständen. Die Sache hatte aber noch einen Haken. Jedermann war bewußt, daß Frankreich den Ehrgeiz hatte, das linke Rheinufer in seine Hand zu bringen. Was war nun vorzuziehen: die unbequemen und gelegentlich grobschlächtigen Holländer als Nachbarn seiner Besitzungen oder ein starkes Frankreich?
Die Angelegenheit wurde von der kurfürstlichen Familie, mit den Ratgebern und den Generälen erörtert. Sie waren sich uneins, aber allmählich zeichnete sich eine Mehrheit zugunsten einer Allianz mit den Niederlanden ab. Am 6. Mai 1672 schließlich wurde das Bündnis geschlossen. Die Niederlande übernahmen die Hälfte der Kosten für die Rekrutierung eines Heeres von 20 000 Mann sowie deren Besoldung. Aber Friedrich Wilhelm endete schließlich als betrogener Betrüger. England und Frankreich griffen die Niederlande an, und diese blieben, abgesehen von ihrem Bündnis mit Brandenburg-Preußen, isoliert – und zahlten natürlich die versprochenen Subventionen nicht.

Das Reich enthielt sich der Einmischung, und obwohl Friedrich Wilhelm Frankreich den Krieg noch nicht erklärt hatte, hielt das Ludwig XIV. keineswegs davon ab, des Kurfürsten rheinische Provinzen zu besetzen. Der rasche Zusammenbruch der Niederlande ermöglichte es Friedrich Wilhelm, sich mit geringstmöglichem Schaden der ganzen Affäre zu entziehen. Im Frieden von Vossem 1673 verbürgte er sich, den Niederlanden in Zukunft keine Hilfe mehr zu leisten, während die Franzosen die meisten der von ihnen eroberten Gebiete zurückgaben; der Rest sollte nach einem Friedensschluß mit den Niederländern folgen. Ludwig XIV. versprach auch, im Laufe einer Verhandlungsrunde mit den Niederlanden darauf zu dringen, daß die überfälligen Zahlungen an Brandenburg-Preußen endlich erfolgten. Gleichzeitig gewährte er selber eine Subvention. Im Anschluß an dieses Übereinkommen gelang Frankreich eine Reihe von Annexionen. Diese ›Wiedervereinigungs‹-Politik, beginnend mit der Besetzung Lothringens und weiterhin nach 1679 die der Reichsstädte im Elsaß, mobilisierte die öffentliche Meinung in Deutschland gegen Frankreich. Die Flugschriften jener Zeit verbinden volkstümlichen Franzosenhaß, der in der Furcht vor französischer Vorherrschaft begründet war, mit Lächerlichem über Brandenburg-Preußen im allgemeinen und den Kurfürsten im besonderen. Sie prangern seine Inkonsequenz und seine Unzuverlässigkeit an.

Wien inszenierte jetzt eine große Koalition gegen Ludwig XIV. Österreich verband sich mit Spanien, Dänemark und den Niederlanden – eine Allianz, der am Ende auch Friedrich Wilhelm beitrat. Spanien und die Niederlande zahlten ihm die Subsidien. Aber der Feldzug brachte seinen Truppen keinen Lorbeer. Sie erlitten mancherlei Rückschläge und eine vernichtende Niederlage durch den Marschall Turenne. Kaiserliche und brandenburg-preußische Generäle gaben sich wechselseitig die Schuld an dem gegnerischen Erfolg. Während Mitteleuropa von Anklagen widerhallte und die kurfürstlichen Streitkräfte in ihre Winterquartiere nach Franken zogen, trafen alarmierende Nachrichten ein: Am Weihnachtstag 1674 waren die Schweden in Brandenburg eingefallen und hatten das Land verwüstet. Schweden hatte sich bereits den Franzosen angeschlossen, und 1674 wurde ein Vertrag verlängert, der französische Unterstützungszahlungen unter der Bedingung versprach, daß Schweden dem französischen König mit all seinen Kräften half. Und genau das geschah auch. Friedrich Wilhelm war nun wieder auf sich selbst gestellt. Keine kaiserlichen Truppen sammelten sich, um ihn zu unterstützen, und so sah er sich gezwungen, ganz Mitteldeutschland so rasch wie möglich zu durchqueren, um den Schweden entgegenzutreten. In einer solchen Situation befand sich eine Armee im 17. Jahrhundert freilich nicht auf dem Marsch, sondern auf einer Wanderschaft, denn neben dem schwerfälligen Verpflegungs- und Gepäcktroß gab es da auch noch die Angehörigen der Soldaten. Auf jeweils 7000 Soldaten kam ein Troß von annähernd 2000 bis 3000 Angehörigen.

Der Ruhm, die Armee noch rechtzeitig nach Brandenburg geführt zu haben, gebührte hauptsächlich Derfflinger, der sie um einer größeren Mobilität willen in kleine Kontingente aufgeteilt hatte, die über eine Distanz bis zu 130 Kilometern verstreut waren und untereinander Kontakt durch Kavallerieeinheiten hielten. Innerhalb von zwei Wochen erreichten die Truppen Brandenburg. Derfflinger, zu jener Zeit bereits 70 Jahre alt, überraschte die Schweden bei Rathenow, aus dessen Festung sie ihre Einheiten abzogen. Die Schweden waren in der Überzahl, wußten das jedoch nicht. Bei Fehrbellin wurden sie von Derfflingers Dragonern gestellt. Er besaß nur 13 Artilleriegeschütze, die er allerdings auf einer strategisch günstigen Höhe placieren konnte, während von 38 schwedischen Kanonen nur 7 Schußmöglichkeiten fanden. Diese Schlacht kostete die Schweden 2000 Mann; die Verluste der Derfflingerschen Truppen beliefen sich auf insgesamt 500 Tote und Verwundete. An sich war Fehrbellin nur eine kleinere Schlacht, aber sie begründete das Ansehen der preußischen Armee. Um sicherzustellen, daß die Schweden gänzlich aus dem Land vertrieben wurden, nahm Derfflinger eine Streitmacht ausgewählter Soldaten, legte zu Pferde 500 Kilometer in 10 Tagen zurück – man bedenke dabei, daß die Kavalleriepferde jener Zeit die Anmut und ganz die Eigenarten von Kutschergäulen hatten – und fügte den Schweden bei Tilsit eine weitere Niederlage zu. Friedrich Wilhelm erkannte sofort, daß es die Schweden Pommern kosten würde, wenn er erfolgreich blieb. Er verbündete sich mit Dänemark, und die Dänen wie auch die niederländische Flotte bemühten sich, die Schweden unter Druck zu setzen. Nun zog sich der Feldzug in die Länge: zäh, systematisch und gründlich geführt, dauerte er von

1675 bis 1677. Der Kurfürst wollte vor allem Stettin einnehmen, um die Oder kontrollieren zu können. Von Juli bis Dezember 1677 wurde Stettin belagert, von der See und vom Land her beschossen. Schließlich brachen gegen Ende Dezember die Stadtmauern, und Stettin kapitulierte kurz vor der endgültigen Erstürmung. Der Garnison wurden ehrenvolle Bedingungen angeboten, sie wurden akzeptiert und die Privilegien der Stadt zugleich in vollem Umfang bestätigt. Am 6. Januar 1678 zog der Kurfürst ein und nahm die Huldigung entgegen.

Wenn Friedrich Wilhelm der Meinung war, die anderen Mächte seien mit seiner Eroberung einverstanden gewesen, hatte er sich gründlich getäuscht. Die Niederlande und Spanien waren schon ihren Separatfrieden mit Frankreich eingegangen, und in Wien verlautete, daß es nicht im Interesse des Kaisers liege, den Aufstieg eines neuen ›Vandalenkönigs‹ an den Küsten des Baltikums zu gestatten. In der Zwischenzeit ermutigten die Franzosen ihre schwedischen Verbündeten, einen erneuten Ablenkungsangriff gegen Brandenburg-Preußen zu beginnen, der sich zu dem Winterfeldzug 1678–79 auswuchs und weit mehr Opfer abverlangte als die Schlacht von Fehrbellin. Es war ein Abnutzungskrieg, in dem die Schweden schwere Verluste an Menschen wie Material erlitten. Andererseits stellten sich die Zugewinne, die Friedrich Wilhelm erwartet hatte, nicht ein. Im Frieden zu Nymwegen vom 5. Februar 1679 einigte sich der Kaiser mit Frankreich und Schweden. Dem Kurfürsten blieb nurmehr ein einziger Bundesgenosse: Dänemark. Er besaß nicht die Stärke, um seine Position sowohl im Norden und Nordosten als auch im Westen aufrechtzuerhalten. Frieden mit Frankreich und Schweden zu schließen, war unumgänglich. Im Frieden von St. Germain vom 29. Juni 1679 mußte er Pommern wieder an Schweden zurückgeben. Er gewann letztlich nicht mehr als kleinere Grenzkorrekturen.

Der Kurfürst fühlte sich von Kaiser und Reich verraten und vergaß dabei die oftmaligen Schwankungen der eigenen Bündnispolitik. Sein Interesse war auch von der schlesischen Frage bestimmt oder vielmehr von der diesbezüglichen Haltung des Kaisers. 1675 war der letzte der schlesischen Piasten, Herzog Georg Wilhelm von Liegnitz, gestorben. Gemäß einem auf das Jahr 1537 zurückgehenden Vertrage sollten danach Teile Schlesiens an die Hohenzollern fallen. Wien aber wollte davon nichts hören und annektierte es als Teil des Kronlandes Böhmen. Selbst eine Ausgleichsforderung wurde zurückgewiesen. Derartige Behandlung durch den Kaiser veranlaßte Friedrich Wilhelm, sich wieder einmal Frankreich zuzuwenden. Nachdem er durch die Macht Frankreichs Pommerns beraubt worden war, setzte er nun auf die Unvermeidlichkeit seines Aufstiegs und hoffte, wiederzugewinnen, was er verloren hatte, indem er sich Frankreich anschloß.

Es wurden vielschichtige Geheimverhandlungen geführt. Zu dieser Zeit verfolgte Ludwig XIV. gegenüber deutschem Gebiet eine Annexionspolitik, die er ›réunions‹ zu nennen pflegte. Das Reich und die Opposition steigerten den Wert eines Bündnisses mit Brandenburg-Preußen entsprechend. Aber Ludwig und Friedrich Wilhelm wünschten ein Bündnis aus unterschiedlichen Gründen: Ludwig, um seine Politik dieser ›réunions‹ wiederaufzunehmen, Friedrich Wilhelm, der auch die Dänen in das Bündnis einbeziehen wollte, um es gegen die Schweden zu richten. Es wurde, allerdings ohne Dänemark, geschlossen, und letztlich zog nur Frankreich und nicht Brandenburg-Preußen Vorteile daraus. Der ›Raub von Straßburg‹ 1681 durch Ludwig XIV. war für Friedrich Wilhelm eine weitere Niederlage, die wahrscheinlich dadurch noch schlimmer wog, weil seine Unterstützung Frankreichs als Verrat am Reich betrachtet wurde. Er hoffte jedoch weiterhin, daß Frankreich ihm gegen die Schweden helfen werde. Erst 1683, als Schweden, statt seine Verträge mit Frankreich zu erneuern, Unterstützungszahlungen des Kaisers und der Niederlande annahm, war Frankreich daran interessiert, Schweden mit Hilfe Dänemarks und Brandenburgs in Schach zu halten.

Am 30. April 1683 wurden zwei Bündnisverträge geschlossen: einer zwischen Frankreich und Brandenburg, der andere zwischen Frankreich, Brandenburg und Dänemark. Schweden sollte völlig aus Deutschland vertrieben werden. Tatsächlich aber waren es nur vorläufige provisorische Vereinbarungen. Der Kurfürst machte den Fehler, dies nicht zu beachten. Die Verträge wurden niemals ratifiziert. Darüber hinaus erschien auf der politischen Szene Europas zusätzliche Hilfe für Frankreich, die weniger kostete und auch noch das Reich bedrohte: die Türken. Nachdem Friedrich Wilhelm erkannt hatte, wie tief sein Wert Frankreich gegenüber gesunken war, bot er Wien seinen Beistand im Austausch gegen Geldzuwendungen und Gebietsausgleich an. Gründlich desillusioniert und nun voller Mißtrauen Friedrich Wilhelm gegenüber wies der Kaiser das Angebot zurück und bestand darauf, daß es die Pflicht des Kurfürsten als Reichsfürst sei, dem von den Heiden bedrohten Reich beizustehen. Die Befreiung Wiens von der türkischen Belagerung fand mit Hilfe des polnischen Königs Johann Sobieski und des bayrischen Kurfürsten Max Emanuel statt. Truppen Brandenburg-Preußens nahmen daran nicht teil. In der Zwischenzeit stand der Kaiser schon wieder mitten in Verhandlungen, die eine Einigung mit Frankreich oder zumindest einen Waffenstillstand zum Ziele hatten. Ludwig war sogar bereit, ihn abzuschließen, vorausgesetzt, er könnte seine Gewinne aus der Reunionspolitik behalten, was er auch durchzusetzen verstand. Seine Allianz mit Brandenburg-Preußen hatte ihren Zweck erfüllt: einen französischen Zweck, keinen brandenburgischen und schon gar keinen deutschen.

Friedrich Wilhelm, seit Fehrbellin der ›Große Kurfürst‹, hatte seinen Staat erfolgreich zu einer achtunggebietenden Macht geführt, aber nicht zu einer Großmacht, wie er gehofft hatte. All seine außenpolitischen Pläne waren gescheitert. Selbst als er, viel zu spät, Frankreich den Rücken zuwandte, änderte das nichts mehr. Er war auch nicht in der Lage, Brandenburg-Preußen zu einer Handelsmacht von einiger Bedeutung zu entwickeln. Spekulationen auf Seemacht und die Schaffung einer afrikanischen Kolonie Groß-Friedrichsburg illustrieren die Richtung seiner Ambitionen, aber ihr flüchtiger Charakter offenbart auch, daß diese Ambitionen der soliden Machtgrundlage entbehrten, die in politischer und wirtschaftlicher Hinsicht erforderlich gewesen wäre, um sie aufrechtzuerhalten und auszubauen. Deshalb liegt es nicht an dieser Vision, wenn man sich seiner als eines beeindruckenden Barockmonarchen erinnert, sondern daran, daß er die Fundamente schuf, auf denen später fähige Nachfolger bauen und gestalten und zumindest Teile seiner Vorstellungen in die Realität überführen konnten. Was er hinterließ, waren die Anfänge des preußischen Staates, seiner Armee, seiner Bürokratie und vielleicht bei seinen Untertanen ein wachsendes preußisches Staatsbewußtsein.

4. KAPITEL

Vom Herzogtum zum Königreich

Als der Große Kurfürst starb, hinterließ er eine 30 000 Mann starke Armee. Steuern und die Subventionen anderer Mächte reichten allein nicht mehr aus, um sie zu unterhalten. Die Notwendigkeit ihrer Finanzierung war hauptsächlich für den Ausbau von Handel und Gewerbe in Brandenburg-Preußen verantwortlich. Einer der wichtigsten Aspekte von Friedrich Wilhelms Innenpolitik war es gewesen, Einwanderer nach Preußen zu ziehen, und in diesem Zusammenhang war ihm der Widerruf des Edikts von Nantes 1685 zugute gekommen, da er 20 000 französische und wallonische Hugenotten nach Brandenburg-Preußen einwandern ließ. Da ihre Fertigkeiten in Handel und Gewerbe weit höher entwickelt waren und sie außerdem eine weit bessere Bildung besaßen als die Mehrheit der einheimischen Bevölkerung, waren die Hugenotten für die ökonomische und die kulturelle Entwicklung Brandenburg-Preußens von unschätzbarem Wert. Das General-Kriegskommissariat, das Geheime Kammergericht sowie der Geheime Rat bildeten den Kern des Behördenapparates, der im Laufe des nächsten Jahrhunderts wachsen und eine zentralisierte Verwaltung in geographisch, kulturell und wirtschaftlich höchst unterschiedlichen Gebieten möglich machen sollte. Natürlich veränderte sich auch dieser Kern allmählich. Der Geheime Rat fiel der Bedeutungslosigkeit anheim, während das mit der Verwaltung und Überwachung aller kurfürstlichen Domänen betraute Geheime Kammergericht erheblich an Gewicht gewann, bis es 1713 in das Allgemeine Finanzdirektorium umgewandelt wurde.

Von den drei Zielen der Außenpolitik des Großen Kurfürsten, die Souveränität in Preußen zu erlangen, Vorpommern zu erwerben und seine verschiedenen Landesgebiete allgemein abzurunden, um dem Staat einen größeren Zusammenhalt zu geben, erreichte er nur das erste. Diesem Mißerfolg maß er ein solches Gewicht bei, daß er nach dem Frieden von St. Germain eine Erinnerungsmünze prägen ließ mit der Zeile Vergils: ›Exoriare aliquis nostris ex ossibus ultor‹ – ›möge aus meinen Gebeinen ein Rächer erstehen!‹ Dies sollte sich erfüllen.

Das absolutistische Regime konnte sich nur halten, weil die Stände sich unterordneten. Die Zerbrechlichkeit Brandenburg-Preußens erforderte die Integration von mehr als nur einer Interessengruppe. Angesichts der politischen und ökonomischen Verhältnisse wäre, trotz aller Konzessionen an den Adel, eine Adelsdiktatur, in der der Fürst allein die Interessen dieser einen Gruppe vertritt, unhaltbar gewesen.

Brandenburg-Preußen war auf dem Wege, eine europäische Macht zu werden, aber sein fundamentales Problem blieb weiter bestehen: seine Verwundbarkeit aufgrund der geographischen Lage, der zerstreuten Besitzungen der Dynastie und des Mangels an Rohstoffen. Innerhalb der Grenzen der deutschen Lande war die Entstehung des neuen Staates langfristig von revolutionärer Bedeutung. Der Keim dieser revolutionären Entwicklung war schon in seinen Anfängen erkennbar. Preußen umfaßte die nordöstlichen Marken des Kolonialgebiets des Heiligen Römischen Reiches Deutscher Nation. Wie sich später am Beispiel der britischen Kolonien in Amerika zeigen sollte, neigen Kolonien dazu, sich von ihren traditionellen Bindungen zu lösen und neue Formen der Unabhängigkeit zu finden.

Wie in England, so war auch in Brandenburg-Preußen der Staat auf einen einzigen radikalen Akt der Säkularisierung des Landes gegründet, der in Preußen durch die Annahme des Protestantismus vollzogen wurde. Mit einem Federstrich hatte Herzog Albrecht die Verbindungen zur Vergangenheit durchtrennt, und seine Exkommunizierung erhob den neuen Glauben unvermeidlich zu einem konstituierenden Staatsprinzip. Daß der Calvinismus dadurch Einfluß gewann, unterstrich diese Tatsache noch.

Der militärische Charakter des preußischen Staates, ein weiterer revolutionärer Aspekt, wurde ausschließlich vom Großen Kurfürsten begründet. Nur auf dieser Grundlage konnte er fast zwei Jahrhunderte

lang sein Gebiet ausdehnen und seine Existenz auf den Schlachtfeldern Europas behaupten.
Preußen war als Staat ein Kunstwerk, ein Renaissancestaat im wahrsten Sinne der Formulierung Jacob Burckhardts: »Mit immenser Anstrengung erhob sich Brandenburg-Preußen aus den Trümmern Deutschlands.« Dieser Staat hätte kaum überlebt, wenn er ausschließlich oder hauptsächlich für die Interessen einer Gruppe funktioniert hätte. Während der Regentschaft Friedrich Wilhelms kristallisierte sich ein neues Prinzip, eine neue Ideologie des Staates heraus, gemäß der sowohl die Dynastie und die Aristokratie als auch die übrigen Untertanen gleichermaßen in eine Art Staatsgemeinschaft geschweißt wurden. Diese Entwicklung markierte einen revolutionären Bruch zum damals vorherrschenden feudaldynastischen Konzept, das mit den Habsburgern identifiziert werden kann.
Ausgehend von der Tatsache, daß natürliche Schwäche nur durch Kunstgriffe zu kompensieren sei, hatte es Ziel der Dynastie, des Staates zu sein, die Gesellschaft so zu regulieren, daß periodische Unzufriedenheit, die zur Quelle innerer Unruhen und möglicher Umstürze geraten konnte, verhindert wurde. Dann konnte der Staat, dessen Fundamente nach außen auf jeden Fall durch Bajonette gestützt waren, es vermeiden, diese Bajonette auch noch zur Aufrechterhaltung von Recht und Ordnung im Innern einzusetzen. Es mußte vordringliches Anliegen der Politik sein, politische, soziale und wirtschaftliche Konflikte durch einen institutionellen Rahmen zu absorbieren, um einen Ausdruck Thorstein Veblens zu gebrauchen, den Ralf Dahrendorf viel später aufgegriffen hat. Der Große Kurfürst machte erste Ansätze zu einer solchen Politik und schuf damit einen institutionellen Rahmen, der Anstöße zu Reformen und ihrer Durchführung von oben her zu gewährleisten vermochte und so einer Revolution von unten zuvorkam. Preußens Regierungsapparat sollte zur Verkörperung dieser Ideologie einer Staatsgemeinschaft schlechthin werden.
Als der Große Kurfürst starb, hatte sich die allgemeine Situation in Europa dahingehend verändert, daß die Zeichen für einen Aufstieg des Hohenzollernstaates günstiger standen als zu Lebzeiten des Fürsten. Schweden, dessen außenpolitische Ambitionen in keinem Verhältnis zu seinen tatsächlichen Kraftreserven standen, verlor seine

Vorherrschaft in der Ostsee, während Rußland zur Großmacht heranwuchs. Nach Schwedens Niedergang konnte Brandenburg-Preußen nicht sofort die erwünschte Position an der Ostsee einnehmen, da sich eine neue Bedrohung einstellte: Polen, das unter seinen sächsischen Herrschern gegen seinen Niedergang ankämpfte, schloß sich enger an Rußland an und wurde so zur neuerlichen Gefahr für die Grenzen des Hohenzollernstaates.

Der globale anglo-französische Konflikt, der sich in Europa an der Frage der spanischen Erbfolge entzündete, gewann zunehmend an Bedeutung. Großbritannien stellte sich auf die Seite Habsburgs, denn letztlich ging es ja um den Versuch Frankreichs, die Hegemonie in Europa zu erlangen. Der Frieden von Utrecht sorgte wieder für den Machtausgleich zwischen Großbritannien, Frankreich und Österreich, das keine für Brandenburg-Preußen bedrohliche zusätzliche Macht erhielt.

Kurfürst Friedrich III. führte 1692 zu Beginn seiner Regentschaft das Erstgeburtsrecht ein und setzte sich damit teilweise über das Testament des Großen Kurfürsten hinweg. Mit diesem Präzedenzfall wurde aber die Unverletzlichkeit der territorialen Einheit des brandenburg-preußischen Staates gesichert. Friedrich III. zeigte nicht den politischen Ehrgeiz seines Vaters und wollte die Staatsgeschäfte auch nicht selber führen. Er zog die prunkhafte Attitude der absoluten Monarchie ihren tatsächlichen Inhalten vor und vertraute die Staatsführung seinen Ersten Ministern an, zunächst Eberhard von Danckelmann (1688–1697) und dann Kolbe von Wartenberg (1702–1711). Die erste Phase war gekennzeichnet durch die Große Allianz gegen das Frankreich Ludwigs XIV., die 1697 im Frieden von Ryswick ihr Ende fand.

Danckelmann war dabei behilflich gewesen, Preußen wieder einmal fest an die Seite der Niederlande zu stellen, zu welchem Zweck starke Truppenkontingente zum Schutz Wilhelms III. von Oranien an den Niederrhein verlegt wurden, der die ›glorreiche Revolution‹ nach England tragen wollte. Ein brandenburgischer General, Marschall Schomberg, ein Hugenotte, nahm an der Operation teil und landete mit Wilhelm in England.

Im Spanischen Erbfolgekrieg erhielt Brandenburg-Preußen Subventionen von Großbritannien, den Niederlanden, Österreich und Spanien: Brandenburg-Preußen war bislang nicht in der Lage, selbständig Kriege zu führen, und unfähig, die eigenen Forderungen durchzusetzen. Fällige Subventionsgelder wurden nicht vollständig bezahlt, und beim Friedensschluß von Ryswick wurden Vergütungen, die man Friedrich III. versprochen hatte, verweigert oder ignoriert. Wie üblich mußte für einen solchen Mißerfolg ein Sündenbock gefunden werden, und so wurde Danckelmann entlassen. Die Intrige war von Friedrichs Frau, der hannoverschen Prinzessin Sophia Charlotte, angezettelt worden. Der Sturz Danckelmanns führte zu einer ernsthaften Vernachlässigung der Staatsverwaltung, da die bürokratischen Institutionen noch in ihren Anfängen steckten. Das unmittelbare Ergebnis war ein Rückgang der finanziellen Einkünfte.

Das schien den Kurfürsten Friedrich wenig zu kümmern, waren doch all seine Anstrengungen auf die Erfüllung seines höchsten Ehrgeizes gerichtet: auf Königstitel und -krone. Friedrich der Große pflegte zu sagen, sein Großvater habe die königliche Krone angestrebt und erlangt, bevor er tatsächlich die dafür erforderliche Macht besaß. Friedrich III. hatte erkannt, daß er sein Ziel nicht durch einen Gewaltakt erreichen konnte, sondern nur dadurch, daß er dem Kaiser ein getreuer Vasall blieb und die Geringschätzungen und Demütigungen ignorierte, die er dabei zu erleiden hatte. Als König aber wollte er nicht Vasall des Kaisers sein, und so gründete er seine königlichen Ansprüche auf das Herzogtum Preußen, worüber er souverän herrschte. In diesem Fall mußte der Kaiser die Krone nicht verleihen, sondern nur seine Zustimmung zu Friedrichs Vorhaben geben. Die ersten Verhandlungen in dieser Richtung fanden 1690 statt, zwei Jahre, nachdem Friedrich die Nachfolge seines Vaters angetreten hatte. Fragen über kleinere Gebietsabtretungen gestalteten sich komplizierter, und in Wien konnte man wieder das alte Wort vom Vandalenkönig an der Ostseeküste hören. Auch die Religionsfrage spielte in den Verhandlungen eine Rolle. Wenn der Kurfürst von Brandenburg-Preußen seine Wünsche durchsetzte, gab es ein weiteres protestantisches Königshaus. Einwände religiöser Art wurden erst zurückgewiesen, nachdem der Beichtvater Kaiser Leopolds, Pater Wolf S. J., sich darum bemühte, eine Heirat zwischen dem preußischen kurfürstlichen Prinzen Friedrich Wilhelm und einer Tochter des Kaisers zu lancieren.

Als der Krieg gegen Frankreich wieder aufzuflammen drohte, kam die Angelegenheit endlich zur Entscheidung. Österreich benötigte nicht nur dringend die preußischen Streitkräfte, sondern auch Friedrichs Versprechen, das Haus Habsburg bei einer Kaiserwahl zu unterstützen. Am 16. November 1700 versicherte der Kaiser, er werde, auf der Basis des Herzogtums Preußen, Friedrichs Königstitel anerkennen, wann immer der Kurfürst sich diesen zulege. Kaum lag die Zustimmung vor, da traf die Nachricht vom Tode König Karls II. von Spanien ein. Der Krieg um die spanische Erbfolge stand bevor. Der Kurfürst, darauf bedacht zu handeln, solange ihm die Lage günstig erschien, krönte sich am 18. Januar 1701 in Königsberg zum König in Preußen. Während das Kurfürstentum Sachsen von Polen abhängig und Hannover seit 1714 mit Großbritannien verbunden war, herrschte der Hohenzollernkönig über ausschließlich deutsches Gebiet.

Der neue König wurde von zwei protestantischen Bischöfen geweiht. Der katholischen Kirche machte er keinerlei Anzeige hiervon; bis nach dem Tode Friedrichs des Großen 1787 wurden die preußischen Könige im päpstlichen Kalender lediglich als Markgrafen von Brandenburg aufgeführt. Die Krönungszeremonie war kostspielig, deshalb gewährten die Stände Brandenburgs einen Vorschuß in Höhe von 100 000 Talern; außerdem wurde eine spezielle Krönungssteuer erhoben.

Friedrich I. trug bei der Krönungszeremonie purpurne Gewänder, und als er auf dem Throne Platz nahm, setzte er sich selbst die Krone auf, nahm das Zepter in die eine Hand und den Apfel in die andere. Daraufhin begab er sich in die Gemächer der Königin und setzte auch ihr die Krone aufs Haupt. Danach wurde ein Gottesdienst gehalten, dem das Krönungsmahl folgte. Friedrich blieb anschließend noch zwei Monate in Preußen und kehrte dann am 6. Mai 1701 nach Berlin zurück. Als er in seine Hauptstadt einzog, läuteten sämtliche Kirchenglocken, es wurde Salut geschossen, und die ganze Stadt war illuminiert. Jemand hatte den Namen Berolinum in ›lumen orbi‹ – Licht der Welt – verwandelt, ein etwas extravaganter Anspruch für eine mittelgroße Stadt ohne besondere Eigenheiten.

Friedrich I. war entschlossen, sich seiner Krone zu erfreuen und diese Freude durch keinerlei Komplikationen trüben zu lassen. Er verfolgte deshalb eine im wesentlichen friedvolle Politik. In seinem Testament hatte er schon 1698 festgelegt, daß sein Nachfolger darauf achten solle, keinen unüberlegten Krieg zu beginnen und so lange wie möglich Frieden zu bewahren, damit jedermann gedeihen könne und nicht ruiniert werde. Was im Frieden gefüttert werde, werde im Kriege verzehrt.

Er blieb sich jedoch dessen bewußt, daß die Stellung seines Hauses auf einer schlagkräftigen Armee basierte, die deshalb diszipliniert sein mußte und außerdem gut ausgebildet, um die Nachbarn abzuschrecken. Friedrich I. war vorsichtig, weil er um die Verwundbarkeit seines Königreichs wußte, dessen einzelne Gebiete leicht isoliert werden konnten. Da das Reich im nördlichen Deutschland zwischen Ostpreußen und dem Rhein verstreut war, gab es ständige Verteidigungsprobleme. Jede gegen das Reich gerichtete militärische Aktion konnte sich nur im unmittelbaren Bereich preußischer Grenzen abspielen und barg so die Gefahr von Gebietsverlusten.

Trotz Friedrichs Realismus steckte seine Regentschaft voller Widersprüche. Die größte Diskrepanz bestand zwischen der barocken Machtentfaltung des absoluten Monarchen und der gähnenden Leere seiner Schatzkammern. Nachdem Wartenberg Erster Minister des Königs geworden war, steuerte Preußen auf den finanziellen Ruin zu. Wartenberg, unterstützt vom Hofmarschall Graf von Sayn-Wittgenstein und dem General-Kriegskommissar Graf von Wartensleben, mobilisierte jeden erreichbaren Kreuzer, um dem König ein standesgemäßes Leben zu ermöglichen. Die Berliner, schon damals nicht auf den Mund gefallen, nannten sie die ›Apokalyptischen Reiter‹, weil sie besonders unter der destruktiven Finanzpolitik zu leiden hatten.

Unter dem Einfluß seiner Frau Sophie Charlotte wurde Friedrich zu einem großen Förderer der Künste in Brandenburg-Preußen. Schon zu Anfang seiner Regentschaft verpflichtete er den international berühmten Rechtsgelehrten Samuel von Pufendorf, damit er ein Werk mit dem Titel ›Leben und Taten Friedrich Wilhelms‹ verfasse. Die Geschichtsschreibung jener Zeit war hauptsächlich an der Antike interessiert. Pufendorfs Werk dagegen stellt einen bedeutenden Versuch dar, Zeitgeschichte zu schreiben, die frei ist von verklärenden Legenden. Zusammen mit Christian Thomasius schuf er die Grundlagen für die Theorie des aufgeklärten Absolutismus, wonach der

Fürst nur einem verpflichtet war: dem Wohlergehen seiner Untertanen.

Friedrich forderte auch Philipp Jacob Spener auf, zu ihm an den Hof zu kommen. Spener war früher Hofprediger am kurfürstlichen Hof zu Dresden gewesen, war aber wegen seiner unorthodoxen religiösen Ansichten von dort vertrieben worden. In Berlin machte ihn Friedrich sofort zum Propst von St. Nikolai, um damit öffentlich auf seine Politik der religiösen Toleranz hinzuweisen – ähnlich wie sein Vater im Edikt von Potsdam 1685, als er öffentlich auf den Widerruf des Edikts von Nantes antwortete, indem er die Hugenotten in seinen Staat einlud.

Friedrich ist auch der Gründer der Universität Halle, die im Jahr 1694 449 Studenten ihre Tore öffnete. Hier sollten vor allem Verwaltungsbeamte ausgebildet werden, weswegen in den ersten Jahren der juristischen Fakultät mit fünf Professoren besonderes Gewicht gegeben wurde, während andere Fakultäten wie die philosophische nur zwei Lehrstühle besetzen durften. Friedrich hatte einen ausgesprochenen Sinn für Begabungen, und mit der Berufung Christian Thomasius' verschaffte er der Universität sogleich einen ausgezeichneten Ruf. Thomasius war ein Schüler Pufendorfs: er verwarf die rein biblische Naturrechtskonzeption und gründete seine eigene Rechtsauslegung auf die Macht der zweckgerichteten Vernunft. Folgerichtig lehnte er den Aberglauben ab, der sich in verschiedenen Teilen Europas immer noch in Hexenjagden und Folterungen austobte. Er erneuerte das deutsche Universitätsleben, indem er seine Vorlesungen nicht, wie bisher üblich, in lateinischer, sondern in deutscher Sprache hielt.

Den nachhaltigsten Einfluß auf das Denken und die Politik Preußens übte August Hermann Francke aus, dessen Leben eng mit der Universität Halle verknüpft war. Er lehrte an der ›Fridericiana‹ alte und neue Philologie und orientalische Sprachen; nach 1695 wandte er sich der Theologie zu. Seine Bedeutung liegt weniger in seiner akademischen Tätigkeit als in seinen religiösen und sozialen Aktivitäten. Er war Prediger, Schulgründer und Missionar, und seine Erziehungsinstitute erfreuten sich einer derartigen Förderung durch Friedrich I., daß sogar Diplomaten angewiesen wurden, dafür außerhalb Preußens Gelder aufzutreiben. Francke war einer der wichtigsten

Vertreter des Pietismus in Norddeutschland. In seinen Schulen, ob es nun das königliche Paedagogium, seine Lateinschule, sein Seminarium Praeceptorum oder sein Seminarium Orientale war, schuf er Gemeinschaften von Lehrern und Studenten. Da er eine Elite heranbilden wollte, wählte er die Studenten nach ihren Fähigkeiten, nicht nach ihrer sozialen Herkunft aus. Sein Werk durchzieht der Gedanke, der Mensch solle nicht arbeiten und dulden, um sich Freuden und Vorteile zu verdienen, sondern sein wichtigster Dienst für Gott liege in der Verantwortung für den Nächsten. Durch Veränderungen der sozialen Bedingungen und Einrichtungen könne die Gesellschaft wesentlich verbessert werden, und auf diesem Wege erfülle sich das Göttliche.

Nach französischem und italienischem Vorbild gründete Friedrich I. auch die Preußische Akademie der Künste. Sie definierte sich selbst als Gemeinschaft von Lehrenden und Lernenden, Malern und Bildhauern. Ihr erster Direktor war der schweizer Merianschüler Joseph Werner, der den größten Teil seiner Ausbildung in Italien erhalten hatte. Er zeigte zwar als Künstler wenig Originalität, besaß aber beträchtliche pädagogische Fähigkeiten. Eigentlich hatte er Hofmaler Ludwigs XIV. in Versailles werden wollen, aber der französische König zeigte kein Interesse an ihm. Die Preußische Akademie war zweifellos ein ehrgeiziges Projekt zu einer Zeit, als die Prachtentfaltung der Gegenreformation, die sich in der Barockkunst widerspiegelte, nicht gerade verfiel, aber doch zumindest einer stilistischen Wandlung unterlag. Die vorzüglichsten Begabungen hatten ihre Förderer bereits gefunden, und der barbarische Norden schien wenig Anziehungskraft zu besitzen. Die Akademie brachte trotzdem ein bedeutendes Talent hervor, dessen Werk sich teilweise bis auf den heutigen Tag in Berlin erhalten hat und der Stadtarchitektur ihren Stempel aufdrückte: den Danziger Bildhauer und Architekten Andreas Schlüter. Seine erste Arbeit führte er in Polen aus, wo er das Krasinski-Palais entwarf und baute, ein Schmuckstück Warschauer Architektur, bis es während des Warschauer Aufstandes 1944 in Trümmer gelegt wurde. Berühmt ist auch seine Statue des Großen Kurfürsten, die heute vor dem Charlottenburger Schloß steht, das Friedrich I. seiner Frau bauen ließ. Das ursprüngliche Gebäude stammte aus der Spätrenaissance und wurde von Schlüter in einem häufig als

›Preußischer Barock‹ bezeichneten Stil wiederhergestellt. Dieser Stil bewahrte die Substanz barocken Glanzes und enthielt gleichzeitig die für die karge norddeutsche Landschaft charakteristische Strenge – vergleichbar der Strenge, durch die sich Bachs Musik von der gelegentlich ausladenden Fülle seiner süddeutschen und italienischen Zeitgenossen unterschied.

Eine weitere Gründung, die eng mit dem Namen Friedrichs I. verbunden ist, ist jenes Institut, das später als ›Königlich Preußische Akademie der Wissenschaften‹ Weltruf erlangte. Ursprünglich das geistige Kind von Leibniz, dem diese Idee während der Regentschaft des Großen Kurfürsten gekommen war, hatte sie damals noch nicht realisiert werden können. Welche Rolle sie als Vorbild für ähnliche Gründungen in Leipzig, Göttingen, München und außerhalb Deutschlands in Turin und Stockholm spielte, ist leider nicht nachweisbar. Leibniz verfolgte ein dreifaches Ziel: Unterstützung und Ermutigung der weiteren Entwicklung der Naturwissenschaften, die eben die ersten größeren Fortschritte erzielten; die Bewahrung wissenschaftlicher Erkenntnisse, die andernfalls der Vergessenheit anheimfallen könnten, und schließlich die Vermittlung einer breiten Bildung, denn Leibniz verabscheute die Beschränktheit spezialisierter Wissenschaftler.

Im Unterschied zu den Akademien, die es bereits in Paris, Florenz und London gab, war er nicht an wissenschaftlichen bzw. menschlichen Kuriositäten interessiert, sondern – und damit reflektierte er einen die heutigen Naturwissenschaften beherrschenden Trend – bemühte sich, Theorie und Praxis zu verbinden, um so zu anwendbaren Ergebnissen zu gelangen. Leibniz selbst zeigte beträchtlichen Scharfsinn bei der Lösung von Problemen der Bergbauindustrie, der Entwicklung etwa einer Feuerpumpe oder bei der Züchtung von Seidenraupen. Er wollte eine enge Verbindung mit China herstellen, weil er, mit tiefer Bewunderung für Konfuzius, dort ein alternatives Zivilisationsmodell zu erkennen glaubte. Berlin schien ihm der ideale Ort für die Vorbereitung eines fruchtbaren Austausches mit China zu sein, da es bedeutende Bibliotheken mit Studien über den Fernen Osten besaß. Da Preußen gute Beziehungen zu Rußland pflegte, hätte ihm der Landweg nach China offengestanden.

Friedrich unterstützte die kulturellen Strömungen, die sich in

Deutschland nach dem Dreißigjährigen Krieg entwickelt hatten, gegen die Vorherrschaft Frankreichs auf diesem Gebiet. Er legte Wert darauf, daß sich die neue Akademie der Förderung und Entwicklung der deutschen Sprache widmete, und richtete eine Abteilung für nationale Sprachwissenschaft ein. Die Königin, die unter anderem an Astronomie interessiert war, veranlaßte den Bau eines Observatoriums, das der Akademie angeschlossen wurde. Die Berufung von Leibniz nach Berlin war ebenfalls das Verdienst von Sophie Charlotte.

Nach seiner Krönung wurde Friedrich offiziell als König ›in‹ und nicht als König ›von‹ Preußen bezeichnet, weil Polen, das immer noch Teile des früheren Deutschen Ordensgebietes besaß, Einsprüche erhoben hatte. Außerdem erkannte ihn der Kaiser nicht als Reichskönig an. Friedrich I. rechnete trotzdem seine gesamten Besitzungen zum preußischen Königreich, und seine Armee sowie alle Verwaltungsorgane trugen nun das Adjektiv ›königlich‹.

Im Kontext deutscher Geschichte ist die Ausdehnung der zentrifugalen Kräfte im deutschen Staatengebilde durch die sich ausweitende Rechtsprechung gekennzeichnet, die Friedrich auf Kosten des Reiches vornahm. Hatte früher das Reichsgericht die oberste Rechtsinstanz verkörpert, so erhielt Friedrich I. im Dezember 1702 das kaiserliche Privileg, das privilegium de non appellando, der obersten Rechtsprechung in Rechtsstreitigkeiten bis zu einem Wert von 2500 Gulden. Ein uneingeschränktes Privileg existierte bereits seit 1356 in Brandenburg. Da nun in der Mehrzahl von Fällen kein beliebiges Reichsgericht mehr angerufen werden konnte, mußte Preußen im Dezember sein eigenes Oberstes Appellationsgericht schaffen. Nicht, daß damit im Königreich ein einheitliches Recht bestanden hätte – bei weitem nicht; aber die ersten Schritte in dieser Richtung waren getan. Dennoch war das Oberste Appellationsgericht nicht der oberste Gerichtshof des Landes, sondern dem Kammergericht gleichgestellt. Die Provinz Ostpreußen und selbst einige der neuen Reichsgebiete des Königs blieben noch eine Zeitlang von der Rechtsprechung des neuen Gerichtes ausgenommen. Erst unter Friedrich dem Großen wurde das Rechtssystem endgültig vereinheitlicht.

Nach dem Sturz Danckelmanns kümmerte sich Friedrich einige Jahre lang selber um die Staatsgeschäfte. In dieser Zeit stieg der neue Fa-

vorit Johann Kasimir Kolbe von Wartenberg auf, der aus pfälzischen Diensten in die Brandenburgs übergetreten war. Er erwies sich bald als ausgezeichneter Diplomat, und seine guten Verbindungen zum kaiserlichen Hof in Wien machte ihn zum idealen Unterhändler, um die kaiserliche Zustimmung zum Königstitel zu erwirken. Wartenberg wurde schnell zum engsten Berater des Königs. Als Friedrich am Abend des Krönungstages den Schwarzen Adlerorden stiftete, war Wartenberg der zweite, dem er nach dem Kronprinzen Friedrich Wilhelm verliehen wurde. Seine einzigartige Fähigkeit, mit dem König umzugehen, machte ihn nahezu unentbehrlich und ermöglichte es ihm, seine eigenen Interessen zu verfolgen und sich ein beträchtliches Einkommen zu sichern. Er war Erster Minister des Königs, ohne jemals offiziell dazu bestellt worden zu sein oder dem Geheimen Rat anzugehören. Der König hatte volles Vertrauen zu diesem Oberschmeichler, nahm dessen Rat fast uneingeschränkt an, ließ ihn selber seine politischen Entscheidungen formulieren und ausführen, ohne daß Wartenberg irgendwie abgesichert oder legitimiert gewesen wäre außer durch das Wohlwollen des Königs. Unter solchen Umständen waren Intrigen am brandenburgisch-preußischen Hof natürlich an der Tagesordnung, und Wartenbergs Geschicklichkeit mag allein schon daran ermessen werden, daß er aus allen als Sieger hervorging oder sie zumindest überstand.
Des Königs Vorliebe für absolutistische Prachtentfaltung wirkte sich weiterhin auf die Finanzen des Königreichs aus. Die Ausgaben hatten sich verdreifacht, ohne daß neue Einnahmequellen erschlossen worden wären. Die Finanzverwaltung und die Weiterentwicklung der Einrichtungen, die der Große Kurfürst gegen Ende seiner Regierung geschaffen hatte, wurden schlimm vernachlässigt. Die Idee eines festen, an den tatsächlichen Einnahmen bemessenen Haushaltsplans wurde völlig aufgegeben. Der Geheime Rat, ursprünglich das oberste Zentralverwaltungsorgan, wurde vom Obersten Direktorium der Domänen verdrängt, dem Wartenberg vorstand. Das Direktorium machte die Politik, der Geheime Rat führte sie aus und wurde für sie verantwortlich gemacht. Mit Hilfe von Sayn-Wittgenstein und Wartensleben wurde der preußische Staat ausgenommen, wo es nur lohnte, um die Geldmittel aufzutreiben, die der Herrscher für sein prunkvolles Leben benötigte.

Nachdem Friedrich König geworden war, wurde bevorzugt ein Reformplan des Ratskämmerers Christian Friedrich Luben, der nach seiner Erhebung in den Adelsstand von Wulffen genannt wurde, vorangetrieben. Dieser Plan befaßte sich mit der Erschließung neuer Einnahmequellen und schlug vor, Teile der königlichen Domänen abzutrennen und zu verpachten. Um die Sache attraktiver zu machen, sollte die Pacht erblich sein. Nach den ursprünglichen Plänen wären auf diese Weise hauptsächlich Mühlen, Wirtshäuser und kleinere Landgüter verpachtet worden. Die Realisierung dieses Planes hätte immense Auswirkungen auf die gesamte Sozialstruktur des Königreichs mit sich gebracht. Neben dem Landadel hätte es plötzlich eine Reihe kleinerer Gutsbesitzer aus der Mittelschicht gegeben. Gleichzeitig wäre die Leibeigenschaft, zumindest auf den königlichen Domänen, abgeschafft worden. Auch wenn sich der Staat von einigen Domänen hätte trennen müssen, wäre doch eine völlig neue Einkommensquelle geschaffen worden. Luben wies besonders auf das Prinzip des Anreizes hin. Ein Landgut, von jemandem gehalten, dem sowohl persönlicher Profit wie dauerhafte Sicherheit für sich und seine Familie gewährleistet sei, würde weit intensiver bearbeitet werden als von jemandem, der dazu gezwungen sei und wenig oder gar keinen Gewinn aus seiner Arbeit zog. In unserer Zeit der mechanisierten Landwirtschaft mag sich die Idee, große agrarische Einheiten in kleine und mittelgroße Stücke aufzuteilen, anachronistisch anhören, aber auf die damalige Zeit bezogen und eingedenk der Anbaumethoden im Preußen des 18. Jahrhunderts scheint das Projekt auch heute noch ökonomisch wie sozial sinnvoll. Der soziale Vorteil hätte in der Verbesserung der Verhältnisse der Bauernschaft bestanden, die Luben als ›außerordentlich traurig‹ beschrieb.

Wartenberg und Wittgenstein erkannten die finanziellen Möglichkeiten des Planes und versuchten sogleich, ihn für ihre Zwecke auszuschlachten. Luben bemerkte das und leistete beträchtlichen Widerstand, weil er zu Recht eine Perversion seines Vorhabens darin sah. Der Kampf um die Durchführung des Plans zog sich bis zum Ende der Regentschaft Friedrichs I. hin. Der Plan wurde, trotz seines ursprünglich fortschrittlichen Charakters, ein Fehlschlag. Die regionalen Verwaltungen der Domänen waren dagegen und sabotierten ihn. Sie wollten an der alten Ordnung festhalten und waren dabei erfolgreich, weil die Staatsdiener des Königs in der Regel aus den Familien der Großgrundbesitzer stammten. Der Landadel bekämpfte das System, weil er nicht zu Unrecht glaubte, es werde den explosiven Kern einer Bewegung schaffen, die dann die bestehenden Feudalverhältnisse beseitige. Natürlich war der Widerstand gegen Lubens Reformvorhaben überall dort am heftigsten, wo, wie in Pommern, die bestehende gesellschaftliche Ordnung besonders verwundbar war. Und schließlich mußte sich Luben selbst Wittgensteins finanzielle Mißwirtschaft vorwerfen lassen. Während Wittgenstein mit einer Geldstrafe davonkam, mußte Luben das Land verlassen, weil Wittgensteins Politik einzig darin bestanden hatte, den königlichen Geldbeutel zu füllen.

Neben der Verwaltung der königlichen Domänen gab es einen weiteren Fall von Mißwirtschaft, die Stadt Krossen. Die 1708 von einem Feuer fast völlig zerstörte Stadt hatte beträchtliche königliche Zuwendungen für ihren Wiederaufbau erhalten. Als er in Angriff genommen werden sollte, war das meiste Geld nicht auffindbar, weil Wittgenstein die Mittel unterschlagen hatte. Gemäß dem Grundsatz, der König mache keine Fehler, wurde die Version verbreitet, man habe diesen Fall zwei Jahre lang vor ihm verborgen gehalten. Da aber die Befriedigung der königlichen Bedürfnisse vorrangig war, ist es durchaus möglich, daß der König vor den wahren Begebenheiten die Augen schloß, bis es unumgänglich wurde, die betrüblichen Fakten zur Kenntnis zu nehmen.

Während des bitter kalten Winters 1709 erreichte die von Osten kommende Pest Ostpreußen und verursachte unvorstellbares Leiden. Sie entvölkerte ganze Gebiete und dehnte sich immer weiter aus. Die Verwaltung, und mit ihr Wittgenstein, versagte auch in dieser Situation. Ein Memorandum des Geheimen Kammergerichts vom 1. November 1710, auch Wittgenstein unterzeichnete es widerstrebend, gab die völlige Unfähigkeit der Verwaltung und ihre Mitschuld an der Lage der Provinz zu. In der Folge dieses Desasters kam eine weitere Reihe von Unterschlagungen ans Tageslicht. Das bedeutete das Ende Wartenbergs und seiner Kamarilla. Am 31. Dezember 1710 mußte er sein Amt aufgeben und wurde vom König unter Tränen und mit einer Jahrespension von 24 000 Talern entlassen.

Kronprinz Friedrich Wilhelm und der Geheimrat von Kameke, der

sein Vertrauen genoß, warteten auf ihre Zeit. Als sie nach und nach die Staatsgeschäfte übernahmen, verzichteten sie auf Lubens Projekt. In den Händen Wittgensteins und Wartenslebens war es derart diskreditiert worden, daß man es nicht weiter verfolgen konnte. Der ostpreußische Adel hätte seine Opposition immer mit den früheren Korruptionen begründen können. Der Kronprinz löste auch das Direktorium der Domänen auf und bestellte wieder das Geheime Kammergericht zum obersten Verwaltungsorgan der königlichen Besitztümer. Es war die Wiederherstellung der alten, vernünftigen, genauen und wirksamen Ordnung. 1711 wurde Kameke Präsident des Geheimen Kammergerichts und sorgte sofort für die Erschließung neuer Einnahmemöglichkeiten. Die Kammer machte er zur ständigen Verwaltungsbehörde wie unter Friedrich Wilhelm I.
Das bedeutendste außenpolitische Ereignis der Epoche war neben Friedrichs Königskrönung der Spanische Erbfolgekrieg 1701–1715. Friedrich war verpflichtet, den Kaiser mit 8000 Mann zu unterstützen, aber er hatte im ganzen 30 000 zur Verfügung. Die Frage, wo der Rest seiner Streitkräfte aufmarschieren sollte, war weitgehend von den Mächten abhängig, die die Subsidiarzahlungen leisteten, ohne die die preußische Armee nicht unterhalten werden konnte. Zur Zeit des Spanischen Erbfolgekriegs wuchs wieder die Bedrohung von Norden. Aber von Rußland, Polen oder Schweden waren keine Gelder zu erwarten, wohingegen die Niederlande und Österreich bereit waren, zu zahlen. Notgedrungen konzentrierten sich die militärischen Anstrengungen Preußens im Westen. Die Erbfolge in Spanien war dabei nur der eine Aspekt. Der andere war das Vermächtnis des Hauses Oranien. Wilhelm III. von Oranien war 1702 ohne Nachkommen gestorben und Friedrich I. sein nächster Verwandter. Theoretisch war die Nachfolge Friedrichs auf dem englischen Thron nicht auszuschließen, wurde jedoch nie ernsthaft erwogen. Unter praktischen Gesichtspunkten waren die Besitzungen der Oranier in den Niederlanden, Deutschland und Burgund viel interessanter. Da gab es in Deutschland das Herzogtum Moers, direkt an Kleve angrenzend, und die Grafschaft Lingen, in der Schweiz das Herzogtum Neuenburg mit der Grafschaft Valengin und daneben noch einige Städte und Landstriche, die Friedrich nun beanspruchen konnte. Es gab jedoch ein Testament Wilhelms von Oranien, darin ein entfern-

ter Verwandter zum Universalerben eingesetzt war. Das Problem, wem das Vermächtnis des Hauses Oranien zufallen sollte, konnte erst 1732 gelöst werden, es bestimmte aber Friedrichs Entscheidung, seine Truppen am Niederrhein statt im Nordosten seines Landes zu stationieren.

Am 30. Dezember 1701 trat Brandenburg-Preußen dem großen Bündnis gegen Frankreich bei und hielt, im Unterschied zur Politik des Großen Kurfürsten, mit bemerkenswerter Standhaftigkeit daran fest. Die militärische Bedeutung des preußischen Beitrags im Spanischen Erbfolgekrieg ist deshalb schwierig einzuschätzen, weil die preußischen Truppen hier und da, nie jedoch in größeren Verbänden eingesetzt wurden. Der ›Alte Dessauer‹, Prinz Leopold von Anhalt-Dessau, erntete bei Blenheim höchstes Lob vom Herzog von Marlborough und vom Prinzen Eugen. Bei Turin, Cassano und Ramillies bewiesen preußische Truppen außergewöhnliche Tapferkeit. Sie nahmen sowohl an der Eroberung Neapels wie an der Besetzung der päpstlichen Gebiete teil. Sie waren auch Teil der Besatzungstruppen in Bayern. Der bayerische Kurfürst Max Emanuel hatte im Unterschied zu Friedrich den Fehler begangen, sich, ohne selbst über genügende Ressourcen zu verfügen, mit dem Erzfeind des Kaisers, Ludwig XIV. zu verbünden: er wurde besiegt und nach Belgien verbannt. In den Berichten über die Verhältnisse in Bayern, die nach Wien gingen, fanden sich immer wieder Hinweise auf die beispielhafte Disziplin der preußischen Truppen, die ganz im Gegensatz stand zu der anderer Reichstruppen. Die österreichischen Verbände verhielten sich so schlimm, daß es zu einem größeren Bauernaufstand kam, der für kurze Zeit die gesamte Stellung der Reichstruppen in Bayern in Frage stellte.

Aber die Großmächte im allgemeinen und der Kaiser im besonderen schätzten den preußischen Beitrag sehr gering und behandelten die Ansprüche Friedrichs dementsprechend. Er scheiterte mit seiner Forderung nach der niederländischen Thronfolge und wurde mit Gebietsfetzen wie Lingen, Moers, Geldern und Neuenburg abgespeist.

Hätte Friedrich I. nicht nur die Neigung, sondern auch die ausreichenden Mittel zur Erhaltung seiner Armee besessen, wären mit dem Großen Nordischen Krieg vielversprechendere und solidere Möglichkeiten zur territorialen Vergrößerung Brandenburg-Preußens geboten gewesen als mit dem Spanischen Erbfolgekrieg. Betrachtet man die Lage im Jahr 1705, als die Entscheidung, ob man die Schweden oder Polen und Sachsen unterstützen sollte, noch nicht getroffen war, gab es einige günstige Gelegenheiten. So offerierte das ängstlich um preußische Hilfe bemühte Polen für den Fall eines erfolgreichen Abschlusses des Krieges Pommern, das Ermland und Elbing. Aber zum einen wäre Friedrich eher einem Bündnis mit Karl XII. von Schweden geneigt gewesen; zweitens teilte er die Einschätzung Marlboroughs, der den nordischen Löwen für unschlagbar hielt; und drittens verübelte er dem Sachsen August dem Starken dessen Konversion zum Katholizismus, was er für einen Akt von Verrat hielt. Selbst als sich die Kriegsgeschicke als Folge der Niederlage Karls XII. in der Schlacht von Poltawa 1709 änderten, konnte das seine Haltung nicht ändern.

Gegen Ende seines Lebens wurde Friedrichs barocker Prunk schal unter dem Eindruck von Schicksalsschlägen. Die zwei ältesten Söhne des Kronprinzen und Sophie Dorothea, die Tochter des späteren Königs Georg I. von England, starben alle sehr früh. Eine dritte Ehe Friedrichs mit Sophie Luise von Mecklenburg, die er noch im Herbst 1708 geschlossen hatte, endete unglücklich, da diese Frau kurz nach der Hochzeit wahnsinnig wurde. Außerdem starben seine Freunde. Das einzige freudige Ereignis, das ihm noch vergönnt blieb, war die Geburt eines weiteren Enkels, Friedrich, am 24. Januar 1712. Ein Jahr später, am 25. Februar 1713, starb Friedrich I. Der Einfluß von Versailles verschwand, und der von Sparta sollte an seine Stelle treten.

5. KAPITEL

Friedrich Wilhelm I.

Der Leichnam Friedrichs I. lag in voller barocker Pracht, mit dem Prunk eines Zeitalters aufgebahrt, das er geliebt und bewundert hatte und dem er in seinem kargen Königreich so sehr nachgeeifert hatte. Tief in Gedanken versunken stand der neue König, Friedrich Wilhelm I., zu seinen Füßen. Mit einem Ruck drehte er sich auf dem Absatz um und schritt aus dem Raum, in dem er nicht nur den toten Vater, die Ehrengarde und den matten Schimmer der Kerzen zurückließ. Er überschritt die Schwelle zu einer neuen Ära.

Macaulay hat ihn als einen Mann beschrieben, dessen Charakter von schlimmen Fehlern entstellt war und dessen Überspanntheiten bis dahin noch nie außerhalb eines Tollhauses anzutreffen gewesen seien. Der Verstand Friedrich Wilhelms sei so beschaffen gewesen, daß aus all seinen Neigungen Leidenschaften geworden seien und all seine Leidenschaften den Charakter moralischer und geistiger Krankheit getragen hätten. Eine hübsche sprachliche Formulierung bedeutet aber noch keine treffende, noch keine gute Geschichtsschreibung, obwohl Macauly nicht das einzige Opfer dieses oberflächlichen Eindrucks ist. Er wurde von vielen Zeitgenossen Friedrich Wilhelms geteilt. Das Schauspiel, das sie mit völligem Unverständnis verfolgten, schien dem Wesen des Zeitgeistes, den Anfängen der europäischen Aufklärung, zu widersprechen. Der freigiebigen und sorglosen Herrschaft des ersten Hohenzollernkönigs folgte die eines Mannes, der die Ressourcen seines Landes beziehungsweise ihr Fehlen vorsichtig abschätzte und das barocke Prinzip, wonach die Einnahmen den Ausgaben zu entsprechen hätten, durch das Prinzip ersetzte, die Ausgaben die möglichen Einnahmen nicht übersteigen zu lassen.

Seine Thronnachfolge war gleichsam eine Revolution gegen die bis dahin vorherrschende Form des fürstlichen Absolutismus. Während die Barockkunst als propagandistischer Ausdruck der Gegenreformation die Sinne ansprach und nicht nur das Habsburger Reich, Spanien und Frankreich beherrschte, sondern auch die protestantischen Höfe, setzte sich Friedrich Wilhelms calvinistisches Erbe rasch durch, indem er Pomp und Prunk drastisch einschränkte und auf diese Weise in seinem Königreich einem noch nicht dagewesenen Funktionalismus in Stil und Erscheinungsform der Regierung den Weg bereitete. Nicht verwunderlich, daß Zeitgenossen ihn als den ›Barbaren aus dem Norden‹ ansahen.

In den Stunden vor dem Tod seines Vaters hielt er seine erste Ratsversammlung ab und ordnete an, daß alle Wertgegenstände wie Edelsteine, Silber und seltenes Mobiliar in den verschiedenen königlichen Residenzen in Listen aufzuführen und die Gebäude anschließend zu versiegeln seien. Am nächsten Tag schwor die Armee dem neuen König ihren Eid. Für die darauffolgenden acht Tage verbot er den Ministern, ihn mit Regierungsangelegenheiten zu befassen. Danach bestätigte er jeden in seinem Amt und hob ihnen gegenüber hervor, daß, während sein Vater an architektonischem Gepränge und großen Mengen von Juwelen seine Freude gefunden habe, er für sich die gleiche Befriedigung in einer größeren Anzahl vorzüglicher Truppen fände. Nur Rüdiger von Ilgen, bisher mit der Außenpolitik Brandenburg-Preußens befaßt, erhielt zwei neue Beamte, die mit ihm zusammen den Kabinettsrat bildeten, dessen Mitglieder später unter dem Titel Kabinettsminister bekannt wurden.

Fünf Wochen darauf kam es zu einschneidenden wirtschaftlichen Maßnahmen. Es begann mit dem Pferdefutter. Minister und andere Standespersonen, die bisher Futter für zwanzig oder gar dreißig Pferde erhalten hatten, bekamen es nur noch für sechs. Geringere Sterbliche, wie die Hofprediger, erhielten überhaupt nichts mehr. Die königlichen Ställe wurden von 600 Pferden auf 120 reduziert. Sein Vater habe jedermann Pferdefutter gegeben, damit man ihn aufs Land begleiten konnte, er aber verweigere das, damit jeder in Berlin bleibe, sagte Friedrich Wilhelm. Dieser Maßnahme folgte eine Reorganisation des Heeres, die er schon als Kronprinz entwickelt und bis ins Detail geplant hatte. Die kostspieligen und vornehm wirkenden Garden wurden wegen ihrer geringen Kampfkraft in reguläre Regimenter umgewandelt. Die Schweizer Garde wurde völlig aufgelöst. Von den Garden blieb nur ein Bataillon übrig: die langen Grenadiere des Königs, die er schon als Kronprinz befehligt und aus seinen eigenen Einkünften bezahlt und ausgerüstet hatte. Die Kavallerie wurde in 55 Schwadronen eingeteilt mit jeweils 150 Pferden, die Infanterie in 50 Bataillone oder 25 Regimenter; die Artillerie bestand vorläufig aus zwei Bataillonen. Diese erlaubten es Friedrich Wilhelm, mit dem gesparten Geld die Größe seiner Armee von 39 000 Mann auf 45 000 zu erhöhen. Von diesem Gesichtspunkt aus war der Tod seines Vaters gerade im rechten Augenblick eingetreten. Am Vorabend des Friedens von Utrecht wurden die bisher im Westen gebundenen preußischen Truppen frei, und Friedrich Wilhelm war in der Lage, sie aus eigenen Mitteln zu unterhalten, ohne von auswärtigen Subsidien abhängig zu sein.

Nach der Armee bekam sein eigener Hof die königliche Sparsamkeit zu spüren. Den Beamten wurden die Einkünfte gekürzt, sie erhielten in manchen Fällen nur noch 25, in einem besonderen Fall sogar nur noch 10 Prozent dessen, was sie unter Friedrich I. bezogen hatten. Das waren die Glücklichen, weil die Mehrheit des Hofpersonals für überflüssig erachtet und ›ihrer Neigung entsprechend zu Schwert oder Feder‹ in die Verwaltung oder in die Armee versetzt wurde. Das Amt des Zeremonienmeisters wurde abgeschafft; scherzhaft ernannte Friedrich Wilhelm einmal seinen Hofnarren Gundling, einen berüchtigten Trunkenbold, für diesen Posten. Sogar Andreas Schlüter, dem Berlin das Stadtschloß und die Bildnisse sterbender Krieger am Zeughaus, dem königlichen Arsenal, heute Museum für Deutsche Geschichte in Ostberlin, verdankte, konnte keine königlichen Aufträge mehr erhoffen und ging deshalb nach St. Petersburg, wo er kurze Zeit später starb.

Diese Maßnahmen des Königs allein aus ökonomischen Motiven zu erklären, hieße nur die eine Seite der Medaille zu betrachten. Calvins Prädestinationslehre hatte in Friedrich Wilhelms Erziehung eine große Rolle gespielt. Sein Lehrer Philipp Rebeur, selbst ein hugenottischer Refugié, legte ihm die Frage vor, ob er zu den von Gott ausgesuchten Wenigen, zu den Erwählten gehöre und folglich sicher sein könne, daß das Haus Hohenzollern mit Glück gesegnet sei, dem

Zeichen für Gottes Wohlgefallen. Diese Frage beschäftigte den König sein Leben lang und bescherte ihm solch qualvolle Stunden des Sinnens und Grübelns, daß er die Lehre der calvinistischen Prädestination für die Erziehung seiner eigenen Kinder ausdrücklich verbot. Bei Friedrich Wilhelm selbst hatte sie unauslöschliche Spuren hinterlassen. Tatsächlich war die Religion, das heißt, seine eigene Art reformierten Lutheranertums, eine der ihn am stärksten antreibenden Kräfte. Einer der Gründe, warum seine persönliche Herrschaft nie in absolute Tyrannei abglitt, wurzelte in seiner tiefen Überzeugung, daß er eines Tages seinem Schöpfer für all sein Tun werde Rechenschaft ablegen müssen.

Obwohl die Wichtigkeit der persönlichen Beziehung zwischen Friedrich Wilhelm I. und August Hermann Francke, dem pietistischen Reformer in Halle, leicht überschätzt wird, scheint der pietistische Einfluß als integrierende Kraft der preußischen Gesellschaft im 18. und 19. Jahrhundert nicht hoch genug bewertet worden zu sein, wenn er nicht sogar oft ignoriert wurde. Grob zusammengefaßt versteht man unter Pietismus eine in erster Linie deutsche Art puritanischer Reaktion auf den Dreißigjährigen Krieg mit seiner Abwandlung des lutherischen Glaubens. Die Pietisten wandten sich mit Reformvorschlägen gegen die lutherische Anerkennung der Welt, wie sie sei, und die Unterwerfung des Einzelnen unter sie. Sie verwarfen nicht die Hoffnung Luthers auf das Jüngste Gericht, aber kritisierten scharfsichtig die sozialen Verhältnisse. Luthers Aufruf, nur die Kirche zu reformieren, fügten sie den zu einer Reform der Welt und ihrer sozialen Einrichtungen hinzu. Der Pietismus besaß als religiöse und soziale Kraft eine hohe Komplexität und strebte nach weltweiter Wirkung.

Die Pietisten wünschten in Preußen verantwortungsbewußte Untertanen und eine Gesellschaft, deren Mitglieder ihr soziales Bewußtsein ungeachtet ihrer Stellung auf das Allgemeinwohl richteten. Ihre Schulen waren die bei weitem fortschrittlichsten des Königreichs, und durch die persönliche Beziehung zwischen Friedrich Wilhelm I. und Francke wurden den Absolventen der pietistischen Schulen und Akademien die Wege in den Staatsdienst, die Armee und das Offizierskorps eröffnet. Der Pietismus brachte ein soziales und religiöses Ethos hervor, das das Preußen des 18. und des frühen 19. Jahrhunderts geprägt hat. Es war eine ideale Religion für Staatsbedienstete, so wie der britische Puritanismus eine ideale Religion für Unternehmer war, eine nüchterne und harte Religion, die alle Stände des Königreichs an sich zog. In Verbindung mit der Umwandlung der Feudalgüter der Junker in privaten Besitz, als Gegenleistung dafür, daß die Armee mit Geld und Offizieren versehen wurde, spielte er eine große Rolle bei der Entfeudalisierung der preußischen Aristokratie. Er stellte die Feldgeistlichen, und so wurden das Heer und seine Verwaltung zu Kanälen, durch die pietistischer Einfluß und sein Gedankengut zu den niederen Schichten der preußischen Gesellschaft durchsickerten.

Zumindest theoretisch begann 1717 in Preußen die Grundschulpflicht, und unter den neuen Schulen waren die pietistischen in der Überzahl. Die Idealgestalt ihrer Erziehung war nicht mehr der aristokratische Kavalier des Barock, sondern der geschäftstüchtige, nüchterne Staatsfunktionär. Dies hilft vielleicht bei der Erklärung, warum die Deutschen außerhalb Preußens die hohen preußischen Staatsbediensteten und die preußischen Offiziere kaum als nachahmenswert empfanden, sondern sich eher am französischen ›grand seigneur‹ oder dem englischen ›gentleman‹ orientierten.

Von 1700 an geben Jahrgangslisten ausreichend über die große Anzahl von preußischen Offizieren und höheren Staatsbeamten Auskunft, die Absolventen der pietistischen Schulen waren, zu denen Begabungen aus allen Schichten der Bevölkerung Zugang hatten. Sogar die preußische Handelspolitik war von der pietistischen Bewegung beeinflußt, die glaubte, daß Geschäfte zum Wohle des Staates getätigt werden müßten und durch den Staat dem Wohle aller und nicht der ausschließlichen Bereicherung Einzelner dienen dürften. Man kann behaupten, daß so, wie in England der Aufstieg des Puritanismus mit dem Auftauchen einer modernen kapitalistischen Ökonomie zusammenfiel, der pietistische Strang des Puritanismus die Grundlagen eines beginnenden Staatssozialismus legte – ein Charakteristikum von besonders langfristiger Bedeutung, wenn wir uns die Entstehung liberaler Institutionen in England und deren Fehlen in Deutschland ein Jahrhundert später betrachten.

Mit aktiver Unterstützung des Herrscherhauses durchdrang der Pietismus alle Bevölkerungsschichten mit einem Ethos, in dem alle Anstrengungen auf die Erhaltung und Sicherung des Ganzen gerichtet waren, auch wenn sich das zu Zeiten auf Kosten des einzelnen auswirkte. Die Forderung nach unbedingter, fest entschlossener Pflichterfüllung aller – ob nun Adel, Bürger oder Bauern – führte zu Situationen, von denen man ohne weiteres sagen kann, daß Friedrich Wilhelm I. und sein Sohn Friedrich der Große ihre Untertanen schlimmer als Hunde behandelten; aber es bleibt auch festzuhalten, daß sie sich selber nicht besser behandelten. Pflichterfüllung und Allgemeinwohl sind zu einer Zeit als Prinzipien erzwungen worden, als deren Rauheit überall zugunsten angenehmer, humaner und liberaler Ideen aufgegeben wurde – zu einer Zeit, die sich lieber Epikur als Seneca zuwandte, die Pflichten durch Menschenrechte ersetzte. Während andere Mächte saturiert waren, glaubte Preußen, wachsen zu müssen. Die moralischen Implikationen von Senecas Maxime ›vivere est militare‹ hatten Ende des 18. Jahrhunderts nur noch in Preußen Bestand. Friedrich Wilhelm I. führte die Politik seines Vaters fort, die Pietisten und ihre Institutionen zu fördern; denn er hatte bemerkt, daß sie dem preußischen Staat immense Gewinne einbrachte. Er wurde nie Pietist, sondern blieb reformierter Lutheraner; trotzdem war ihm ein strenger Calvinismus eigen. Er wollte über sich und jede seiner Handlungen vor Gott Rechenschaft ablegen können. Das Gedeihen des Staates war ein Zeichen göttlicher Billigung; angesichts der zerbrechlichen Stellung Preußens inmitten von Großmächten bestand die Aufgabe des Monarchen darin, bei jeder Tat seinen Untertanen ein Vorbild zu sein, damit ihm das göttliche Wohlwollen nicht entzogen werde. Vor diesem Hintergrund sollte man den Konflikt mit seinem Sohn betrachten: das erklärt die Exzesse des Königs besser, als wenn liberale Werturteile des 19. Jahrhunderts auf das Preußen des 18. transponiert werden.

Aus diesem Geist handelte Friedrich Wilhelm vom Tage seiner Amtsübernahme an. Das bestimmte sein Verhalten der eigenen Familie gegenüber in gleicher Weise wie gegenüber dem Adel und seinen sonstigen Untertanen. Seine Regentschaft markiert auch die Endphase des Kampfes zwischen den Hohenzollern und dem Adel Brandenburgs und Ostpreußens um die Zentralisationspolitik des Königs. Zur Zeit Friedrich Wilhelms trug dieser Kampf jedoch nicht mehr den Charakter persönlicher Konfrontation, sondern den der Obstruktion königlicher Reformen, die die Macht, die der Adel noch bezüglich der Monarchie besaß, nach und nach auflösten. Wie er es selbst ausdrückte: ›Ich ruiniere die Junkers ihre Autorität; ich komme zu meinem Zweck und stabilisiere la souveraineté wie einen rocher von bronce.‹ Die Landtage der Provinzen, Bollwerke der Junker, hatten nur noch eine Funktion, nämlich die Erlasse des Königs auszuführen. Aber um sicherzustellen, daß ihm selbst auf dieser Ebene keine Steine in den Weg gelegt würden, entzog er den Landtagen ihre administrative Wirksamkeit, indem er auf allen Ebenen der Verwaltung und der Exekutive in seinem Königreich eigene Beamte einsetzte. In diesem Schritt lag der wirkliche Ursprung des preußischen Beamtentums..

Selbst in einer vorherrschend agrarischen Gesellschaft wie in dem Preußen des 18. Jahrhunderts bedarf das erfolgreiche Funktionieren der Bürokratie eines spezialisierten Wissens, eines zunehmenden Maßes an Sachkenntnis und folglich der Arbeitsteilung. Auch eine absolute Monarchie kann nicht alles Wissen und alle Sachkenntnis in einem Mann oder in einer kleinen Gruppe von Männern vereint finden. So liegt in jedem Wachstum einer Bürokratie die Tendenz zur Unabhängigkeit, zur Emanzipation vom absolutistischen Herrscher. Friedrich Wilhelm I., wie auch sein Sohn, war sich dieser Gefahr bewußt und schuf deshalb einen rein technisch funktionierenden Apparat, der den Willen des fürstlichen Geschäftsführers in die Tat umzusetzen hatte.

Aber auch das war noch nicht genug: wenn die Bürokratie unter anderem die Aristokratie kontrollieren sollte, war der Gefahr zu großer Verselbständigung, laut Friedrich Wilhelm, nur dadurch zu begegnen, daß ihre Mitglieder sowohl aus dem Adel als auch der gebildeten Mittelschicht kamen. Das würde die Rivalität zwischen den beiden gesellschaftlichen Klassen schüren, die sich nun Seite an Seite in einer Institution befanden, und ein Bündnis beider gegen die Monarchie verhindern. Überdies war das religiöse Ethos, das die preußische Gesellschaft des 18. Jahrhunderts allgemein und besonders das Heer und den Beamtenapparat durchdrang, der beste Schutz gegen Interessenkonflikte, die das Staatsgebäude hätten gefährden können.

Es war die bedeutendste Leistung von Friedrich Wilhelm I., überkommene mittelalterliche Einrichtungen durch einen zentralisierten

monarchistischen Staat zu ersetzen, der von einem effektiven Staatsdienertum getragen wurde. Armee und Zivilverwaltung wurden zu den Grundpfeilern des Königreichs Preußen, das in seinen höchst unterschiedlichen Bestandteilen von den beiden Institutionen kunstvoll zusammengehalten wurde, die auf herausragende Weise die Staatsgemeinschaft repräsentierten.
Einen weiteren Schritt zur Festigung des preußischen Staates bedeutete Friedrich Wilhelms Erlaß vom 13. August 1713, in dem er alle königlichen Domänen und Besitzungen für unteilbar und unveräußerlich erklärte. Schon sein Vater hatte die alte Regel abgeschafft, wonach jeder Adlige mit neu erworbenen Ländereien und Territorien nach Belieben umgehen konnte. Friedrich Wilhelms Maßnahme trieb die Einigung des Staates entscheidend voran. Seit der Adel Brandenburg-Preußens sich anderthalb Jahrhunderte zuvor Einfluß auf die königliche Domäne wie auf den Besitz freier Bauern angemaßt hatte, hatten eingreifende Veräußerungen von Land stattgefunden, ohne daß sie je offiziell registriert worden wären. In Ostpreußen zum Beispiel war dieser Prozeß nie wirklich bemerkt worden, bis Friedrich Wilhelm I. die Vielzahl von Abgaben und Steuern durch eine umfassende Landsteuer ersetzte, die nach der Größe des Besitzes und der Beschaffenheit des Bodens bemessen wurde. Das wiederum erforderte eine Bestandsaufnahme der Ländereien in der Provinz. Dabei kam ans Licht, daß sich der ostpreußische Adel ein Drittel des Landbesitzes illegal von der königlichen Domäne oder den Bauern angeeignet hatte.
Als Friedrich Wilhelm den Thron bestieg, bestand die Verwaltung im wesentlichen aus zwei Behörden: dem Generalfinanzdirektorium, das für die königlichen Domänen zuständig war, und dem Generalkriegskommissariat, das die Armee und die Einkünfte verantwortete. Beide Körperschaften besaßen weitreichende juristische Vollmachten in administrativen Angelegenheiten, und jede hatte in allen Provinzen des Königreichs ihre Zweigstellen. Unter der Regentschaft Friedrich Wilhelms waren diese Provinzstellen jedoch einem beträchtlichen Maß an Kontrolle und Einmischung seitens der örtlichen Notabeln unterworfen. Schon zu Beginn seiner Amtszeit wurde der Einfluß der Stände auf diese Provinzzweige der Zentralverwaltung beseitigt. Mit anderen Worten: aus den provinziellen Steuerämtern wur-

den Kommissariate, die unter der Aufsicht der Zentrale standen. Damit sie einwandfrei funktionierten, wurden die Landräte, bisher von den Ständen nominierte oberste Verwaltungsbeamte in jeder Provinz, nun zu Staatsbeamten, die der König ohne irgendwelche Konsultationen aus seinen Untergebenen wählen konnte. Natürlich wurden diese Veränderungen nicht ohne den heftigen Widerstand des Adels und häufig auch der Amtsinhaber selber durchgesetzt. Die letzteren waren früher aus der Provinz gekommen, in der sie ihr Amt übernahmen; Friedrich Wilhelm bestand darauf, daß seine Beamten nicht in ihrer ursprünglichen Umgebung arbeiten sollten. Zwei Beamte, die von Königsberg nach Tilsit versetzt wurden und sich dagegen auflehnten, wurden vom König beschieden: man habe seinem Herrn mit seinem Leben und all seinem Vermögen zu dienen, mit Ehre und gutem Gewissen, mit allem außer mit seinem Seelenheil. Dieses sei Gott vorbehalten, aber alles andere gehöre ihm. Sie sollten nach seiner Pfeife tanzen, oder der Teufel solle ihn selbst holen – ihn, nicht sie.

Das 17. und 18. Jahrhundert erlebte in Europa die Umwandlung von Staat und Gesellschaft, die seit dem Mittelalter auf der Macht und den ökonomischen Reserven der Stände beruhten, in den absolutistischen Staat. In Brandenburg-Preußen fand diese Phase zwischen der Zeit des Großen Kurfürsten und der Friedrichs des Großen statt. Doch hatte keine absolute Monarchie je wirklich absolute Macht, weil sich kein Landesherr ganz den historisch gewachsenen Abhängigkeiten entziehen konnte.

In der Wirtschaft trat zu dieser Veränderung das Aufkommen des merkantilistischen Systems, das seine erste klassische Ausprägung im Frankreich Ludwigs XIV. erfuhr. Ökonomische Macht wurde den Zielen des Staates untergeordnet. In Brandenburg-Preußen kann man den Aufbau einer dem ganzen Staat dienlichen Verwaltung als Anfang dieses Prozesses betrachten. Der erste preußische König unternahm nur vorsichtige Schritte; weder hatte er die Neigung und Fähigkeit zur Verwaltung noch genug Phantasie, die Bedeutung wirksamer Behörden für die Stabilität eines Staates zu erkennen. So bedeutete der Amtsantritt Friedrich Wilhelms I. die Wiederaufnahme der Politik seines Großvaters.

Man würde nicht nur das Wesen seines Werkes, sondern auch seinen

Charakter falsch beurteilen, hielte man seine Innenpolitik für eine Nachahmung des französischen Beispiels. Im Gegenteil: Frankreich, also die französische Monarchie, hatte sich in schwere nationale Schulden gestürzt, während Friedrich Wilhelm seine Regentschaft mit einem Überschuß beendete. In Frankreich hieß die Devise, daß Einkünfte zu schaffen seien, um die Ansprüche der Monarchie zu befriedigen. In Preußen waren die Ausgaben des Staates, einschließlich des Herrscherhauses, den realen Einnahmen angeglichen. Das Zeitalter des Barock, ob in Frankreich, Österreich oder Spanien, lebte vom Kredit der Banken oder den Steuern der Untertanen. Die Prunkbauten des Barock – Versailles, Salzburg oder die bischöfliche Residenz in Würzburg – wurden aus den Opfern des Volkes erbaut, hauptsächlich aus denen der Bauern. ›Kultur‹ wurde mit ihrer Mühe und mit ihrem Schweiß geschaffen.

Friedrich Wilhelms Entscheidung, dieser Entwicklung Einhalt zu gebieten, Staat und Gesellschaft zu festigen, indem er den verfügbaren Mitteln entsprechend lebte, bot eben auch einem Andreas Schlüter keine Möglichkeit mehr in Berlin. Friedrich Wilhelm und sein Staat konnten sich seine großartige Architektur nicht mehr leisten.

Zum ersten Mal in der preußischen Geschichte wurde ein Jahresetat aufgestellt, der auf den zu erwartenden Einnahmen beruhte; entsprechend begrenzte man die Ausgaben der einzelnen Bezirke und jeweiligen Gebiete.

Die Erklärung der immerwährenden Unteilbarkeit aller königlichen Domänen und Liegenschaften lief auf eine Proklamation der Unteilbarkeit des gesamten Staatsterritoriums hinaus und beseitigte das bis dahin praktizierte Privileg des Landesherrn, mit seinen Gebieten und Untertanen nach Belieben umzugehen. Damit wurden auch die Pläne des für unehrenhaft erkannten Luben aufgegeben, die nach Friedrich Wilhelms Ansicht schließlich zur Veräußerung königlichen Besitzes geführt hätten. Es war der erste Schritt zur Umwandlung Preußens vom Staat des Königs zur Staatsgemeinschaft.

Im Zuge der Förderung von Handel und Gewerbe unterstützte er besonders zwei junge Kaufleute, David Splitgerber und Gottfried Adolph Daum, die 1712 in Berlin einen kleinen Laden eröffnet hatten. Da sie keine Berliner Bürger waren, sondern aus Pommern und Sachsen kamen, verbot ihnen die Berliner Gilde den eigentlichen

Warenhandel, weshalb sie ihre Aktivitäten darauf konzentrierten, Geschäfte im Großhandel und auf Kommission zu tätigen. Auf diese Weise stellten sie Handelsbeziehungen nach Leipzig, Hamburg und Danzig und sogar nach London, Amsterdam, Bordeaux, Venedig und Lissabon her. Der König nahm wohlwollend davon Kenntnis und wurde schon bald ihr Kunde. Sie belieferten ihn mit Munition und seltenen Metallen, und bald gehörten auch andere Mitglieder des Hofes und der Berliner Gesellschaft zu ihrer Klientel. Sie dehnten den preußischen Handel nach Rußland aus, indem sie die höchst erfolgreiche Russische Handelskompanie gründeten. Des weiteren kauften sie Waffenfabriken (und gründeten in Potsdam neue), Eisenhütten und Zuckerraffinerien.

Friedrich Wilhelms Politik, die Textilindustrie zu fördern, war von den Erfordernissen des Heeres bestimmt. Nach der Thronbesteigung hatte er seinen engen Vertrauten und späteren Minister Johann Andreas Kraut zur Gründung eines Warenhauses und einer Fabrik in Berlin aufgefordert. Sie lieferte den gesamten Uniformstoff für die Armee und wurde 1723 in einen dem Generaldirektorium unterstellten Staatsbetrieb umgewandelt. Gegen Ende seiner Regentschaft waren 18 Prozent der in Manufakturen beschäftigten Arbeitskräfte in der Textilindustrie tätig, die den heimischen Markt versorgte und darüber hinaus noch große Mengen an Preußens östliche Nachbarn lieferte. Die Industrie konzentrierte sich vor allem in Berlin, in den westlichen Provinzen, in Brandenburg und nach dem Siebenjährigen Krieg in Schlesien.

Weder der Große Kurfürst noch Friedrich I. waren in der Lage gewesen, Kriege zu führen oder auch nur die Armee ohne ausländische Subsidien in bestehender Stärke aufrechtzuerhalten. Beim Tode Friedrichs I. hatte das Heer eine Größe von insgesamt 39 000 Mann erreicht. Friedrich Wilhelm I. verdoppelte seine Zahl und bestritt seine Kosten in vollem Umfang aus eigenen Mitteln. Er formte die Armee in eine Art von Werkzeug um, das sich zum ersten Mal bei Mollwitz unter seinem Sohn bewährte und seine Zähigkeit nach Kunersdorf demonstrierte. Zuerst war das Offizierskorps betroffen, das unter seinen Vorgängern zum Teil immer noch aus adligen oder vorgeblich adligen Abenteurern ganz Europas bestand. Friedrich Wilhelm entließ alle zweifelhaften Elemente und ließ grundsätzlich nur noch Personen aus deutschen Ländern für das Offizierskorps rekrutieren. Um den Offiziersnachwuchs zu sichern und auch die Bande zwischen dem Adel und der Monarchie enger zu knüpfen, zwang er die heimische Aristokratie, im preußischen Heer zu dienen. Ihr wurde davon abgeraten, in ausländischen Armeen Dienste zu leisten. Nach der Lehnsbefreiung der Adelsstände (das bedeutete die Gewährung von Eigentumsrechten auf die Ländereien) war die feudale, auf Land beruhende Bindung zwischen Adel und Königshaus zerrissen, trotzdem bestand der König auf einem Vasallentum im Dienst für Krone und Staat. So wurde mit Hilfe des Heeres der Adel in den Staat integriert und von ihm absorbiert.

Die Lehnsbefreiung löste jedoch auch Protest aus, da sie den Hochadel der Dienstleistungen beraubte, zu denen der niedere Adel bisher verpflichtet gewesen war. Friedrich Wilhelm wünschte die Umwandlung dieser Pflichten in Geldzahlungen. Das führte zu Rechtsstreitigkeiten vor dem kaiserlichen Gerichtshof, die allerdings nie entschieden wurden. In der Zwischenzeit verfuhr Friedrich Wilhelm auf der Grundlage der von ihm erlassenen Dekrete.

Die Politik traf auf Widerstand, da sie, innerhalb eines konservativen Kontexts, die bestehenden sozialen Verhältnisse veränderte. Das Zusammenwirken von revolutionärer Politik und Konservatismus wurde durch Brandenburg-Preußens Sozialstruktur erleichtert. Bis weit ins 19. Jahrhundert gründete Preußens wirtschaftliche Macht auf der Landwirtschaft. Das Verhältnis von ländlicher zu städtischer Bevölkerung gegen Ende des 18. Jahrhunderts betrug 7:2, und das Anwachsen der königlichen Einkünfte zwischen 1713 und 1786 erfolgte nicht aufgrund des höheren Steueraufkommens, speziell der Landsteuer oder der die Städte betreffenden Abgaben, sondern war das Resultat zusätzlich bearbeiteten Bodens und gesteigerten landwirtschaftlichen Ertrags. Die preußischen Provinzen erbrachten bei weitem den größten Teil aller Einkünfte, und die Bedeutung, die die Städte und ihre Manufakturen spielten, wurde infolge einer gelegentlichen Bemerkung Friedrichs des Großen häufig überschätzt. In gleicher Weise waren es nicht die Städte, sondern die ländlichen Gebiete, die die Basis für die Aushebungen der Armee stellten. Das Verhältnis zwischen Preußens Militärsystem und seiner Landwirtschaft bestimmte die Sozialstruktur des Königreichs.

Das stehende Heer des Großen Kurfürsten, ein Überrest der Privatarmeen des Dreißigjährigen Krieges, wurde also im Laufe seiner Regentschaft und der Errichtung des fürstlichen Absolutismus ›nationalisiert‹, in ein Instrument des Staates verwandelt. Die anfängliche Heterogenität des Offizierskorps war von beträchtlichem Vorteil, solange der Landadel noch stark genug war, Obstruktion gegen die Politik des Landesherrn zu betreiben. Die preußische Junkeraristokratie war trotz der Begünstigungen bezüglich ihres Landbesitzes und der Steuern nur langsam in den Staat zu integrieren. Die Reformen Friedrich Wilhelms I. veränderten das grundlegend.

Bis 1730 wurde die Armee aufs Geratewohl und zwangsweise in der deutschen und ostpreußischen Bevölkerung, vor allem aber in der Bauernschaft Brandenburg-Preußens ausgehoben. Da die Bauern in deutsche Nachbargebiete flohen, begannen die westlichen Provinzen Preußens unter Bevölkerungsmangel zu leiden – eine Tendenz, die sich auch schon in den östlichen Provinzen ankündigte. Eine Minderung der Agrarerträge und damit eine Verringerung der Staatseinkünfte schien langfristig unvermeidlich. Diese Aussicht zwang Friedrich Wilhelm, nach einem Kompromiß zwischen seiner Militärpolitik und den Erfordernissen der preußischen Landwirtschaft zu suchen.

Er hoffte dieser Situation zunächst damit zu begegnen, daß er die Zwangsaushebung der Bauern in Preußen und ihre Flucht aus dem Land verbot. Aber die Maßnahmen hatten kaum Erfolg. Im Gegenteil – da die Regimenter nun die Rekrutierung auf Territorien außerhalb Preußens ausdehnen mußten, erhöhten sich die Ausgaben, wodurch zuviel Gold aus Preußen herausfloß. Friedrich Wilhelm löste das Problem, indem er zwei Wege einschlug. Er nutzte erstens seinen neuen Einfluß auf das Offizierskorps, in dem der preußische Adel inzwischen die führende ökonomische und militärische Rolle eingenommen hatte. Die Regiments- und Kompaniekommandeure waren zugleich auch landwirtschaftliche Unternehmer. Um die Rekrutierungsausgaben niedrig zu halten, pflegten sie unter den Bauern ihrer eigenen Güter nach Rekruten Ausschau zu halten. Das aber wirkte sich widrig auf die Agrarproduktion aus. Deshalb wurden die dienenden Bauern zu bestimmten Zeiten des Jahres freigestellt, damit sie auf den Landgütern ihrer Offiziere arbeiteten. Dieser Ausweg sicher-

te nicht nur die landwirtschaftlichen Erträge, sondern bedeutete auch, daß die Offiziere/Landbesitzer Sold einsparen konnten, der sich in Aushebungen außerhalb Preußens stecken ließ.
Friedrich Wilhelm schränkte zweitens die Konkurrenz der Regimenter bei der Aushebung ein. Er teilte das Land in klar umgrenzte Rekrutierungsdistrikte ein, sogenannte ›Regimentskantone‹, machte die Erfassung der männlichen Jugend zur Pflicht und legte gleichzeitig fest, daß jeder Soldat nach einer Grundausbildung jedes Jahr einen dreimonatigen Militärdienst abzuleisten habe, um dann wieder zur Landarbeit zurückzukehren. So wurde ein Gleichgewicht zwischen den Erfordernissen von Heer und Landwirtschaft hergestellt, woran es stets gemangelt hatte. Zusätzlich zu den regulären Soldaten gab es nun die dienenden Bauern – Soldaten, die 9 Monate des Jahres auf den Gütern ihrer Herren Arbeit leisteten.
Das Ergebnis dieses Kantonsreglements von 1730 war ein beschleunigtes Wachstum des preußischen Heeres zwischen 1731 und 1733; es wirkte sich aber auch auf die preußische Sozialstruktur aus. Die Bauern spielten jetzt eine dreifache bedeutsame Rolle, die Friedrich der Große klar sah, als er bemerkte, daß sie eine Klasse bildeten, die den Respekt aller verdiene, weil sie die schwersten Steuerlasten zu tragen hätten, den ganzen Staat mit Nahrungsmitteln versorgten und gleichzeitig die größte Zahl an Rekruten stellten. Ein Staat, dessen wirtschaftliche Stärke von den größtmöglichen Agrarerträgen und einer wachsenden Anbaufläche abhing, konnte sich eine Entvölkerung nicht leisten. Der Bauernstand war folglich für Preußen von fundamentaler Bedeutung.
Mehr als alle anderen Handlungen Friedrich Wilhelms war dieses Gesetzeswerk dafür geschaffen, Aristokratie und Bauernschaft in den Staat zu integrieren, indem es die Bedürfnisse der Armee mit der bäuerlichen Sozialstruktur verband. Die Bürger der Städte waren vom Militärdienst ausgenommen, hatten sich aber an der Unterbringung der Truppen zu beteiligen und, was noch wichtiger war, sie stellten die Mitglieder der unteren Beamtenränge in der wachsenden Bürokratie.
Die Bürokratie war als Institution die notwendige exekutive Waffe des preußischen Absolutismus. Der königliche Absolutismus und eine gut funktionierende Verwaltung schlossen sich jedoch auf lange

Sicht gegenseitig aus – eine Tatsache, deren Friedrich Wilhelm schon bald nach seiner Amtsübernahme gewahr wurde. Sein Vater hatte die Bürokratie zu einem ernsthaften Streiter um die oberste Macht im Staate werden lassen. Friedrich Wilhelm schritt dagegen ein, indem er auf die Ernennung zu den oberen Rängen der Exekutive Einfluß nahm. Während die Anzahl von Rechtsexperten und nicht-militärischen Adligen sank, stiegen im besonderen drei Gruppen auf. Erstens die erfolgreichen Geschäftsleute, die wußten, wie man produziert und leistungsfähig handelt. Zweitens die Beamten, die mit der alltäglichen Verwaltung vertraut waren und die Fähigkeit besaßen, zum Kern der Dinge vorzudringen. Drittens die Militärbeamten – unter ihnen die Soldaten im Ruhestand, gewöhnlich Unteroffiziere, die, statt ihre Pension zu verzehren, in die Bürokratie einrückten oder Lehrer wurden. Die Militärbeamten führten den militärischen Ton und die hohe Berufsauffassung in den preußischen Staatsdienst ein: Sie waren ein Vorbild an Gehorsam. Sie standen königlichen Ausschüssen und Behörden vor und übten starken Einfluß besonders auf die Stadtverwaltungen aus.

Es gab für die Truppen noch kaum Garnisonen. Soldaten wurden in Bürgerhäusern einquartiert und hatten selber einzukaufen und für sich zu kochen. Viele von ihnen heirateten und verwendeten ihre freie Zeit für gewerbliche Betätigungen. Um für Waisenkinder oder von ihren Eltern verlassene Kinder zu sorgen, gründete Friedrich Wilhelm das Potsdamer Militärwaisenhaus.

Bei der Ausrüstung der Soldaten wurden nur Uniform und Waffen von der Armee gestellt; alles andere mußten die Soldaten selber bezahlen, wobei ihnen die Mittel vom Solde abgezogen wurden. Das Heer war ein treibender Faktor der städtischen Wirtschaft: Die Städte erhoben Verbrauchssteuern, und der Konsum steigerte sich bei Anwesenheit von Truppen. Friedrich Wilhelm I. bemerkte einmal, daß die Einnahmen aus dieser Steuer um ein Drittel sinken würden, wenn sich das Heer auf dem Marsch befinde. Der ökonomische Hintergrund erklärt, weshalb Friedrich Wilhelm abgeneigt war, seine Truppen in irgendwelche Kriegshandlungen zu verwickeln; er erklärt auch teilweise seine Außenpolitik.

Friedrich Wilhelm war nicht einfach nur Feldherr seiner Armee, er war auch ihr Exerziermeister, angeregt und beeinflußt durch seinen

Freund, den Prinzen Leopold von Anhalt-Dessau. Dessen Einführung des eisernen Ladestocks erhöhte die Feuerkraft der preußischen Infanterie um einen Grad, den keine andere Armee erreichte. Seit der Angriff auf der Lineartaktik beruhte, der Taktik, Infanterie in drei Linien gegen den Feind zu schicken, war der Bajonettangriff von besonderer Bedeutung, bei dem großgewachsene Grenadiere im Vorteil waren. Zu Recht ist gesagt worden, daß Friedrich Wilhelm deshalb schon als Kronprinz eine besondere Vorliebe für lange Grenadiere besaß, aus denen er später seine Leibgarde bildete. Er gab bedenkenlos erhebliche Summen für diese Leidenschaft aus. Immerhin finanzierte er sein Steckenpferd nicht aus dem normalen Staatshaushalt, sondern aus zwei anderen Quellen: dem privaten Vermögen seiner Güter und einem besonderen Rekrutierungsfond, der aus freiwilligen Spenden zusammenkam. Man konnte durch einen höheren Betrag ein gewünschtes Amt erwerben, was aber nicht hieß, daß der Inhaber bei Unfähigkeit diese Stelle auch behielt. In Anbetracht des Ämterkaufs in anderen europäischen Ländern kann man Käuflichkeit der preußischen Behörden allerdings als Ausnahmefall ansehen.

Erhaltung und Ausbau des Heeres war seit den Tagen des Großen Kurfürsten die Hauptaufgabe der Finanzverwaltung. Um die Verwaltung weiter zu konsolidieren und zu zentralisieren, setzte Friedrich Wilhelm das Generalfinanzdirektorium als Ersatz für das Geheime Kammergericht ein. Es war auch der zur gleichen Zeit geschaffenen Generalfinanzkasse übergeordnet. Ihre Aufgabe bestand in der Verwaltung der königlichen Domänen und anderen Besitzes. Teile der Domänen wurden auf jeweils sechs Jahre verpachtet, wobei der Pächter für die jährlich an die Generalfinanzkasse zu zahlenden Abgaben persönlich verantwortlich war. Er konnte unterverpachten, trug aber allein die Verantwortung. Um einen Interessenkonflikt zwischen den Domänen und dem Landadel zu vermeiden, erhielten nur Bürger Pachtverträge.

Parallel zum Generalfinanzdirektorium bestand das Generalkriegskommissariat, die oberste Verwaltungsbehörde für Armee und Steuern. Früher war es einmal das Befehlszentrum des Heeres gewesen, hatte sich aber allmählich zum Verwaltungszentrum für Steuer- und Polizeiangelegenheiten entwickelt. In diesem Zusammenhang sollte man nicht vergessen, daß zu jener Zeit der Begriff Polizei noch etwas anderes bedeutete als heute: Zu den Aufgaben der Polizei in Preußen gehörten die öffentliche Wohlfahrt und die öffentliche Hygiene.

Der Einrichtung von Generalfinanzdirektorium und Generalkriegskommissariat an der Spitze der Zentralverwaltung folgte die Umwandlung der Provinzkommissariate in Provinzkammern, die in Ostpreußen und Kleve bereits existierten. Die Beteiligung der Stände in den Provinzen an Fragen der Besteuerung wurde völlig abgelehnt.

Die Provinzkammern weiteten nun als Organe der Zentralverwaltung ihren Einfluß beträchtlich aus. Als ursprüngliche Teile der Militär- und Finanzverwaltung erhielten sie Ordnungsgewalt über ihre Distrikte, besonders über die Wirtschaftsverwaltung der Städte und Gemeinden, die Aufsicht über die Zünfte und die Unterhaltung der Manufakturen und deren Schutz gegen ausländische Konkurrenz.

Trotz der zentralisierten Verwaltung bekämpften sich die beiden obersten Behörden der Regierung und die ihr unterstellten Organe noch auf das schärfste. Das Generalfinanzdirektorium war aufgrund der Domänenverwaltung vor allem mit Landwirtschaft befaßt und hatte daher ein offenes Ohr für agrarische Interessengruppen. Es verfolgte das Prinzip des freien Handels. Das Generalkriegskommissariat war dagegen eher städtisch orientiert, da die Städte die Garnisonen stellten und auch die Verbrauchssteuer aufbrachten. Es verfolgte merkantile Interessen. Die Reibungen zwischen diesen beiden Interessengruppen bestanden fortlaufend, und es bedurfte häufig des Einschreitens des Königs. Das Problem war schließlich nur durch die Vereinigung der beiden Behörden zu lösen, deren einheitliche Oberbehörde die Bezeichnung General-Ober-Finanz-Kriegs- und Domänen-Direktorium erhielt. Da dieser Name zu kompliziert war, wurde es schlicht Generaldirektorium genannt. Der König legte seine Kompetenzen mit eigener Hand fest. Das Generaldirektorium war nun für die gesamte innere Verwaltung und die der Finanzen zuständig, einschließlich der Militärfinanzen und der Armeeversorgung. Es setzte sich aus vier Provinzialdepartements zusammen, an deren Spitze je ein regierender Minister mit drei oder vier Geheimen Räten stand. Das erste Departement umfaßte Ostpreußen, Pommern und die Neumark, das zweite die Kurmark, Magdeburg und Halberstadt, das dritte die rheinischen Provinzen und das vierte die westfälischen Provinzen. Um sicherzustellen, daß sich der Horizont eines jeden nicht auf das von ihm kontrollierte Gebiet beschränkte, delegierte der König an jedes Departement eine besondere Aufgabe, die das gesamte Königreich betraf. So war das erste für Fragen betreffs der Grenzen und für die Rodung von Wäldern zum Zweck der Urbarmachung verantwortlich, das zweite für die Erhaltung der Hauptstraßen, die Marschrouten der Armee und für die militärischen Finanzen, das dritte für die Post und die Münze, und das vierte hatte sich um das allgemeine Rechnungswesen zu kümmern.

Diese Fusion fand auch auf provinzieller Ebene statt, wo die neuen Behörden, genannt Kriegs- und Domänenkammern, für Stadt und Land gleichermaßen zuständig waren und sich sowohl um die allgemeinen Steuern wie um die Domäneneinkünfte zu sorgen hatten. Wie im Generaldirektorium fielen auch hier die Entscheidungen in einem Kollegium, dessen Mitglieder an der Spitze eines Departements standen. Anders als sein Vater und sein Großvater bestand Friedrich Wilhelm darauf, daß keiner der Räte in den Kammern aus einer Provinz stammte, in der er arbeitete. Er wollte damit die Einmischung lokaler Interessen in die lokale Verwaltung verhindern.

Friedrich Wilhelm I. war im übrigen recht flexibel, was die Herkunft seines Verwaltungspersonals anging, und traf oft seine Wahl danach, ob ein Kandidat Dynamik und geistige Beweglichkeit aufwies, die praktischen Aspekte des Lebens erkennen konnte und mit ihnen umzugehen verstand. Deshalb finden sich oft Räte mit militärischem Hintergrund – Regimentsrevisoren, Quartiermeister und dergleichen –, obwohl gegen Ende seiner Amtszeit die wachsende Komplexität der Staatsgeschäfte besondere Spezialisierung erforderte, weshalb das Personal mit besseren akademischen Qualifikationen zunahm.

Vor der großen Behördenfusion hatte Friedrich Wilhelm den Gedanken gehegt, zwei getrennte Rechenkammern zu schaffen, eine für die Domäneneinkünfte, die andere für das Steueraufkommen, das vor allem für die Unterhaltung des Heeres bestimmt war. Entsprechend gab es zwei Budgets, das militärische und das zivile. 1714 schuf Friedrich Wilhelm die General-Rechenkammer, um beide Budgets zu kontrollieren. Als das Generaldirektorium geschaffen wurde, ordnete man ihm die General-Rechenkammer unter. Sie hatte die Finanzkontrolle über die Kriegs- und Domänenkammer, wurde aber selbst vom Generaldirektorium beaufsichtigt.

Unter der Kriegs- und Domänenkammer gab es die Landräte. Die Verwaltung der Städte wurde ebenso reformiert wie zuvor der Behördenapparat. Jahrhundertelang waren sie unter eigenen Verfassungen tätig und wurden von patrizischen Oligarchien beherrscht, die ängstlich darauf bedacht waren, ihre bestehenden Privilegien zu bewahren und auszubauen. Als Friedrich Wilhelm den Thron bestieg, gab es im Königreich kaum eine Stadt oder ein Dorf, das nicht tief verschuldet war. Das bot den Hebel für die Einführung umfassender Reformen. Mit der strikteren Durchsetzung der Verbrauchssteuer und der Garnisonseinquartierung erreichten die Organe der Zentralverwaltung in den Städten eine größere Effizienz und verdrängten die traditionell herrschenden Mächte. Untersuchungsausschüsse prüften die Finanzen jeder Stadt und regelten die Begleichung der Schulden. In der Praxis führte das zur Beseitigung der meisten Formen kommunaler Selbstverwaltung. Die Stadträte waren nicht länger Bürger der Städte, in denen sie lebten, gewählt oder ernannt von einer kleinen Gruppe Mitbürger, sondern königliche Staatsbedienstete aus anderen Teilen des Landes. Wie auf der Staatsebene basierte die Finanzverwaltung jeder Stadt auf einem festen jährlichen Haushaltsplan. Spezifische kommunale Steuern wurden beseitigt und die Stadtsteuer im ganzen Königreich vereinheitlicht. Schatzbeamte beaufsichtigten zusammen mit den Garnisonskommandeuren die Finanzverwaltung ebenso wie die meisten öffentlichen Angelegenheiten. Diese Beamten bildeten den Steuerrat, der jeweils sechs bis zwölf Städte kontrollierte. An der höchsten Spitze der Verwaltung stand der König selbst. Während die Zentralverwaltung in Berlin ihren Sitz hatte, residierte der König hauptsächlich in Potsdam oder in einem seiner Jagdschlösser, von denen Wusterhausen in der Mark Brandenburg sein liebstes war. Die Minister hatten ihre Berichte dem König zu unterbreiten, der wiederum seine Antwortschreiben und Entscheidungen in seinem eigenen Kabinett mit Hilfe einiger Privatsekretäre verfaßte. Der Kabinettsbefehl war das letzte Stück Gesetzgebung im Staate Brandenburg-Preußen. Diese sehr persönliche und nur auf einen Mann bezogene Art zu regieren forderte vom König immensen Fleiß und detaillierte Kenntnisse. Er besaß beides in hohem Maße, was ihn, zusammen mit seinem Sohn, im Zeitalter des Absolutismus so einzigartig machte.

Auf den Erfolg mußte er nicht lange warten. Schulden seines Vaters waren schon bald abgetragen, und verpfändete königliche Domänen kamen wieder unter die Kontrolle der Krone. Das war vor allen Dingen in Ostpreußen, in den früheren schwedischen Ostseeprovinzen und in Polen der Fall. Opposition des Adels schlug er entschlossen nieder, und im Laufe seiner Regentschaft weitete er die königliche Domäne durch den Kauf von Landgütern verschuldeter Adliger derart aus, daß am Ende ein Drittel des gesamten Ackerlandes Kronland war. Zu dieser Zeit beliefen sich die Einkünfte aus den Domänen auf die Hälfte der gesamten Staatseinkünfte.

Auch das Steuersystem wurde reformiert, besonders die Bodensteuer. Es ging nicht so sehr um neue Steuern, es ging darum, die bestehenden gleichmäßiger von Arm auf Reich zu verteilen. Obwohl der ostpreußische Adel infolge der Finanzpolitik des Deutschen Ordens offiziell nie von der Besteuerung ausgenommen worden war, hatte er sich nach dem Niedergang des Ordens mehr oder weniger selbst aus der Pflicht entlassen. Da die Verwaltung in seinen Händen lag, fiel ihm das nicht schwer. Friedrich Wilhelm ersetzte das konfuse Steuersystem durch eine allgemeine Steuer, die auf der Schätzung des Einkommens jedes Gutes basierte.

Aber was sich in Ostpreußen als machbar erwiesen hatte, war in anderen Teilen des Königreichs schwieriger durchzuführen und zwar da, wo der Adel größeren Widerstand leistete und gelegentlich Steuern für die Streitkräfte eingetrieben werden mußten. Damit nicht nur die Städte die finanziellen Lasten einer Militärgarnison tragen mußten, erhob Friedrich Wilhelm einen Beitrag von den Bauern. Überreste bäuerlicher Feudalpflichten wurden in Geldzahlungen umgewandelt, wiederum zum Wohl der Armee. Die Städte zahlten natürlich die Verbrauchssteuer, die auf der einen Seite eine Einnahmequelle, auf der anderen Seite Werkzeug der merkantilistischen Politik Friedrich Wilhelms war. Sie war für die Städte ein Schutztarif zum Wohl des örtlichen Handels und seiner Güter. Da das Königreich territorial auseinandergerissen war, konnte man an den Grenzen keine Zölle erheben. Folglich war für importierte Waren die Verbrauchssteuer am Bestimmungsort zu zahlen. Während die Gelder aus den Beiträgen das ganze 18. Jahrhundert hindurch konstant blieben, wuchs das Einkommen, das von der Verbrauchssteuer kam, ständig.

Friedrich Wilhelm I. führte auch die strenge Trennung zwischen dem Staatsbudget und dem persönlichen Budget des Landesherrn ein. Von 1713 bis zum Ende des 18. Jahrhunderts wiesen die preußischen Finanzen einen Überschuß auf; eine Staatsverschuldung, wie sie in Großbritannien, den Niederlanden, Frankreich und Österreich der Fall war, blieb unnötig. Notfällen war mit Fonds zu begegnen, die für diesen Zweck bereitstanden, und dem Staatsschatz.

Selbst nach den Reformen waren die Steuerbelastungen noch stark und konnten nur bei fortschreitender ökonomischer Entwicklung des Königreichs getragen werden. Die Landwirtschaft war vorrangig, auf sie richtete der König die meiste Aufmerksamkeit. Obwohl er einer Befreiung der Bauern zuneigte – im Zusammenhang seiner sonstigen Politik war das ein Punkt, in dem er den Adel beschwichtigen mußte. Aber er kümmerte sich ernsthaft um eine Verbesserung des Loses der Bauern und verringerte ihre Belastungen. Sie zu züchtigen wurde verboten, und ihre Pflichtdienste wurden auf drei oder vier Tage in der Woche begrenzt oder durch Abschlagszahlungen ersetzt. Doch diese Reformen blieben in der Hauptsache auf die königlichen Domänen beschränkt; auf den Gütern des Adels machten sie nur langsam Fortschritte, wenn überhaupt. Die Landwirtschaft wurde gegen die Einfuhr ausländischen Getreides geschützt, und um die einheimische Textilindustrie zu ermuntern, untersagte Friedrich Wilhelm die Ausfuhr von Schafwolle; das billige Rohmaterial blieb damit verfügbar.

Von allen Provinzen des Königreichs war Ostpreußen am meisten vom Reformwerk des Königs betroffen, da Innen- und Außenpolitik hier unlösbar verflochten waren. Der Große Nordische Krieg brachte Preußen den ersehnten Zugang zum Meer an der Odermündung. Polen bewegte sich als aristokratische Republik auf seine innere Auflösung zu, aber Rußland war unter Peter I. zur Großmacht herangewachsen. Während des Nordischen Kriegs waren seine Truppen im Rücken Ostpreußens in Pommern eingedrungen. Der Zar schien ein Interesse an den Häfen von Memel und Pillau zu entwickeln. Um eine direkte Konfrontation zu vermeiden, war es für Friedrich Wilhelm I. ein wichtiges Ziel, herzliche Beziehungen zu Rußland zu unterhalten. Das innenpolitische Pendant dazu war das ›Retablissement‹ Ostpreußens, da ein Drittel seiner Bevölkerung an der Pest und vor Hunger umgekommen war. Es profitierte am meisten von den administrativen und fiskalischen Reformen.

Am schlimmsten betroffen waren die nordöstlichen und südöstlichen Landstriche Ostpreußens, wo insgesamt 27 000 Höfe keine Pächter hatten. Dort wurde im Rahmen der Institutionsreformen ein gewaltiger Kolonisationsplan entworfen. Von 30 000 Protestanten, die aufgrund ihres Glaubens aus ihrer Heimat, der Region Salzburg, vertrieben worden waren und Friedrich Wilhelms Einladung nach Preußen angenommen hatten, fanden 15 000 in Ostpreußen eine neue Heimat, alle auf der königlichen Domäne. Wo immer es nötig war, baute ihnen der Staat Häuser und versorgte sie mit landwirtschaftlichen Geräten, Saatgut und Vieh. Sein ganzes Leben lang erfüllte die erfolgreiche Rekolonisierung Ostpreußens Friedrich Wilhelm mit großem Stolz, war sie doch das Bindeglied zwischen der Kolonisierungstätigkeit des Deutschen Ordens und der Konsolidierung des preußischen Königreichs. Zur Zeit seines Todes 1740 befand sich die Bevölkerung wieder auf dem Stand, auf dem sie vor der großen Hungersnot gewesen war.

Zufälligerweise gehen mit dem ›Retablissement‹ Ostpreußens die Anfänge der Rechtsreformen im ganzen Königreich einher. Der tiefliegende Grund dieser Reformen lag in den unterschiedlichen Rechtstraditionen in den verschiedenen Territorien des Königreichs. Leibniz hatte sich schon daran versucht und 1701 ein einheitliches Gesetzbuch konzipiert; das taten auch andere nach ihm, aber ohne viel Erfolg. Samuel von Cocceji, aus der Mittelschicht stammend, ein brillanter Kopf in Rechtsfragen, war früher von Friedrich Wilhelm mit der Ordnung des Rechtssystems Ostpreußens betraut worden und hatte sich als ausnehmend erfolgreich erwiesen. Deshalb legte der König das ganze Problem der Justizreform in seine Hände. Während die Rechtsprechung als kollegiale Körperschaft bestanden hatte, setzte sich Cocceji nun an die Spitze, aber angesichts der Komplexität der Aufgabe konnte er nur Ansätze schaffen und erlitt sogar damit Rückschläge. Die einzigen Verbesserungen, die zu Lebzeiten Friedrich Wilhelms I. erreicht wurden, gelangen im Bereich des Strafrechts. Das Problem der Rechtsreform begleitete auch noch die gesamte Regentschaftszeit seines Nachfolgers und fand erst unter Friedrich Wilhelm II. eine Lösung.

Von gleicher langfristiger Bedeutung wie die praktischen Reformen ist der Geist, den Friedrich Wilhelm I. seiner Administration einflößte und der für die preußische Bürokratie bis an ihr Ende charakteristisch blieb. Armee und Verwaltung wurde gleichermaßen der Geist des Dienstes am Staat eingeimpft. Das ist einer der Gründe, warum es dem Monarchen gelang, die Grundlage dafür zu schaffen, daß sein Sohn Preußen vom Status einer Hilfsmacht zu dem einer europäischen Großmacht zu erheben vermochte.

Der preußische Staat beruhte also auf der dreifachen Grundlage einer ertragreichen Landwirtschaft, einer starken militärischen Kraft und einer wirksamen Staatsverwaltung, wobei sich alle drei integriert einem Ziel unterordneten, der Erhaltung und dem Wohlergehen dieses Staates. Das hatte wenig oder nichts mit der Verewigung oder dem Anwachsen der Macht um eines Individuums willen zu tun: Es war der Ausdruck einer sich entfaltenden Ideologie der Staatsgemeinschaft, eine säkularisierte Version der Ideologie, die in ihrer Blütezeit die Deutschritter zu außergewöhnlichen Kolonisatoren, Regenten und Politikern gemacht hatte. Sie bedeutete die Unterordnung aller Teile und Aspekte des öffentlichen Lebens unter die Absichten des Staates.

In seiner Kirchenpolitik strebte Friedrich Wilhelm die Vereinigung der orthodoxen Lutheraner mit der Reformierten Kirche an. Er selbst blieb Anhänger der Reformierten, war jedoch wie seine Vorfahren offen genug, auch anderen christlichen Bekenntnissen sein Ohr zu leihen. Damit die Religion in seinem Staat keine trennende Kraft werde, verbot er wie der Große Kurfürst die Darlegung theologischer Kontroversen von der Kanzel. Dem Jesuitenorden stand er wegen seiner angeblichen Exzesse in Polen extrem feindlich gegenüber, seinen Mitgliedern wurde das Überschreiten der Grenzen des Königreichs untersagt. Aber seine Toleranz gegen den Katholizismus war größer als die seines Großvaters, was unter anderem militärische Gründe hatte. Seine zahlreichen katholischen Soldaten wollten katholische Kapläne und bekamen sie.

Friedrich Wilhelms außenpolitisches Ziel bestand darin, zu wahren und zu festigen, was bis dahin von seinen Vorfahren und ihm erreicht worden war. In seinem Testament von 1722 fleht er seinen Nachfolger an:

»Bete zu Gott und fanget niemalen einen ungerechten Krieg an, aber wozu Ihr Recht habet, da lasset nicht ab, denn die gerechte Sache wird Gott gewiss segnen.« Friedrich Wilhelm I. beschwört seinen Nachfolger, niemals ein »Agresseur« zu sein, »denn Gott die ungerechten verboten und Ihr (einstmals) muesset Rechenschaft geben von jedem Menschen, der da in einem ungerechten Kriege geblieben ist. Bedenk, was Gottes Gericht scharf ist . . .«

So reich an Wiederholungen diese Passage auch ist, sie verdeutlicht die Intensität der religiösen Überzeugung in Friedrich Wilhelms Wesen. Seine Einschätzung der Staatsökonomie wird deutlich, wenn er schreibt, daß das Wohlbefinden des Regenten auf dem Umstand beruhe, daß das Land gut bevölkert sei: Die Bevölkerung sei der wahre Schatz des Landes. Wenn die Armee aus Preußen herausmarschiere, betrüge die Akzise nur ein Drittel dessen, was zu erwarten sei, wenn sie im Lande bliebe. Die Verwaltung der Domäne könne dann die Pachtsummen nicht bezahlen, und das sei gleichbedeutend mit dem Ruin. Die preußische Armee verbrauchte nicht nur zwei Drittel des Staatseinkommens, sie bildete auch einen großen Markt für Preußens junge Industrie und war ein Teil des heimischen Marktes, was Friedrich Wilhelm nachdrücklich begünstigte.

Die Rolle, die Friedrich Wilhelm Preußen in internationalen Angelegenheiten zudachte, sollte es dazu befähigen, aus den Kriegen der großen europäischen Mächte bescheidene Vorteile zu ziehen, denn wer in der Welt das Gleichgewicht behalte, werde immer für sein Land einen Profit erzielen und den Respekt von Freund und Feind gewinnen. Diese Politik war sicher auf die innere Stabilität gegründet und stimmte auch mit seinen religiösen Prinzipien überein. Der Staat sei noch nicht Inhalt der Religion und einziger Gegenstand der Vernunft geworden, bemerkt er.

Nach dem Frieden von Utrecht vom 11. April 1713 erlangte Preußen seine Handlungsfreiheit wieder. Aber behutsam, wie Friedrich Wilhelm war, widerstrebte es ihm, sich sofort in die Wirrnisse des Großen Nordischen Kriegs einzuschalten. Als Peter der Große 1713 Berlin besuchte, versuchte er Preußen für eine Allianz mit Rußland zu gewinnen. Aber für den preußischen König hatte die innere Lage des Königreichs Vorrang; er meinte, daß es mindestens ein Jahr noch dauere, bis die Finanzen des Landes in Ordnung seien. Danach würde er sich entscheiden. Nichtsdestoweniger begann er nicht nur sogleich mit den Finanzreformen, sondern vergrößerte für alle Fälle gleichzeitig die Armee um sieben Regimenter.

Sein Hauptziel war, wie das seines Vaters und seines Großvaters, Stettin zu bekommen, um so direkten Zugang zu einem der größten Häfen der Ostsee zu besitzen und die Oder kontrollieren zu können. Da Karl XII. von Schweden wahrscheinlich sterben würde, ohne einen Erben zu hinterlassen, stand die Frage der Thronfolge in den europäischen Kabinettssitzungen obenan. Ein aussichtsreicher Bewerber war der Herzog von Holstein-Gottrop, ein Schwager Karls XII. Friedrich Wilhelm versprach, die Ansprüche des Herzogs zu unterstützen, sofern er dafür Vorpommern bis zur Peene an Preußen abtrat. Aber nichts dergleichen geschah; tatsächlich wurde Stettin von vereinigten russischen, polnischen und dänischen Streitkräften erobert. Dieser Zwischenfall genügte Friedrich Wilhelm, sich zu entscheiden, von welcher Seite er wirklich Unterstützung für die Weiterverfolgung seiner Ziele brauchte. Er brauchte Rußland. Am 6. Oktober 1713 schloß er in Schwedt einen Vertrag mit dem Fürsten Menschikow, demzufolge Preußen Stettin und Vorpommern bis zur Peene zu treuen Händen erhalten sollte, bis die Feindseligkeiten eingestellt seien. Für die Dauer des Krieges sollte Preußen die Besetzung des Gebiets übernehmen. Damit dieses zeitlich begrenzte Übereinkommen größere Dauer erhielt, wurde der Vertrag am 12. Juni 1714 durch einen Geheimvertrag ergänzt, der Preußen die Beibehaltung der Besetzung garantierte, während Rußland andere schwedische Ostseeprovinzen, unter anderem Estland und Karelien, erhalten sollte. Kurze Zeit später, im November 1714, trat Kurfürst Georg von Hannover, der soeben den britischen Thron bestiegen hatte, ebenso wie Dänemark der Allianz bei.

Die plötzliche Rückkehr Karls XII. aus seinem türkischen Exil löste Alarm und Verwirrung aus. Friedrich Wilhelm hielt sich in der Hoffnung zurück, daß Schweden durch Verhandlungen zu den gleichen Konzessionen zu bewegen sei. Aber das brachte keine Ergebnisse, und am 1. Mai 1715 erklärte Preußen Schweden den Krieg. Die Schweden waren in einer militärisch ungünstigen Situation, sie besaßen nicht die ausreichende Stärke und erfreuten sich nicht mehr der Unterstützung, die Frankreich ihnen einst gegeben hatte, und so mußten sie sich ihren Gegnern ergeben.

Es ist zu Recht festgestellt worden, daß im Zusammenhang der internationalen Beziehungen das wichtigste Ergebnis des Großen Nordischen Kriegs der wachsende Interessenkonflikt zwischen Großbritannien und Rußland war: Die Russen wollten einen Warmwasserhafen und Kontrolle über seine Zugangswege, die Briten sahen, wie die Niederländer ein Jahrhundert zuvor, die Ostsee nicht nur als bedeutendes Handelsgebiet an, sondern auch als wichtigen Lieferanten von Nutzholz und Schiffsausrüstungen, was für eine große Marine, die sich auf dem Weg befand, die Königin der Meere zu werden, von höchster Wichtigkeit war.

Für Preußen bedeutete der Ausgang des Großen Nordischen Kriegs die partielle Erfüllung jener Ambitionen, die der Große Kurfürst gehegt hatte. Alle waren nicht mehr durchführbar, und Friedrich Wilhelm hatte sie auch aufgegeben. Preußen hatte Vorpommern und Stettin erhalten; es stand im Schatten der Großmächte und wandte sich notwendigerweise eher Rußland als England zu. Das führte zu einer Meinungsverschiedenheit innerhalb seiner Familie und verschärfte den Ton in den Beziehungen zwischen Preußen und England. Auf der anderen Seite entfremdete Friedrich Wilhelms größere Handlungsfreiheit ihn auch in gewissem Ausmaß dem Kaiser Karl VI., der spürte, daß sich Wien nicht mehr auf prompte Unterstützung durch Preußen verlassen konnte, deren es sich zu Zeiten Friedrichs I. hatte erfreuen können. Das brachte engere Beziehungen zwischen Wien, Hannover und London zustande, während der Kurfürst von Sachsen seine Interessen durch die russische Bedrohung ebenfalls gefährdet sah und sich deshalb den anderen Mächten anschloß. Diese Allianz verhinderte tatsächlich die völlige Vernichtung Schwedens. Unter dem Druck dieser Mächte ließ Preußen seinen russischen Alliierten im Stich und schloß am 1. Februar 1720 einen Separatfrieden mit Schweden. Rußland kämpfte noch ein Jahr allein weiter, bis es in Nystad 1721 einen Friedensvertrag mit Schweden unterzeichnete. Aber um zu symbolisieren, wo seine Sympathien lagen, nahm Friedrich Wilhelm die Huldigung der Stadt Stettin solange nicht entgegen, bis 1721 die letzten Feindseligkeiten des Großen Nordischen Kriegs eingestellt wurden.

Vier Jahre später wurden die bestehenden europäischen Allianzen auf dramatische Weise umgestoßen. Spanien, verärgert über Englands

Präsenz in Gibraltar und die laufenden Zusammenstöße in Westindien, schloß in Wien mit dem Kaiser ein Bündnis, dem die katholischen Fürstentümer Deutschlands beitraten. Auch die früheren Feinde Frankreich und England bildeten eine Allianz, zu der sich Hannover und am 3. September 1725 auch Preußen gesellten. Der Schritt Preußens scheint durch keinerlei raison d'état motiviert worden zu sein, sondern eher durch Friedrich Wilhelms Verdruß und Zorn über die Behandlung, die er von Wien erfahren hatte. Für seinen Teil war es ein emotionaler Ausbruch, dessen gefährlichen Charakters er rasch gewahr wurde, als die Witwe Peters des Großen, Katharina I., mit Österreich paktierte. Preußen war nun wahrscheinlich der verletzbarste Verteidiger französischer und englischer Interessen, und um das zu verhindern, wurde 1726 mit dem Kaiser ein Vertrag geschlossen und zwei Jahre später, im Vertrag von Berlin am 23. Dezember 1728, zu einem regelrechten Bündnis ausgebaut. Preußen wurde nun eine verläßliche Stütze des Reiches und ratifizierte 1726 die Pragmatische Sanktion von 1713, die die Unteilbarkeit der Habsburger Kronländer sicherte und einen weiblichen Nachfolger auf dem Habsburger Thron ermöglichte.

Familienrivalität übte einen beträchtlichen Einfluß auf die Gestaltung von Friedrich Wilhelms Außenpolitik aus, besonders die zwischen den Hohenzollern und den Welfen, mit anderen Worten, zwischen Berlin und Hannover. Das war so trotz der engen Beziehungen zwischen beiden Familien – Friedrich Wilhelm war der Schwager Georgs II., da seine erste Frau, Sophie Dorothea, die Schwester des englischen Königs war. Diese Rivalität spaltete auch den Hof in Berlin in eine Pro-England- und eine Pro-Kaiser-Partei, und vor diesem Hintergrund erreichten die Spannungen zwischen Friedrich Wilhelm und seinem Sohn, dem Kronprinzen Friedrich, ihren kritischen Punkt.

Das Verhältnis zwischen Vater und Sohn hatte sich schon eine Zeitlang ständig weiter verschlechtert. Von Friedrich Wilhelm aus gesehen gab es für seinen Sohn keine andere Aufgabe, als das Werk des Vaters fortzusetzen; aus diesem Grunde sollte er die gleichen vorzüglichen Eigenschaften entfalten wie sein Vater, und doch deutete alles darauf hin, daß er das nicht tat. Friedrich zog es mit jeder Faser seines Verstandes zur europäischen Aufklärung und zur französischen Kultur. Sein erster Erzieher war ein Franzose, Duhan de Jardun, der einen beträchtlichen Einfluß auf Friedrich ausübte, mehr als irgendein späterer deutscher Militärerzieher. Sein Interesse an Literatur, Philosophie und Wissenschaft war in den Augen des Königs kaum eine Hilfe, den Kronprinzen angemessen auf seine zukünftige Aufgabe als König vorzubereiten. Nimmt man Friedrich Wilhelms feste religiöse Überzeugung, daß das Gedeihen des Staates ein Zeichen göttlicher Billigung sei, und seinen Glauben, daß die Pflicht des Monarchen darin bestehe, in jeder Handlung seinen Untertanen ein Beispiel zu geben, wenn die göttliche Billigung nicht entzogen werden sollte, so bildeten die Interessen seines Sohnes und seine Art, zu leben, das genaue Gegenteil dessen, woran er glaubte. Friedrich Wilhelm forderte, verbot und fluchte, sein Sohn aber stellte sich quer, wich aus und machte sarkastische Witze, die dem Vater bald zu Ohren kamen. Friedrich liebte die Musik, hatte heimlich Flötenunterricht genommen und spielte das Instrument ausgezeichnet; andererseits war er dem Militär abgeneigt und nannte seine Uniform ›das Totenhemd‹. An einem Hof wie dem Friedrich Wilhelms, der mit einem sehr knappen Budget auskommen mußte, kostete das vergleichsweise verschwenderische Leben seines Sohnes Geld; Friedrich lieh es sich draußen. Das Verhältnis zwischen Vater und Sohn war ständig gespannt, und es kam immer wieder zu heftigen Ausbrüchen des Königs. Die Situation wurde noch weiter durch die ehrgeizigen Heiratsprojekte Sophie Dorotheas kompliziert. Ihr sehnlichster Wunsch war es, ihre älteste Tochter Wilhelmine, die enge Vertraute Friedrichs, durch Heirat des Prinzen von Wales auf dem englischen Thron zu sehen. Georg II. wiederum wollte Prinzessin Amelia mit dem preußischen Kronprinzen verheiraten. Friedrich Wilhelm hatte seine Zweifel, ob sich eine englische Prinzessin dem spartanischen Lebensstil des preußischen Hofes anpassen konnte, aber erhob keine grundsätzlichen Einwände. Aber als sich Friedrich Wilhelm wieder einmal mit dem Kaiser verbündete, wurde das Heiratsprojekt von den Engländern und den Franzosen als Hebel betrachtet, mit dem sie Preußen wieder an ihre Seite zwingen wollten. In Berlin wurden Intrigen und Gegenintrigen gesponnen, deren Opfer Friedrich und Wilhelmine waren. Obwohl Friedrich sie nie gesehen hatte, betete er seine englische Kusine an und verachtete gemeinsam mit seiner Mutter die Anhänger der österreichischen Partei.

Auf Sophie Dorotheas Initiative hin wurde auf schnellstem Wege ein Sonderbeauftragter, Sir Charles Hotham, von London nach Berlin geschickt, um das Ehevorhaben zu fördern. Nun begann Friedrich Wilhelm Zweifel in bezug auf die politischen Folgen der Heirat zu entwickeln, da er das Bündnis mit dem Kaiser erhalten wollte. Obwohl er bereit war, einer Heirat seiner ältesten Tochter mit dem Prinzen von Wales zuzustimmen, ließ er wissen, daß es viel zu früh sei, um irgendeine Heirat des Kronprinzen zu erörtern. Sobald die Zeit reif sei, werde die englische Prinzessin den Vorzug vor allen anderen erhalten. Sir Charles Hotham, der nach detaillierten Anweisungen handelte, antwortete, daß der Hof von St. James die gleichzeitige Verwirklichung beider Heiratsprojekte oder gar keine zu sehen wünsche. Die Mission und die Pläne wurden aufgegeben. Als Hotham vor seiner Abreise einen letzten Besuch beim König machte, händigte er ihm ein Bündel Dokumente aus, die zeigten, daß einer der engsten Vertrauten des Königs, der auch der Anführer des pro-österreichischen Klüngels war, tatsächlich in österreichischem Solde stand. Der König empfand Widerwillen gegen Hothams Verhalten; Hotham spürte, daß die diplomatische Etikette verletzt worden war. Sie trennten sich im Zorn.

Kurz darauf, im Juni 1730, unternahm der König in Begleitung des Kronprinzen eine Reise nach Süddeutschland. Friedrich hatte schon länger die Flucht geplant und sah jetzt eine Chance, nach England zu kommen. Aber der Diener, der schon die notwendigen Pferde bereithielt, verriet den Plan nach reiflicher Überlegung dem König. Friedrich Wilhelm tobte, behandelte seinen Sohn als Deserteur und brachte ihn vors Kriegsgericht, wo er die Todesstrafe forderte. Das aus Generälen bestehende Gericht wies das Ansinnen zurück und bestritt seine Zuständigkeit. Aber Friedrichs enger Vertrauter, Leutnant von Katte, der von dem Plan gewußt hatte, wurde wegen Majestätsbeleidigung zum Tode verurteilt und in der Festung Küstrin vor den Augen des Kronprinzen enthauptet: Friedrich wurde gezwungen, die Exekution vom Fenster seiner Zelle aus mit anzusehen.

Eine Zeitlang verfolgte der König Pläne, Friedrich von der Thronfolge auszuschließen, und es dauerte noch weitere sechs Monate, bis die offizielle Versöhnung zwischen Vater und Sohn zustande kam. Der Vorfall war ein Wendepunkt im Leben Friedrichs: er hörte zu spielen auf und begann zu arbeiten, zunächst in der Kriegs- und Domänenkammer von Küstrin, wo er die Grundzüge der Verwaltung erlernte. Das anglo-preußische Heiratsprojekt war zunichte geworden. Friedrichs Schwester Wilhelmine wurde gezwungen, den Markgrafen von Bayreuth zu heiraten, und 1733 ehelichte Friedrich die Prinzessin Elisabeth Christine von Braunschweig-Bevern. Von 1736 bis zum Tod Friedrich Wilhelms verfügte der Kronprinz über Schloß Rheinsberg, wo es ihm inmitten enger Freunde gestattet war, seinen Interessen zu folgen, und erlebte dort nach eigener Meinung die vier glücklichsten Jahre seines Lebens.

Preußen spielte in der Folgezeit in den großen Fragen der europäischen Außenpolitik, wie der polnischen Thronfolge, nur eine geringe Rolle am Rande der wichtigen Ereignisse. Friedrich Wilhelms Versuche, seinen territorialen Besitz am Niederrhein auszudehnen und für Berg und Ravenstein eine kaiserliche Garantie zu erlangen, vereitelte der Kaiser, was ihm der König bis zum Ende seiner Tage nicht verzieh. Er begründete seine Ansprüche auf Versicherungen des Kaisers, von denen keine unzweideutig war, scheiterte aber angesichts des Widerstandes, der von den Großmächten Österreich, Frankreich, Großbritannien und den Niederlanden ausging. Am Vorabend seines Todes wandte er sich noch Frankreich zu und ebnete so seinem Sohn den Weg, den er nach der Thronbesteigung verfolgen sollte.

Ähnlich wie der Staat des Deutschen Ordens zu seiner Zeit, war das Königreich Preußen unter Friedrich Wilhelm I. aufgrund einer epochemachenden Leistung erfolgreich gewesen. Das war nicht nur für die deutsche, sondern auch für die europäische Geschichte bedeutsam. Mit einer Gesamtbevölkerung von zweieinhalb Millionen unterhielt es aus eigenen Mitteln eine Armee von 60 000 Mann, deren Jahresbudget sich auf über fünf Millionen Taler belief – bei einem Staatshaushalt von ungefähr sieben Millionen. 1740 hatte Friedrich Wilhelm Reserven in einer Höhe von annähernd acht Millionen Talern zusammengetragen. In bezug auf die Größe der Bevölkerung stand Preußen an zwölfter Stelle unter den europäischen Mächten, in Friedenszeiten belegte sein Heer den vierten Rang, und hinsichtlich seiner militärischen Effizienz nahm seine Armee den ersten Platz ein. Gegen Ende seiner Amtszeit konnte Friedrich Wilhelm auf eine solide Leistung zurückblicken. Der Staat war innerhalb eines institutionellen Rahmens gefestigt, dessen kunstvolle Struktur alle beteiligten Elemente zu erhalten bemüht waren. Die Militarisierung einer Agrargesellschaft und das pietistische Ethos verbanden sich zu einer spezifisch ›preußischen‹ Lebensart, die dafür sorgte, daß eine Liberalisierung der politischen, sozialen und wirtschaftlichen Ordnung in Preußen so bald nicht eintrat. Der Akzent lag zu sehr auf Stabilität und Bewahrung, als daß für den freien Fluß gesellschaftlicher Kräfte Raum gewesen wäre. 1740 existierte bereits der Gott, dem Hegel schmeicheln sollte: der Gott namens ›Staat‹.

6. KAPITEL

Friedrich der Große

Es ist durchaus bemerkenswert, daß der Staat Friedrich Wilhelms I. seine volle Entfaltung erst durch seinen Nachfolger erfuhr. Der Konflikt zwischen Vater und Sohn, ihre – zumindest oberflächlich gesehen – entgegengesetzten Charaktere und unterschiedlichen Neigungen gaben hinreichend Anlaß, sowohl nach innen wie nach außen einen radikalen Wechsel zu erwarten und nicht eine Fortsetzung und Vollendung der Politik Friedrich Wilhelms.

Schon 1731, acht Jahre bevor er seinen »Antimachiavel« schrieb, erkannte der Kronprinz die geopolitischen Faktoren, die seiner Konzeption preußischer Außenpolitik zugrunde liegen müßten. Ein territorial zerrissenes, sich weit über das nördliche Mitteleuropa erstreckendes Königreich hatte nur zwei Möglichkeiten: entweder in Harmonie mit all seinen Nachbarn zu leben, was einer ständig bedrohten Machtlosigkeit gleichkam und im Fall eines Konflikts eine hoffnungslose Verteidigungsposition bedeutet hätte – oder aber ohne sonderliche Rücksicht auf bestehende Dynastien solche Territorien sich anzueignen, die das Gebiet des Königreichs zusammenfaßten und abrundeten. Göttliche Vergeltung war kaum zu befürchten, solange innerhalb des Staates Gottesfurcht und Gerechtigkeitssinn über Gottlosigkeit, Parteienzwist, Habgier und Selbstsucht obsiegten. Territoriale Festigung nach außen wie Eintracht und Harmonie im Innern waren die bestimmenden Grundsätze der Politik Friedrichs. Aus dieser Position der Stärke konnte der Staat zur ›Zuflucht der Verfolgten, der Witwen und Waisen, dem Helfer der Armen und dem Schrecken der Ungerechten‹ werden.

Anfangs schien es noch so, als ob seine Thronbesteigung eine radikale Abkehr von der bislang verfolgten Politik mit sich brächte. Kaum im Amt, ging er zweierlei Probleme an. Zuerst stellte er im Unterschied zu seinem Vater alle weiteren Versuche ein, ehemalige königliche Domänen wiederzugewinnen, und erkannte damit formal das Recht des Adels auf Privatbesitz an; zum zweiten gab er die Vorsicht und die Ängstlichkeit auf, die die Außenpolitik seines Vaters und seines Großvaters gekennzeichnet hatten, und betrieb unbekümmert eine tollkühne Machtpolitik. Er verfolgte sein ›Rendezvous des Ruhms‹, eine Politik, die bei einigen Gelegenheiten den Staat an den Rand der absoluten Katastrophe bringen sollte, aus der er jedoch jedesmal siegreich davonkam. Auf den schlesischen Schlachtfeldern wurde schließlich das Bündnis zwischen der Krone und dem Adel geschmiedet, das von da an den preußischen Staat bis 1918 kennzeichnete – ein Bündnis jedoch, in dem der Adel immer an Gewicht gewinnen mußte, sobald ein Herrscher von minderer Bedeutung als Friedrich auf dem Thron saß. Der gemeinsame Nenner der preußischen Gesellschaft, die Ideologie der Staatsgemeinschaft, wurde dadurch aber nie zerstört. Diese Ideologie stellte sicher, daß die Vorherrschaft einer gesellschaftlichen Klasse nicht zu Mißbrauch führte – ein Grundzug, der zeitgenössische Beobachter des ›aufgeklärten Absolutismus‹ nachhaltig beeinflußte und sie zu Generalisierungen verführte, die, wiewohl für Preußen zutreffend, kaum auf alle Teile Deutschlands anwendbar waren.

Die Bedeutung, die dem Wohlergehen der Gemeinschaft beigemessen wurde, entsprang nicht altruistischen Motiven, sondern einer ›raison d'état‹. In Friedrichs geheimen, nur für seinen Nachfolger bestimmten Testamenten fordert er wiederholt die Milde des Monarchen, da er über ein fleißiges und freundliches Volk herrsche, von dem unprovozierter innerer Widerstand nicht zu erwarten sei. Er beschwört seinen Nachfolger, eher durch Belohnungen zu ermutigen als durch Bestrafungen zu nötigen, so weit wie möglich Steuerlasten zu erleichtern und jederzeit darauf zu achten, daß der Fürst ›nur erster Diener des Staates‹ sei. Sein Leitstern müsse allein das Staatsinteresse sein, dem er sein ganzes Leben zu widmen habe. Dem Wohl des Volkes müsse seine erste Sorge gelten: es sei untrennbar mit seinem eigenen verbunden.

In der Innenpolitik verfolgte er im großen und ganzen den von seinem Vater vorgezeichneten Weg: Ausdehnung der Landwirtschaft, aber mit größerem Nachdruck auf Handels- und Manufakturinteressen. Die Pfeiler des Staates, Wirtschaft und Militär, wurden noch vom Adel und der Bauernschaft getragen, während die wachsende Mittelschicht auf dem Weg über die Bürokratie Zugang zu den höheren Rängen der Gesellschaft erhielt. Nun, da die Verwaltung zunehmend komplexer wurde, ermöglichte Fachwissen mehr denn je den sozialen Aufstieg. Die Bürokratie konnte auf Leute dieser Art nicht verzichten, weil die Arbeit, für die hochgeborene Räte unqualifiziert waren, einfach getan werden mußte, insbesondere während der Jahre, als sich Friedrichs Regentschaft ihrem Ende zuneigte.

Wenn man einen signifikanten Unterschied zwischen Vater und Sohn hervorheben will, so ist es ihr Verhältnis zur Religion. Friedrich Wilhelm akzeptierte noch, daß er letztlich nur vor Gott Rechenschaft abzulegen habe. Der Sohn sah seine Aufgabe darin, nach bestem Wissen im Interesse eines Staates zu handeln, als dessen erster Diener er sich sah. Er war ein religiöser Skeptiker, deshalb wurde ihm ›Pflicht‹ zu einer Ersatzreligion. Im Gegensatz zur Innen- und Außenpolitik der Habsburger weigerte er sich, nur dynastischen Erwägungen zu folgen, und unterwarf sich statt dessen einzig der ›raison d'état‹, wie er sie verstand, selbst wenn das eine völlige Schonungslosigkeit gegenüber der eigenen Person verlangte. 1741 schrieb er an den Grafen Podewils: »Beiläufig gesagt: zweimal bin ich den österreichischen Husaren entwischt. Sollte mir das Unglück zustoßen, lebend gefangen zu werden, so gebiete ich Ihnen aufs strengste, und Sie haften mir mit Ihrem Kopf dafür, daß Sie sich während meiner Abwesenheit an keinen meiner Befehle kehren, daß Sie meinem Bruder ratend zur Seite stehen und daß ja der Staat für meine Befreiung nichts unternimmt, was unter seiner Würde ist. Im Gegenteil! Für diesen Fall ist es meine Wille und Befehl, daß mit entschiedenerem Nachdruck als je vorgegangen werde. König bin ich nur, wenn ich frei bin.« Auch 1757 wiederholte er das Verbot, daß man auf seine Person auch nur die geringste Rücksicht nehme: »Wenn mir das Verhängnis zustieße, in Feindeshand zu fallen, so verbiete ich, die geringste Rücksicht auf meine Person zu nehmen und sich im geringsten an das zu kehren, was ich aus meiner Haft schreiben könnte. Sollte mir ein derartiges Unglück zustoßen, so will ich mich für den Staat opfern, und man soll meinem Bruder gehorchen, der ebenso wie alle meine Minister und Generale mir mit seinem Kopf dafür haftet, daß keine Provinz, kein Lösegeld für mich geboten und daß der Krieg unter Ausnutzung aller Vorteile fortgesetzt wird, ganz als ob ich nie gelebt hätte.

Ich hoffe und ich darf glauben, daß Sie, Graf Finck, es nicht nötig haben werden, von dieser Instruktion Gebrauch zu machen; aber für den Fall eines Unglücks ermächtige ich Sie dazu. Zum Beweise dessen, daß dies nach reiflicher und guter Überlegung mein fester und unerschütterlicher Wille ist, unterzeichne ich sie eigenhändig und versehe sie mit meinem Siegel.«

Diese Äußerungen verdeutlichen Friedrichs Vorstellung, Fürst und Staat seien ungeachtet der beteiligten Person untrennbar eins: der Staat war nicht mehr bloß ein für die persönlichen Ziele des Fürsten benutzbarer Apparat, sondern eine Körperschaft, der er sich selber unterwarf. Er ließ sich nicht mehr als Machtinstrument vom Herrscher benutzen und gewann statt dessen einen überindividuellen Charakter. Die territoriale Einheit des Staates wird nachdrücklich der Ansammlung von Gebieten entgegengesetzt, die von der Dynastie zusammengehalten werden.

Viele, die angenommen hatten, daß mit Friedrich ein Epikureer die Regentschaft übernähme, sahen sich rasch und gründlich enttäuscht. Die Folter wurde zwar bis auf gewisse Ausnahmen abgeschafft und der Strafvollzug humanisiert; und die Akademie der Wissenschaften, die unter Friedrich Wilhelm I. verödet war, erhielt 1741 mit der Ernennung des bedeutenden Physikers und Mathematikers Maupertius zum Präsidenten neuen Aufschwung; Friedrich vertiefte und erweiterte seine Beziehungen zu Voltaire; und der Bau der Berliner Oper – zwischen 1741 und 1743 von Knobelsdorff errichtet – wurde schon während der ersten Monate seiner Regentschaft in Angriff genommen.

Im Brennpunkt von Friedrichs Interesse stand jedoch Preußens Machtposition und sein Ehrgeiz, es zu einer Großmacht werden zu lassen. Obwohl er unmittelbar nach dem Amtsantritt die Garde der ›Langen Kerle‹ auflöste, vergrößerte er das Heer um sieben Infanterieregimenter: danach besaß Preußen 1741 Truppen von mehr als 100 000 Mann. Friedrich war sich völlig klar über das Mißverhältnis zwischen Preußens militärischer Kraft und seiner politischen Bedeutung in Deutschland und in Europa. Er war nicht bereit, Demütigungen hinzunehmen, wie sie sein Vater und sein Großvater hatten akzeptieren müssen. Von Anfang an war er entschlossen, einen Eindruck von Festigkeit und Stärke zu verbreiten. Er führte persönlich über sein Kabinett die Korrespondenz mit seinen auswärtigen Gesandten, was von der Struktur und Zielsetzung her keine Änderung bedeutete gegenüber dem, wie es unter Friedrich Wilhelm I. gewesen war. In seiner Außenpolitik war absolute Geheimhaltung das wesentliche Prinzip, weswegen keiner der Minister informiert wurde; nur sein Kabinettssekretär, der Geheime Kriegsrat Eichel, der den Schriftwechsel des Königs führte, war in alle Interna der Politik eingeweiht.

Zur Zeit der Thronbesteigung verschärfte der zwischen Großbritannien und Spanien 1739 ausgebrochene Krieg die Spannungen zwischen Frankreich und England. Die bourbonischen Höfe in Spanien und Frankreich bildeten eine gemeinsame Front. Diese Situation verführte Friedrich dazu, die alten preußischen Ansprüche auf das Herzogtum Jülich und Berg wieder zu beleben. Da sowohl Frankreich wie England ängstlich bemüht waren, sich der militärischen Hilfe Preußens zu versichern, hoffte er durch Verhandlungen mit beiden entscheidende Hilfe zu gewinnen. Eine andere, minder wichtige Auseinandersetzung – sie war dennoch charakteristisch für den neuen Wind, der in Deutschland wehte – betraf das Gebiet von Herstal, das aus der oranischen Erbschaft an Preußen stammte. Der Bischof von Lüttich bekämpfte heftig Preußens Anspruch. Friedrich sandte auf dem schnellsten Weg einige Bataillone aus seiner Weseler Garnison, ließ das Gebiet besetzen und zwang dann den Bischof, es ihm für die runde Summe von 200 000 Talern abzukaufen.

Während die Verhandlungen über Berg noch im Gange waren, starb am 20. Oktober 1740 unerwartet Kaiser Karl VI. Rußland war nach dem Tod der Zarina Anna Iwanowna und der darauffolgenden Verwirrung vorläufig handlungsunfähig. Habsburgisches Gebiet, besonders das wirtschaftlich blühende Schlesien, würde für Preußen eine vorteilhafte Ausgangsbasis abgeben: einerseits gegenüber Polen, das wahrscheinlich in naher Zukunft zusammenbrechen würde, andererseits um Sachsen in Schach zu halten. Zwei Tage später berief er eine

Zusammenkunft mit Minister Podewils und Feldmarschall Schwerin ein und unterrichtete sie von seiner Entscheidung, sich Schlesien, die reichste Provinz des Hauses Habsburg anzueignen. Er wünschte lediglich ihre Ansicht darüber zu hören, wie dieses Ziel zu erreichen sei, nicht aber darüber, ob er das Unternehmen wagen solle oder nicht.

Natürlich gab es Ansprüche, die auf das 16. Jahrhundert, auf die Zeit des Kurfürsten Joachim II. zurückdatierten, und einen Vertrag von 1537, wonach drei schlesische Herzogtümer – Liegnitz, Brieg und Wohlau – mit dem Tod des letzten Piastenfürsten Brandenburg zufallen sollten. Die Linie starb tatsächlich 1675 aus, aber es waren keine ernsthaften Anstrengungen unternommen worden, um die Ansprüche durchzusetzen. Nun benutzte Friedrich sie als Vorwand, um dieses Juwel aus der Habsburger Krone zu brechen.

Podewils schlug vor, die Angelegenheit durch Verhandlungen beizulegen. Aber Friedrich entschied, Europa mit einem ›fait accompli‹ zu konfrontieren: Vor dem Winter marschieren, während des Winters verhandeln, war sein Leitspruch.

In den nächsten 23 Jahren sollten sich Friedrichs Feldherrnkünste zu unerwarteten Höhen entwickeln, was nicht heißt, daß er am Vorabend des Ersten Schlesischen Krieges keine strategischen Kenntnisse gehabt hätte. Zum einen besaß er die ausgezeichnete Ausbildung eines preußischen Offiziers; zum anderen hatte er als Kronprinz nicht nur französische Philosophen und Dichter gelesen, sondern ebenso aufmerksam die zeitgenössischen Militärschriftsteller studiert.

Die preußische Armee mag unter Friedrichs Kommando die hervorragendste Europas gewesen sein, es fehlte ihr jedoch an langjähriger Kriegserfahrung. Man wußte noch nichts über die Bedeutung der leichten Kavallerie, und die Infanterie hatte ihre Feuerprobe auch erst noch zu bestehen. Im großen und ganzen waren sich die Strategen jener Zeit darüber einig, daß für die Linientaktik bei Angriff und Verteidigung die konzentrierte Feuersalve dem allgemeinen Feuern vorzuziehen sei oder, wie Scharnhorst es später formulierte, individuelles Schießen zu vermeiden war, denn nur volle Salven könnten die entsprechende Wirkung erzielen. Zehn Tote oder Verwundete auf einen Schlag würden beim Feind eine verheerendere Wirkung auslösen und ihn zum Rückzug bewegen, als wenn durch allgemeines Feuern über die gesamte Front des Bataillons fünfzig Mann außer Gefecht gesetzt würden. Vereinzeltes Feuern führe zu einer Verschwendung von Munition und einer baldigen Abnutzung der Waffen. Außerdem verlören die Offiziere die Kontrolle über ihre Männer. Wie effektiv konzentriertes Schießen sein konnte, zeigte sich 1745 bei Fontenoy, als britisch-hannoversche Truppen auf französische trafen. Die jeweiligen Offiziere beglückwünschten einander sogar zum ersten Schuß, aber als die französischen Garden mit der ersten gezielten britischen Salve schwere Verluste erlitten, gaben die restlichen Fersengeld.

Um die wirkungsvollste Art des Feuerns zu erzielen, wollte man jedes in Dreierreihen aufgestellte Bataillon in acht Züge gliedern, die schnell einer nach dem andern schießen sollten, um damit einen pausenlosen Kugelhagel aufrechtzuerhalten und die feindliche Kavallerie zu hindern, die Infanteriestellungen zu durchbrechen. Dieses Manöver konnte wohl auf dem Exerzierfeld ausgeführt werden, aber im tatsächlichen Kampf sah die Sache anders aus. Auch Friedrich zog diese wirksamen Feuertaktiken in Betracht, war sich aber darüber im klaren, daß sie in der Praxis versagen könnten. Wahrscheinlich würde die erste Salve der Vorschrift entsprechend abgefeuert werden, ja sogar drei oder vier Abteilungen mochten vielleicht noch korrekt schießen, dann aber würde trotz strikter Disziplin eine allgemeine Schießerei ausbrechen und den Offizieren bliebe nichts anderes übrig als abzuwarten, ob sie vorwärtsstürmen konnten oder sich zurückziehen mußten.

Nach allgemeiner Ansicht sollte die gesamte Linie der Infanterie beim Angriff feuernd vorstürmen und den Feind schließlich durch einen Bajonettangriff erledigen. In Wirklichkeit wurden Bajonette recht selten gebraucht und dienten eher zur psychologischen als zur tatsächlichen Bedrohung. Es ist nämlich eine Sache, dem Feind ein Bajonett in den Leib zu stoßen, und eine andere, es auch wieder herauszuziehen, weil das oft nur mit beträchtlicher Anstrengung gelingt und in der Erbitterung der Schlacht viel zu zeitraubend ist. In der Praxis wich die Verteidigungslinie meist vor der Mann gegen Mann angreifenden Linie zurück. Diese Taktiken hingen eng mit der Zusammensetzung der damaligen Armeen zusammen. Die Soldaten hatten keine andere Funktion, als Befehlen zu gehorchen. Mit einem

Offizier an der Flanke jeder Einheit und einem dahinter hatten sie voranzustürmen. Entsprechend den Befehlen wurden Salven so lange abgefeuert, bis man die feindlichen Linien durchbrochen hatte, wo dann kein weiterer Kampf mehr zu erwarten war. Diese Taktiken funktionierten nur mit Gehorsam und erstickten jegliche persönliche Initiative. Sie waren aber wirkungsvoll bei Truppen, deren Großteil aus Söldnern und Angeworbenen bestand, die keine persönlichen Bindungen an den Staat oder an die Dynastie besaßen, der das Heer gehörte. Vor diesem Hintergrund läßt sich verstehen, warum die Disziplin so grausam hart, ja barbarisch war – nicht nur im preußischen Heer. In einer Minute konnten maximal vier Salven abgefeuert werden, im Durchschnitt schafften es die Soldaten aber nur zwei- bis dreimal pro Minute, ihr Gewehr neu durchzuladen.

Am schwierigsten war es, aus der Bewegung heraus zu schießen. Theoretisch sollte die vorrückende Abteilung anhalten und dann feuern. Auch diese Übung konnte man auf dem Exerzierplatz aufs hübscheste vorführen, was aber mit dem wirklichen Kampf kaum vergleichbar war. Die Strategie, die sich in Friedrichs Kriegen entwickelte, ging dahin, die Infanterie ohne jegliches Feuern vorwärtsstürmen und nur bei der Verfolgung oder der Verteidigung schießen zu lassen. Vorbereitendes Feuer war von der Artillerie auszuführen. Diese Konzeption wurde allerdings in der preußischen Armee nicht einheitlich befolgt und änderte sich während der drei Schlesischen Kriege von Schlacht zu Schlacht. Häufig wurde doch unter Gewehrfeuer angegriffen. Das führte meist zu schweren Verlusten auf beiden Seiten. Letztlich war das Ergebnis dieser Taktiken nur die Erhaltung der – wie Delbrück es ausdrückt – ›Stabilität des taktischen Körpers‹.

Eins der Probleme der Lineartaktiken war es, daß eine Dreifach-Linie der Infanterie zu leicht auseinandergezogen oder durchbrochen werden konnte. Schon die Strategen der Antike hatten diese Schwäche bemerkt und versucht, ihr durch die Einführung einer zweiten Linie zu begegnen, deren Aufgabe es war, die schwachen Stellen der ersten zu stärken und Angriffe gegen die Flanken und die Nachhut abzuwehren. Die Verwundbarkeit der Flanken zwang die Bataillone dazu, sich auch nach den Seiten hin zu formieren, um im Vordringen jeden Flankenangriff abzuwehren. Das Ziel der meisten Generäle war es, mit ihren Truppen eine so breite Front zu bilden, daß Flankenbewegungen möglich waren, mit deren Hilfe man einen der feindlichen Flügel einschließen und ihn zum Stehen bringen konnte. Dann konnte der Frontalangriff eher zum Erfolg führen. Der Nachteil bestand darin, daß, je länger die Linie, sie auch um so dünner war, und deshalb fehlte den Streitkräften dann meist die zahlenmäßige Überlegenheit, die sie für eine Entscheidung zu ihren Gunsten benötigte. Topographische Faktoren führten zu beträchtlichen Schwierigkeiten, besonders wenn das Schlachtfeld nicht flach, sondern hügelig oder wellig beschaffen war. In Wirklichkeit wurde dieses Manöver kaum einmal erfolgreich ausgeführt. Friedrich beschäftigte das Problem so ernsthaft, daß er die ›schräge‹ Schlachtordnung entwickelte. Damit ist nicht gesagt, daß er deren Erfinder war. Die Wichtigkeit der Flanken war schon seit Jahrhunderten bemerkt worden; Frundsberg, der ›Vater‹ der Landsknechte zum Beispiel, errichtete stets Barrikaden an seinen Flanken; während des Dreißigjährigen Kriegs wurden in der Schlacht am Weißen Berge von beiden Seiten, der kaiserlichen wie der protestantischen, ähnliche Vorsichtsmaßnahmen ergriffen. In den Spanischen Erbfolgekriegen wurde der Angriff nicht mehr mit der gleichen Intensität über die ganze Front hinweg geführt, sondern ein Flügel leichter besetzt, um den zu stärken, der den Feind einschließen sollte. Höchstädt, Ramillies und Turin bieten entsprechende Beispiele. Ursprünge der schrägen Schlachtordnung findet man bereits in der Antike, in den Schriften des Vegetius, und der erste moderne Militärtheoretiker, der dieses Problem im 17. Jahrhundert wieder aufnahm, war Montecuccoli, der hervorragende kaiserliche General, der gegen die Türken und Franzosen gekämpft hatte. Friedrich war mit seinen Schriften bestens vertraut. Er riet, die besten Truppen an die Flanken zu stellen. Die Initiative sollte in der Schlacht dann von dem Flügel ausgehen, der qualitativ und quantitativ der stärkere war.

Friedrich ließ aus den Werken des französischen Schriftstellers Follard, der beträchtlichen Wert auf die von ihm bevorzugte schräge Schlachtordnung legte, ausführliche Exzerpte anfertigen. Aus den Schriften eines anderen französischen Militärtheoretikers, Feuquières, dessen Ansichten mit denen Follards übereinstimmten, übernahm der König ganze Passagen in seine Instruktionen. Kurzum: das Konzept dieser schrägen Schlachtordnung war schon einige Zeit unter Militärexperten und Generälen bekannt. Friedrichs Beitrag zu ihrer Weiterentwicklung war tatsächlich der, daß er sie nach einigen Versuchen, darunter eine knappe und eine völlige Niederlage, erfolgreich anwandte.

Es ist zwar einfach, den einen Flügel mehr als den anderen zu stärken, aber der Feind wird, sobald er die Taktik durchschaut, das gleiche tun, indem er seinerseits den Flügel verstärkt, der dem schwächeren gegenübersteht. Theoretisch war das Ergebnis ein Kampf, in dem ein Flügel den anderen jagen und das Ganze wie ein Wagenrad sich drehen würde. Diese Taktik konnte nur wirksam werden, wenn man die Flanke des Feindes mit der eigenen, angreifenden einschließen würde. Aber da kein Feind dumm genug ist, freiwillig seine Flanken zu entblößen, indem er sich rechtwinklig zur Richtung des zu erwartenden Angriffs stellt, besteht die Hauptaufgabe der angreifenden Streitkräfte in der überraschenden Durchführung dieses Schwenkungsmanövers. Diese Bewegung war aber wiederum reichlich kompliziert, weil die traditionellen Linientaktiken nur wenig Mobilität gestattet hatten. Um flexibler zu werden, schlug der französische Marschall Puységur, der ebenfalls das militärische Denken Friedrichs beeinflußte, vor, die lineare Formation in Bataillone umzuwandeln – freilich mit dem Risiko, daß sich damit die Zahl der Flanken vergrößerte, weil nun jedes Bataillon seine eigene Linie hatte. Folglich war es besonders wichtig, die Abstände zwischen den Bataillonen einerseits so gering wie möglich zu halten, andererseits aber noch ausreichend weit, um eine größere Beweglichkeit zu erlangen. Um die Flanken zu schützen, war es nun Aufgabe der Kavallerie, diese Räume zu decken.

Die schräge Schlachtordnung bringt nur dann Erfolge, wenn der angreifende Flügel der stärkere ist. Der Rest der Truppen muß möglichst die ganze Aufmerksamkeit des Feindes auf sich ziehen; dabei ist Schnelligkeit und Überraschung das Wesentliche, um den Feind an Gegenmaßnahmen zu hindern. Mit anderen Worten, der Angriff muß überraschend kommen, und der Erfolg ist in dem Augenblick erreicht, wenn die feindliche Front an einem Flügel umgangen ist.

Delbrück bezeichnete deshalb die schräge Schlachtordnung zu Recht als ein ›taktisches Kunstwerk‹, das Friedrich nicht mit einem Mal, sondern über Jahre hin entwickelt hatte. Schließlich konnte er acht verschiedene Varianten in die Praxis umsetzen. Daß er damit einige spektakuläre Siege errang, weist diese Taktik jedoch noch nicht als Erfolgsgarantie aus; wenn es wie bei Kunersdorf geschah, daß der Feind beim ersten Ansturm die Stellung halten konnte, entwickelte sich ein Kampf, bei dem beide Linien sich derart ineinander verkrallten, daß sie ihre letzten Reserven aufgeben und mit allen verfügbaren Kräften weiterkämpfen mußten. Daß eine solche Schlachtordnung durch andere Taktiken zu schlagen ist, erwies sich hinreichend, als die preußischen Truppen mit ihr 1806 gegen dic Strcitkräfte Napoleons antraten. Die beste Beschreibung der schrägen Schlachtordnung gibt Delbrück:

»Sie ist diejenige Form der Flügelschlacht, bei der die ganze Schlachtlinie eine möglichst wenig oder gar nicht unterbrochene Front bildet. Zur Flügelschlacht gehört, daß der eine Flügel vorgeschoben, der andere zurückgehalten wird, daß der Angriffsflügel verstärkt wird und womöglich die feindliche Front in der Flanke oder gar im Rücken packt . . . Die schräge Schlachtordnung wird zur Unterform der Flügelschlacht in Anpassung an die Elementar-Taktik der Epoche. Die Verstärkung des Angriffsflügels kann sowohl in der Verstärkung der Infanterie bestehn, indem man dem ersten Treffen noch ein Vortreffen, eine ›Attacke‹, wie man es nannte, vorausschickt oder eine Reserve folgen läßt, oder auch in einer Verstärkung der Kavallerie oder Artillerie.«

Das waren in etwa die wesentlichen taktischen Überlegungen Friedrichs II. bei Beginn des Ersten Schlesischen Krieges.

Ohne im voraus die Folgen zu kalkulieren, bestand Friedrich auf der Annexion Schlesiens. Die Pragmatische Sanktion, wonach Maria Theresia ihrem Vater Karl VI. auf dem Habsburger Thron folgen konnte, spielte allenfalls aus taktischen Gründen eine Rolle. Im Grunde war für Friedrich die Frage der Erbfolge irrelevant. Deshalb hatte seine Unternehmung nichts damit zu tun, daß sich die Kurfürsten von Sachsen und Bayern weigerten, die Pragmatische Sanktion zu unterzeichnen. Schließlich begann Preußen den Krieg und nicht Bayern. Anfangs versuchte Friedrich, seiner Aktion ein Ansehen von Achtbarkeit zu geben. Sein Onkel, Georg II. von Großbritannien, erhielt von dem Neffen Zusicherungen, wonach seine Truppen lediglich zur Verteidigung der Interessen des Hauses Habsburg marschierten. Er hob hervor, Österreich sei seit dem Tode Karls VI. im Begriff auseinanderzufallen, und seine Feinde hätten deshalb leichtes Spiel. Er handle nur präventiv, um die bösen Pläne anderer zu vereiteln. Sein einziger Beweggrund sei die Bewahrung und das wirkliche Interesse des Hauses Österreich. Mit solch scheinheiligem Unsinn versuchte Friedrich etwas zu rechtfertigen, das ganz gegen seine Erwartungen zum größten Aderlaß wurde, den Mitteleuropa zwischen dem Dreißigjährigen Krieg und den Napoleonischen Kriegen erlitt. Privat jedoch unterließ er jeden Rechtfertigungsversuch und schrieb an seinen Freund Jordan, es sei doch verwunderlich, daß die Vorsehung einen Poeten dazu ausersehen habe, das System Europas auf den Kopf zu stellen und das politische Kalkül seiner Könige und Herrscher gänzlich umzuwälzen. An anderer Stelle gesteht er, seine Jugendlichkeit, seine starke Leidenschaft, der Durst nach Ruhm und kurioserweise sogar ein geheimer Instinkt hätten ihn von den Freuden der Gelassenheit entfernt. Die Befriedigung, seinen Namen in den Gazetten und später in der Geschichte erwähnt zu sehen, habe ihn verführt. Und das von einem Mann, der noch einige Monate zuvor, als Kronprinz, Europas regierende Monarchen als mit königlichen Insignien dekorierte Räuber und Verbrecher bezeichnet hatte. Man sollte das nicht ernster nehmen als seinen »Antimachiavell«. Selbst während der Zeit seiner Gefangenschaft auf der Festung Küstrin beschreibt er sich selbst in einem Brief an einen Vertrauten als einen Fürst, der wie Alexander von Land zu Land, von Eroberung zu Eroberung schreite und neue Welten zur Unterwerfung erwähle. Sogar Polen stand auf seiner Liste potentieller Eroberungen. Aus moralischen Gründen verdient Friedrich gewiß schärfste Verurteilung, aber diese Sicht wird in Anbetracht der Handlungsweise seiner Zeitgenossen, seiner Vorgänger und Nachfolger gemildert, wenn nicht belanglos.

Der Erste Schlesische Krieg war ein Blitzkrieg: die Armee stand in voller Bereitschaft, es wurde äußerste Geheimhaltung bewahrt und alle diplomatische Schläue angewandt. Als sein Heer bereits auf dem Marsch war, wies er den österreichischen Gesandten noch an, der Kaiserin Maria Theresia zu versichern, er werde nichts gegen das Haus Habsburg unternehmen. Am Abend bevor er abreiste, um gemeinsam mit den Truppen die schlesische Grenze zu überschreiten, wohnte er einem Ball der Königin bei. Sie war ihm übrigens als Gemahlin aufgezwungen worden, und er lebte seit drei Wochen nach der Heirat von ihr getrennt. Friedrich war schon bei seinen Truppen, da führte er immer noch Verhandlungen mit Wien. Er versprach als Ausgleich für Schlesien die Einhaltung der Pragmatischen Sanktion und Brandenburgs Stimme bei der Wahl von Maria Theresias Gemahl, Franz Stephan von Lothringen-Toskana, zum Kaiser. Die Staatsmänner zu Wien waren anfangs nicht abgeneigt, die Angebote Friedrichs II. zu akzeptieren, aber die energische 23jährige Maria Theresia war dem 28jährigen Preußenkönig in jeder Hinsicht ebenbürtig. Da er vielleicht seine Mutter und seine Gemahlin als Maßstab nahm für seine Einschätzung von Frauen, verkalkulierte sich Friedrich gefährlich. Maria Theresia intervenierte und wies Friedrichs Angebot in vollem Umfang zurück. Er zog gerade in Schlesiens Hauptstadt Breslau ein, als ihn diese Nachricht erreichte.

Da er wußte, daß ein langer Krieg für Preußen ruinös sein würde, setzte er auf rasche, entscheidende Siege, die er mit einem vorteilhaften Friedensvertrag abzurunden gedachte. Er rechnete dabei nicht nur mit der Möglichkeit, sondern mit der Wahrscheinlichkeit, daß eine der beiden Großmächte, Frankreich oder England, sich im eigenen Interesse auf seine Seite schlagen werde. Aber der französische Premierminister Kardinal Fleury wollte die Lorbeeren, die er im Laufe eines langen Lebens für Frankreich errungen hatte, nicht aufs Spiel setzen, und Großbritannien neigte wegen seines Hannoveraner Besitzes eher Österreich als Preußen zu. Hannover und Sachsen interessierten sich für einige preußische Gebiete, die Niederländer schlossen sich der Haltung Englands an, und auch Rußland schien sich in die zu erwartende große Koalition gegen Preußen einzureihen. Friedrich gelang es jedoch mit geschickter Diplomatie, das Kernstück des Bündnisses herauszubrechen – Hannover. Großbritannien folgte nach, und das bedeutete das Ende der Großen Koalition.

Eben zu diesem Zeitpunkt errang Friedrich am 10. April 1741 einen beeindruckenden und vorläufig entscheidenden Sieg – bei Mollwitz in der Nähe von Brieg. Um Schlesien zu besetzen, hatten sich die preußischen Truppen weit über die Provinz verteilt. In der Zwischenzeit gelang es den annähernd 14 000 Mann starken österreichischen Streitkräften unter Feldmarschall Graf Neipperg, von Böhmen kommend, nahezu unbemerkt, die Sudetenpässe nach Schlesien zu überqueren. Da sie im Begriff waren, die preußische Armee in zwei Teile zu trennen, sah sich Friedrich gezwungen, die Schlacht anzunehmen. Bei Mollwitz errang das preußische Heer unter Feldmarschall Schwerin seinen ersten großen Sieg. Obwohl er den Schlachtplan entworfen hatte, der auf einer versuchsweisen Anwendung der schrägen Schlachtordnung beruhte, wurde es nicht Friedrichs Sieg. Seine Infanterie und Artillerie waren den Österreichern zwar überlegen, doch die preußische Kavallerie erwies sich als quantitativ wie qualitativ schwach, und die österreichische fegte sie geradezu vom Schlachtfeld. Schon sahen die Preußen sich geschlagen. Um seiner Sicherheit willen verließ der König das Schlachtfeld – ob aus Angst oder auf Anraten des Feldmarschalls Schwerin, tut wenig zur Sache. Danach riß Schwerin die Fahne des Ersten Gardebataillons an sich, sammelte wieder die preußische Infanterie und Artillerie, und mit einem massiven Angriff, den er durchführte, als sei er auf dem Bornstedter Exerzierfeld bei Potsdam, schlug er die Österreicher. Der Versuch, die preußischen Truppen aufzusplittern, war mißglückt. Dennoch blieben Teile Schlesiens in österreichischer Hand, und nur das kleine Gebiet von Brieg ging an Preußen.

Bedeutsam war vor allem die politische Wirkung der Schlacht. Sie führte zu einer Allianz zwischen Frankreich und Preußen. Nachdem Kardinal Fleury sein Zögern aufgegeben hatte, wurde sie am 5. Juni 1741 in Breslau geschlossen. Gemeinsam wurden sie die Hauptverbündeten Bayerns, dessen Kurfürsten Karl sie anstelle von Maria Theresias Gatten zu ihrem Kandidaten für den Kaiserthron erkoren. 1742 wurde er in Frankfurt als Karl VII. gewählt. Um zu verhindern, daß Frankreich zu viel Einfluß in Deutschland gewann, schloß Friedrich in Klein-Schnellendorf mit britischer Hilfe ein Geheimabkommen mit Österreich. Darin erhielt er die Zusicherung der Neutralität Österreichs, zudem Niederschlesien, Breslau und Neisse sowie Winterquartiere in Schlesien. Der Krieg wurde nun von Sachsen, Bayern und Franzosen weitergeführt, denen die Einnahme Prags gelang. Angesichts der Erfolge seiner Alliierten brach Friedrich die Konvention und nahm den Krieg gegen Österreich wieder auf. Das Glaubensbekenntnis der puren ›raison d'état‹ gewann erneut die Oberhand.

In der Zwischenzeit hatte Friedrich Lehren aus der Schlacht bei Mollwitz gezogen und seine Kavallerie neu formiert. Kürassiere, die auf schweren Pferden den Großteil dieser Kavallerie ausgemacht hatten, wurden auf leichtere, schnellere und wendigere Pferde umgeschult; die Husaren unter General von Ziethen wurden ebenso verstärkt wie die Dragoner. Ihre ersten Lorbeeren erntete die preußische Kavallerie in der Schlacht von Chotusitz, am 17. Mai 1742, wo die österreichische Armee ein weiteres Mal geschlagen wurde. Die Niederlage war so wirkungsvoll, daß Maria Theresia am 28. Juli 1742 in Breslau mit Preußen Frieden schloß. Preußen hatte nun ganz Schlesien in Händen. Seine Verbündeten hatte Friedrich erneut im Stich gelassen. Daß er Verträge, Konventionen und andere Abmachungen während des Ersten Schlesischen Krieges so häufig brach, prägte das Urteil seiner Zeitgenossen für immer. Was immer er noch in den folgenden Jahren an Ruhm erringen sollte – seine Vertrauenswürdigkeit stand nie in hohem Ansehen.

Der Frieden von Breslau war nicht von langer Dauer. Österreich trieb die Franzosen über den Rhein zurück. Es schien fast so, als müßten sie auch das Elsaß herausgeben, das sie sich im vorangegangenen Jahrhundert angeeignet hatten. Maria Theresias militärische Erfolge bereiteten Friedrich, besonders nachdem auch Sachsen der österreichischen Koalition beigetreten war, Sorgen. Da Rußland unter der Zarin Elisabeth die Aufgabe seiner neutralen Haltung signalisierte, die ihm bis dahin den Rücken frei gehalten hatte, sah er seine Beute bedroht. Von Frankreich konnte er kaum Unterstützung erwarten. Die Last eines gemeinsamen alliierten Angriffs würde er allein zu tragen haben. Bei dieser Perspektive entschloß er sich, die Initiative zu ergreifen, und brach im August 1744 den Breslauer Frieden. Der Zweite Schlesische Krieg begann.

Friedrichs Truppen eroberten Prag und zwangen damit die Österreicher, das Elsaß zu verlassen. In Eilmärschen kehrten sie vom Rhein zurück und drohten Friedrichs Verbindungslinien abzuschneiden. Das nötigte ihn, sich von Böhmen nach Schlesien zurückzuziehen. Wie erwartet, leisteten die Franzosen keine Hilfe, während die von britischen Subsidien unterstützten Sachsen sich Österreich zuwandten und damit die feindlichen Heere um 20 000 Mann erhöhten. Friedrich war für lange Zeit nicht in der Lage, den Feind zu einer Schlacht zu zwingen; immer wieder wurde er ausmanövriert. Im preußischen Offizierskorps wurden langsam Zweifel an seiner militärischen Führungskunst laut: man wies auf das Beispiel Mollwitz hin. Unter den Unteroffizieren und Mannschaften konnten noch drastischere Folgen beobachtet werden – 17 000 Mann seiner Armee wechselten zum Feind oder begingen Fahnenflucht. Maria Theresia sah sich kurz vor der Befreiung Schlesiens und verkündete, daß die Bürger der Provinz dem preußischen König keinerlei Treuepflicht mehr schuldeten.

In dieser Situation zeigte sich eine Qualität Friedrichs, die die Grundlage des Anspruchs auf Größe bildet, die Zeitgenossen und Nachwelt ihm zubilligten. Dieses Anrecht beruht nicht auf dem Glanz seiner Siege, denn die schweren Niederlagen, die er erlitt, kommen ihnen gleich. Es beruht auf seiner Fähigkeit, in bedrohlichen, schier aussichtslosen Momenten unerwartete Hilfsquellen zu erschließen und trotz Ungleichgewichtigkeit das Glück immer wieder auf seine Seite zu zwingen.

Bayern schloß mit Österreich einen Separatfrieden, nachdem der Gegenkaiser Karl VII. im Januar 1745 gestorben war. Kurfürst Maximilian verpfändete sein Wort zugunsten von Maria Theresias Gemahl, und nach langer österreichischer Besetzung wurde Bayern nun zurückgegeben. England verweigerte jeglichen Vermittlungsversuch. Friedrichs Kriegskasse drohte die Auszehrung. Seit Mitte März 1745 war der König bei seinen Truppen gewesen, die er unerbittlich hatte drillen und ausbilden lassen.

Statt die Bergpässe von Böhmen nach Schlesien zu überwachen und zu verteidigen, entschloß er sich, den Österreichern auf schlesischem Boden entgegenzutreten. Alle Straßen nach Schlesien wurden im Frühjahr 1745 scharf überwacht und jegliche Bewegungen der österreichischen Streitkräfte an Friedrichs Hauptquartier in Schweidnitz gemeldet. Am Abend des 3. Juni 1745 waren die Berichte eindeutig: 70 000 Österreicher und Sachsen bewegten sich in acht Kolonnen zwischen Hohenfriedberg und Pilgramshain vom Sudetenland nach Schlesien. Der Kommandeur der österreichischen Armee, Prinz Karl von Lothringen, fand die Bergpässe unbesetzt und hatte am Ausgang einer Schlacht keinen Zweifel. Er meinte: »Es gibt keinen Gott im Himmel, wenn wir diesen Kampf nicht gewinnen.« Offensichtlich gab es keinen.

Entgegen den österreichischen Erwartungen griff Friedrich ihren linken Flügel an. Zuerst wurden die Sachsen und dann die Österreicher überrannt. Zum ersten Mal zeigte sich die preußische Kavallerie der österreichischen überlegen. Die Ansbach-Bayreuther Dragoner fegten alles hinweg. Ihre zehn Schwadronen zerstörten sechs kampferprobte österreichische Infanterieregimenter und eroberten 66 Fahnen. 10 000 Mann wurden getötet oder verwundet. Militärisch gesehen war es ein überwältigender Sieg für die preußischen Soldaten. Der Triumph klingt noch im Hohenfriedberger Marsch nach, dessen Komposition wahrscheinlich zu Recht Friedrich selbst zugeschrieben worden ist. Dieser Sieg stärkte wieder das Vertrauen in seine Führungskraft: Es war sein erster persönlicher militärischer Sieg. Mollwitz war derjenige Schwerins gewesen, Chotusitz wurde von den Österreichern nicht als solcher betrachtet, doch über den Sieger von Hohenfriedberg gab es keinen Zweifel. Friedrich hatte mit einem Konzept gesiegt, das der üblichen Denkweise widersprach. Statt selber die Initiative zu ergreifen, überließ er sie dem Feind und lockte ihn so nach Schlesien. Dann griff er an, fügte dem Feind eine umfassende Niederlage zu und verfolgte ihn noch drei Tage lang, bis die Fronten schließlich wieder zum Stillstand kamen, weil die Österreicher in Böhmen immer noch eine außerordentliche Macht darstellten. Angesichts der Erfahrung des letzten Winters wagte es Friedrich nicht, über Königgrätz hinaus vorzudringen.

Wenn es nach ihm gegangen wäre, hätte er nunmehr Frieden geschlossen, vorausgesetzt, er hätte Schlesien behalten können. Aber seine Gegenspielerin Maria Theresia war nicht so bald entmutigt. London war nun bereit, die Vermittlung zu übernehmen, aber Georg II. riet Maria Theresia hinter dem Rücken seiner Minister von einem Frieden ab und schloß ein Übereinkommen mit Sachsen, demzufolge Hannover und Sachsen umfangreiche preußische Gebiete erhalten sollten. Zudem wurden die Franzosen, die mit einer Armee von 40 000 Mann nach Deutschland eingerückt waren, von den Österreichern ein weiteres Mal vertrieben. Am 13. September 1745 wurde Maria Theresias Gemahl zum Kaiser Franz I. gekrönt – in Abwesenheit der Kurfürsten von Brandenburg und der Pfalz.

Im Frühherbst des Jahres 1745 bereitete sich Friedrich darauf vor, aus Böhmen abzuziehen, um seine Winterquartiere in Schlesien aufzuschlagen. Fehler hatten zu zahlreichen Pannen geführt. Friedrichs Kabinettssekretär Eichel war mitsamt seinem Gepäck von den Österreichern gefangengenommen worden. Die Bedrohung durch die Sachsen beanspruchte einen wesentlichen Teil des Heeres, dessen Kern jetzt nur 22 000 Mann stark war. Unter diesen Umständen entschloß sich Prinz Karl von Lothringen, Friedrich im Gegenzug seinerseits ein Hohenfriedberg zu bereiten. Des Königs Armee lagerte bei Soor, und Karl wollte mit einer Streitmacht von 39 000 Mann angreifen. Am 30. September 1745 um 5 Uhr früh erhielt Friedrich, der schon mit seinen Generälen beisammen war, die ersten Nachrichten. Er befand sich in einer Falle, denn aufgrund der geographischen Gegebenheiten konnte er sich weder zurückziehen noch ausweichen. So entschloß er sich, sein Heil im Angriff zu suchen. Diese unbedingte Bereitschaft, die Herausforderung anzunehmen und mit einer Heftigkeit anzugreifen, als ob alle Vorteile auf preußischer Seite lägen, entschied die Schlacht zu seinen Gunsten. Die preußische Kavallerie trug wiederum entscheidend zum Sieg bei. Friedrich gewann wieder an militärischer Reputation, aber noch gab es kein Zeichen dafür, daß der Frieden errungen werden könnte. So wandte er sich dem schwächsten Glied der feindlichen Allianz zu, den Sachsen.

Um die Vereinigung der österreichischen und der sächsischen Truppen zu verhindern, griff die preußische Armee am 15. Dezember bei Kesselsdorf in der Nähe Dresdens die Sachsen an. Sie wurde vom Prinzen Leopold von Anhalt-Dessau kommandiert, dem ›Alten Dessauer‹. Er war der enge Freund von Friedrichs Vater gewesen und hatte die preußische Armee entscheidend geformt. Während sich seine Bataillone in Schlachtformation aufstellten, entblößte er, zu Pferd, vor seinen Truppen sein Haupt, zog seinen Degen, streckte ihn empor zum Himmel und betete laut: »Lieber Gott, steh mir heute gnädig bei, aber willst Du nicht, so hilf wenigstens den Schurken, den Feinden, nicht, sondern sieh zu, wie es kommt!« Die Schlacht wurde gewonnen, die Sachsen geschlagen und der Zusammenschluß der Heere verhindert. Friedrich zog in die Hauptstadt Sachsens ein. Damit war aber der Punkt erreicht, da sich Maria Theresia vorläufig entschloß, ein Wagnis zu beenden, das ihren Armeen ernste Niederlagen gebracht hatte, während Preußens militärischer Ruhm zu bis dahin ungeahnten Höhen aufgestiegen war.

Am Weihnachtstag 1745 schlossen Österreich und Preußen in Dresden Frieden. Preußen behielt Schlesien. Friedrich kehrte nach Berlin zurück, und zum ersten Mal tauchte der Titel ›der Große‹ im volkstümlichen Wortschatz auf. Zumindest eine kurze Zeit lang glaubte der König, seine Karriere als Feldherr habe sowohl ihren Höhe- wie auch ihren Endpunkt gefunden. Deshalb entschied er sich, friedvolleren Geschäften nachzugehen. Doch die Folgen der ersten Aktionen seiner Regentschaft waren noch nicht ausgestanden.
Der Frieden von Aachen vom 18. Oktober 1748 sollte eine allgemeine europäische Einigung herbeiführen und garantierte den Vertrag von Dresden; aber er brachte kein generelles Einvernehmen über die Machtverhältnisse in Europa. Ob Frankreich oder England erste See- und Kolonialmacht sein sollte, war noch immer eine offene Frage. Während in Deutschland Österreich und Preußen um die Vormacht wetteiferten, versuchte Rußland (das kurz davor war, in den Krieg gegen Preußen einzugreifen, als der Vertrag von Dresden unterzeichnet wurde) immer wieder, Österreich zu einem neuen Angriff zu ermutigen. Da eine Schwester Friedrichs als Gemahlin des schwedischen Kronprinzen erheblichen politischen Einfluß besaß, bemühten sich die Russen auch um eine Änderung der schwedischen Thronfolge, was sie, wenn nötig, mit Gewalt durchsetzen wollten. Zu Beginn des Jahres 1749 schien ein neuer Krieg unvermeidlich, aber Preußens feste Haltung und geschickte Diplomatie machte diese Pläne zunichte. Friedrich war irrigerweise, wie sich später herausstellen sollte, davon überzeugt, daß die Machenschaften von der Wiener Hofburg ausgingen.
Inzwischen erschloß er weiterhin die schlesischen Ressourcen zum Wohle des preußischen Staates. Die landwirtschaftlichen Erträge dieser Provinz waren mehr als ausreichend, um eine Bevölkerung von weit über einer Million zu ernähren. Extensive Schafzucht ermöglichte Wollexporte nach Österreich, Böhmen und Sachsen, nach den Niederlanden und England. Schlesien besaß auch ausgedehnte eigene Manufakturen wie Färbereien, Spinnereien und Webereien. Bis zur Eroberung war der wichtigste Rohstoff, die Kohle, kaum angerührt worden. Doch Metalle wie Eisen, Zink, Blei und Silber wurden bereits gefördert. Geographisch gesehen lag Schlesien zudem äußerst günstig, denn durch das Land führten die Haupthandelsrouten zwi-

schen dem Baltikum und weiten Teilen Mittel- und Mittelosteuropas.

Friedrich versäumte es zunächst, in bezug auf die wirtschaftliche Entwicklung der neuen preußischen Provinz eine folgerichtige Politik voranzutreiben. Er wußte nicht, ob er sie als rückständiges Agrarland behandeln sollte, dessen Produkte für die preußische Wirtschaft nützlich sein konnten, oder als eine relativ fortgeschrittene Region in der Frühphase der Industrialisierung, die bereits gut entwickelte Fertigungsindustrie besaß. Priorität hatte für ihn zunächst die rasche Wiederbelebung der ökonomischen Möglichkeiten. Innerhalb von drei Jahren nach Abschluß des Dresdner Vertrages erreichte der Handel mit Wollstoffen schon Rekordhöhen. Er erfuhr aber bald auch Rückschläge wegen der hohen Zölle, mit denen Österreich schlesische Exporte belegte – eine Maßnahme, die Friedrichs Gewinne aus seiner Eroberung schmälern sollte. Sachsen zog mit ähnlichen Mitteln nach. Preußen übte Vergeltung, aber das eigentliche Opfer dieses Handelskrieges war Schlesien selbst. Seine Wirtschaft konnte sich erst nach dem Siebenjährigen Krieg nachhaltig erholen. Friedrich war sich auch der Bedeutung der Hüttenindustrie bewußt, und noch vor dem Siebenjährigen Krieg dekretierte er, die Krone müsse ein Zehntel vom Ertrag der schlesischen Bodenschätze erhalten. Seit 1753 gab es Ansätze, die schlesischen Kohlevorkommen systematisch auszubeuten und Eisenhütten zu errichten, um die Eisenproduktion zu erhöhen. Da es schwierig war, Arbeiter für diese Eisenhütten anzuwerben, wurden zunächst Soldaten dazu einberufen, aber im Laufe der Zeit gewann man Facharbeiter, indem man ihnen verringerte Steuern, Wohlfahrtseinrichtungen und Befreiung vom Militärdienst versprach. Die zusätzlichen Erträge der neuen Eisenhütten kamen der Armee während des Siebenjährigen Krieges wesentlich zugute.

Die Erschließung und Auswertung der annektierten Provinz war für Friedrich eine wichtige Aufgabe, die ihn von 1746 bis 1756 beschäftigte. Sie darf aber nicht isoliert gesehen werden, sondern als ein Teil der Fortsetzung der Politik Friedrich Wilhelms I. Genauso wichtig wie der wirtschaftliche Aufbau war die Weiterentwicklung des Beamtenapparats. Eigentlich schuf Friedrich das Instrument seiner Industrialisierungspolitik schon 1740, unmittelbar nach seiner Thronbesteigung, als er das 5. Departement des Generaldirektoriums, das für Handel und Manufakturwesen zuständig sein sollte, gründete. Nach dem Ende des Zweiten Schlesischen Krieges wurde ein für die Militärverwaltung und -versorgung zuständiges 6. Departement hinzugefügt; das war die Konsequenz aus den katastrophalen Erfahrungen während des Böhmenfeldzugs 1744, in dem es ernste Versorgungsmängel gegeben hatte. Die neuen Departements hatten bestimmte, das ganze Königreich betreffende Funktionen und unterschieden sich damit von den anderen vier Departements, die nach Provinzen organisiert waren. Diese Neuerung spiegelt die wachsende Einheit des Königreichs wider.

Im Gegensatz zu seinem Vater neigte Friedrich wenig zu kollegialen Zusammenkünften und Entscheidungen. Auf den unteren Ebenen der Verwaltung zog er individuelle Verantwortlichkeit entschieden vor. In der Praxis bedeutete das, daß der Kammerpräsident einerseits mehr Autorität übertragen bekam, andererseits mußte er dieser aber auch gerecht werden. Das Amt des Landrats wurde nun, mit Ausnahme der beiden Regionen Geldern und Ostfriesland, in allen Gebieten des Königreichs eingeführt. Schlesien wurde unmittelbar nach seiner Eroberung administrativ umorganisiert und die Habsburger Struktur durch die preußische ersetzt. Anders als sein Vater begünstigte Friedrich in weit größerem Maß die kommunale Selbstverwaltung, was 1756 dazu führte, daß die Gemeinden wieder das Recht erhielten, die Landräte selbst zu wählen, was Friedrich Wilhelm I. abgeschafft hatte. Entsprechend hielt er es gegenüber den Städten, deren Behörden beispielsweise das Recht zurückerhielten, selbst vorzuschlagen, wer Mitglied dieser Körperschaften werden solle; auch kommunale Ämter durften die Städte wieder selbst besetzen. Auf der anderen Seite ernannte Friedrich für die höheren Ebenen des Staatsdienstes nurmehr Adlige und verschloß so die Wege, die Friedrich Wilhelm I. Begabten aus den mittleren Schichten eröffnet hatte. Gleich seinem Vater behielt der König seine Staatsbeamten stets im Auge; Kammerpräsidenten hatten eine fortlaufende Akte über ihre Untergebenen zu führen, in der ihre Befähigung an einem sehr hohen Standard gemessen wurde.

1748 erließ Friedrich neue Instruktionen für das Generaldirektorium, das heißt, er revidierte die seines Vaters. War dessen Ziel gewesen zu sparen, um jedes Jahr einen finanziellen Überschuß zu erreichen, so machte Friedrichs Revision deutlich, daß er großen Wert auf die allgemeine wirtschaftliche Entwicklung des Königreichs legte. Um den Bauern einen Anreiz zur Erhöhung der Produktion zu geben, verringerte er ihre Lasten und Pflichten spürbar.

Das eindrucksvollste Dokument seiner Politik und seiner Grundsätze ist sein Politisches Testament von 1752. Über den Adel äußert er sich nach teilweise scharf kritischen Charakterisierungen folgendermaßen: »Im großen und ganzen stellt der Adel eine Körperschaft dar, die Achtung verdient. Besonders hebe ich den pommerschen, ostpreußischen, märkischen und magdeburgischen Adel sowie den Adel von Minden und der Grafschaft Mark hervor. Dieser würdige Adel hat Gut und Blut im Dienste des Staates geopfert. Seine Treue und seine Verdienste müssen ihm den Schutz aller seiner Herrscher sichern. Es ist ihre Pflicht, die verarmenden Familien zu unterstützen und sie im Besitze ihrer Güter zu erhalten. Denn der Adelsstand bildet die Grundlage und die Säulen des Staates. Nur bei wenigen Anlässen ist Strenge geboten. Ich habe bisher das Glück gehabt, mehr über den Mangel an Belohnungen für verdiente Männer als über den Mangel an Gefängnissen zur Einsperrung von Missetätern klagen zu müssen ... Damit der Adel sich in seinem Besitz behauptet, ist zu verhindern, daß die Bürgerlichen adlige Güter erwerben, und diese zu veranlassen, daß sie ihre Kapitalien im Handel anlegen, so daß, wenn ein Edelmann seine Landgüter verkaufen muß, nur Edelleute sie erwerben. Ebenso ist zu verhindern, daß der Adel in fremde Dienste geht. Vielmehr muß ihm patriotischer Sinn und Standesbewußtsein eingeflößt werden. Daran habe ich gearbeitet und während des Ersten Schlesischen Krieges mir alle mögliche Mühe gegeben, den gemeinschaftlichen Namen Preußen in Aufnahme zu bringen, damit die Offiziere lernen, daß sie alle, aus welcher Provinz sie auch stammen, als Preußen zu gelten haben und daß aus dem gleichen Grunde alle Provinzen, obwohl voneinander getrennt, doch nur ein einziges Staatsgebilde ausmachen.«

Über die Städte und Bürger schreibt er: »Ich habe den Städten in den alten Provinzen die Freiheit gelassen, ihren Magistrat zu wählen, und mich in diese Wahlen nur dann eingemischt, wenn sie Mißbrauch damit trieben und einzelne Familien zum Nachteil der anderen an sich rissen. In Schlesien habe ich ihnen das Wahlrecht genommen, damit sie die Schöffenstühle nicht mit Leuten besetzen, die dem Hause Österreich ergeben sind. Mit der Zeit und sobald die gegenwärtige Generation ausgestorben ist, kann man den Schlesiern ihr Wahlrecht unbesorgt wiedergeben.«

Zur Situation der Bauern äußerte er sich folgendermaßen: »Ich habe ihnen (innerhalb des königlichen Bereichs) die Frondienste erleichtert, die sie ehedem zu leisten hatten. Statt sechs Tage in der Woche, wie früher, haben sie jetzt nur drei Tage zur Frone zu arbeiten. Das hat die dem Adel gehörenden Bauern aufgebracht, und sie haben sich an vielen Orten ihren Herren widersetzt. Der Herrscher soll das Gleichgewicht zwischen Bauer und Edelmann erhalten, so daß sie einander nicht zugrunde richten. In Schlesien, mit Ausnahme von Oberschlesien, geht es dem Bauer sehr gut. In Oberschlesien ist er ein Sklave. Man müßte ihn mit der Zeit freizumachen suchen. Ich habe auf meinen Domänen das Beispiel gegeben und damit begonnen, ihn auf gleichen Fuß mit dem niederschlesischen Bauern zu setzen. Den Bauern ist zu verwehren, daß sie Ländereien von Adligen kaufen, und die Adligen sind am Bauernlegen zu verhindern. Denn die Bauern können nicht als Offiziere im Heere dienen, und die Adligen vermindern durch Erwerbung von Bauernland die Zahl der Einwohner und Ackerbauer.«

Ein wichtiges Problem, das Friedrich zwischen 1746 und 1756 beschäftigte, war das Verhältnis Preußens zur katholischen Kirche. Preußen hatte nun schon ein Jahrhundert lang eine Politik der religiösen Toleranz verfolgt, aber mit der Eroberung Schlesiens war eine rein katholische Provinz Teil des Königreichs geworden. Die päpstliche Rechtsprechung über die schlesischen Katholiken war zuvor vom päpstlichen Nuntius in Wien ausgeübt worden. Es wurden etliche Lösungen vorgeschlagen, von denen eine die Übertragung dieser Rechtsprechung auf einen päpstlichen Generalvikar vorsah, den Friedrich selber ernennen wollte. Die Kurie wehrte sich erfolgreich und erreichte schließlich einen Kompromiß, wonach die Funktionen des Wiener Nuntius auf den in Warschau übergingen.

Friedrich versuchte auch, das Breslauer Domkapitel dahingehend zu beeinflussen, daß er den Bischof von Breslau nominieren konnte. Als das Kapitel diesen Vorschlag ignorierte, beanspruchte er ein in den Habsburgischen Ländern und in Frankreich bestehendes Privileg und ernannte ihn einfach selbst. Papst Benedikt XIV. willigte ein.

Friedrich führte noch ein anderes Werk seines Vaters weiter: die Reform des Rechtswesens und der Prozeßordnung. Er betraute Cocceji, Chef des Justizwesens schon unter Friedrich Wilhelm I., mit der Aufgabe. Zunächst erörterte Friedrich mit ihm die Grundsätze, auf denen die Reform beruhen sollte. Coccejis Ansicht nach war eine gründliche Neuordnung im Personalwesen und in der Prozeßordnung erforderlich sowie die Einführung eines einheitlichen Gesetzbuches für das ganze Land, das mit dem Prinzip der Zentralisation des Königreichs übereinstimmte. Eins der wichtigsten Anliegen des Königs waren die bis dahin langwierigen und deshalb kostspieligen Gerichtsverfahren. Um die Tragfähigkeit von Coccejis Ideen zu prüfen, ließ Friedrich die Reformen probehalber an einem pommerschen Gerichtshof einführen, der besonders langsam und deshalb mit extrem vielen Verfahren im Rückstand war. Cocceji brachte es fertig, 1747 fast 3000 Fälle zu erledigen, wenn er auch gelegentlich zur Beschleunigung auf etwas zweifelhafte Methoden zurückgriff. Trotzdem wurde seine Leistung anerkannt, und Friedrich betraute ihn mit der Reform des Kammergerichts. Das führte sofort zu einem Konflikt zwischen Cocceji und Friedrichs Justizminister von Arnim, der die Reform unnötig fand. Sollte sie gar dem in Pommern angewandten Modell folgen, würde das schlimme Folgen für das Prozeßrecht haben. Um Arnim sammelte sich eine Opposition, meist Richter, die zur Zeit Friedrich Wilhelms I. ihre Ämter durch großzügige Zahlungen an den Rekrutierungsfond erhalten hatten und nun um den Verlust ihrer Positionen bangten. Tatsächlich wurden 11 von ihnen, sämtlich Mitglieder des Kammergerichts, entlassen. Trotz der beträchtlichen Widerstände gegen Cocceji hielt Friedrich zu ihm, obwohl das den Rücktritt Arnims zur Folge hatte. Cocceji reiste von Provinz zu Provinz und ersetzte die höchst unterschiedlichen Gepflogenheiten durch ein einheitliches Gerichtssystem. Die Prinzipien der Rechtspflege wurden 1748 im ›Codex Fridericianus Marchicus‹ niedergelegt.

Gleichzeitig mit der Reform der Prozeßordnung wurde eine Personalreform durchgeführt, die die Käuflichkeit der Justizämter radikal beseitigte. Friedrich Wilhelm hatte gestattet, daß Richter von Klägern und Beklagten Prozeßgebühren kassieren konnten, weil er glaubte, damit die Staatsausgaben einzudämmen. Cocceji argumentierte, zur Sicherung eines wohlbegründeten, abgewogenen und gerechten Urteils müsse der Richter unabhängig von finanziellen Zuwendungen sein und deshalb vom Staat bezahlt werden. Friedrich stimmte dem zu, verlangte aber, daß die Kosten der Justizreform so niedrig wie möglich gehalten wurden. Cocceji brachte die Stände der verschiedenen Provinzen dahin, daß sie reguläre Sonderabgaben entrichteten, mit denen die Gehälter der Richter bezahlt wurden. Damit war die relative Unabhängigkeit der Rechtsprechung gesichert.

Auch die Advokaten wurden genau überprüft und unerwünschte Elemente entlassen. Im Zuge seiner Reform unterzog Cocceji alle Richter, die wieder angestellt werden sollten, einer scharfen Prüfung – eine bis dahin in Preußen unbekannte Praxis. Er schuf damit einen Präzedenzfall. Coccejis Nachfolger Jariges führte nicht nur eine reguläre Prüfung ein, die jeder absolvieren mußte, der zum Richter ernannt werden wollte, sondern alle Justizbeamten mußten nun bei jedem Schritt auf der Stufenleiter ihrer Karriere eine ganze Reihe von Prüfungen ablegen.

Cocceji forderte für das Zivilrecht das Prinzip der Nichteinmischung des Monarchen als obersten Richters im Königreich. Friedrich akzeptierte. Eigentlich hätte Cocceji gern die völlige Unabhängigkeit der Rechtsprechung durchgesetzt, aber der König bestand auf seinem Prärogativ im Strafrecht, weil er meinte, korrupte Richter ersetzen zu können. Gleichzeitig mit der Einführung eines einheitlichen Rechtssystems für das ganze Königreich wurde dennoch die Basis geschaffen für eine Trennung von Judikative und Exekutive. Das einheitliche Recht blieb lange ein Problem. Die Arbeit an dieser Reform wurde vom Siebenjährigen Krieg unterbrochen und konnte danach nur langsam, im Laufe von zwei Jahrzehnten abgeschlossen werden. Friedrich erlebte diesen Augenblick nicht mehr, aber das Reformwerk erregte überall in Europa Aufsehen.

Friedrich betrieb die gleiche merkantilistische Wirtschaftspolitik wie sein Vater: Hohe Steuern auf Importgüter sollten die eigene Wirtschaft schützen und den Absatz preußischer Produkte fördern. In der Landwirtschaft unterstützte er entsprechend den im Testament von 1752 ausgeführten Grundsätzen den Adel, der ihn mit Offizieren versorgte, bemühte sich aber gleichzeitig um Sicherungen, die verhindern sollten, daß die Bauern von ihren Herren zu sehr ausgebeutet wurden. Seine diesbezüglichen Reformen kamen freilich nur den Bauern auf den königlichen Domänen zugute, wo er zum Beispiel Großbauern erlaubte. Er betrachtete eine wirtschaftlich gesunde Bauernschaft als wesentlich für das Wohl des Staates, und der Erfolg seiner Politik wird daran deutlich, daß er eine große Anzahl bäuerlicher Einwanderer nach Preußen zog und dort ansiedelte. Zwischen 1746 und 1756 wurden allein in Pommern 90 neue Bauerndörfer gegründet, 50 im Oderbruch, 96 in der Kurmark und 40 in der Neumark.

Der Überseehandel war ein weiterer Aspekt, dem er seine Aufmerksamkeit zuwandte. Er wollte schlesisches Leinen in die französischen und spanischen Kolonien exportieren, und so wurde zu diesem Zweck in Emden eigens eine Handelsgesellschaft gegründet. Vier Schiffsladungen gingen nach China und waren ein erfolgreiches Geschäft, aber als 1755 der Seekrieg wieder aufflammte, konnte Preußen ohne eigene Marine nichts tun, um seine jungen überseeischen Interessen zu schützen. Der französische Admiral Labourdonnais, enttäuscht über den Undank seines Landes für seine Dienste, unterbreitete Friedrich 1751 einen detaillierten Plan für den Aufbau einer preußischen Kriegsmarine. Friedrich wies diesen Entwurf mit dem Hinweis auf die begrenzten Reserven des Landes zurück, die lediglich die Unterhaltung einer Landarmee erlaubten. Preußen war vor allem von Land her bedroht. Richtig war, daß die Russen in Danzig mit Truppen landen konnten; wenn Danzig vielleicht eines Tages in preußische Hände geriet, konnte man noch einmal über die Idee einer eigenen Marine nachdenken.

Friedrich war aus dem Zweiten Schlesischen Krieg mit der Hoffnung zurückgekehrt, daß er nun philosophieren, im Schatten des Olivenbaums die Wissenschaften betreiben und an der Veredlung der Seelen arbeiten könne. Er wollte sich ›zu guter Letzt seines Lebens erfreuen‹.

Aus dieser Perspektive dürfte die 10jährige Periode zwischen dem Zweiten Schlesischen Krieg und dem Siebenjährigen Krieg zur glücklichsten Zeit seines Lebens gehört haben. Es waren die Jahre der ›Tafelrunde von Sanssouci‹, der Flötenkonzerte, in denen der König als meisterlicher Flötist nicht nur die Solopassagen spielte, sondern auch seine eigenen Kompositionen zur Aufführung brachte; und das waren keineswegs nur die Werke eines talentierten Amateurs: Seine

eigenständige musikalische Vielseitigkeit verband sich mit einer emotionalen Tiefe, die unter seinen Zeitgenossen auf den europäischen Thronen kaum ihresgleichen hatte. Seine Musik und seine Schriften lassen einen Mann spüren, der wenig mit dem gestrengen Bild Friedrichs des Großen gemein hat. Seine Musik wird von Harmonie getragen, und selbst die heitersten Flötensoli drücken eine solche Zartheit aus, daß man dahinter nicht den Sieger von Hohenfriedberg vermuten würde, ganz abgesehen von dem grimmigen Machtwillen, dem der Historiker bei ihm während des Siebenjährigen Krieges begegnet. Wie alle Menschen war Friedrich voll vielfältiger Widersprüche, die besonders hervortraten durch seine glänzenden Gaben und seine Vorlieben einerseits und durch die Härte, die er seiner Stellung, seiner Dynastie und seinem Staat andererseits schuldig zu sein meinte: Pflichterfüllung galt für ihn stets als oberstes Gesetz, selbst wenn es eine Abwendung von seinen Vorlieben bedeutete: den Künsten.
1745, während des Zweiten Schlesischen Krieges, hatte Friedrich begonnen, sein eigenes Schlößchen ›Sanssouci‹ zu bauen. Der Architekt war Georg Wenzeslaus von Knobelsdorff, ein würdiger Nachfolger Schlüters, in dessen Stil sich der Übergang vom Rokoko zum Klassizismus manifestiert und der auch den Stil der aufsteigenden Mittelschicht beeinflußte. 1747 konnte Friedrich das neue Schloß beziehen, und drei Jahre später wurde der Mann sein Gast, den er schon als Kronprinz so sehr bewundert hatte: Voltaire. Der König der Aufklärung traf den aufgeklärten König. Aber im Verlauf von fast drei Jahren wich die wechselseitige Bewunderung einer andersgearteten Sicht voneinander. Weder Verehrung noch glänzende Prosa konnten Friedrichs oder Voltaires kritisch beobachtende Blicke trüben. Sie erkannten nur zu bald die jeweiligen Charakterfehler des anderen, was schließlich zu einer Mischung von Sympathie und Verachtung führte, die Friedrichs Verhältnis zu Voltaire bis zu dessen Tode charakterisierte. Voltaire begriff sehr rasch die Gegensätze in Friedrichs Charakter, ›den Enthusiasmus des Denkens und den der Tat‹. Philosophische Reflexion und politische Aktion standen sich ständig gegenüber – eine Konfrontation der sehr genau umrissenen Pflichten Friedrichs mit seinen natürlichen Begabungen. Er bezeichnete sich selbst als Philosophen aus Neigung und Politiker aus dem Zwang der Umstände. Es war jedoch nicht die Macht der Umstände,

die ihn den Ersten Schlesischen Krieg vom Zaune brechen ließ, sondern ehrgeizige Eitelkeit und persönliche Torheit. Mit den Konsequenzen dieser Torheit mußte er leben und fertig werden.
Deshalb wurde die Armee während dieser 10jährigen Periode nicht vernachlässigt, und alle Manöver zielten auf die Perfektionierung der schrägen Schlachtordnung. Im Unterschied zu den meisten seiner Zeitgenossen glaubte Friedrich, damit könne er auf dem Schlachtfeld rasche Entscheidungen erreichen und nicht mit der damals üblichen Manövriertaktik. Sein Offensivgeist unterschied ihn von anderen Feldherren. Nur in der letzten Phase des Siebenjährigen Krieges, als sein Heer dezimiert war und es an Soldaten und an Versorgung mangelte, mußte er wieder auf die traditionelle Ermattungsstrategie und Taktik zurückgreifen. Seine Anweisungen für die Armee kurz vor dem Siebenjährigen Krieg beweisen jene offensive Haltung. Die Infanterie sollte nach einigen scharfen Salven mit raschem Schritt zum Angriff übergehen und den Feind mit dem Bajonett aus seinen Stellungen vertreiben, die Kavallerie nie auf einen Angriff warten, sondern zuerst losstürmen, um in weiter Formation mit größtmöglicher Geschwindigkeit und mit dem Säbel in der Hand anzugreifen. Pistolenfeuer war währenddessen verboten. Friedrich wollte seine Armee auf eine Stärke von 180 000 Mann bringen und seine Kriegskasse auf 20 Millionen Taler erhöhen. Als der Krieg 1756 ausbrach, war er diesem Ziel noch fern. Das Heer bestand aus 150 000 Mann, und die Kriegskasse enthielt knapp 13 Millionen Taler.
Seit 1746 hatte ein österreichisch-russisches Verteidigungsbündnis bestanden, das potentiell gegen Preußen gerichtet war. England, in wachsendem Maß in den Krieg mit Frankreich um die koloniale Vorherrschaft in Nordamerika verwickelt, schloß im September 1755 einen Vertrag mit Rußland, demzufolge es mit mehr als 50 000 Mann Hannover vor Preußen schützen sollte. Friedrich drohte die Gefahr der Einkreisung, und so schloß er 1756 mit Georg II. die Konvention von Westminster, die die Neutralität Deutschlands im anglofranzösischen Kolonialkonflikt garantierte. Vor dem Abschluß dieser Konvention hatte Friedrich noch versucht, sich der Dienste Frankreichs zu versichern; um den Ring, der ihn umgab, zu durchbrechen, wollte er Frankreich zum Angriff auf Hannover anstacheln. Doch Frankreich verhandelte bereits mit Österreich und war an Friedrichs

Vorschlägen nicht interessiert. Nach Abschluß der Westminster-Konvention hoffte Friedrich auch, daß der bestehende Vertrag zwischen England und Rußland für die Briten ein ausreichend wirksamer Hebel sei, um die Neutralität Rußlands zu erhalten. Denn von allen, die Preußen umlagerten, fürchtete er Rußland am meisten: Die Nachrichten von dessen weitreichenden militärischen Vorbereitungen hatten ihn alarmiert. Der Verdacht, eingekreist zu werden, erhärtete sich weiter, als Graf Kaunitz, Maria Theresias Kanzler, die ›diplomatische Revolution‹ vollzog und Frankreich veranlaßte, seine Allianzen zu lösen. Im April 1756 lief das französisch-preußische Bündnis aus. Durch das frühere launenhafte Verhalten seines Verbündeten und mehr noch durch die Konvention von Westminster fühlte sich Frankreich wieder einmal verraten und trat einer Verteidigungsallianz mit Österreich bei, der Vorstufe eines Angriffsbündnisses.

Doch Friedrich befand sich im Irrtum mit seiner Einkreisungstheorie, bei der er als treibende Kraft Wien und eine rachsüchtige Kaiserin vermutete, die ihre verlorene Provinz zurückerobern wolle. Er argwöhnte eine koordinierte konzertierte Aktion, angeführt von Kaunitz. Es gab tatsächlich eine Aktion, aber sie war weder koordiniert noch konzertiert, da die Russen sich entschlossen hatten, sie im Alleingang gegen Preußen zu riskieren – gleichgültig, was Österreich tun oder lassen würde. In Rußland existierte ein Plan, ›Preußen auf der Landkarte auszulöschen‹. Die britische Beunruhigung über die militärischen Vorbereitungen der Russen wehrten diese mit der Versicherung ab, sie dienten lediglich dazu, den Vertrag mit England zu erfüllen. Auf der anderen Seite nahm Friedrich an, daß gerade die Briten die Russen unter Kontrolle halten könnten. Er bemerkte nicht, daß Rußland viel größeres Interesse an einem Krieg mit Preußen hatte als Österreich, weil es seine Hoheitsgebiete vergrößern und seinen Handel ausbauen wollte. Noch vor dem Ende des Zweiten Schlesischen Krieges war Rußlands aggressive Politik gegenüber Preußen offensichtlich geworden. Bestuschew, der russische Großkanzler, zielte im Verein mit Österreich auf einen Krieg mit Preußen. Das Bündnis mit England gab ihm den nötigen Vorwand, seine Truppen in Livland zusammenzuziehen. Selbst als der Abschluß der Konvention von Westminster bekannt wurde – eine Konvention, die Rußland letztlich in den Rücken fiel –, beschloß Bestuschew, sie öffentlich zu ignorieren, denn hätte er feindselig reagiert, wäre er der Deckung beraubt gewesen, hinter der er seine Vorbereitungen gegen Preußen traf. Ende März 1756 wurde in Petersburg ein geheimer Kriegsrat gebildet:

»Von Beginn an arbeitete er an einem systematischen Plan zur Reduzierung der Macht Preußens, und er blieb bis fast zum Ende des Siebenjährigen Krieges bestehen, wobei er sich mit allen Aspekten des Konflikts beschäftigte, den diplomatischen, den militärischen, den finanziellen und den administrativen. Es war ein eigens für die Führung dessen, was wir den Siebenjährigen Krieg nennen, geschaffener Kriegsrat – nur begann er seine Arbeit im März 1756, fünf Monate, bevor Friedrich der Große Sachsen angriff.« (Sir Herbert Butterfield)

Rußland war die treibende Kraft und hoffte, mit seinen unmittelbaren Kriegsvorbereitungen Österreich zu ermuntern und Maria Theresia deutlich zu machen, daß nunmehr der richtige Moment für eine Rückeroberung Schlesiens gekommen sei. Als die Österreicher über den russischen Kriegsbeitrag spekulierten und ihn auf 60 000 Mann schätzten, boten die Russen 20 000 mehr an. Die russischen Vorbereitungen gingen militärisch und politisch weiter: mit Österreich gemeinsam, wo möglich, ohne Österreich, wo nötig. Die Vorbereitungen zielten offensichtlich darauf ab, die Preußen zum Angriff zu provozieren.

Friedrich war sich dessen vermutlich nur teilweise bewußt. Obwohl er Rußland als die größere militärische Gefahr ansah, glaubte er das Zentrum der Verschwörung nach wie vor in Wien – daß es zwei Zentren gab, erfuhr er nie. Österreich plante den Krieg für den Sommer 1756, aber da sich die Verhandlungen mit Frankreich hinzogen, in denen Österreich die französische Zustimmung zur ›destruction totale de la Prusse‹ forderte, wurde ein Aufschub nötig. Als neuer Zeitpunkt wurde das Frühjahr 1757 festgesetzt. Österreich bat Rußland, bis dahin zu warten. Rußland setzte seine Vorbereitungen trotzdem fort. Ab Mitte Juni erhielt Berlin Meldungen über russische Truppenbewegungen entlang der russisch-preußischen Grenze. Hatten die Berichte über die ›diplomatische Revolution‹ Friedrich noch kalt gelassen – die russischen Vorbereitungen alarmierten ihn, und er beschloß, selber lautstark mobil zu machen, um seinen Nachbarn zu zeigen, daß er auf der Hut sei: mit der gleichen Taktik also, mit der er erfolgreich 1749 die russischen Kriegsgelüste gedämpft hatte. Aber dann trafen Meldungen ein, wonach Rußland seine Vorbereitungen gestoppt hatte, allerdings nur vorübergehend und als Geste gegenüber Österreich und seiner Bitte, den Angriff bis zum Frühjahr zu verschieben.

Was Friedrich schließlich bewog, die Initiative zu ergreifen, war die Nachricht, österreichische Truppen marschierten über Ungarn Richtung Böhmen und Mähren. Obwohl sich die Meldung als falsch erwies und möglicherweise sogar vorsätzlich verbreitet worden war, war sie doch für Friedrich entscheidend. Am 18. Juli 1756 ließ Preußen bei den Österreichern anfragen, ob ihre Truppen verstärkt würden, um Preußen anzugreifen. Die Antwort der Hofburg war äußerst höflich und ausweichend. Inzwischen hatte Friedrich auch den Grund des zeitweiligen Stillstands der russischen Truppenbewegungen erfahren und entschloß sich zu einer Präventivaktion. Er wollte aber Zeit gewinnen und den Angriff so spät wie möglich starten, um für den Rest des Jahres 1756 eine Intervention Frankreichs und Rußlands zu verhindern. In aller Eile wurde eine weitere Anfrage mit gleichem Inhalt an Wien gerichtet. Sie erhielt die gleiche Antwort. Friedrich ließ den Vorschlag folgen, Sachsen zu annektieren, und wußte natürlich, wie die Antwort Sachsens ausfallen würde. Am 28. August 1756, nach einer dritten Anfrage an Wien, stellte er sich an die Spitze seiner Armee und besetzte Sachsen.

Es war immer seine Ansicht gewesen, Kriege, an denen Preußen beteiligt war und die keinen territorialen Gewinn einbrachten, seien eine Verschwendung von Menschen und Mitteln. 1756 erwartete er als Ergebnis dieses Konflikts die Eingliederung Sachsens in Preußen und die Eroberung Westpreußens, womit ein einheitliches Gebiet zwischen Brandenburg, Pommern und Ostpreußen geschaffen worden wäre. Aber das waren nicht eigentlich die Motive, den Konflikt zu suchen, sondern nur das Ziel, das er ins Auge faßte, als er erkannte, daß er zur Rettung seines Staates handeln mußte, selbst wenn er dabei diplomatische Gepflogenheiten wie eine Kriegserklärung ignorieren mußte.

Bei Pirna wurde die sächsische Armee rasch eingekreist, und ein österreichisches Heer unter Feldmarschall Browne, das die Sachsen entlasten sollte, wurde am 1. Oktober 1756 bei Lobositz in Böhmen geschlagen. Die sächsische Armee kapitulierte, und mit Ausnahme der Offiziere wurden 20 000 Mann in das preußische Heer eingereiht. Friedrich beging aber den schweren Fehler, die Sachsen nicht über die gesamte Armee zu verteilen. Die Annahme, einem gewöhnlichen Soldaten sei es gleich, unter welchen Farben er diene, wenn er nur dafür bezahlt werde, erwies sich als falsch. Später desertierten ganze Einheiten.

Durch die Besetzung Sachsens gewann Friedrich sowohl eine Operationsbasis als auch militärische und finanzielle Ressourcen, die er zum Wohle Preußens auszunutzen gedachte. Sofort und wirksam zwang er Sachsen das preußische Verwaltungssystem mit dem Ziel auf, jährlich 5 Millionen Taler aus dem Land zu ziehen; Berlin war nun die Hauptstadt Sachsens und nicht mehr Dresden.

Nach Lobositz zog Friedrich seine Streitkräfte schnell aus Böhmen zurück, da er nicht glaubte, dort den Winter über durchhalten zu können. Er war an einem Frieden interessiert und versicherte den Franzosen, daß er in diesem Fall nicht ein einziges Stück sächsischen Gebiets behalten wolle. Aber Frankreich hoffte, es könnte vielleicht die ernsten Verluste durch die Briten in Nordamerika mit dem Erwerb der österreichischen Niederlande und Hannovers kompensieren. Es verwandelte seine Verteidigungsallianz mit Österreich in ein Offensivbündnis. Bereits vorher, am 2. Februar 1757, hatte Rußland ein ebensolches Offensivbündnis mit Österreich geschlossen. Die Kriegsziele der Alliierten war klar formuliert: Preußen sollte vernichtet und zwischen seinen Nachbarn aufgeteilt werden. Schlesien und einige andere kleinere Gebiete sollten an Österreich, Magdeburg und Halle an Sachsen fallen, während den Polen Ostpreußen und den Russen Kurland zugedacht war. Auch Schweden trat dem antipreußischen Bündnis bei: Bruder und Schwester in Berlin und Stockholm waren einander schon lange fremd geworden. Die Fürsten des Heiligen Römischen Reiches Deutscher Nation erklärten Preußen den Krieg; auf welcher Seite die deutsche Bevölkerung stand, wurde erst im Verlauf dieses Krieges deutlich.

Eine machtvolle Koalition hatte sich gegen Friedrich zusammengefunden, aber ihr war auch eine ganze Anzahl von internen Schwächen eigen. Zunächst bestanden innerhalb der Koalition zu viele ver-

schiedenartige, sich ausschließende Interessen: sie war zu heterogen, als daß sie über längere Zeit stabil bleiben konnte, und es gab natürlich keine Garantie dafür, daß Friedrich in kurzer Zeit geschlagen würde. Weiterhin, und das war von unmittelbarer Bedeutung, führte mit dem Aufstieg William Pitts des Älteren zu einem der leitenden Minister Georgs II. nun ein Staatsmann die englische Außenpolitik, der die britischen Interessen über die Hannovers stellte. Um den Krieg gegen die französischen Überseegebiete unerbittlich weiterführen zu können, war er bereit, die Geschicke Hannovers Friedrich anzuvertrauen, was dessen militärische, finanzielle und moralische Position erheblich stärkte – zumal ihm das britische Parlament hohe Subsidien gewährte.
Ursprünglich war es Friedrichs Strategie für 1757 gewesen, den Feind in Sachsen zu erwarten und ihn dort zu schlagen. Aber auf den Rat Schwerins hin rückten zwei preußische Armeen, die eine vom König, die andere von Schwerin befehligt, nach Böhmen ein und hielten vor Prag, das die Versorgungsbasis der österreichischen Armee war. Am 6. Mai 1757 wurde die Schlacht von Prag ausgetragen, in der Friedrich wieder die schräge Schlachtordnung anwandte, aber nicht stark genug war, die gegnerischen Flanken einzuschließen. Schwerins Truppen gerieten in Schwierigkeiten, weil ein General von Manstein vorzeitig angegriffen hatte und von den Österreichern zurückgeworfen wurde. Eine schwere Niederlage zeichnete sich ab, worauf Schwerin, wie schon bei Mollwitz, eine Bataillonsfahne ergriff und an der Spitze dieses Bataillons gegen die österreichischen Stellungen stürmte. Im mörderischen Verteidigungsfeuer der Österreicher wurde der bejahrte Feldmarschall getötet, und sein Leichnam verwickelte sich in die Bataillonsfahne. Die preußischen Truppen konnten die schräge Schlachtordnung nicht länger aufrechterhalten, aber die Österreicher wurden dennoch im Zentrum zurückgeworfen. Den Infanterieangriff unterstützte entscheidend eine heftige Attacke der Kavallerie unter dem General von Ziethen. Es war die bis dahin blutigste Schlacht des Krieges und der Kriegsgeschichte überhaupt. Allein die Österreicher verloren über 15 000 Mann. Diese Verluste vernichteten die österreichische Armee jedoch nicht. Sie zog sich in die Prager Festung zurück, die Friedrich nun unter Belagerung hielt in der Erwartung, sie werde sehr bald fallen. Die Armee auszuhun-

gern, hätte zu lange gedauert; die Schlacht hatte Friedrich neuen Ruhm, aber keinen Friedensschluß gebracht. Um den Belagerten die Hoffnung auf Hilfe zu zerstören, entschloß er sich für den Augenblick, die österreichische Armee unter dem Feldmarschall von Daun anzugreifen, die auf dem Weg war, Prag zu entlasten.
Aber im Gegensatz zu Hohenfriedberg konnte Friedrich keinen Überraschungsschlag landen. Daun erwartete ihn bei Kolin und war mit seinem 54 000 Mann starken Heer gegen Friedrichs 33 000 gut vorbereitet. In sicher ausgebauten Stellungen sahen Dauns Truppen dem Angriff entgegen; Friedrich hatte sich abermals für die schräge Schlachtordnung entschieden, aber erneut zwang eine überhastete Aktion des Generals von Manstein, der zu früh mit einer Kavallerieattacke begann, die Preußen, die Schlacht über die ganze Front zu führen. Immer wieder rückten die preußischen Bataillone gegen den Kugelhagel der österreichischen Truppen vor, immer wieder wurden sie zurückgeworfen. Als die sächsische Kavallerie aus Polen einen verheerenden Vorstoß gegen das schwächste Glied der preußischen Schlachtlinie ritt, konnten die Truppen nicht mehr weiter vorwärtsstürmen. Während Friedrich 40 Männer des Anhalt-Bayreuther Regimentes zum Angriff um sich scharte, fragte ihn ein Engländer, Major Grant, ob er beabsichtige, die feindlichen Batterien selber zu erobern.
Die Schlacht war für die Preußen verloren: eine vernichtende Niederlage, wenn Daun den preußischen Truppen nachgesetzt hätte. Aber vorsichtig, wie er war, behagte ihm die Idee einer Verfolgung nicht.
Nach diesem Desaster von Kolin am 18. Juni 1757 änderte Friedrich seinen Feldzugsplan völlig. Jetzt mußte er Böhmen ganz aufgeben; die Belagerung von Prag wurde aufgehoben. In seiner Familie wurden Zweifel an seinen Führungsfähigkeiten laut. Sein Bruder, Prinz Heinrich, schrieb in einem am Abend der Schlacht verfaßten Brief an seine Schwester Amalie, Phaethon sei gefallen, und sie wüßten nicht, was aus ihnen werden würde.
Anderwärts tauchten weitere Probleme auf. Die Franzosen hatten die Hannoverschen Streitkräfte des Herzogs von Cumberland geschlagen, und dem Herzog schien es das Klügste, einer Konvention zuzustimmen, wonach die britischen Streitkräfte aufgelöst werden sollten. Friedrich wurde mit diesem Problem fertig, indem er sofort zur Taktik der Defensivstrategie zurückkehrte, die er allerdings mit einer

taktischen Offensive verband. Eine französische Armee unter dem Prinzen Soubise rückte, unterstützt durch die Reichsarmee, gegen die Saale vor, um Friedrich in Sachsen anzugreifen. Er kam diesem Angriff mit 20 000 seiner Soldaten gegen 50 000 des Gegners zuvor. Am 5. November 1757 stürmte die preußische Armee gegen den auf dem Marsch befindlichen Soubise bei Roßbach an. Bei diesem Angriff bewies das preußische Heer seine Beweglichkeit, denn ohne Schwierigkeiten konnte es parallel zu den Franzosen marschierend seine Angriffsstaffeln gegen die feindlichen Kolonnen formieren. Die Attacke brachte die Franzosen in große Verwirrung, die in einer wilden Flucht endete, als die preußische Kavallerie unter General von Seydlitz den Feind nach allen Richtungen auseinandertrieb. Damit hörten die französischen Armeen in Mitteleuropa auf, im Siebenjährigen Krieg eine Rolle zu spielen.

»Diese Schlacht«, meinte Napoleon, »war ein Meisterstück. Sie genügt, um Friedrich einen Platz in der Reihe der größten Generäle einzuräumen.« Die französischen Kanonen, ihre Fahnen, ihr Gepäck und ihre Mätressen waren in die Hände der Preußen gefallen. Der Sieg von Roßbach hatte in Deutschland eine ungeheure psychologische Tragweite:

»Niemals seit der Auflösung des Reiches Karls des Großen hatte die teutonische Rasse einen solchen Sieg über die Franzosen errungen. Die Nachricht verursachte einen allgemeinen Jubel und ein Gefühl des Stolzes bei der ganzen großen Völkerfamilie, die sich der verschiedenen Mundarten der alten Sprache des Arminius bediente. Der Kriegsruhm Friedrichs begann in gewissem Ausmaß die Institution einer gemeinsamen Regierung und die Stelle einer gemeinsamen Hauptstadt zu ersetzen. Er wurde zum Sammelpunkt für alle aufrechten Deutschen, zum Gegenstand gegenseitiger Beglückwünschung für den Bayern und Westfalen wie für den Bürger von Nürnberg. Damals offenbarte sich zum ersten Male, daß die Deutschen in Wirklichkeit eine Nation waren.« (Macaulay)

Roßbach symbolisierte auch den Beginn der literarischen und kulturellen Emanzipation Deutschlands von Frankreich – trotz eines Königs, der von seiner Bildung her eher ein Franzose als ein Deutscher war.

Aber die vielfältige Wirkung beschränkte sich nicht nur auf Deutschland. In Macaulays Worten:

»Doch selbst die Begeisterung Deutschlands für Friedrich kam kaum der Begeisterung Englands gleich. Der Geburtstag unseres Verbündeten wurde mit ebensolchem Enthusiasmus gefeiert wie der unseres eigenen Herrschers, und bei Nacht lagen die Straßen Londons unter einem Flammenmeer von Festbeleuchtung. Konterfeis des Helden von Roßbach, mit seinem Dreispitz und seinem Haarzopf waren in jedem Hause. Ein aufmerksamer Beobachter wird noch heutigen Tages (April 1842) in den Gaststuben altmodischer Wirtshäuser und in den Mappen von Druckverkäufern 20 Bilder Friedrichs gegen eines von Georg II. vorfinden. Die Schildermaler waren überall dabei, den Admiral Vernon in den König von Preußen umzuwandeln. Diese Begeisterung war stark bei religiösen Menschen und besonders bei den Methodisten, die wußten, daß die Franzosen und Österreicher Papisten waren, und in Friedrich den Josua oder Gideon des reformierten Glaubens erblickten.«

Friedrich blieb keine Zeit, sich seines Sieges zu erfreuen. Während er mit Sachsen beschäftigt war, verwüsteten die Russen Ostpreußen. Prinz Karl von Lothringen marschierte in Schlesien ein, und ihm fielen Schweidnitz, Bevern und Breslau in die Hand. Nach Eilmärschen gen Breslau mit 35 000 Soldaten, deren Moral durch einen großen Sieg gehoben war, erreichte Friedrich am 4. Dezember 1757 das westlich der Stadt gelegene Dorf Leuthen. Am Abend desselben Tages noch beorderte er alle Generäle und kommandierenden Offiziere in sein Quartier und teilte ihnen mit:

»Meine Herren, ich habe Sie hierher kommen lassen, um Ihnen erstlich für die treuen Dienste, die Sie zeither dem Vaterlande und mir geleistet haben, zu danken. Ich erkenne sie mit dem gerührtesten Gefühl. Es ist beinahe keiner unter Ihnen, der sich nicht durch eine große und ehrebringende Handlung ausgezeichnet hätte. Mich auf Ihren Mut und Ihre Erfahrung verlassend, habe ich den Plan zur Bataille gemacht, die ich morgen liefern werde und liefern muß. Ich werde gegen alle Regeln der Kunst einen beinahe zweimal stärkern, auf Anhöhen verschanzt stehenden Feind angreifen. Ich muß es tun, oder es ist alles verloren. Wir müssen den Feind schlagen oder uns von seinen Batterien alle begraben lassen. So denke ich, so werde ich auch handeln. Ist einer oder der andere unter Ihnen, der nicht so denkt, der fordere hier auf der Stelle seinen Abschied. Ich werde ihm selbigen ohne den geringsten Vorwurf geben.« [Hier folgte eine Pause von seiten des Redners, und eine heilige Stille von seiten der Zuhörer, nur durch mit Mühe zurückgehaltene, der Ehrfurcht und der heiligsten Vaterlandsliebe geweihte Tränen unterbrochen. Darauf erhob der königliche Sprecher seine Stimme wieder und fuhr mit freundlich lächelndem Gesicht fort]:

»Ich habe vermutet, daß mich keiner von Ihnen verlassen würde; ich rechne nun also ganz auf Ihre treue Hilfe und auf den gewissen Sieg. Sollte ich bleiben und Sie nicht für das, was Sie morgen tun werden, belohnen können, so wird es unser Vaterland tun. Gehen Sie nun ins Lager und sagen Sie das, was ich Ihnen hier gesagt habe, Ihren Regimentern und versichern Sie ihnen dabei, ich würde ein jedes genau bemerken. Das Kavallerie-Regiment, das nicht gleich, wenn es befohlen wird, sich à corps perdu in den Feind hineinstürzt, laß ich gleich nach der Bataille absitzen und mach es zu einem Garnison-Regiment. Das Bataillon Infanterie, was, es treffe auch, worauf es wolle, nur zu stocken anfängt, verliert die Fahnen und die Säbels, und ich laß ihnen die Borten von der Montierung schneiden. Nun leben Sie wohl, meine Herren, morgen um diese Zeit haben wir den Feind geschlagen, oder wir sehen uns nie wieder.«

Die Österreicher waren auf eine Front von zwei Kilometern verteilt, während Friedrichs Streitkräfte eine beträchtlich kürzere besetzt hielten. Die Preußen konzentrierten ihre Hauptanstrengung erfolgreich gegen den linken Flügel der Österreicher, die, statt anzugreifen, während sich die Preußen noch formierten, sich damit begnügten, zu warten und sie kommen zu lassen. Sie bemerkten daher nicht, wo Friedrich angreifen wollte, bis es zu spät war. Zunächst schien es den Österreichern, als richte sich der Ansturm auf ihr Zentrum; dann, bevor sie so recht gewahr wurden, was eigentlich geschah, formierten sich die preußischen Truppen neu und griffen den linken österreichischen Flügel an. Die schräge Schlachtordnung erwies sich hier wiederum als voller Erfolg, und Leuthen wurde eine umfassende Niederlage für die Österreicher. Sie verließen aufgelöst und chaotisch Schlesien und zogen sich nach Böhmen zurück. Am Abend dieser Schlacht glommen die Lagerfeuer auf den schneebedeckten, blutdurchtränkten Äckern bei Leuthen, und zwischen dem Stöhnen der Sterbenden und Verwundeten begann eine Stimme zu singen, und

innerhalb weniger Minuten nahm die ganze preußische Armee das Lied auf: ›Nun danket alle Gott‹ – der Choral von Leuthen. Selbst Friedrich, der religiöse Skeptiker, war tief beeindruckt.
Auch anderwärts hatte der preußische König Glück. Aufgrund falscher Gerüchte, die Zarin Elisabeth sei gestorben, zogen sich die russischen Invasionstruppen aus Ostpreußen hinter die Grenze zurück. Prinz Ferdinand von Braunschweig übernahm das Kommando über die Hannoverschen Truppen, die sich, im Widerspruch zur Konvention von Klosterzeven, nicht aufgelöst hatten. Sogleich ergriff er die Initiative gegen die Franzosen, die nach Roßbach noch übriggeblieben waren, und drängte sie im März 1758 auf das linke Rheinufer zurück. Einen Monat später wurde zwischen England und Preußen eine neue Vereinbarung getroffen, in der beide Seiten versicherten, keinem Separatfrieden beizutreten, und Preußen erhielt Subsidien in Höhe von 670 000 Pfund.
Friedrich glaubte, daß sich die Lage bessere und er sich wieder seinem ursprünglichen Plan eines Angriffs auf österreichisches Gebiet zuwenden könne. Aber für 1758 zog er Böhmen als Operationsgebiet vor. Er hoffte, Maria Theresia zum Frieden zu zwingen, indem er die Festung Olmütz eroberte, aber sie war nicht zu erobern, und das zwang ihn, die strategische Offensive wieder aufzugeben. Die Russen waren nach Preußen zurückgekehrt, eroberten Königsberg und preßten der Stadt eine Huldigungszahlung für die Zarin ab. In bezug auf Ostpreußen konnte Friedrich wenig tun, aber als die Russen die Neumark erreichten und Küstrin beschossen, wurde ihr Ziel klar: mit den österreichischen Streitkräften sich zu verbünden. Das mußte unter allen Umständen verhindert werden. Am 25. August 1758 trafen Russen und Preußen bei Zorndorf zum ersten Mal in einer größeren Schlacht aufeinander. Sie dauerte den ganzen Tag. Die russische Infanterie focht mit Standfestigkeit und Mut, mit einer Todesverachtung, die selbst Friedrich schaudern machte. Die preußischen Bataillone zeigten Anzeichen von Erschöpfung, und an einem Punkt führte Friedrich seine Regimenter selbst zum Angriff. Die Kavallerie, die unter dem General von Seydlitz Attacke auf Attacke ritt, stabilisierte die Lage zugunsten der Armee. Die Schlacht endete nicht wegen eines Sieges über die Russen, sondern weil die Nacht hereinbrach. Knapp an Munition, sahen die preußischen Truppen gefaßt

der Fortführung des Kampfes am folgenden Tage entgegen; aber am Morgen stellten sie mit Erleichterung fest, daß die Russen unter Zurücklassung von 20 000 Gefallenen, der Hälfte ihrer ursprünglichen Stärke, retiriert hatten. Der Verlust der Preußen betrug bei 36 000 Mann 11 000 Tote. Friedrich hatte sein Ziel erreicht, die Russen daran zu hindern, sich mit den Österreichern zu verbünden.

Friedrich wandte sich nun, die inneren Verbindungswege nutzend, der Lausitz zu, wo Daun die preußische Armee unter Prinz Heinrich ernsthaft bedrohte. Der österreichische Überraschungsangriff auf das unbefestigte preußische Lager bei Hochkirch während der Nacht des 13. Oktober lehrte Friedrich, Daun nicht mehr zu unterschätzen. Die Österreicher erbeuteten mehr als 100 Stück Artillerie. Aber Daun wiederholte seinen Fehler von Kolin und versäumte es, den Erfolg auszunutzen. Das erlaubte Friedrich, wiederum die Initiative zu ergreifen, und am Ende behielt er die Kontrolle über Schlesien wie über Sachsen.

Zu Beginn des Jahres 1759 kam Friedrich zu dem Schluß, daß er wegen begrenzter Reserven an Soldaten und Material nur noch einen Verteidigungskrieg führen konnte, um sein Territorium einschließlich Sachsen zu behalten. Die hohen Verluste an Menschen wurden langsam in der Armee spürbar, außerdem waren viele seiner besten Generäle unter den Gefallenen. Dazu kam ein persönlicher Schicksalsschlag: Seine Lieblingsschwester Wilhelmine war an Gicht gestorben, der Familienkrankheit der Hohenzollern, die ihn selbst seit seinem 35. Lebensjahr quälte und seine physische Kraft beeinträchtigte. Im Frühjahr 1759 griffen die Russen erneut an, schlugen die preußischen Truppen unter General Wedel in der Neumark und erreichten Frankfurt an der Oder. Friedrich beschloß, sie bei Kunersdorf in der Nähe Frankfurts zu stellen. Am 12. August 1759 kommandierte er 59 000 Mann; Russen und Österreicher verfügten gemeinsam über 70 000 Soldaten. Die preußische Armee konzentrierte ihren Angriff auf die Russen, die in gut verschanzten Stellungen warteten. Ihre Artillerie hatten sie auf den Hügeln im Nordosten postiert, die einen guten Überblick über das Schlachtfeld boten. Friedrich nahm wieder Zuflucht zur schrägen Schlachtordnung, aber der russische Befehlshaber General Saltikow war einfallsreicher. Indem er sein Zentrum stark befestigte, machte er es schier unverwundbar; außerdem konnte er seine Zentrumskräfte nun als Verstärkungen auf den linken oder rechten Flügel werfen. Friedrich trug den Angriff gegen den linken russischen Flügel auf extrem schwierigem Boden vor, und schon bald brach er im russischen Verteidigungsfeuer zusammen. Attacke folgte auf Attacke, aber jede erlitt das gleiche Schicksal. Das Eingreifen der preußischen Kavallerie wurde schnell unterbunden, als Seydlitz eine Verwundung erlitt. Zwei Pferde starben unter dem König. Dann griff die österreichische Kavallerie unter Marschall Laudon, dem Friedrich den Dienst in seiner Armee verwehrt hatte, an und schlug die preußischen Truppen in die Flucht. Wie bei Zorndorf griff sich Friedrich die Farben von Prinz Heinrichs Regiment und versuchte mit dem Ruf an seine Soldaten: ›Kerle, wollt ihr ewig leben?‹ ein Bataillon in den Kampf zu führen. Als das fehlschlug, versuchte er, eine neue Verteidigungslinie zu bilden, aber seine Armee war in chaotischer Verfassung und floh westwärts zurück zur Oder. Der König selbst wäre beinahe von Kosaken gefangengenommen worden.

Das preußische Heer war gründlich geschlagen. Für die nächsten 24 Stunden glaubte Friedrich, sein Ende und das seines Staates seien gekommen. Aber während er sich in einem Zustand von tiefstem Defätismus befand, behauptete sich wieder die preußische Disziplin. Seine Adjutanten sammelten, was noch von der Armee übriggeblieben war. Er hatte 25 000 Mann verloren, die Russen 19 000. Statt daß sich die Österreicher und die Russen gemeinsam an die Verfolgung des preußischen Heeres gemacht hätten, verfolgten sie unterschiedliche Ziele. Saltikow überschätzte die preußischen Reserven und weigerte sich in Anbetracht seiner eigenen Verluste, noch mehr Opfer zum Wohle Österreichs zu bringen. Daun dagegen war eher an der Wiedereroberung Schlesiens als an einem Einmarsch in Berlin interessiert. Russen und Österreicher zogen in verschiedenen Richtungen davon. Friedrich hatte auch Dresden verloren, und Sachsen wurde wieder Schauplatz von Kriegshandlungen. Nur Prinz Ferdinand von Braunschweig erzielte im Westen Erfolge gegen die Franzosen. Aber die Aussichten Preußens blieben düster. Am Ende des Jahres schien die Situation hoffnungslos und eine Fortführung des Krieges nicht mehr möglich.

»Aber der König führte Krieg, wie noch keine europäische Macht es getan hatte ... Er regierte sein Königreich, wie er eine belagerte

Stadt behandelt haben würde, sich nicht darum kümmernd, in welchem Ausmaß Besitz zerstört oder der Lauf des bürgerlichen Lebens beeinträchtigt wurde, um nur Fortschritte gegen den Feind erzielen zu können. So lange noch ein Mann in Preußen da war, konnte dieser Mann ein Gewehr tragen; so lange noch ein Pferd vorhanden war, konnte dieses Pferd Geschütze ziehen. Das Geld entwertete; die Staatsbeamten wurden nicht mehr bezahlt; in einigen Provinzen hörte die Staatsverwaltung überhaupt zu bestehen auf. Aber es gab noch immer Roggenbrot und Kartoffeln; es war noch immer Blei da und Schießpulver; und so lange die Mittel der Erhaltung und der Zerstörung des Lebens noch vorhanden waren, war Friedrich entschlossen, bis zum äußersten zu kämpfen.« (Macaulay)

Knappheit in jeder Hinsicht erhöhte aber schließlich doch seinen Friedenswunsch. Zusammen mit England bot er im November 1759 Friedensverhandlungen an, aber das von seinen Erfolgen ermutigte Österreich wies den Vorschlag zurück. Um sich auch weiterhin der Unterstützung der Russen zu versichern, bot es ihnen Ostpreußen. Schlesien gedachte es wieder für das Habsburger Territorium zurückzugewinnen.

Friedrich erreichte sein Kriegsziel für 1760, Dresden zurückzuerobern, nicht. Folglich mußte er Sachsen aufgeben und sich nach Schlesien zurückziehen, während Prinz Heinrich im Nordosten die Russen in Schach hielt. Die österreichischen Truppen folgten unter Daun und Laudon Friedrich nach Schlesien. Die beiden planten mit ihren 90 000 Mann eine Vernichtungsschlacht gegen Friedrichs 30 000 Soldaten, wobei sie ihn von drei Seiten her gleichzeitig angreifen wollten. Der König erkannte die Absicht seiner Widersacher, entzog sich der Falle in einem geschickten Manöver und griff sofort Laudons Corps bei Liegnitz an. Er konnte es völlig vernichten. Dauns Vorsicht setzte sich erneut durch, und er ließ seinen Plan fallen. Bei den Preußen wuchs die Zuversicht. Der König glaubte, er könne jetzt das Schicksal zwingen, und versuchte es noch einmal mit Sachsen. Am 3. November 1760 gewann er die Schlacht von Torgau. Aber seine Streitkräfte waren inzwischen so schwach, daß er sich nicht erlauben konnte, sein eigentliches Ziel, die Einnahme Dresdens, anzugehen.

Seit dem Tod Georgs II. 1760 geriet Pitt, Preußens treuer Verbündeter, im Ober- und Unterhaus unter den starken Druck derjenigen Fraktionen, die Frieden wünschten, nachdem England in Kanada die Vorherrschaft erlangt hatte. Auch Frankreich, Rußland und Österreich wünschten Frieden und stimmten nun Friedrichs früherem Vorschlag zu, einen Friedenskongreß in Augsburg abzuhalten. Da Friedrich seine Teilnahme aber von der Annahme seiner Forderung abhängig machte, nichts von seinem Territorium zu verlieren, fand der Kongreß nicht statt. Englands Verbündeter wurde zu einem ernsthaften Hindernis für den ersehnten Friedensschluß.

Friedrichs Mangel an Menschenmaterial erreichte gefährliche Ausmaße. Als die regulären Truppen bereits zu zwei Drittel aus Ausländern bestanden, stellte man Freiwilligenregimenter und Freikorps auf und berief Kadetten im Alter von 14 Jahren zum aktiven Dienst ein. Mit solchen Kunstgriffen brachte Friedrich eine Armee von über 100 000 Mann zusammen, aber ihre Offensivkraft war zweifelhaft. In einem Lager bei Bunzelwitz in Niederschlesien erwartete er den Angriff des Feindes, einen Angriff, der durchaus der ›coup de grâce‹ für seine Truppen hätte sein können, wenn Daun nicht die preußische Stärke überschätzt und sich eines Angriffs enthalten hätte. Aber Laudon erstürmte Schweidnitz, und die Russen nahmen Kolberg und schlugen ihre Winterquartiere in Pommern auf. Sowohl Preußen wie auch Österreicher bezogen die ihrigen in Schlesien – die Österreicher zum ersten Mal seit dem Ersten Schlesischen Krieg. Am 5. Oktober 1761 trat der englische Staatssekretär Pitt zurück. Da Friedrich keine Alternativen mehr zu Preußens und damit seiner Vernichtung erkennen konnte, begann er Pläne zu entwickeln, die bisweilen durchaus phantastischen Charakter hatten. Einer sah einen gleichzeitigen Angriff gegen das Habsburger Reich und gegen die Russen durch die Türken vor.

Dann, am 5. Januar 1762, geschah ein Wunder. Die Zarin Elisabeth starb, und ihr Neffe, der Herzog von Holstein-Gottorp, wurde als Peter III. ihr Nachfolger. Rußland revidierte seine Politik. Peter, ein glühender Bewunderer Friedrichs, erklärte kaum einen Monat später Rußlands Desinteresse an allen Eroberungen und empfahl seinen Verbündeten einen raschen Friedensschluß. Der Friedensvertrag zwischen Preußen und Rußland wurde am 22. Mai 1762 auf der Grundlage des ›status quo ante bellum‹ unterzeichnet. Genau zu diesem

Zeitpunkt zerbrach das Bündnis zwischen Preußen und England. England wünschte Frieden und erwartete von Friedrich die Abtretung Schlesiens. Friedrich wies diesen Vorschlag zurück. Sein Optimismus war zurückgekehrt und damit auch mancher Plan, die Initiative wieder zu ergreifen. Er hoffte, gemeinsam mit Rußland gegen Österreich zu marschieren. Diese Hoffnung wurde jedoch durch die Absetzung und Ermordung Peters III. zunichte. Die russischen Streitkräfte erhielten Befehl, nach Hause zurückzukehren. Bis auf die Schlacht von Freiberg am 29. Oktober, in der die Österreicher unterlagen, wurde der Feldzug von 1762 gemäß dem traditionellen Muster der Kriegführung im 18. Jahrhundert geführt, einer Abnutzungsstrategie durch Manöver und Gegenmanöver.

Auch Maria Theresia spürte, daß der Krieg Opfer kostete, die durch die Wiedereroberung einer Provinz kaum zu rechtfertigen waren. Österreich stand vor dem finanziellen Ruin. Harte wirtschaftliche Notwendigkeit zwang Preußen und Österreich, einem Waffenstillstand für den Winter 1762/63 zuzustimmen. England schloß am 3. November 1762 in Fontainebleau einen Separatfrieden mit Frankreich. Dieses Abkommen hatte Rückwirkungen auf Preußen und Österreich in dem Sinne, daß zum ersten Mal Friedensverhandlungen aufgenommen wurden, zunächst zwischen Preußen und Sachsen. Friedrich gab Versicherungen ab, wonach er die noch von ihm gehaltenen Teile Sachsens zurückgeben, allerdings keinerlei Kriegsentschädigung zahlen werde. Schließlich führten diese Verhandlungen zu direkten Gesprächen zwischen Preußen und Österreich und in der Folge dann zum Frieden von Hubertusburg. Danach erhielt Friedrich zurück, was er 1740 gewonnen hatte.

Als er sich damals auf das gefährliche Abenteuer der Aggression einließ, war er noch ein unbedeutenderer König gewesen. Durch den Opfermut, mit dem er verteidigte, was er geraubt hatte, war er ein großer König geworden. Dieser König jedoch, der in das kriegsmüde und dennoch jubelnde Berlin zurückkehrte, war bar jeden Sinnes für seine eigene Größe. Er war so erschöpft, daß er sich seinen Untertanen nicht zeigen wollte. Er mied die Hauptstraßen, zog auf Seitenwegen in die Stadt ein und fand Frieden nur in der Abgeschiedenheit.

Seine Besitzungen hatte er behalten; sie und die Armee wiederaufzubauen, waren die unmittelbaren Nachkriegsaufgaben. Ohne wirklich ausgeruht zu haben, nahm er es auf sich, selbst durch seine Provinzen zu fahren und persönlich mit den Kammerpräsidenten und den Landräten die regionalen Probleme und die Art und Weise ihrer Lösung zu erörtern. 600 000 Scheffel Weizen, 408 000 Scheffel Hafer und 35 000 Pferde wurden den kriegsgeschädigten Provinzen kostenlos zur Verfügung gestellt. In den ersten zwölf Monaten nach Kriegsende gab Friedrich 6 Millionen Taler für den Wiederaufbau aus.

1764 begann er mit dem Bau der ersten Garnison in Berlin, für Soldaten, die bis dahin bei Bürgern einquartiert waren. Um ihre Dienste auch für die Wirtschaft nutzbar zu machen, wurde ihnen befohlen, Baumwollgarn zu spinnen, und um die Zahl der Truppen zu erhöhen, wurden kleine Kriminelle und Vagabunden zum Dienst gepreßt. 1767 zählte das preußische Heer wieder 187 000 Mann, von denen 90 000 preußische Untertanen und in den Kernländern des Hohenzollern-Königreichs stationiert waren, während der Rest, hauptsächlich in den westlichen Provinzen, aus anderen Deutschen oder Ausländern bestand, die freiwillig oder zwangsweise rekrutiert worden waren.

Für die Kriegführung war es nötig gewesen, die Münzprägung zu verschlechtern. Um die Wirtschaft auf eine gesunde Basis zu stellen und das Vertrauen der Bürger wiederzugewinnen, wurden alle minderen Münzen eingezogen und neues, einwandfreies Geld in Umlauf gebracht. Schon 1764 waren nur noch gute Münzen im Umlauf. Der Wiederaufbau der preußischen Wirtschaft wurde aber von einer Krise in Handel und Gewerbe in Amsterdam und Hamburg stark beeinträchtigt. Friedrich entwickelte daraufhin einen Plan, der die Konzentration allen Kapital- und Geldverkehrs in den Händen einer Zentralautorität vorsah. Er dachte dabei an eine Zentralbank nach dem Muster der Bank of England. Zusammen mit der Bank sollten einige große Monopolgesellschaften geschaffen werden. Von diesem Zentrum aus sollte die Produktion entsprechend den allgemeinen Erfordernissen geplant und geregelt werden. Es war die Vision einer modernen Form von Staatskapitalismus; doch zu jener Zeit mußte es eine Vision bleiben. Obwohl die Bank – die ›Giro-Diskonto- und Leihbank‹ – und einige Handelsgesellschaften gegründet wurden, fehlten der Bank die notwendigen Machtbefugnisse, um mit

Nachdruck ihre Forderungen durchzusetzen. Die neuen Gesellschaften blieben eher getrennte Einheiten, als daß sie integrierte Bestandteile der beabsichtigten Struktur geworden wären. Zu starke Interessen standen dem Plan entgegen: die Kaufleute, die das notwendige Kapital aufbringen sollten, waren finanziell zu schwach, und das Generaldirektorium bekämpfte das Vorhaben ebenfalls. In einem Bericht vom 1. Oktober 1766 behauptete es, diese neuen Institutionen des Königs seien für die allgemeine Depression verantwortlich – eine Anklage, die Friedrich sofort zurückwies. Als Merkantilist zielte er auf den Ausbau des Binnenhandels und mehr noch auf den Ausbau der Manufakturbetriebe, um so ein möglichst hohes Maß an Selbstversorgung zu erreichen. Friedrichs Ziele waren eine Sache, die der Banker, der Kaufleute und der Manufakturbesitzer eine andere. Da sie ohnehin knapp an Geldmitteln waren, widerstrebte es ihnen, große Summen in ein Vorhaben und in eine Politik mit recht ungewissem Ausgang zu investieren. Wie Friedrich bemerkte, waren sie zufrieden damit, Zwischenhändler für ausländische Kaufleute und Manufakturisten zu bleiben: zufrieden, für eine angemessene Kommission die Geschäfte der Niederländer, Hamburger, Sachsen und Franzosen zu betreiben und den preußischen Markt mit deren Gütern zu versorgen. Friedrichs Plan hatte diese Kapitalstreuung einengen wollen, um die zahllosen kleinen Handelsgesellschaften durch einige wenige zu ersetzen, die stark genug gewesen wären, um im Konkurrenzkampf zu bestehen; ihr Monopolstatus sollte allerdings nur vorübergehender Natur sein, bis sie sich eingeführt und konsolidiert hätten.

In einigen anderen wirtschaftlichen Vorhaben war Friedrich erfolgreicher. Der Berliner Wollmanufakteur Wilhelm Caspar Wegely hatte es fertiggebracht, jemandem das Geheimnis der Porzellanherstellung abzukaufen. 1751 gründete er in Berlin seine eigene Fabrik, mußte sie jedoch infolge des Siebenjährigen Krieges wieder aufgeben. Als die preußischen Truppen Sachsen eroberten, kamen sie auch hinter das Geheimnis des Meißner Porzellans, und 1760 gründete der Berliner Kaufmann Ernst Gotzkowsky eine neue Porzellanmanufaktur, die schon zwei Jahre später über 150 Arbeiter beschäftigte. Trotzdem geriet er in Geldschwierigkeiten und war gezwungen, zu verkaufen; der Käufer war Friedrich, und so entstand die »Königliche Porzellanmanufaktur«, ein blühendes Unternehmen bis auf den heutigen Tag.

In der Landwirtschaft erzwang Friedrich den erweiterten Anbau von Kartoffeln, die ganz Europa vor einer ernsten Versorgungskrise mit Grundnahrungsmitteln bewahrten. Auch eine groß angelegte Milchviehhaltung wurde von Friedrich gefördert, besonders in Ostpreußen, wo die königlichen Domänen eins der fortschrittlichsten Landwirtschaftsgebiete bildeten. Während im übrigen Deutschland die Viehmenge nur langsam anwuchs, verdoppelte sie sich in Brandenburg-Preußen zwischen 1756 und der Jahrhundertwende. Die Schafzüchter zogen in die östlichen Provinzen Preußens, und die Rindviehzüchter nahmen ihren Platz ein.

Die Steuerverwaltung hatte unter den Wirren des Siebenjährigen Krieges schwer gelitten. Fälle von Unterschlagung waren an der Tagesordnung. Die Rückkehr zur früheren Effizienz erforderte eine gründliche Überprüfung von Institution und Personal. Friedrich trennte die Zoll- und die Steuerbehörde von der allgemeinen Verwaltung ab. Er schuf im Generaldirektorium das 4. Departement für Steuer- und Zollverwaltung. Das 3. Departement erfüllte diese Funktion für die rheinischen Provinzen. So wirksam die Reform war – Friedrich stieß damit auf große Empörung, weil er annähernd 200 Franzosen in führende Positionen der Steuerverwaltung setzte. Er war aber überzeugt, die Einführung von differenzierteren Verwaltungspraktiken, wie sie in Frankreich angewandt wurden, könnten für Preußen nur ein Gewinn sein. Die Reform der Steuer- und Zollverwaltung wurde durch eine Neuordnung der Steuern und Zölle ergänzt. Während die Branntwein-, Bier- und Fleischsteuern erhöht wurden, schaffte man die Mehlsteuer ab. Zwischen 1766 und 1786 brachten die Reformen auf diesem Gebiet einen Nettogewinn von 23,5 Millionen Talern. Steuern waren seit eh und je unpopulär; daß sie weitgehend von Franzosen verwaltet wurden, machte die Sache noch unangenehmer. Andere Maßnahmen wie die Einführung eines Staatsmonopols bei Kaffee und Tabak waren ebenso unpopulär, doch nicht so gewinnbringend.

Die wachsenden Staatseinkünfte ermöglichten es Friedrich, zwischen 1763 und 1786 mehr als 40 Millionen Taler für wohltätige Zwecke zur Verfügung zu stellen, und bei seinem Tode war der Staatsschatz

auf 55 Millionen Taler angewachsen. Während der 23jährigen Regentschaft nach dem Siebenjährigen Krieg erwarb er sich den Ruf, überall zu sein und alles zu kontrollieren. Er bereiste jährlich die Provinzen, um seine Truppen, seine Verwaltung und schließlich seine Untertanen zu inspizieren, besonders diejenigen, denen er angeboten hatte, sich in Preußen niederzulassen. Während seiner Regentschaft siedelten sich 57 475 neue Familien an, was eine Zunahme der Bevölkerung um 300 000 Menschen bedeutete. Als Friedrich starb, war jeder fünfte Preuße ein Neusiedler. Die Bevölkerung wuchs im Durchschnitt jährlich um eineinviertel Prozent. Natürlich fügten die Kriege der Bevölkerung schwere Verluste zu; aber hatte Preußen 1756 noch 4,1 Millionen Einwohner, so war diese Zahl 1775 auf 4,5 Millionen gestiegen, wobei die nach der Teilung Polens annektierten Gebiete nicht berücksichtigt sind.
In seiner Außenpolitik bemühte sich Friedrich, einer erneuten Isolierung zu entgehen, indem er am 11. April 1764 mit Rußland ein neues Bündnis schloß. Der polnische König, August III., war im Jahr zuvor gestorben, und so wurde die polnische Frage wieder einmal akut und zur Brücke einer preußisch-russischen Verständigung. Die russische Vorherrschaft in Polen bedeutete für Preußen eine lebensbedrohende Gefahr. Österreich, das nach dem Frieden von Hubertusburg wieder engere Verbindungen mit Frankreich geknüpft hatte, war, wie Frankreich, den russischen Zielen in Polen abgeneigt. Daraus resultierte eine Wiederannäherung Preußens und Österreichs, wobei Preußen das Verbindungsglied zu Rußland darstellte. Friedrich war mit Katharina einig geworden, daß der neue polnische König kein Kandidat der Franzosen, der Österreicher oder der Sachsen sein solle. Katharinas eigener Kandidat war einer ihrer früheren Günstlinge, Stanislaus Poniatowski. Er wurde 1764 unter russischem Druck zum König von Polen gewählt. Um die Angehörigen der russisch-orthodoxen Kirche in Polen zu schützen, förderte die Zarin andererseits die fortdauernde Schwäche Polens, indem sie den Zustand der Anarchie im Lande unterstützte. Als 1768 Krieg zwischen Rußland und dem Osmanischen Reich ausbrach, mußte Preußen seine Vertragsverpflichtungen erfüllen und Subsidien an Rußland zahlen. Das wiederum alarmierte Österreich, und ein russisch-österreichischer Krieg schien unvermeidbar. Da Preußen auf russischer Seite

mit hineingezogen worden wäre, lag es in Friedrichs Interesse, zwischen Petersburg und Konstantinopel zu vermitteln. Als Vorbedingung jeden Friedens bestanden die Türken auf einem Rückzug Rußlands aus den Provinzen Moldau und Walachei. Um diese Wiederabtretung zu ermöglichen, schlug Friedrich als Ausgleich die Teilung Polens zwischen den drei Mächten Preußen, Rußland und Österreich vor. Sein eigenes Ziel war Westpreußen, um den preußischen Staat in Mitteldeutschland abzurunden und ihn durch die Verbindung Preußens mit Brandenburg zu einer Einheit zusammenzufassen. Ein heikles wie beschämendes Stück Diplomatie kulminierte 1772 in der Ersten Polnischen Teilung, bei der Preußen Westpreußen erhielt, aber noch ohne die Städte Danzig und Thorn. Einstiges deutsches Kolonialgebiet war wieder einmal in deutscher Hand, womit der erste Schritt getan war, den polnischen Staat für mehr als anderthalb Jahrhunderte von der europäischen Landkarte verschwinden zu lassen. Daß Staat und Nation aber keineswegs das gleiche sind, hat das polnische Volk in beeindruckender Weise demonstriert. Der Staat war zwar tot, aber die Nation überlebte unter ungeheuren Opfern – ein immerwährendes Beispiel für all jene Nationen, deren organische Einheit von der Politik einer Epoche mit brutaler Gewalt zerschlagen wurde. In Westpreußen ersetzte man das polnische Verwaltungs- und Rechtssystem durch das preußische, ermutigte zu deutscher Einwanderung und paßte die Leibeigenschaft, die unter polnischen und russischen Bedingungen gemeine Sklaverei war, den preußischen Maßstäben an. Die Erziehung, besonders auf dem Lande, wurde verbessert. Zwischen 1772 und 1775 wurden 750 Schulen errichtet; 1778 waren im Raum Bromberg 177 protestantische und 58 katholische Lehrer angestellt, wobei denen, die neben ihrer deutschen Muttersprache auch Polnisch beherrschten, der Vorzug gegeben wurde. Friedrichs Anweisung an seinen Nachfolger, er solle auch Polnisch lernen, datiert ebenfalls aus dieser Zeit. Dieser Instruktion wurde fast ein Jahrhundert lang Folge geleistet. Jeder preußische Kronprinz hatte die polnische Sprache zu beherrschen. Erst der liberale Kronprinz Friedrich befreite seinen ältesten Sohn, den späteren Kaiser Wilhelm II., von dieser Pflicht, wohl infolge der Germanisierungsbestrebungen, die einige deutsche Liberale verfolgten.

Ein weiteres außenpolitisches Problem der späten Regentschaftsjahre

Friedrichs II. entzündete sich an der Frage der bayerischen Thronfolge. Mit dem Tod des Kurfürsten Max Joseph war die bayerische Linie des Hauses Wittelsbach erloschen. Wie oftmals zuvor besetzten österreichische Truppen Bayern – diesmal als verspäteten Ausgleich für Schlesien. Der österreichische Kaiser Joseph II. glaubte, im Vertrauen auf sein Bündnis mit Frankreich und auf Rußlands Beschäftigung mit den Türken, Friedrich sei nicht bereit, allein Krieg zu führen. Aber Friedrich ging das Risiko ein, und 1778 standen sich die alten Gegner in Böhmen wieder gegenüber. Es wurden jedoch keine ernsthaften Schlachten ausgetragen. Die Großmächte Frankreich, England und Rußland waren anderweitig zu sehr in Anspruch genommen, als daß sie sich in einen mitteleuropäischen Konflikt hineinziehen lassen wollten. Als Ergebnis einer französisch-russischen Vermittlung wurde Joseph II. zum Einlenken überredet, und nach Abschluß des Vertrags von Teschen 1779 zog Österreich seine Truppen wieder von bayerischem Boden zurück – mit Ausnahme eines schmalen Streifens entlang des rechten Innufers –, während Friedrich die Anerkennung der Ansprüche des Hauses Hohenzollern auf die Erbfolge in der fränkischen Markgrafschaft Ansbach-Bayreuth durchsetzte.

1780 starb Friedrichs Gegenspielerin Maria Theresia. Ihr ehrgeiziger Sohn, Joseph II., setzte drastische innere Reformen in Gang. Er wollte unter anderem das Leben der Bauern verbessern, die Institutionen der Habsburger Monarchie nach preußischem Vorbild zentralisieren und die deutsche Vorherrschaft im Vielvölkerstaat sichern. Seine Politik löste unbeabsichtigt den nationalen ›risorgimento‹ im östlichen Mitteleuropa, insbesondere bei den Ungarn und den Tschechen aus. Die Reaktionen waren derart, daß er viele seiner ursprünglichen Vorhaben aufgeben mußte. In der Außenpolitik strebte er die Auflösung der russisch-preußischen Allianz an, jedoch ohne Erfolg.

Als Ausgleich für die österreichischen Niederlande unterbreitete Joseph II. Bayern ein weiteres Angebot. Der neue bayerische Kurfürst Karl Theodor, aus der Zweibrücker Linie der Wittelsbacher, hatte bereits zugestimmt, als Friedrich gegen die Verletzung des Vertrags von Teschen Einspruch erhob. Dann kam der Deutsche Fürstenbund – Nachfolger des Schmalkadischen Bundes und Vorläufer des Norddeutschen Bundes – 1785 unter der Führung Friedrichs zustande, und das durchkreuzte alle weiteren Ambitionen Josephs. Angesichts wachsender innerer Unruhen wurde sein Drang nach innenpolitischen Verbesserungen und außenpolitischer Bereicherung und Absicherung gezügelt.

Ein Jahr später, am 16. August 1786, starb Friedrich II. im Alter von 74 Jahren. Kein preußischer Monarch hat solch tiefgehenden, über die politische Sphäre hinausreichenden Einfluß ausgeübt. Die Geschichte seiner Regentschaft ist nicht nur die des wachsenden Dualismus zwischen den beiden Hauptmächten des Reiches. Schon zu Lebzeiten wurde seine Persönlichkeit für viele zum Inbegriff einer Wiedererweckung des deutschen Nationalbewußtseins. Durch ihn strahlte der Name Preußen die Anziehungskraft aus, die so viele Nicht-Preußen, unter ihnen fast alle Anhänger der preußischen Reformbewegung von 1807, bewog, dem preußischen Staat zu dienen. Der in der Reichsstadt Frankfurt am Main geborene Goethe erwähnte, daß er in seiner Jugend von ›fritzischer Gesinnung‹ gewesen sei. Er fragt, was ihnen Preußen bedeutet hätte, und gibt sich die Antwort, daß es die Persönlichkeit des Großen Königs war, die die Gefühle aller bewegt habe. Als nach dem Siebenjährigen Krieg in Frankfurt die Vorbereitungen zur Wahl Josephs II. zum Kaiser des Heiligen Römischen Reiches Deutscher Nation getroffen wurden, stand Goethe mit der Frankfurter Bevölkerung am Straßenrand, um die Ankunft des preußischen Repräsentanten zu bejubeln: »Aller Augen waren auf ihn gerichtet. So hoch stand der König . . . in der Gunst der Menge, unter der sich außer den Frankfurtern schon Deutsche aus allen Gegenden befanden.«

Über Friedrichs Einwirkung auf die deutsche Literatur schreibt Goethe:

»Der erste wahre und höhere eigentliche Lebensgehalt kam durch Friedrich den Großen und die Taten des Siebenjährigen Krieges in die deutsche Poesie. Jede Nationaldichtung muß schal sein oder schal werden, die nicht auf dem Menschlich-Ersten ruht, auf den Ereignissen der Völker und ihrer Hirten, wenn beide für einen Mann stehen. . . . Die Kriegslieder, von Gleim angestimmt, behaupten deswegen einen so hohen Rang unter den deutschen Gedichten, weil sie mit und in der Tat entsprungen sind, und noch überdies, weil an ihnen die glückliche Form, als hätte sie ein Mitstreitender in den höch-

sten Augenblicken hervorgebracht, uns die vollkommenste Wirksamkeit empfinden läßt.
Ramler singt auf eine andere, höchst würdige Weise die Taten seines Königs. Alle seine Gedichte sind gehaltvoll, beschäftigen uns mit großen herzerhebenden Gegenständen und behaupten schon dadurch einen unzerstörlichen Wert . . .
Die Preußen und mit ihnen das protestantische Deutschland gewannen also für ihre Literatur einen Schatz, welcher der Gegenpartei fehlte und dessen Mangel sie durch keine nachherige Bemühung hat ersetzen können. An dem großen Begriffe, den die preußischen Schriftsteller von ihrem König hegen durften, bauten sie sich erst heran und um desto eifriger, als derjenige, in dessen Namen sie alles taten, ein für allemal nichts von ihnen wissen wollte. Schon früher war durch die französische Kolonie, nachher durch die Vorliebe des Königs für die Bildung dieser Nation . . . eine Masse französischer Kultur nach Preußen gekommen, welche den Deutschen höchst förderlich ward, indem sie dadurch zu Widerspruch und Widerstreben aufgefordert wurden ebenso war die Abneigung Friedrichs gegen das Deutsche für die Bildung des Literaturwesens ein Glück. Man tat alles, um sich von dem König bemerken zu machen, nicht etwa, um von ihm geachtet, sondern nur beachtet zu werden, aber man tats auf deutsche Weise, nach innerer Überzeugung, man tat, was man für recht erkannte und wünschte und wollte, daß der König dieses deutsche Recht anerkennen und schätzen solle. Dies geschah nicht und konnte nicht geschehen, denn wie kann man von einem König, der geistig leben und genießen will, verlangen, daß er seine Jahre verliere, um das, was er für barbarisch hält, nur allzuspät entwickelt und genießbar zu sehen . . .
Eines Werkes aber, der wahrsten Ausgeburt des Siebenjährigen Krieges, von vollkommenem norddeutschen Nationalgehalt muß ich hier vor allen ehrenvoll erwähnen: es ist die erste, aus dem bedeutenden Leben gegriffene Theaterproduktion von spezifisch temporärem Gehalt, die deswegen auch eine nie zu berechnende Wirkung tat: Minna von Barnhelm.
Lessing, der im Gegensatz von Klopstock und Gleim die persönliche Würde gern wegwarf, weil er sich zutraute, sie jeden Augenblick wieder ergreifen und aufnehmen zu können, gefiel sich in einem zer-

streuten Wirtshaus- und Weltleben, da er gegen sein mächtig arbeitendes Innere stets ein gewaltiges Gegengewicht brauchte, und so hatte er sich auch in das Gefolge des Generals Tauentzien begeben. Man erkennt leicht, wie genanntes Stück zwischen Krieg und Frieden, Haß und Neigung erzeugt ist. Diese Produktion war es, die den Blick in eine höhere bedeutendere Welt aus der literarischen und bürgerlichen, in welcher sich die Dichtkunst bisher bewegt hatte, glücklich eröffnete . . .«

Als Goethe sich, auf einer Bildungsreise, längere Zeit in Straßburg aufhielt, bemerkte er, daß man nicht sehr viel von der deutschen Verfassung hielt. Er und seine Freunde waren bereit, zuzugeben, daß sie gänzlich aus gesetzkräftigen Mißbräuchen bestand. Aber zugleich stelle er fest, daß sie die französische bei weitem überragte, da diese zu einem Wirrwarr von gesetzlosen Mißbräuchen entartet war. Die französische Regierung zeige Energien am falschen Platze und müsse sich daher Forderungen gefallen lassen, die letzten Endes auf grundlegende Änderungen des gesamten Staatsgefüges hinausliefen. Im Gegensatz zu den Franzosen aber könnten die Deutschen gen Norden blicken, von wo der Stern Friedrichs glänze, der Polarstern, um den sich Deutschland, Europa, ja die ganze Welt zu drehen scheine . . .

Goethe war nicht der einzige Zeitgenosse, der in dieser Weise über Friedrich den Großen sprach und schrieb. Ohne sich dessen bewußt zu sein, war er kulturell gesehen für die Deutschen der große Befreier. Es gibt zahlreiche Aussprüche von ihm hinsichtlich seiner Ablehnung der deutschen Literatur und Kultur, und in besonderem Bezug auf die Literatur äußerte er noch am Vorabend seines Todes, daß er Moses gleiche: er könne das gelobte Land zwar sehen, aber sei zu alt, um es noch zu erreichen. Friedrich wurde nicht völlig von Preußen absorbiert. Als Privatperson und als Denker bewahrte er sich seine innere Unabhängigkeit und Besonderheit, doch ohne ihn hätte Preußen als ein Konzept nicht existiert.

»Der König gab den Anstoß zu einem Abstraktionsprozeß: eine Handvoll Verhaltensformen und Eigenschaften, Normen und Sittenregeln wurde isoliert, verselbständigt und mit anderen Postulaten, die nichts mit dem König zu tun hatten, zu einer selbständigen Größe substantiviert, für die man Friedrichs Namen als Merkzeichen beanspruchte.

Das bleibt einmalig: Ein durch und durch individueller, narzißtisch ausgerichteter Mensch wird zum Repräsentanten eines ganz unindividuellen, mechanisch sich ins Nichtpersönliche entäußernden Weltverhaltens ...« (Hellmut Diwald) – motiviert nur durch den Staat und die Gemeinschaft und die Pflicht des Einzelnen gegenüber ihnen.
Friedrich Wilhelm I. war durch Berlin gerannt, hatte mit seinem Stock gefuchtelt und auf die Rücken seiner Bürger eingeprügelt, wobei er schrie, man solle ihn nicht fürchten, sondern lieben. Auch sein Sohn wurde nicht geliebt; er wurde respektiert, bewundert und verehrt. Es gab sicherlich nur wenige, die ihn geliebt haben. Er regierte als die ›größte Kuriosität des Jahrhunderts‹. Leben war ihm das Konkrete, das empirisch Beweisbare, weil das Konkrete für ihn die Herausforderung darstellte, es seinen Wünschen, Einsichten und Zielen gemäß zu verändern. Das entsprach seinem Charakter ebenso wie seinem Staat oder seiner Einstellung anderen Staaten gegenüber. In bezug auf sein persönliches Verhalten war er ehrlich genug zuzugeben, daß er das war, was er war und was er sein wollte, ohne dabei zu versuchen, anderen ein Vorbild zu sein, und ohne sich darum zu scheren, was seine Zeitgenossen oder spätere Generationen über ihn denken mochten.
Immer dann, wenn das Prädikat ›groß‹ Anwendung findet, ist es nur zu berechtigt, sich die Opfer vor Augen zu führen, auf denen dieser Anspruch beruht. Wenn man Friedrich das Attribut der ›Größe‹ zuzugestehen bereit ist, dann nicht aufgrund seines Feldherrntums oder seiner siegreichen Schlachten, sondern aufgrund seiner Widerstandskraft und der Würde, die er in der Not und im Unglück bezeigte. Er war der letzte Schüler Senecas auf dem Hohenzollernthron, wenn auch Epikur einige hellere Lichter auf die sonst asketische Erscheinung in ihrer schäbigen Uniform warf, eine Figur, vor Schmerz über den Stock gekrümmt, ein klares und strenges Gesicht, vom durchdringenden Glanz seiner Augen beherrscht.

7. KAPITEL

Der preußische Absolutismus in der Krise

Mit dem Tode Friedrichs des Großen endete eine Phase politischer Entwicklung des preußischen Staates, die mit der Regentschaft des Großen Kurfürsten begonnen hatte. In anderthalb Jahrhunderten war ein Staat geformt worden, aber nicht nur das: Er hatte sich auch einen spezifischen Charakter erworben, wie er in der Zeit des aufgeklärten Absolutismus einzigartig war. Friedrich II. hatte, wie sein Vater, in einer kaum fortzusetzenden oder gar zu übertreffenden Weise demonstriert, welche Aufgaben ein Monarch kompetent und pflichtbewußt zu erfüllen hatte. Seine Gestalt markiert das Ende von tausend Jahren europäischer Geschichte, an deren Anfang die wechselseitige Abhängigkeit zwischen Krone und Kirche stand und an deren Ende die Königswürde völlig säkularisiert war. Friedrich Wilhelm I. hatte sich noch als Diener Gottes betrachtet; die Vorstellung seines Sohnes vom Königtum war gänzlich verweltlicht und durch die absolute Unterordnung des Monarchen unter seine Pflicht gegenüber dem Staat geadelt.

In diesem Zeitalter des aufgeklärten Absolutismus hatte sich die Rolle des Monarchen grundlegend geändert. Sie war nicht mehr vom Bewußtsein des göttlichen Ursprungs seines Amtes bestimmt, sondern von seiner Fähigkeit, seine Untertanen zu regieren. Eine Folge dieser Veränderung hatte potentiell revolutionären Charakter. Keine Dynastie durfte abwarten, ein Dreigestirn von solchen Begabungen hervorzubringen wie den Großen Kurfürsten, Friedrich Wilhelm I. und Friedrich den Großen. Die Unfähigkeit der Herrscher mußte schließlich zwangsläufig zu der Forderung führen, die absolute Monarchie in eine konstitutionelle umzuwandeln – eine Veränderung, die den Monarchen der öffentlichen Kritik entzog und seiner Macht klar umrissene Grenzen setzte. Ein auf den Prinzipien der Aufklärung beruhender Staat entledigt sich des Einflusses der Stände, also der traditionellen Grenzen seiner Macht. Mit anderen Worten bleibt durch Reform von oben kein Bereich mehr frei von staatlicher Intervention. Daß dabei die Verletzung alter Freiheiten unvermeidlich war, mußte mit den von der Aufklärung propagierten Prinzipien von Freiheit kollidieren. Tatsächlich sah die Aufklärung im aufgeklärten Despoten den Vollstrecker ihrer Prinzipien; sie benutzte den aufgeklärten Absolutismus ebenso wie dieser die Aufklärung. Wie das Beispiel Friedrichs des Großen belegt, begrenzte sich der Monarch selber durch die von ihm gewünschten und praktisch durchführbaren Reformen.

Preußen zeigt auch, daß aufgeklärter Absolutismus ökonomisch gesehen ein Versuch war, Länder wie Großbritannien wirtschaftlich aufzuholen. Preußens strenger Merkantilismus verfolgte dieses Ziel; doch gegen Ende der Regentschaft Friedrichs II. und mehr noch unter seinen Nachfolgern erklärte eine jüngere Generation von Administratoren wie Stein, dieses Ziel sei nur durch größere wirtschaftliche Freiheit, durch die Einführung der Adam Smith entlehnten Prinzipien des freien Handels zu erreichen.

Zweifellos war die Einführung der Politik des aufgeklärten Absolutismus ein revolutionärer Prozeß, in dessen Verlauf strukturelle soziale Veränderungen stattfanden wie der Aufstieg der preußischen Mittelschicht und die verbesserte Stellung der Bauernschaft – trotzdem konnte sich der Adel das ganze 19. Jahrhundert hindurch eine privilegierte Position vorbehalten. Da das Ideal dieses aufgeklärten Absolutismus das Wohl der Gemeinschaft war, mußte es notwendigerweise mit dem Ideal der Aufklärung, dem Prinzip der Freiheit des Einzelnen, kollidieren. Diese Widersprüche wohnten dem Bündnis zwischen Aufklärung und aufgeklärtem Absolutismus inne und bestimmten die preußische Politik während der Regentschaft Friedrich Wilhelms II. und in den darauffolgenden Jahrzehnten, bis sich zeitweilig die Kräfte der Restauration wieder behaupteten.

Gemessen an Friedrich mußte jeder Nachfolger hinter ihm zurückbleiben. Er stand unvermeidbar im Schatten des großen Königs. Und dies um so mehr, wenn der Nachfolger ein Mann vom Charakter

Friedrich Wilhelms II. war. ›Der Vielgeliebte‹ – so nannten ihn die Berliner aufgrund seiner Liebschaften oder auch der ›Dicke Wilhelm‹, weil er einen Umfang von wahrlich herkulischen Proportionen besaß – war der Sohn eines jüngeren Bruders Friedrichs, des Prinzen August Wilhelm, und seiner Gemahlin, der Prinzessin Luise Amalie von Braunschweig-Bevern, einer Schwester wiederum von Friedrichs Gemahlin. Nach dem Tode August Wilhelms stand sein 1744 geborener Sohn in der Thronfolge an erster Stelle. Wie alle preußischen Prinzen mußte er das Waffenhandwerk erlernen, und in seinen jungen Jahren scheint er auf seinen Onkel sogar einen guten Eindruck gemacht zu haben, den Friedrich II. allerdings ein Jahr vor seinem Tode seinem Minister Hoym gegenüber revidieren mußte: »Ich werde ihm sagen, wie es nach meinem Tode gehen wird: es wird ein lustiges Leben am Hofe werden, mein Neffe wird den Schatz verschwenden, die Armee ausarten lassen. Die Weiber werden regieren, und der Staat wird zugrunde gehen. Dann trete Er auf und sag dem König: ›Das geht nicht! Der Schatz ist dem Lande und nicht Ihnen!‹ Und wenn mein Neffe auffährt, dann sage Er ihm ›*Ich* habe es so befohlen!‹ Vielleicht hilft es, denn er hat kein böses Herz . . .«
Als Friedrich Wilhelm 1786 im Alter von 42 Jahren den Thron bestieg, war er innerlich schon zu festgelegt, um sich durch die Übernahme der Pflichten des hohen Amtes noch zu verändern. Das strenge Regime Friedrichs wich größerer Flexibilität, darein sich im Laufe weniger Jahre Sorglosigkeit und Lässigkeit mischten. Durch die Aufhebung des Staatsmonopols auf Kaffee und Tabak machte er sich zeitweilig bei der Bevölkerung weithin beliebt. Aber wenig später kam dieselbe Bevölkerung nicht umhin, festzustellen, daß der König – so schilderte es Mirabeau – seiner Vorliebe für das Theater, die Musik und seine alten und neuen Mätressen treu geblieben war. Man sei auch darüber erstaunt, daß er stundenlang Gemälde, Möbel und Läden inspizieren oder Cello spielen oder den Intrigen seiner Hofdamen lauschen konnte, während er doch offensichtlich so wenig Zeit aufbrächte, seinen Ministern zuzuhören, die unter seinen Augen die Interessen des Staates bestimmten. Mirabeau notierte auch, daß der Monarch, statt dem Pöbel aufzuhelfen, zu ihm herabgestiegen sei. Diese Regentschaft sei der klassische Fall, der offenbarte, daß die absolute Monarchie ebenso stark und ebenso absolut sei wie ihr Monarch – oder ebenso schwach.

Die Verflechtung der Sozialstruktur Preußens mit seiner Außenpolitik, die wiederum die wirtschaftliche Basis und die militärischen Notwendigkeiten widerspiegelte, hatte unter der machtvollen Führung zweier Monarchen einen Grad an Stabilität und Integration geschaffen, der hundert Jahre zuvor nicht vorauszusehen gewesen war. Obwohl Aristokratie und Bauern noch die Hauptkomponenten der Gesellschaft ausmachten, hatte das Anwachsen der Städte eine Mittelschicht hervorgebracht, die in einem wesentlich agrarisch orientierten Staat erst noch ihren Platz finden mußte.

Das letzte Drittel des 18. Jahrhunderts erlebte einen Anstieg der Bodenpreise, der besonders in Preußen einem spekulativen Agrarkapitalismus Auftrieb gab, dem die Tendenz zur größeren wirtschaftlichen Unabhängigkeit des Landadels innewohnte. Zur gleichen Zeit wirkte sich das langsame, aber stetige Wachstum der Industrie auf die Mittelschicht günstig aus. Sowohl die Aristokratie als auch, in geringerem Umfang, die Mittelschicht waren in der preußischen Bürokratie repräsentiert, und die Anzeichen für das wachsende Selbstbewußtsein der Bürger wurden unübersehbar, was Friedrich der Große zur Kenntnis genommen und noch zu dämpfen sich bemüht hatte. Unter seinem unvergleichlich schwächeren Thronfolger sank die Macht der Krone. Der Tod Friedrichs des Großen bedeutete auch das Ende des königlichen Absolutismus in Preußen. An seine Stelle trat ein autoritärer Bürokratismus, die Herrschaft einer Bürokratie, deren implizite Aufgabe darin bestand, den Staat so zu verwalten, daß es zu keinem Ausbruch von Bürgerunruhen kam.

Unter Friedrich Wilhelm II. erfuhr Preußen seine belle époque, wobei Berlin zum blühenden Zentrum von Kultur und Bildung wurde. Und da Bildung kein Privileg der Aristokratie war, sondern in zunehmendem Maß von den bürgerlichen Intellektuellen bestimmt wurde, kamen deren Meinungen besser zum Ausdruck: Sie kulminierten in der begeisterten Zustimmung zu den Prinzipien der Französischen Revolution – eine Begeisterung, die sich jedoch in ihr Gegenteil verkehrte, als diese Prinzipien im Interesse des napoleonischen Expansionsdranges über die französischen Grenzen hinausgetragen wurden. An der Schwelle zum 19. Jahrhundert sah es so aus, als wollte die preußische Bürokratie die Stellung des Adels zugunsten der Mittelschicht schwächen – und dies ohne eine französische

Revolution. Schon unter Friedrich dem Großen, mehr noch unter Friedrich Wilhelm II. wurden zahlreiche Bürger dank ihrer besseren Bildung als Staatsbeamte angestellt und machten den Adligen ihre Positionen streitig, vor allem wenn diese außer ihrer Abstammung keine Qualifikationen vorzuweisen hatten. Beamte aus der Mittelschicht hatten ein allgemeines Interesse, willkürliche königliche Eingriffe zu verhindern, die Kontinuität der Verwaltung zu wahren und ihre persönliche Existenz zu sichern, indem sie fest verbürgte Ämter mit Pensionen innehatten. Die Garantie der Amtszeit wurde erst im Code von 1794 festgelegt, obwohl der endgültige Entwurf schon 1784, zwei Jahre vor Friedrichs Tod, erstellt worden war und seitdem vorlag. Rechtlich abgesicherte Pensionen wurden erst 1820 eingeführt. Allgemein etablierte sich in der Zeit von 1786 bis 1806 eine soziale heterogene Bürokratie, die den König dem Gesetz unterstellte, die Exekutive des königlichen Absolutismus in eine autonome bürokratische Körperschaft umwandelte. In dieser Zeit hatte die Machtverschiebung jedoch nur geringe Auswirkung auf die überzentralisierte Struktur der preußischen Bürokratie. Ohne den persönlichen Antrieb des Monarchen stagnierte sie, und so mußte nach der Beseitigung der Reste des friderizianischen Staates 1806 der Wiederaufbau sowohl eine fundamentale Neueinschätzung wie auch eine Wiederherstellung der gesellschaftlichen Strukturen und ihrer politischen Institutionen mit sich bringen. Im Unterschied zu 1730 war der Aufstieg der preußischen Mittelschicht nun unübersehbar – wie ihre Rolle in der Bürokratie beweist.

Das wichtigste Gesetzgebungswerk, das während der Regentschaft Friedrich Wilhelms II. 1794 in Kraft trat, war das ›Preußische Allgemeine Landrecht‹. Einer der schärfsten analytischen Denker seiner Zeit, Alexis de Tocqueville, schrieb:

»Unter den Werken Friedrichs des Großen ist das selbst in Preußen am wenigsten bekannte Gesetzbuch, das auf seinen Befehl ausgearbeitet und von seinem Nachfolger eingeführt wurde. Dennoch gibt es vielleicht keines, das mehr Licht auf den Mann selbst und auf die Zeit wirft und den wechselseitigen Einfluß beider aufeinander deutlicher erkennen läßt.

Dieses Gesetzbuch ist eine wahre Verfassung im eigentlichen Sinne dieses Wortes; es hat nicht nur den Zweck, die Beziehungen der

Bürger untereinander, sondern auch die Beziehungen der Bürger zum Staat zu regeln: es ist zugleich ein Zivil-, ein Strafgesetzbuch und eine Verfassung.

Es beruht oder scheint vielmehr zu beruhen auf einer gewissen Anzahl allgemeiner Prinzipien, die in einer sehr philosophischen und sehr abstrakten Form ausgedrückt und in vielfacher Hinsicht denjenigen ähnlich sind, die wir in der Erklärung der Menschenrechte in der Verfassung von 1791 finden.«

Dieses Gesetzbuch bildet den Abschluß der bereits von den Vorgängern Friedrichs des Großen initiierten Rechtsreform. Er hatte diese Aufgabe nach dem Siebenjährigen Krieg wiederaufgenommen, als Coccejis Reformen auf das gesamte Königreich ausgedehnt wurden. Cocceji hatte ein generelles preußisches Gesetzeswerk geplant, lebte aber nicht lange genug, um diese Aufgabe zu lösen. Friedrich betraute danach den schlesischen Justizminister von Carmer, der mit dem ebenfalls schlesischen Juristen Svarez das Werk fortsetzte, bis es schließlich von Svarez und Klein abgeschlossen und verkündet wurde. Das ›Preußische Allgemeine Landrecht‹ stellt keineswegs neues Recht dar, sondern bloß die Zusammenfassung bestehenden Rechts, das aufgrund seiner unterschiedlichen Ursprünge die diversen territorialen Errungenschaften der Hohenzollern reflektierte und manche Widersprüche und sogar Ungerechtigkeiten verursacht hatte. Man beabsichtigte die Schaffung eines Gesetzbuches frei von Widersprüchen und Unklarheiten, allgemeinverständlich und in der Lage, Antworten auf alle konkreten Rechtsprobleme zu geben. So bestand die Gesetzessammlung nicht aus der Erklärung allgemeiner Grundsätze, sondern aus Gesetzen, die alle erdenklichen Situationen abdecken sollten. Dieser Anspruch, diese Konzentration auf jedes Detail, waren dafür verantwortlich, daß sich die Arbeit an dem Gesetzeswerk so lange hinzog. Als Friedrich der Große nämlich den ersten Entwurf erhielt, bemerkte er, Gesetze müßten kurz sein, nicht weitschweifig und umfangreich.

Tocqueville beschreibt das Werk als eine Art Monstrum. Aber es bleibt doch ein bedeutendes Dokument für die Ablösung Preußens vom Absolutismus und seine Entwicklung in eine bürgerliche Gesellschaft. Das »Preußische Allgemeine Landrecht« stellt ein posthumes konstitutionelles Geschenk Friedrichs an eine Zeit dar, in der die politischen und gesellschaftlichen Bedingungen, die dieses Gesetzeswerk überhaupt ausgelöst hatten, im Begriff standen zu verschwinden. »Das Paradox des Gesetzeswerkes bestand darin, daß es im theoretischen Entwurf einer sich auflockernden sozialen Wirklichkeit weit vorauseilte, in der Durchführung aber diese Wirklichkeit durch eine Fülle von Bestimmungen kodifizierte, die dem geplanten Rechtszustand hinderlich waren, ja ihm widersprachen.« (R. Koselleck)

Theoretisch beruhte die Gesetzessammlung, oder was Tocqueville als Verfassung ansieht, auf einem Gesellschaftsvertrag, an dem die Einzelnen nur insofern mit ihren Naturrechten teilhaben, als das für den Staat zur Sicherung der freien Entfaltung ihrer Persönlichkeit, ihres Wohlergehens, ihrer Erziehung und ihres privaten Glücks nötig ist. Hiervon leitet sich eine Anzahl von Grundrechten ab: Schutz der Person und des Eigentums, Gleichheit vor dem Gesetz, Unabhängigkeit der Justiz, Gleichstellung der Geschlechter, Freiheit der Religionsausübung und des Denkens, das Recht auf Bildung und auf eigenes Glück, auf ›allgemeine Menschenrechte‹, die die Aufgaben und die Pflichten des Staates bestimmen und begrenzen. Im endgültigen Entwurf, der von der ersten Verfassung der Französischen Revolution beeinflußt war, führte Svarez an, es sei unmöglich, dem Menschen das Recht zu verweigern, seine Fähigkeiten zu entwickeln und all seine naturgegebenen Qualitäten auf der Suche nach seinem Glück zu entfalten. Diese natürlichen und unveräußerlichen Rechte würden dem Menschen nach dem Übergang in die bürgerliche Gesellschaft verbleiben, und dort gebe es keine gesetzgebende Kraft mehr, die ihn dieser berauben könnte. Das bedeutete auch eine Begrenzung der königlichen Souveränität, insbesondere konnte der König nicht mehr willkürlich in Justizverfahren eingreifen. Friedrich Wilhelm II. hatte diese Klausel in der Version, die veröffentlicht wurde, entfernen lassen; trotzdem war unübersehbar, daß sich ein Rechtsstaat entwickeln würde, in dem die liberalen Grundrechte sowohl für den Monarchen wie auch für Justiz und Verwaltung bindend waren.

Selbst in der Endfassung des Gesetzes »ist nirgends die Rede vom erblichen Recht des Fürsten oder seiner Familie, ebensowenig von einem besonderen Recht, das von dem Recht des Staates verschieden

wäre. Das Wort Staat ist bereits der einzige Name, dessen man sich zur Bezeichnung der königlichen Gewalt bedient.
Dagegen ist hier viel vom allgemeinen Recht des Menschen die Rede: Die allgemeinen Rechte der Menschen gründen sich auf die natürliche Freiheit, für sein eigenes Wohl zu sorgen, ohne die Rechte anderer zu verletzen. Alle Handlungen, die weder das natürliche Recht noch ein positives Staatsgesetz verbietet, sind erlaubt. Jeder Einwohner des Staates kann von diesem für seine Person und sein Eigentum Schutz verlangen und ist zur Selbstverteidigung berechtigt, wenn der Staat ihm nicht zu Hilfe kommt.« (Alexis de Tocqueville)

Die Auslegung des neuen Rechts unterschied sich von der liberalen Philosophie, die ihm zugrunde lag. Die preußische Gesellschaft verkörperte danach immer noch die Struktur des früheren Ständesystems, das als etwas organisch Gewachsenes angesehen wurde, und nicht als die neu sich bildende bürgerliche Gesellschaft. Das alte Drei-Klassen-System von Bauern, Bürgern und Adligen blieb, und jeder Stand hatte wiederum seine eigene Gliederung. Aber im Mittelalter hatte dieser gesellschaftliche Aufbau den Ständen und ihren Untergruppierungen eigene Privilegien und eine gewisse rechtliche Autonomie garantiert, die ihnen jetzt entzogen und den Zielen eines Staates untergeordnet wurden, der als abstraktes Konzept gleichbedeutend mit dem Allgemeinwohl seiner sämtlichen Komponenten war. So trug das Gesetzeswerk den Widerspruch zwischen einer traditionellen Gesellschaft und einer bürgerlich-liberalen Verfassung in sich. Alle Stände richteten sich auf den Staat, den Brennpunkt ihrer Aktivitäten aus. Daraus ergab sich wiederum das Paradoxon, daß zur Erreichung liberaler Ziele traditionelle Normen sozialen, politischen und wirtschaftlichen Verhaltens in Rechtsverordnungen verwandelt wurden, die all diese Aspekte bis hinunter zum kleinsten Detail regelten: wiederum ein typisches Beispiel für die institutionelle Absorbierung gesellschaftlicher, politischer und ökonomischer Konflikte, einer Politik, die von Friedrich Wilhelm I. begonnen wurde, um den Staat zu erhalten und zu stärken.

Tocqueville erkannte scharfsinnig die künftige Wirkung dieser Gesetze, die die Tendenz zur zentralistischen Demokratie und sogar zum Staatssozialismus in sich bargen: »Aber es zeigen sich in diesem zur Hälfte dem Mittelalter entlehnten Werk auch Bestimmungen, deren höchst zentralistischer Geist an den Sozialismus grenzt. So wird z. B. erklärt, es obliege dem Staate, allen Nahrung, Beschäftigung und Lohn zu verschaffen, die nicht selbst für ihren Unterhalt sorgen können und nicht berechtigt sind, Unterstützung vom Gutsherrn oder von der Gemeinde zu verlangen; man soll sie mit Arbeit versorgen, die ihren Kräften und Fähigkeiten angemessen ist. Der Staat soll Anstalten gründen, durch die den bedürftigen Staatsangehörigen Unterstützung zuteil wird. Der Staat ist überdies berechtigt, Stiftungen, die der Trägheit Vorschub leisten, aufzuheben und das Geld, über das diese Anstalten verfügen, selbst unter die Armen zu verteilen.«

Das »Preußische Allgemeine Landrecht« war ein Paradoxon – aber welche geschriebene oder ungeschriebene Verfassung ist das nicht? Zu einem sehr kritischen Zeitpunkt besaß die amerikanische Verfassung keine klare Antwort darauf, wem die Souveränität zukomme – der Nation, wie die Präambel im Ausdruck ›We the people‹ zu verstehen gibt, oder den verschiedenen Staaten, entsprechend der Ratifizierung der Verfassung. Die USA fanden eine Antwort, wenn auch keine konstitutionelle: den Sieg der Nordstaaten im amerikanischen Bürgerkrieg.

Aber trotz oder gerade wegen der Paradoxa und Ambivalenzen enthielt das Gesetzbuch die Möglichkeit einer zunehmenden Liberalisierung. Einerseits erlaubte es einen allmählichen Abbau und schließlich die Auslöschung der ständischen Privilegien und Rechte, andererseits konnte sich ein Wohlfahrtsstaat entwickeln, der die freigesetzten Energien in seine Dienste nahm. Aber keine dieser Alternativen konnte sich entwickeln. Statt dessen wurde der Staat von einer mehr oder weniger autoritären Bürokratie erhalten und geleitet, die je nach Anlaß, Interessen und Situation von den traditionellen Ständen gestützt oder bekämpft wurde. Nur im wirtschaftlichen Bereich konnten sich liberalere Strukturen entwickeln.

Die Einführung des »Preußischen Allgemeinen Landrechts« wurde nur von wenigen zur Kenntnis genommen. Richter seien die einzigen gewesen, die es studiert hätten, und selbst zu seiner Zeit gebe es viele aufgeklärte Männer, die es nie gelesen hätten, schrieb Tocqueville.

Mehr Aufsehen erregte das Privatleben des Königs. Schon 20 Jahre vor seiner Thronbesteigung war er eine intensive Beziehung zu Wilhelmine Enke eingegangen, der Tochter eines Hornisten im königlichen Orchester. Ihr fehlte es zwar an Bildung, nicht aber an Intelligenz. Der Unterricht, den sie von Friedrich Wilhelm selber und vom Lehrer erhielt, machte aus einem ungezogenen Balg eine kluge und äußerst gebildete Dame. Ihr gesunder Menschenverstand blieb nicht ohne Einfluß auf die Staatsgeschäfte. Wie sein Onkel, wurde auch Friedrich Wilhelm zu einer Heirat gezwungen. Aus der Ehe mit Prinzessin Elisabeth von Braunschweig stammte eine Tochter, und mit seiner zweiten Frau, Prinzessin Friederike von Hessen, hatte er sieben Kinder. Zur gleichen Zeit gebar ihm Wilhelmine fünf Kinder. Er beendete diese Liaison sechs Jahre, bevor er den Thron bestieg, unter dem Einfluß der Rosenkreuzer, einer geheimen Bruderschaft mit mystisch-reformatorischen Zielen, die sich als Gegenkraft zu den Freimaurern ansah – deren Großmeister übrigens Friedrich II. gewesen war – und die Ideen der Aufklärung bekämpfte. Friedrich Wilhelm und Wilhelmine Enke blieben aber wohl bis zu seinem Lebensende gute Freunde, und Wilhelmine scheint ihren Einfluß nie verloren zu haben. 1794 machte er sie zur Gräfin von Lichtenau und sorgte gut für ihre Kinder.

Wenn der König sein Gewissen vielleicht auch durch die Beendigung der Liaison mit Wilhelmine erleichterte, so hatte er doch wieder eine ganze Anzahl neuer Affären. Er ging zwei morganatische Ehen mit Hofdamen der Königin, Julie von Voss und Gräfin Sophie Dönhoff, ein. Wie im 16. Jahrhundert, im Fall der Heirat des Markgrafen Philipp von Hessen, der sich in der Heiligen Schrift gut auskannte und Luther und Melanchthon als Zeugen anrief, wurde jetzt, als Friedrich Wilhelm die Gräfin Sophie heiraten wollte, ein Konsistorium einberufen: auf der Grundlage der 200 Jahre zuvor von Melanchthon vertretenen Meinungen stimmte es einer von der Kirche sanktionierten Heiratszeremonie zu.

Friedrich der Große war, wie sein Vater, sein eigener Finanzminister gewesen. Friedrich Wilhelm wollte weder Finanz- noch Kriegsminister sein. Der Verfall der harten Disziplin, die unter Friedrich Wilhelms beiden Vorgängern so charakteristisch war, hatte aber nicht nur ernste Folgen, sondern brachte auch Gutes ein. Durch die Straßen Berlins wehte ein frischerer, ein freier Wind. Die literarischen Salons der preußischen Hauptstadt blühten auf, und die Künste erlebten allgemein einen Auftrieb. Es gäbe nicht das Brandenburger Tor in Berlin – das im gleichen Jahr fertiggestellt wurde, als die Pariser die Bastille stürmten –, hätte nicht Wilhelmine Enke wie so viele andere Talente auch Johann Gotthard Langhans entdeckt, der es entwarf und baute. Der Bildhauer Schadow erreichte während dieser Zeit den Höhepunkt seiner Schaffenskraft. Die Akademie der Wissenschaften, deren Mitglieder zur Zeit Friedrichs II. überwiegend Franzosen gewesen waren, wurde nicht nur verjüngt, sondern nahm nun vor allem Deutsche auf.

Preußens belle époque hatte ihre Ursprünge schon in der Regierungszeit Friedrichs II., als Rachel Levin und Henriette Herz, beides Preußinnen jüdischen Glaubens, Berlins intellektuelle Begabungen in ihren berühmten Salons versammelten. Friedrich Nicolai, der Herausgeber der weithin gelesenen ›Allgemeinen Deutschen Bibliothek‹, Moses Mendelssohn, ein einflußreicher Verbreiter der Ideen der Aufklärung, und Lessing drückten der Aufklärung in Preußen ihren Stempel auf. Immanuel Kant, Johann Georg Hamann und Johann Gottfried Herder führten die deutsche Philosophie zu neuen Dimensionen. Was unter Friedrich dem Großen begonnen hatte, erreichte nunmehr seine volle Blüte und beeinflußte Schleiermacher, Kleist, die Brüder Humboldt und viele andere, deren Werke in der Folge die Kultur und die Geschicke Preußens mitgestalteten. Bereits zur Zeit Friedrichs des Großen bildeten sich zahlreiche literarische und wissenschaftliche Zirkel und Vereinigungen wie der ›Montagsclub‹, zu dessen Mitgliedern Lessing und Mendelssohn gehörten, und die ›Gesellschaft für Freunde der Naturwissenschaften‹, die sich wöchentlich trafen. Auf die Initiative Svarez' hin wurde 1793 die ›Mittwochsgesellschaft‹ gegründet, zu deren Mitgliedern berühmte Ärzte wie Marcus Herz, Schadow und der Schauspieler Iffland zählten. Lessings Schauspiele ›Emilia Galotti‹ und ›Nathan der Weise‹ – ein bedeutender Aufruf zur Toleranz und insbesondere zur Versöhnung zwischen Juden- und Christentum – wurde zuerst vor diesen Gesellschaften aufgeführt. Eine andere Vereinigung, die ›Gesellschaft der Freunde der Humanität‹, hatte die Reform des preußischen Schulwesens zu ihrem Ziel erklärt.

Diese kulturellen Aktivitäten blieben nicht auf die Hauptstadt beschränkt, sondern griffen auf die Provinzen des Königreichs über, wo plötzlich größere Büchereien erbaut und sogar mobile Leihbüchereien für die Landbevölkerung eingerichtet wurden. Offiziere des Herzog-von-Braunschweig-Regiments in Halberstadt waren Mitglieder einer Gesellschaft, die pazifistische Ziele vertrat und aus ihrer Mißbilligung der preußischen Beteiligung an den Französischen Revolutionskriegen keinen Hehl machte. Mit einemmal gab es eine Vielzahl von Zeitungen, die statt Hofberichterstattungen Neuigkeiten aus Politik, Wirtschaft und Kultur druckten, denen sie kritische Stellungnahmen beifügten.

Als Wilhelm Iffland Direktor des Königlichen Schauspielhauses in Berlin wurde, erfreuten sich Schillers Schauspiele größter Popularität, und die Opern Glucks und Mozarts eroberten die Bühnen. Schadow, Karl von Gontard und Friedrich Gilly verfeinerten Knobelsdorffs Architekturstil und schufen so die Grundlagen, auf denen Karl Friedrich Schinkel den klassizistischen Stil während der ersten Jahrzehnte des 19. Jahrhunderts vollenden sollte.

Die Innenpolitik Friedrich Wilhelms II. und seiner Minister brachte wenig Neues. Friderizianische Prinzipien wurden abgebaut – nicht, weil man sich dazu entschlossen hatte, sondern weil es für alle Beteiligten viel bequemer war, den Dingen ihren Lauf zu lassen. In einem Bereich war das allerdings nicht der Fall: dem der Religion. Die Lutherische Kirche in Preußen zeigte Ansätze von Zerfall und mußte dringend reformiert werden. Friedrich Wilhelm übertrug diese Aufgabe seinem Günstling Johann Christoph Wöllner, der ebenfalls Rosenkreuzer war. Der einstige Prediger, frei von allen Einflüssen der Aufklärung, bestand beim Klerus auf strenger lutherischer Orthodoxie, und auch im Lehrberuf wurde auf orthodoxen Ansichten beharrt. Gegen Ende der Regentschaft Friedrich Wilhelms setzte sich dieser Konservatismus sogar soweit durch, daß die Presse, die bis dahin von keinerlei Zensur beengt war, wieder Einschränkungen erfuhr. Gleichzeitig wurden aber den Juden in Preußen Möglichkeiten des Aufstiegs eröffnet, die ihnen bisher verschlossen gewesen waren. Ein jüdischer General in Friedrichs II. Armee war eine Ausnahme. Während seiner Herrschaft waren ihm die Juden zwar vielfach nützlich gewesen, aber er war ihnen gegenüber nie frei von einer instinktiven Abneigung und hatte ihnen beträchtliche finanzielle und wirtschaftliche Pflichten aufgebürdet. So wurde in Berlin jedes jüdische Ehepaar vor der Hochzeit gezwungen, eine bestimmte Menge Porzellan von der Königlichen Porzellanmanufaktur, die Friedrich erworben hatte, zu kaufen. Diese lästige Pflicht brachte viele jüdische Familien in Berlin in den Besitz einiger der besten Porzellansammlungen in Deutschland. Unter Friedrich Wilhelm II. wurden die Dekrete, auf denen diese und ähnliche Pflichten basierten, nicht aufgehoben, sondern einfach ignoriert. Die Berliner Juden erfreuten sich einer besseren und freieren Atmosphäre, und es entwickelte sich allgemein eine Verhaltensänderung, die in den Gesetzen zugunsten der jüdischen Emanzipation während der Reformzeit kulminierte.

Preußens Außenpolitik wurde zunächst noch weitgehend nach dem Muster Friedrichs II. betrieben. Graf Hertzberg, der den außenpolitischen Kurs unter Friedrich Wilhelm II. bestimmte, ging weiterhin von der Voraussetzung aus, Österreich sei und bleibe Preußens Erzfeind und deshalb müsse der Deutsche Fürstenbund für die Erhaltung der Reichsverfassung garantieren. In der Praxis bedeutete dies die Erhaltung des politischen und territorialen status quo im Heiligen Römischen Reich. Im Gegensatz dazu bemühte sich der mit Preußen verbündete Herzog Karl August von Sachsen-Weimar, dessen Freund und Ratgeber Goethe war, den Bund zu einem Instrument für die Verfassungsreform zu machen. Eine Vorbedingung für die notwendigen Reformen war die Umwandlung des Bundes in eine engere Assoziation unter der Führung Preußens, ähnlich dem, was der Norddeutsche Bund später werden sollte. Aber Hertzberg wies diese Idee zurück und hatte stattdessen ein nordisches Bündnis als Ausgleich zur österreichisch-französischen Allianz im Sinn, dessen Kern ein Bündnis mit England sein sollte. Als sich 1787 gegen das Haus Oranien in den Niederlanden eine Revolution erhob, standen die Zeichen günstig für Hertzbergs Plan. Frankreich unterstützte die Republikaner, die Prinz Wilhelm V. bekämpften. Oranien und seine Anhänger wurde von England unterstützt. Mit Hilfe der preußischen Armee, die unter dem Herzog von Braunschweig 20 000 Mann entsandte, konnte Wilhelm V. wieder nach Den Haag zurückkehren. Frankreichs Einfluß in den Niederlanden erlitt einen schweren Rückschlag, der englische dominierte. Der einzige Gewinn für Preußen war ein im April 1788 geschlossenes Bündnis mit den Niederlanden,

das ein halbes Jahr später durch ein Abkommen mit England ergänzt wurde.
Hertzberg schien sein Ziel zu einer Zeit erreicht zu haben, als die Situation für Preußen besonders günstig aussah. Sowohl Österreich wie Rußland waren in einen Krieg mit dem Osmanischen Reich verwickelt, was ihre Aufmerksamkeit von Mitteleuropa abzog. Im Habsburgischen Reich lösten die Zentralisierungsmaßnahmen Kaiser Josephs II. außerdem Unruhen in Böhmen und Ungarn aus. Auch die österreichischen Niederlande befanden sich in Aufruhr, da sie mit Gewalt ihre Unabhängigkeit durchsetzen wollten. Preußen gewährte ihnen dabei aktive Unterstützung. Hertzberg suchte die Probleme Österreichs zum Wohle Preußens auszunutzen, um auf diesem Weg Thorn, Danzig und einen ausgedehnten Streifen der Provinz Posen von Polen zu bekommen. Der Krieg zwischen Preußen und Österreich schien unvermeidbar, als Kaiser Joseph II. am 20. Februar 1790 starb. Sein Nachfolger Leopold II. nahm Kontakte zu Friedrich Wilhelm auf, um Verhandlungen in Gang zu bringen. Ihr Resultat war die Konvention von Reichenbach 1790, wonach Preußen die Unterstützung der Separatistenbewegungen in den österreichischen Niederlanden und in Ungarn einstellen sollte, während Österreich unter dem Druck Preußens und Englands in einen Waffenstillstand mit der Türkei einwilligte, der seine Hoffnungen auf einen Frieden mit territorialen Annexionen zunichte machte. Für Preußen war das lediglich ein diplomatischer Sieg. Er brachte keinerlei praktischen Gewinn, und Hertzbergs Politik hatte nur Ausgaben verursacht. Andererseits war damit jeglicher Versuch am Ende, mittels des Deutschen Fürstenbundes die Reichsreform durchzuführen.
Rußland allerdings beteiligte sich nicht an der Konvention von Reichenbach. Katharina setzte den Krieg gegen die Türken eigenmächtig und erfolgreich fort und war nicht willens, ohne territoriale Gewinne Frieden zu schließen. Friedrich Wilhelm II. traf Vorbereitungen für eine Offensive gegen Livland, während die englische Flotte sowohl in der Ostsee als bei den Dardanellen angreifen sollte. In dieser Phase trat aber ein Klimawechsel in der englischen Politik ein, dadurch ausgelöst, daß Fox den zunehmend unpopuläreren Pitt d. J. überrundete und an die Macht kam. Preußen wurde gezwungen, seine Vorbereitungen gegen Rußland einzustellen, und Katharina die

Große zwang die Türken, 1792 bei Jassy einen Frieden zu schließen, der ihnen beträchtliche Gebietsverluste einbrachte. Diesmal hatte Preußen diplomatisch eine Niederlage erlitten.

Die eigentliche Bedeutung der Konvention von Reichenbach lag darin, daß sie eine fundamentale Änderung der preußisch-österreichischen Beziehungen herbeiführte. Seit 1740, über ein halbes Jahrhundert lang, war das Verhältnis von Gegensätzen geprägt gewesen. Reichenbach markiert den Beginn einer Bündnispolitik und Zusammenarbeit zwischen den zwei deutschen Großmächten, die 50 Jahre währen sollte. Ein Auslöser für diese Entwicklung war der Ausbruch der Französischen Revolution 1789. Besonders jene Monarchien, deren Gebiete unmittelbar an Frankreich grenzten, erkannten, daß sie ein gemeinsames Interesse hatten, nämlich sich gegen die Kräfte der Revolution zu verteidigen. In Preußen verlor Hertzberg seinen Einfluß, während Bischoffswerder, der aus dem Kreis der Rosenkreuzer um Wöllner kam, an Macht gewann. Er wollte eine gemeinsame Front gegen das revolutionäre Frankreich errichten, deren Hauptpfeiler ein Bündnis zwischen Preußen und Österreich sein sollte. Am 25. Juli 1791 wurde eine vorläufige Allianz geschlossen. Sie enthielt zwei wichtige Punkte: Polens Integrität sollte danach grundsätzlich respektiert und reformiert werden. Statt der Wahlmonarchie sollte das Land eine erbliche Monarchie unter der sächsischen Dynastie erhalten. Preußen verpflichtete sich ausdrücklich, das Rundschreiben von Padua Leopolds II., das alle europäischen Fürstenhöfe zu einer gemeinsamen Hilfsaktion für das französische Königshaus aufrief, zu unterstützen. Friedrich Wilhelm II. befürwortete die Kriegspolitik gegenüber dem revolutionären Frankreich in dem Glauben, die französischen Revolutionstruppen könnten von disziplinierten preußischen Einheiten ebenso leicht zerschlagen werden wie wenige Jahre zuvor die holländische Revolutionsbewegung. Am 7. Februar 1792 schlossen Preußen und Österreich ein offizielles Bündnis, in dem sich Preußen verpflichtete, 20 000 Mann für den Krieg gegen Frankreich zu stellen. Obwohl Leopold II. am 1. März 1792 starb, erhielt sein Nachfolger Franz II. am 20. April die französische Kriegserklärung.

Katharina die Große fand den Augenblick günstig, sich ohne Mühe an Polen zu bereichern, zumal sie vermuten konnte, daß Friedrich

Wilhelm sich mit ähnlichen Gedanken für die Vergrößerung Preußens trug. Österreich hätte eine Wiederherstellung Polens, wie sie in der vorläufigen Allianz mit Preußen beabsichtigt war, vorgezogen, weil das sowohl Rußland wie auch Preußen im Zaum gehalten hätte. Die Russen rückten 1792 in Polen ein, und Preußen verständigte sich mit Rußland, über den Kopf der Österreicher hinweg, über eine weitere Teilung Polens. 1793 folgte dann der russischen eine preußische Invasion in Polen, und beide Mächte besetzten die Gebiete, die sie zu annektieren wünschten. Österreich war ernsthaft beleidigt, konnte aber wenig tun. Danzig, Thorn und die Regionen von Posen, Gnesen und Kalisch mit 2716 qkm Fläche und 1,13 Millionen Einwohnern wurden von Preußen annektiert. Angesichts der Vergewaltigung ihres Landes organisierten patriotische Polen unter Tadeusz Kosciuszko einen letzten Widerstandskampf: Im November 1795 wurde der machtvolle Aufstand niedergeschlagen, und das war vorläufig das Ende der polnischen Sache. Der Aufstand wurde wie ein gescheiterter Revolutionsversuch geahndet. Im preußisch besetzten Polen wurden in riesigem Ausmaß Ländereien beschlagnahmt. Diese Aktionen waren gekennzeichnet von der Gier und der Korruption der hohen Beamten der preußischen Zivilverwaltung. Inzwischen hatte Franz II. bemerkt, daß ihm die zweite polnische Teilung von 1793 Galizien sicherte, und am 24. Oktober 1795 wurde die Teilung durch einen Vertrag zwischen Österreich, Rußland und Preußen formell besiegelt. Die innere Zerrissenheit Polens seit mehr als anderthalb Jahrhunderten legte die Frage nahe, wie lange sich das Land als souveräner Staat würde halten können. Mit dem Aufstieg Rußlands im Osten und Preußens im Westen waren Polens Tage als bedeutende europäische Macht gezählt. Wie unser eigenes Jahrhundert gezeigt hat, widerspricht die Existenz als Pufferstaat zu sehr den Ambitionen einer Großmacht, als daß ein solcher Staat seine Unabhängigkeit erhalten könnte.

Ähnliche Ziele konnten im Westen nicht verwirklicht werden. 1792 hatte sich Friedrich Wilhelm II. als Hauptrepräsentant der deutschen Sache gegenüber der gallischen gefühlt, und in Augenblicken der Begeisterung sprach er davon, daß er den Raub von Elsaß-Lothringen rückgängig machen wolle. Der Feldzug begann vielversprechend. Die verbündeten Armeen unter dem Herzog von Braunschweig nahmen

Longwy und Verdun ein und marschierten in Richtung Paris. Aber entgegen den Erwartungen, die die Berichte französischer Flüchtlinge geweckt hatten, betrachtete das französische Volk die Alliierten nicht als seine Befreier – eine Wahrheit, die sich durch die Kanonade von Valmy nur zu deutlich bestätigte. Der Herzog von Braunschweig verlor seinen Feldzug und das französische Königspaar sein Leben – Ludwig XVI. wurde am 21. Januar 1793, Marie Antoinette am 16. Oktober hingerichtet. Französische Revolutionstruppen drangen an das linke Rheinufer vor.

Im Frühjahr 1793 wurde der Krieg Preußens und Österreichs gegen Frankreich offiziell zu einem Krieg des Reiches gegen Frankreich erklärt. Der Herzog von Braunschweig eroberte wieder Teile des linksrheinischen Ufers, aber da die Alliierten sich nicht gegenseitig konsultierten, um ihre Operationen zu koordinieren, handelte jeder, wie es ihm paßte. Gegen Ende des Jahres begannen die französischen Streitkräfte wieder mit einer Offensive. Aus Protest gegen das mangelhafte österreichische Zusammenwirken mit der preußischen Armee hatte der Herzog von Braunschweig sein Kommando niedergelegt, und 1794 war die Fortsetzung des Krieges im Westen in Frage gestellt. Feldmarschall von Möllendorf, ein Veteran aus der Armee Friedrichs des Großen, ersetzte den Herzog. Inzwischen machten sich auch die finanziellen Auswirkungen von Preußens belle époque bemerkbar: das von Friedrich hinterlassene Staatsvermögen von 50 Millionen Talern war ausgegeben. Wenn der Krieg fortgesetzt werden sollte, benötigte Preußen ausländische Subsidien. Man verhandelte mit England über das Problem, konnte aber zu keinem abschließenden Resultat kommen. Bis auf die 20 000 Mann, für die man aufgrund des österreichisch-preußischen Bündnisses verpflichtet war, sollte die preußische Armee nach Hause befohlen werden. Erst als England schließlich Subsidien in Höhe von monatlich 50 000 Pfund zusagte, erklärte sich Preußen bereit, 62 400 Mann im Westen zu belassen. Die Beihilfe war mit der ausdrücklichen Verpflichtung gewährt worden, daß sie nur im Interesse und entsprechend den Wünschen der Seemächte England und Holland verwendet werden durfte. Das traf die preußische Selbstachtung, die in den vorangegangenen Jahrzehnten beträchtlich gestiegen war, schwer. Die Streitigkeiten zwischen der englischen und der preußischen Führung er-

reichten schließlich ein solches Ausmaß, daß die Engländer ihre Zahlungen einstellten. Außerdem erwiesen sich die französischen Truppen, trotz preußischer Siege wie im Mai 1794 bei Kaiserslautern, im gesamten Kriegsverlauf ihren östlichen Gegnern als klar überlegen. Preußen nahm den polnischen Aufstand zum Anlaß, noch im gleichen Jahr den Westen zu verlassen. Der Frieden von Basel beendete vorläufig Preußens Beteiligung am Krieg gegen Frankreich.
Auch bei Friedrich Wilhelm II. hatte der Feldzug seine Spuren hinterlassen. Seine Gesundheit verfiel zusehends. Während seiner langen Krankheit pflegte ihn mit großer Hingabe die Gräfin von Lichtenau, bis er am 16. November 1797 im Alter von 53 Jahren starb.
»Es wird einem jeden unbegreiflich sein, wie Friedrich Wilhelm III. das ward, was er geworden ist. Er sah nicht das Glück einer herzlichen Ehe und ward der beste Gatte; er genoß nicht das Glück der väterlichen Liebe und ward selbst der liebevollste Vater. Seine Bildung erfolgte in einer Zeit, wo Freigeisterei und Verhöhnung der Frömmigkeit an der Tagesordnung waren, er ward ein frommer Fürst; seine Gefühle erwachten in einer Zeit, wo eine freche Libertinage sich über alle Stände verbreitete, er aber ward davon nicht angesteckt. Bei allen Verlockungen zu Abwegen blieb er ein tugendhafter Mann.«

(Johann Carl Kretzschmer)

Dieses Urteil, das der zeitgenössische Biograph unmittelbar nach dem Tod Friedrich Wilhelms III. niederschrieb, wirft einiges Licht auf die hervortretenden Charakterzüge des Nachfolgers Friedrich Wilhelms II. Geboren am 3. August 1770, lernte er in seiner Kindheit noch den friderizianischen Staat kennen. Friedrich II. meinte angesichts der geringen Erwartungen, die er in seinen Neffen setzte, der Großneffe werde eines Tages die Aufgabe haben, sein eigenes Werk aufs neue zu beginnen. Deshalb schloß Friedrich wohlüberlegt den Einfluß des Kronprinzen aus – der sich dadurch kaum verletzt zeigte – und beaufsichtigte selber die Erziehung und die Ertüchtigung des zukünftigen Kronprinzen und Königs. Er wählte die Lehrer und Ausbilder aus und erteilte ihnen detaillierte Anweisungen.
Bei einigen Mängeln konnte Abhilfe geschaffen werden. Einer davon war sein Sprechen. Außer im engsten Kreise der Familie vermochte er kaum ohne Stammeln und Stottern zu reden. Er äußerte sich in kurzen, manchmal abrupten Sätzen, die seine Gesprächspartner bei

einer ersten Begegnung zunächst etwas verunsicherten, was jedoch bald vorüberging, wenn sich herausstellte, daß Friedrich Wilhelm trotz seiner herben Art ein bemerkenswert vorurteilsfreier und aufgeschlossener Mann war. Er besaß nicht die vielfältigen Gaben seines Großonkels, aber einen festen Charakter. Mirabeau, der ihm als 15jährigem begegnete, bemerkte: »Er ist nicht gerade besonders einnehmend, vielmehr ohne Gewandtheit, aber von ausdrucksvoller Physiognomie, ohne Tünche, aber wahr. Vor allem will er das Warum wissen; nur vernünftige Antworten befriedigen ihn. Streng und fest bis zur Unbiegsamkeit und doch warmen und feinen Gefühlen nicht verschlossen, weiß er schon hochzuschätzen und zu verachten. Seine Verehrung für den großen Friedrich grenzt an Vergötterung, und er äußert sie laut. Vielleicht reift dieser junge Mann einst zu großen Bestimmungen heran.«

Wenn Friedrich II., soweit es seine eigene Person betraf, der Religion skeptisch gegenüberstand, wußte er doch um die Bedeutung, die ein fester Glaube im Leben anderer Menschen und in der Gesellschaft besäß. Deshalb verlangte er, daß die Unterweisung des Prinzen nur solchen Personen anvertraut werde, die religiös nicht gleichgültig waren. Er sollte sich unbehindert und frei entwickeln, aber nicht ohne Religion aufwachsen. Friedrich Wilhelm III. blieb sein Leben lang religiös, aber frei von Intoleranz: »Ich weiß, wieviel Unheil es in der Welt verursacht hat, daß man hat vorschreiben wollen, was die Menschen glauben sollen; und ich erkenne allen Gewissenszwang für eine Sache, die sowohl der Gerechtigkeit und Klugheit als auch der Lehre und dem Verhalten Christi gänzlich entgegen ist.« Ungläubige solle man nicht verfolgen, ». . . das einzige Mittel ihrer Zurechtweisung (ist), daß man sie durch Belehrung zu erleuchten und zu überzeugen suche.«

Svarez war einer seiner Erzieher, der ihm auch die Bedeutung religiöser Toleranz nachdrücklich betonte. Wie seine spätere Regentschaft zeigte, bemühte er sich um eine Synthese zwischen einem Konservatismus, der seine Aufgabe in der Bewahrung alles Bewahrenswerten sah, und einer Fortschrittlichkeit, die langsam zu verändern suchte, was er und seine Berater für änderungsbedürftig erachteten.

Er hatte das Glück, 1793 der 17jährigen Prinzessin Luise von Mecklenburg-Strelitz zu begegnen, mit der er am Weihnachtsabend des gleichen Jahres die Ehe schloß. Es war eine der wenigen Liebesheiraten in der Dynastie Hohenzollern. Sie ergänzte ihn nahezu vollkommen. Ihre Lebhaftigkeit glich seine Zurückhaltung aus, und er wußte das zu schätzen. 1795 wurde der Thronerbe, der zukünftige Friedrich Wilhelm IV., geboren, 1797 ein zweiter Sohn, der spätere Kaiser Wilhelm I. Sie bekamen noch sieben weitere Kinder, unter ihnen die nachmalige Zarin Alexandra von Rußland. Im Alter von 27 Jahren bestieg Friedrich Wilhelm III. den Thron.

Unmittelbar nachdem Preußen sich aus dem Kampf gegen das revolutionäre Frankreich zurückzog, weitete sich der Krieg über ganz Europa, die Ostsee, die Nordsee und das Mittelmeer aus. Diese unerhörte Umwälzung hatte ihre hauptsächliche Ursache in der Revolutionierung der Kriegführung. Das Prinzip der ›levée en masse‹ war nur ein anderer Ausdruck für jenen Prozeß der Französischen Revolution, der die letzten institutionellen Barrieren zwischen dem Einzelnen und dem Staat niederriß. Waren einst Stände, Zünfte und die Kirche Vermittler zwischen den Untertanen und dem Monarchen gewesen, so standen sich nun der Einzelne, der ›citoyen‹ und der Staat unmittelbar gegenüber. Es war nicht mehr der Soldat beziehungsweise die Armee, die den Ruhm des Sieges oder die Last der Niederlage trug, sondern die Nation als ein Ganzes, und deshalb hatten alle Wehrfähigen der Nation die entsprechende Pflicht auf sich zu nehmen. Der erste Schritt zum totalen Krieg war getan worden.

Die Kriegführung des ausgehenden Absolutismus war von relativ kleinen Berufsheeren bestimmt gewesen, die strikt in Offiziere und Mannschaften getrennt gewesen waren. Entsprechend waren die Taktiken, ein Schachspiel, aus sorgfältig überlegten Zügen bestehend, mit dem Ziel, ein Maximum bei geringstmöglichen Kosten zu erreichen. Soldaten waren teuer. Sie wurden billiger, als mit der Ausweitung der Massendemokratie Soldatentum nicht mehr eine Wahl war, sondern eine Bürgerpflicht bedeutete. Sogar Friedrich der Große hatte noch innerhalb der Grenzen zu operieren, die ihm jenes System auferlegte. Im Vergleich dazu zählten die französischen Revolutionsarmeen Hunderte und Tausende von Männern, die aus dem Land heraus lebten und auf seine Kosten rücksichtslos Abgaben eintrieben und Beschlagnahmungen in einer Art und Weise vornahmen, die der Wallensteins oder Gustav Adolfs keineswegs nachstand. Napoleon trieb diese Entwicklung zu bis dahin ungeahnten Dimensionen: Die Geschwindigkeit und Wendigkeit, mit der er seine Massenheere bewegte, war ohne Beispiel. Hinter dieser revolutionären Veränderung stand das stolze Bewußtsein, eine unteilbare Nation zu sein, sowie die Überzeugung, die Grundsätze, in deren Namen die Revolutionsarmee marschierte, seien universal und müßten deshalb mit Sicherheit zum Siege führen.

Die einzige europäische Macht, die Zweifel an jeder derartigen Veränderung hegte, war England. Mit kurzen Unterbrechungen bekämpfte es Frankreich von 1793 bis 1815, um die Seeherrschaft zu behalten und wieder ein Kräftegleichgewicht in Europa herzustellen. Die andere Macht, die eine ähnliche Bestimmtheit an den Tag legte, war Österreich, das Haus Habsburg. Beide Mächte leiteten ihre Stärke nicht nur aus dem Gang der Geschichte ab, der ihre Sinne beständig geschärft hatte. Sie dachten in einem europäischen oder gar globalen Maßstab und sahen für Jahrzehnte eine Entwicklung voraus, die ihre Interessen und die sie repräsentierenden Formen von Kultur und Gesellschaft auf lange Sicht gefährden konnte. Daraus erwuchs die Bestimmtheit, einen Napoleon ebensowenig zu dulden wie Großbritannien ein Jahrhundert später einen Hitler.

Nachdem Preußen das Bündnis 1795 mit dem Frieden von Basel verlassen hatte, kämpfte Österreich zwei Jahre weiter und beendete den Ersten Koalitionskrieg mit dem Frieden von Campoformio, wobei es schwere Gebietsverluste, darunter das gesamte linke Ufer des Rheins, hinnehmen mußte. Zwei Jahre später wurde der Zweite Koalitionskrieg im Bund mit England, Rußland, Portugal, Neapel und der Türkei ausgefochten. Sie waren Napoleon, der auf schnellstem Weg aus Ägypten zurückgekehrt war, nicht gewachsen. 1801 mußte Kaiser Franz im Frieden von Lunéville den Verzicht auf das linke Rheinufer bestätigen. 1805 bekämpfte Österreich, wiederum im Bund mit England und Rußland, Napoleon aufs neue, um die etablierte politische Ordnung in Europa zu erhalten. Napoleons glänzender Sieg bei Austerlitz setzte auch diesem Versuch ein Ende, und der Frieden von Preßburg im Dezember 1805 gab Napoleon in Europa freie Hand, während Österreich nochmals erhebliche Gebiete verlor.

Napoleons Eingriff in Deutschland war beträchtlich. Die bunte Vielzahl von Kleinstaaten wurde zugunsten einer einfacheren und vernünftigeren Ordnung abgeschafft. Ohne Rücksicht auf die Ansprüche von Kirche und Adel wurden alte Strukturen niedergerissen und durch zeitgemäße ersetzt; Wechsel und Veränderungen wurden gemäß den Grundsätzen der Französischen Revolution durchgeführt. Napoleon, seit 1804 Kaiser von Frankreich, war der Initiator und Beschützer des Rheinbundes, eines Zusammenschlusses deutscher Fürsten, die ihr Heil im Zeichen der Trikolore suchten. Einige, wie der Kurfürst von Bayern, erniedrigten sich soweit, die Königswürde aus den Händen des Usurpators entgegenzunehmen.

Auch Preußen hatte von einigen Veränderungen Napoleons profitiert. Seine Gebiete in Westdeutschland waren angewachsen; und man hoffte, auch Hannover ohne größere Opfer zu erlangen. Preußen hatte am Zweiten und Dritten Koalitionskrieg gegen Frankreich nicht teilgenommen, sondern eine für Napoleon vorteilhafte, strikte Neutralität bewahrt. Die Folgen dieser Politik sollten sich als katastrophal erweisen.

Das alles lag noch in der Zukunft, als Friedrich Wilhelm III. und seine Gemahlin Luise gekrönt wurden und ins Kronprinzenpalais einzogen. Das Berliner Schloß fand Friedrich Wilhelm zu extravagant. Eine seiner ersten Handlungen war eine Säuberung bei Hofe. Er ließ frühere Mätressen und andere moralisch unerwünschte Existenzen entfernen. Die Gräfin von Lichtenau mußte sich eine Überprüfung gefallen lassen, bei der aber nichts Belastendes entdeckt werden konnte. Trotzdem verlor sie einiges an Besitz und wurde auf eins ihrer Güter verbannt. Zunächst hielt der König am Prinzip der persönlichen Herrschaft fest, da es ihm aber an der Fähigkeit und dem Rang Friedrichs des Großen fehlte, entwickelte sich das Kabinett der Regierung eher zu einer Kabinettsregierung. Unter Friedrich II. hatten die Kabinettsbeamten – auch wenn sie den Titel eines Rates trugen – wenig zu raten, sondern lediglich die Anweisungen des Königs niederzuschreiben. Unter Friedrich Wilhelm II. erlangten sie größere Unabhängigkeit, und während der ersten Phase der Regentschaft Friedrich Wilhelms III. entwickelte sich diese Unabhängigkeit derart, daß die Kabinettsräte schließlich einen größeren Einfluß ausübten als die Minister, obwohl sie nicht mit den eigentlichen Verpflichtungen belastet wurden wie die Minister der verschiedenen Abteilungen, die in beträchtlicher Distanz vom König blieben. Der

Freiherr vom Stein, in den Diensten des Generaldirektoriums, und Hardenberg, der sich zusammen mit dem Grafen von Haugwitz um die Außenpolitik kümmerte, waren ernsthaft verärgert, daß sie Maßnahmen durchzuführen hatten, die weder aus ihren Abteilungen stammten noch je diskutiert worden waren, sondern Beschlüssen im Kabinett des Königs entsprangen. Vielleicht wäre all das nicht so schlimm gewesen, hätte es sich bei den Räten um fähige und würdige Männer gehandelt und nicht um Leute, die geneigt waren, jeden Wunsch des Königs hinzunehmen, seinen Forderungen zuvorzukommen und Konflikte um jeden Preis zu vermeiden. Friedrich Wilhelms dringlichstes Anliegen war, seinem Lande den Frieden zu erhalten, komme, was da wolle. Die Vorgänge, die zum Frieden von Basel führten, hatten gezeigt, in welchem Maß die Qualität der preußischen Armee seit dem Tode Friedrichs des Großen abgesunken war. Eine Untersuchungskommission, die damals eingesetzt worden war, erhielt von Friedrich Wilhelm III. neue Impulse. Verschiedene Reformen wurden vorgeschlagen, aber es fehlte am nötigen Nachdruck, um sie durchzusetzen.

Friedrich Wilhelm II. hinterließ 55 Millionen Taler Schulden. Friedrich Wilhelm III. konnte bis 1806 immerhin 22 Millionen abbezahlen und eine Reserve von 17 Millionen schaffen. Obwohl die militärische Ausrüstung dringend erneuert werden mußte, obwohl auch die übrigen Ausgaben anwuchsen, der Staat also ohne größere Einnahmen eigentlich nicht mehr auskam, wurden keine Steuererhöhungen verordnet. Und das, obwohl man sich in einer Periode allgemeiner wirtschaftlicher Prosperität befand. Festungen wurden vernachlässigt, das Offizierskorps war überaltert, und während die französische Armee bewiesen hatte, daß Feldzüge auch im Winter durchführbar sind, besaßen die preußischen Truppen noch nicht einmal Wintermäntel. Der Anstoß zu einer Anhebung der Bodensteuer wurde verschiedentlich gegeben, doch der Adel wies das Vorhaben stets zurück. Viele Reformvorhaben, die nach 1807 verwirklicht wurden, waren bereits zu dieser Zeit erörtert worden – etwa die Schaffung eines Staatsministeriums, in dem die verschiedenen Minister sich treffen konnten, um ihre jeweilige Politik gemeinsam zu diskutieren, damit Entscheidungen getroffen wurden, die mit der allgemeinen Staatspolitik koordiniert waren.

Man erkannte die Notwendigkeit sozialer Reformen, und die Bemerkung eines preußischen Ministers gegenüber einem französischen Gesandten aus dem Jahr 1799 beweist, daß man an die traditionelle Politik der institutionellen Konfliktbeseitigung dachte: »Die heilsame Revolution, die ihr von unten nach oben gemacht habt, findet in Preußen langsam von oben nach unten statt. Auf seine eigene Weise ist der König ein Demokrat: er arbeitet rastlos an der Beschränkung der Privilegien des Adels, und in dieser Hinsicht folgt er dem Plan Josephs II., aber langsamer. In wenigen Jahren wird es in Preußen keine privilegierte Klasse mehr geben.«

Wie Friedrich II. und Friedrich Wilhelm I. sah der König die endgültige Befreiung der Bauern von der Erbleibeigenschaft als eine seiner Hauptaufgaben an. In der Zeit zwischen 1799 und 1806 wurden 50 000 Bauern von allen Pflichten gegenüber ihren Herren entbunden und somit zu freien Bauern, allerdings hauptsächlich auf Ländereien, auf die die Krone direkten Einfluß ausüben konnte. Schwieriger ließ sich dergleichen auf privaten Landgütern durchsetzen, wo erst gegen 1850 dieser Prozeß zum Abschluß kam. Friedrich Wilhelm III. mangelte es an dem festen Willen, seinen Adel mit unpopulären Maßnahmen zu konfrontieren. Die ersten neun Jahre seiner Regentschaft zeichnen sich deshalb nur dadurch aus, daß die Notwendigkeit von Reformen immer handgreiflicher wurde. Man begann ganz praktisch darüber nachzudenken, worin Reformen in den verschiedensten Bereichen des öffentlichen, sozialen und wirtschaftlichen Lebens bestehen sollten. Die Entwicklung war aber noch nicht an dem Kristallisierungspunkt angelangt, wo die Erkenntnis der Notwendigkeit von Reformen in eine koordinierte Reformbewegung umgesetzt werden konnte.

Der Frieden von Amiens, den England 1802 mit Frankreich geschlossen hatte, war nicht von langer Dauer. 1803 brach der Krieg zwischen beiden wieder aus. Napoleon verlegte sofort Truppen nach Deutschland, um Hannover zu besetzen. Der preußische Hof wurde zuerst davon unterrichtet, aber obwohl man die Anwesenheit französischer Truppen in nächster Nähe als Gefahr erkannte, waren der König und seine Ratgeber zu kleinmütig, um Einspruch zu erheben. Leitendes Prinzip blieb stets, die Neutralität zu wahren und gleichzeitig die Verbindungen zu Frankreich und Rußland aufrechtzuerhalten, während man jegliche Verwicklung in kriegsähnliche Aktionen gegen England mied. Doch als Napoleon mit Rußland brach, neigte sich Preußens Politik den Russen zu. Am 24. Mai 1804 wurde zwischen den beiden Ländern ein Abkommen unterzeichnet: sobald Napoleon versuchen sollte, über seine hannoversche Basis hinaus zu expandieren, wollten Rußland und Preußen sich ihm gemeinsam entgegenstellen. Während des Dritten Koalitionskriegs verletzten die Franzosen tatsächlich Preußens Neutralität. Der Marschall Jean Baptiste Bernadotte marschierte von Hannover durch Ansbach, und als Antwort machte Preußen mobil, unternahm aber noch keine militärische Aktion. Als zur gleichen Zeit Zar Alexander beim preußischen Königspaar weilte, besuchten sie auch die Gräber Friedrichs des Großen und Friedrich Wilhelms I. in der Potsdamer Garnisonskirche, und in diesem emotionsgeladenen Augenblick schlossen die beiden Monarchen und die preußische Königin einen Freundschaftsvertrag, der am 3. November 1805 als Vertrag von Potsdam besiegelt wurde. Das Abkommen sah vor, daß Preußen zunächst versuchen sollte, zwischen Napoleon und den Herrschern Österreichs und Rußlands auf der Basis des Vertrags von Lunéville zu vermitteln. Bei einem Fehlschlag sollte Preußen spätestens Mitte Dezember der Koalition beitreten und dann Hannover besetzen, das es später behalten könnte. Napoleons militärischer Vorstoß wurde rascher vorgetragen, als die preußische diplomatische Maschinerie sich in Bewegung setzen konnte. Der Vermittlungsversuch Preußens wurde durch die Schlacht bei Austerlitz und den Sieg Frankreichs über Österreicher und Russen hinfällig. Als der furchtsame preußische Außenminister Haugwitz in Schloß Schönbrunn bei Wien ankam, wo Napoleon seine Residenz aufgeschlagen hatte, unterzeichnete er eingeschüchtert ein offizielles Bündnis mit Frankreich, statt eine Vermittlung auch nur zu versuchen. Preußen stimmte einer Abtretung Ansbachs zu, das Frankreichs Verbündeter Bayern erhalten sollte, während Napoleon selber Kleve, Wesel und Neuenburg in Besitz nahm. Dafür erhielt Preußen Hannover, das es gegen die Engländer halten sollte. Darüber hinaus mußte Preußen den territorialen Veränderungen zustimmen, die Napoleon plante oder bereits als Folge der österreichischen Niederlage durchgeführt hatte wie die Annektierung Tirols durch Bayern. Als Friedrich Wilhelm den Vertrag zu Gesicht bekam zeigte er sich bestürzt; er wollte ihn nur unterschreiben, wenn einige Änderungen vorgenommen wurden. Napoleon lehnte ab. Da in der Zwischenzeit der Frieden von Preßburg zwischen Österreich und Frankreich geschlossen worden war, wurde ein neues Abkommen entworfen, der Vertrag von Paris vom 15. Februar 1806. Preußen mußte nun seine Häfen für englische Schiffe schließen und damit Napoleons Kontinentalsperre beitreten. Die Art der militärischen Hilfe Preußens für Frankreich und ihre Kontingentierung wurden noch klarer spezifiziert. Napoleon konnte verlangen, daß Preußen ihm gegen Rußland beistand. Preußen ratifizierte dieses erniedrigende Dokument und schloß für die Engländer seine Häfen. Das führte am 11. Juni 1806 zum Krieg mit England, und die englische Flotte vertrieb alle preußischen Schiffe von hoher See. Der Periode wirtschaftlicher Prosperität in Preußen folgten Stagnation und Niedergang.

Napoleon konnte nicht allen Widerstandswillen der preußischen Führung niederdrücken. Preußens Verhalten war schwächlich, war erniedrigend, aber wenn es auch seine früheren Verbündeten im Stich gelassen hatte, so war sein aufgezwungener Beistand für Napoleon wenigstens von Passivität gekennzeichnet. Die preußische Führung fürchtete, an der Seite Napoleons zu einem Satellitenstaat degradiert zu werden. Trotz der vertraglichen Verpflichtungen gegenüber Napoleon hielt Preußen die Verbindungen mit Rußland. Napoleon schlug vor, Preußen solle einen Norddeutschen Bund als Pendant zum Rheinbund einberufen, damit es dann in Deutschland einschließlich Österreich drei Mächte gebe. Gleichzeitig bereitete er einen Feldzug gegen Preußen vor. Französische Armeen näherten sich von Süd- und Westdeutschland her den Grenzen. Es zirkulierten Gerüchte, wonach Napoleon beabsichtige, Hannover Preußen wieder zu entreißen, um es als Pfand bei Verhandlungen mit England zu benutzen. Zu guter Letzt mobilisierte Friedrich Wilhelm III. am 6. August 1806 seine Armee und sandte an Napoleon ein Ultimatum, in dem er den Rückzug der französischen Truppen von seinen Grenzen und die Herausgabe einiger Gebietsteile am Niederrhein verlangte, die von den Franzosen gehalten wurden. Napoleon scherte sich nicht um die Forderungen, sondern verlangte, Preußen solle seinen Mobilmachungsbefehl rückgängig machen.

Friedrich Wilhelm III. stand nun unter Druck, besonders unter dem der öffentlichen Meinung. Das Volk glaubte, Preußen sei noch der Staat Friedrichs des Großen und in jeder Hinsicht kraftvoll. Die vom König und seinen Ratgebern verfolgte Politik forderte immer wieder Unmutsäußerungen heraus. Junge Offiziere schärften ihren Degen an den Stufen der französischen Botschaft in Berlin, und als in einer Aufführung von Schillers Schauspiel »Wallensteins Lager« das Lied erklang

> Wohlauf, Kameraden, aufs Pferd, aufs Pferd,
> ins Feld, in die Freiheit gezogen!
> Im Felde, da ist ja der Mann noch was wert,
> da wird das Herz noch gewogen ...

stimmte das gesamte Publikum mit ein. Unter diesem Druck und in der Erkenntnis, nur völlige Unterwerfung würde Napoleon zufriedenstellen, weigerte sich Friedrich Wilhelm III., seinen Mobilmachungsbefehl zurückzuziehen. Das bedeutete Krieg mit Frankreich – im schlechtesten Moment. Preußens Neutralitätspolitik in den vorangegangenen Jahren hatte ihm viele seiner potentiellen Verbündeten entfremdet. Österreich war geschlagen und nicht in der Lage zu helfen, mit England herrschte Kriegszustand, und die russischen Streitkräfte waren zu weit zurückgezogen, um im entscheidenden Frühstadium des Krieges eingreifen zu können. Preußen stand allein. Wenn sich in seiner Politik ein Lichtblick ergab, so der, daß es sich wenigstens nicht soweit hatte demütigen lassen wie die Fürsten des Rheinbundes. Das mochte ein gradueller Unterschied sein, aber es blieb doch ein Unterschied.

Die preußische Armee erwartete Napoleon westlich des Thüringer Waldes. Sie näherte sich allmählich dieser Gegend und unterschätzte völlig die Schnelligkeit, mit der Napoleon seine Truppen bewegen konnte. Bereits am 10. Oktober 1806 wurde die preußische Vorhut von den Franzosen bei Saalfeld geschlagen. Der Neffe Friedrichs des Großen, Prinz Louis Ferdinand, fiel in dem Gefecht. Die französischen Streitkräfte drangen rasch vor, umgingen die Preußen an ihrer Flanke und rückten auf die Nachhut zu. Die Schlachten von Jena und Auerstedt am 14. Oktober wurden für Preußen eine völlige Katastrophe. Bei Jena stand eine Armee unter dem Prinzen Hohenlohe-Ingelfingen einer dreimal so starken Streitmacht gegenüber; einige

Kilometer nördlich, in der Nähe des Dorfes Auerstedt, befand sich der Hauptteil der preußischen Armee, der den Franzosen zahlenmäßig überlegen war. Der preußische Befehlshaber, der Herzog von Braunschweig, wurde bereits zu Beginn der Schlacht verwundet. Damit trug der König, der nominell den Oberbefehl innehatte, unmittelbar die Verantwortung für die Operationen. Es fehlte ihm sicher nicht an persönlicher Tapferkeit, aber er besaß nicht die Gaben, die einen guten Feldherrn ausmachen. Es mangelte ihm an der Vorstellungskraft, die für Augenblicksentscheidungen vonnöten ist. Die Linientaktiken des 18. Jahrhunderts versagten gegen Napoleons ›tirailleurs‹: Die festen preußischen Linien gaben ein gutes Ziel für sie ab. Da die preußischen Truppen umgangen und von der Nachhut her angegriffen worden waren, kämpften die Franzosen mit dem Rücken zu Berlin und der Oder und die Preußen nach Osten. Von ihren Verbindungslinien abgeschnitten, fehlte es ihnen an jeder Rückzugsmöglichkeit, und so wurden sie nach der Niederlage völlig aufgelöst in die Flucht gejagt. Einheit auf Einheit kapitulierte, Festung auf Festung ergab sich.

Friedrich Wilhelm III. versuchte mit Napoleon Verhandlungen anzuknüpfen, was rundweg abgeschlagen wurde. Roßbach war gerächt, und die Revanche wurde voll ausgekostet. Am 27. Oktober zog der Korse in Berlin ein. Einer seiner ersten Besuche galt dem Grab Friedrichs des Großen in Potsdam. Lange in Gedanken versunken stand er vor dem Sarg mit den sterblichen Überresten, dann wandte er sich an die ihn begleitenden Generäle: »Meine Herren, wenn dieser Mann noch lebte, stünde ich nicht hier.«

Friedrich Wilhelm III. floh mit seiner Familie und der Regierung über die Oder. Der Freiherr vom Stein vermochte gerade noch den Staatsschatz vor den Franzosen zu retten. Nun stellte Napoleon seine Bedingungen: die Abtretung aller Gebiete Preußens westlich der Elbe. Friedrich Wilhelm III. versuchte erfolglos mildere Bedingungen zu erlangen. Am 30. Oktober wurde in Charlottenburg ein vorläufiger Frieden unterzeichnet, aber kaum war die Tinte getrocknet, änderte Napoleon seine Meinung und wollte einem Waffenstillstand nur zustimmen, wenn Preußen bereit sei, als Operationsbasis für einen Angriff gegen Rußland zu dienen. Die Mehrheit der Ratgeber des Königs riet, die Bedingungen anzunehmen, aber in einem seltenen Moment rascher Entschlußkraft entschied er sich gegen diesen Rat und lehnte den vorläufigen Frieden ab. Das hieß, der Krieg wurde fortgesetzt. Friedrich Wilhelm III. war sich klar darüber, daß der Krieg nur mit russischer Unterstützung gewonnen werden konnte. Diese Entscheidung des Königs trennte unter seinen Beratern die Spreu vom Weizen. Vorsichtige und ängstliche Männer wie Haugwitz traten zurück. Einer mußte sogar dem persönlichen Schutz der Königin unterstellt werden, um ihn vor der Wut der Stettiner Bevölkerung zu retten. Männer wie Stein und Hardenberg nahmen nun die Geschicke Preußens in die Hand. Zu dieser Zeit befanden sich der König und sein Hof auf dem Weg nach Königsberg, wobei ihnen die französischen Truppen hart auf den Fersen folgten.

Napoleon, davon überzeugt, daß er seinen Hauptfeind England nur dann schlagen könne, wenn zuvor die Russen besiegt seien, versuchte nun Unterstützung zu erlangen. Er förderte einen nationalen Aufstand in Preußens polnischen Provinzen und versprach die Wiederherstellung des Königreichs Polen. Österreich bot er Schlesien an im Tausch gegen die Abtretung Galiziens, aber Österreich weigerte sich und bestand auf seiner Neutralität. Sachsen, das im Bund mit Preußen gewesen war, erlag den Versprechungen Napoleons, und so wurde der Kurfürst von Sachsen, gleich dem von Bayern, König von Napoleons Gnaden. 1807 war der Hauptkriegsschauplatz Ostpreußen, wo Napoleon über eine Streitmacht von annähernd 600 000 Mann verfügte, die von einem Lande lebten, dessen Bevölkerung ohnehin schon unter harten Bedingungen litt. Als er den ersten russischen Streitkräften begegnete, drängte er sie in die litauischen Grenzgebiete zurück. Am 7. und 8. Februar 1807 fand bei Preußisch-Eylau die erste Schlacht zwischen Russen und Franzosen statt – die Russen standen unter dem Befehl des Generals von Bennigsen und wurden vom preußischen Korps L'Estocq unterstützt, dessen Stabschef Gerhard von Scharnhorst war. Es war die erste Schlacht, die Napoleon nicht gewann. Daraufhin schickte er Friedrich Wilhelm einen Gesandten nach Memel, um Frieden auf der ursprünglichen Basis der Abtretung seiner Gebiete westlich der Elbe zu schließen. Friedrich Wilhelm III., nun von Hardenberg beraten, weigerte sich in der Hoffnung, Rußlands Stärke werde sich bald spürbar machen.

Da die Russen aber die Lage nach Preußisch-Eylau nicht nutzten, gewannen die Franzosen weitere Gebiete wie Schlesien und Pommern. In der früheren Provinz Schlesien wurden lediglich Glatz und Kosel gegen sie gehalten; in Pommern widerstand nur die Stadt Kolberg, inspiriert von der heroischen Begeisterung ihres Bürgermeisters Nettelbeck und unter der Führung eines bis dahin relativ unbekannten Offiziers, August Neithardt von Gneisenau.

Noch vor der Schlacht bei Preußisch-Eylau, am 28. Januar 1807, hatte Preußen mit England Frieden geschlossen, aber die erwartete englische Hilfe war noch nicht eingetroffen. Man verbündete sich mit Schweden und, was noch wichtiger war, mit den Russen – eine Allianz, die von Hardenberg ausgehandelt und am 26. April 1807 unterzeichnet wurde. Man kam überein, daß kein Separatfrieden geschlossen und der Krieg fortgesetzt werden sollte, bis Napoleon hinter den Rhein zurückgeworfen war. Preußens Grenzen von 1805 sollten wiederhergestellt werden, und an Stelle des Heiligen Römischen Reiches Deutscher Nation, das zu bestehen aufgehört hatte, wolle man eine Deutsche Konföderation gründen, in der Preußen und Österreich gleichberechtigte Partner sein sollten. Aber der neuen Allianz wurden keine Siege beschert. Als Napoleon am 14. Juni 1807 Bennigsen in der Schlacht von Friedland schlug, bat Zar Alexander um einen Waffenstillstand. Elf Tage später trafen sich die beiden Herrscher auf einem Floß auf der Memel und schlossen eine Vereinbarung auf Kosten Preußens. Während Rußland keine Verluste erlitt, mußte Preußen die Rechnung bezahlen: seinen Fortbestand duldete Napoleon nur Alexander zu Gefallen. Am 9. Juli 1807 verlor Preußen im Friedensvertrag von Tilsit alle seine Gebiete westlich der Elbe einschließlich Magdeburg und seine polnischen Provinzen, die an ein neugeschaffenes Herzogtum Warschau fielen, das dem König von Sachsen unterstellt wurde. Preußens Territorium war auf eine Größe von 7311 qkm, seine Bevölkerung auf 4,5 Millionen Menschen reduziert worden. Aus den verlorenen westlichen Provinzen wurde das Königreich Westfalen geschaffen, auf dessen Thron Napoleon seinen jüngsten Bruder Jérôme setzte. Der Vertrag von Tilsit wurde am 12. Juli durch die Königsberger Konvention ergänzt, wonach Napoleon seine Besatzungstruppen nur dann aus Preußen zurückziehen würde, wenn die verlangten Reparationsgelder gezahlt worden seien. Bis dahin war aber noch keinerlei Summe festgesetzt.

8. KAPITEL
Die preußische Reformbewegung

Preußen hatte durch Napoleon Niederlage und Demütigung hinnehmen müssen. Doch ereignete sich diese Niederlage zu einem Zeitpunkt, da die preußische Führung bereits von der Notwendigkeit staatlicher Reformen überzeugt war. Sie hatte schon vorsichtig Vorbereitungen dazu getroffen, als sie von dem Unglück überrascht wurde, bald aber auch erkannt, daß es zugleich die Voraussetzung zur Erfüllung dieser Pläne schuf.

Ein herausragendes Ereignis der Reformbestrebungen stellte die Ersetzung einer überalterten Kabinettsregierung durch eine kleine, klar gegliederte Gruppe kritisch gesinnter Staatsdiener und Offiziere dar, deren Hauptziel nicht in einer revolutionären Veränderung des Staatswesens, sondern in der inneren Reform und dem noch bedeutsameren Neubau der Verwaltungs- und Militärhierarchie bestand. Dieser entscheidende und bestimmende Prozeß sollte innerhalb und nicht außerhalb der bestehenden Institutionen stattfinden. Harmonie statt Konflikt war der Leitgedanke der preußischen Reformbewegung – es war einer der Hauptgründe für das Scheitern und das erneute Anwachsen der reaktionären Kräfte nach 1815.

Natürlich waren Reformer wie Stein, Hardenberg, Scharnhorst, Gneisenau, Boyen, Schrötter, Schön, Frey und Wilhelm von Humboldt vom Kant'schen Konzept der Freiheit als dem Privileg und der Fähigkeit, sich der Pflichterfüllung zu widmen, angezogen beziehungsweise von der praktischen Anwendbarkeit seines kategorischen Imperativs. Der Untertan des Königs wandelte sich zum Bürger – ein Vorgang, der die Beseitigung von Schranken verlangte, die ihn bisher von der Übernahme voller ethischer und politischer Verantwortung abgehalten hatten. Fichte führte Kants Idealismus noch einen Schritt weiter, als er den Staat als Brennpunkt der Gemeinschaft bezeichnete, auf den sich die Aufmerksamkeit jedes einzelnen Teils richten solle.

Aus der Gruppe der Reformer gaben besonders vier Männer einer Erneuerung Anstöße, Kraft und Richtung: Stein, Hardenberg, Scharnhorst und Wilhelm von Humboldt. Der Reichsfreiherr Friedrich Karl vom und zum Stein begann seine Laufbahn im Staatsdienst unter Friedrich dem Großen, war Oberpräsident der Minden-Ravensbergischen Kammer und auch der in Münster neugebildeten geworden und von 1804 bis 1807 Wirtschafts- und Finanzminister gewesen. Die Familie gehörte der Reichsritterschaft an, einer Körperschaft, die während der zweiten Hälfte des 17. und des 18. Jahrhunderts gegen die Zentralisierungs- und Rationalisierungsbemühungen der absolutistischen Fürsten, die nach Ausgabenerhöhungen auf Kosten des Kaisers und der Ritterschaft strebten, einen ständigen Kampf focht. Zu einer Zeit, da Deutschland in etwa 60 Fürstentümer zerfallen war, hielten die Reichsritter ihre Identität als Körperschaft und das Bewußtsein von der Einheit des Heiligen Römischen Reiches Deutscher Nation noch aufrecht. Eben das gab auch Stein die Stärke und die geistige Unabhängigkeit in seinem Verhältnis zu Friedrich Wilhelm III. Die Reichsritterschaft genoß gesetzgeberische, finanzielle und rechtliche Privilegien; sie war nur dem Kaiser untertan, besaß aber keine Vertretung im Reichstag. Sie war eigentlich im Niedergang begriffen: ihre wirtschaftliche Basis schrumpfte, und die Fehden mit so manchen Fürsten wurden nicht mehr mit Schwert oder Lanze, sondern in kostspieligen Prozessen vor dem Reichskammergericht ausgetragen. Um diesem Abstieg zu entrinnen, traten viele Reichsritter wie auch Stein in die Dienste mächtiger Höfe, und es ist bezeichnend, daß viele von ihnen Preußen vor anderen deutschen Höfen bevorzugten.

Während seiner Laufbahn entdeckte Stein die Schwächen der Verwaltung in den letzten Jahren unter Friedrich II. und unter Friedrich Wilhelm II. Er klagte häufig über Mängel der Koordination zwischen den verschiedenen Departements des Generaldirektoriums, die Erniedrigung von Ministern zu bloßen Angestellten, die täglich nur Routineangelegenheiten abzuwickeln hatten, und das Fehlen einer

Beteiligung an wichtigeren Entscheidungen. Für die oberste Verwaltung sah Stein eine stärkere Zentralisierung und die Einrichtung eines Ministerrats vor.

Stein dachte traditionsbewußt, d. h. eher in den Kategorien der Restauration und der Einheit des Reiches als denen eines partikularistischen Territorialstaates. Aber er spürte, daß die Zukunft nur auf der Grundlage neuer Beziehungen zwischen Regierung und Volk gemeistert werden konnte. Deshalb forderte er in seiner berühmten Nassauer Denkschrift von 1807 eine Erneuerung des öffentlichen Bewußtseins, das von Nationalgefühl durchdrungen und durch allgemeine Beteiligung an allen öffentlichen Belangen gesichert werden sollte. Bereits vor 1807 hatte er die Meinung vertreten, daß diese Beteiligung am besten durch repräsentative Versammlungen gewählter Mitglieder der Stände zustande kommen könne. Der Adel sollte die Basis der Ständeversammlung bilden, da er infolge seiner sozialen und ökonomischen Stellung Einfluß besaß und unlösbar mit dem Interesse des Landes verknüpft war. Aber die Adligen besaßen nicht als einzige Land, und so sollten auch die bürgerlichen Grundeigentümer einschließlich der Bauern, die der Größe ihres Besitzes entsprechend 500 Taler Steuern pro Jahr und mehr bezahlten, ebenfalls im Landtag vertreten sein.

Eine seiner ersten Handlungen noch als Mitglied des Generaldirektoriums bestand in der Beseitigung der inländischen Zölle in Preußen. Er war allgemein bemüht, Preußens Wirtschaft weg von der vorherrschend merkantilistischen Politik des 18. Jahrhunderts zu einer an den Grundsätzen Adam Smiths orientierten zu führen, der anzuhängen er sich mehr als einmal bekannte. Er wollte die Macht der Zünfte im Zaume halten, sie allen Arten des Handels und des Gewerbes öffnen und die noch so weitgehend bestehenden Schranken zwischen Stadt und Land beseitigen. Der Handel sollte im ganzen Königreich blühen, und da war es weder sinnvoll noch gerecht, auf dem Lande eine relativ geringe Bodensteuer und in den Städten eine sehr hohe Verbrauchssteuer zu erheben. Er schlug eine allgemeine Einkommenssteuer vor, gemäß den Richtlinien, wie sie erstmals in der Geschichte 1793 von der französischen Nationalversammlung dekretiert worden waren und 1799 von Pitt dem Jüngeren und, nach dem erneuten Ausbruch der Feindseligkeiten zwischen Frankreich und England, noch einmal 1803 in England durchgeführt wurde. Grundsätzlich gab es in den von Stein vorgeschlagenen Reformen wenig Neues. Sie waren zuerst vom ›ancien régime‹ durch die französischen Physiokraten verlangt und von Teilen des französischen Adels und der Bourgeoisie übernommen worden; ihre Ausführung durch Turgot war allerdings am heftigen Widerstand der Opposition gescheitert.

Stein sollte einen ähnlichen Widerstand erfahren, besonders von seiten des Adels. Obwohl er selber Mitglied des Generaldirektoriums war, stand zwischen dem König und seinen Ministern immer noch das königliche Kabinett, dessen Entlassung Stein für unumgänglich hielt, wenn die von ihm geplanten Reformen durchgeführt werden sollten, bevor die Flut der Revolution und des Krieges das ganze Königreich überrollte. Die gesamte Verwaltungsstruktur des preußischen Staates bedurfte der Reform. Seine Gedanken faßte er in seiner ›Darstellung der fehlerhaften Organisation und der Notwendigkeit der Bildung einer Ministerialkonferenz‹ zusammen (27. 4. 1806). In diesem Memorandum stellte er fest, daß der preußische Staat keine geschriebene Verfassung besitze, daß die oberste Macht nicht zwischen dem Oberhaupt und den ›Nationaldeputierten‹ geteilt sei und daß der Staat Preußen nichts anderes als die Anhäufung seiner Provinzen darstelle. Diese Provinzen würden vom König und seinem Kabinett regiert, in deren Händen die einzige Entscheidungsmacht liege. Minister könnten nur das Kabinett anrufen oder Petitionen einreichen. Sie hätten nichts anderes zu tun, als Entscheidungen auszuführen. Sie bildeten noch nicht einmal einen Rat, in dem sie sich aufeinander abstimmen könnten. Die Minister besäßen das Fachwissen, während das Kabinett, das weder über Fachwissen verfüge noch Verantwortung trage, alle Macht auf sich vereinige. Diese Verhältnisse müßten die Moral nicht nur der Minister, sondern der gesamten Bürokratie angreifen. Er forderte die Herstellung eines direkten Kontaktes zwischen dem König und seinen höchsten Mitarbeitern im Staatsdienst, damit alle Personen, die dem König die Staatsaufgaben zur letzten Entscheidung vorzulegen hätten, vor dem Gesetz und der Öffentlichkeit auch als solche benannt und ihre Versammlungen zweckmäßig organisiert würden und Verantwortung trügen. Diese Organisation der Ministerialverwaltung, die sie in Departements aufteilte, war nicht die eigene Idee Steins; sie entwickelte sich bereits in Westeuropa, sogar in den Staaten des Rheinbundes. Stein schloß seine Denkschrift mit den Worten: »Sollten Seine Königliche Majestät sich nicht entschließen, die vorgeschlagenen Veränderungen vorzunehmen, sollten Sie fortfahren, unter dem Einfluß des Kabinetts zu handeln, so ist es zu erwarten, daß der preußische Staat entweder sich auflöst oder seine Unabhängigkeit verliert und daß die Achtung und Liebe der Untertanen ganz verschwinde.«

Steins Denkschrift wurde nicht in die Tat umgesetzt, und die von ihm prophezeiten Folgen trafen ein. Nach der Niederlage versuchte Friedrich Wilhelm III. Stein mit der Außenpolitik zu betrauen. Stein aber weigerte sich, weil der Einfluß des Kabinetts fortdauerte: auch wenn er das Ministerium des Äußern annehme, wäre das Opfer doch fruchtlos – erst müsse das Kabinett beseitigt sein und der Minister-Conseil, der Staatsrat eingerichtet werden, »wodurch allein die Minister wieder ein Ansehen haben können«. Einen solchen Vorgang hatte es in der preußischen Geschichte noch nicht gegeben, daß ein Staatsbeamter einen Posten zurückwies, weil die von ihm geforderten Reformen nicht durchgeführt worden waren und gar noch einen anderen Beamten, Karl August von Hardenberg, vorschlug, den er für dieses Amt als geeigneter hielt. Das bestätigte in Friedrich Wilhelms III. Augen die von seinen Kabinettsmitgliedern in Umlauf gebrachten Gerüchte, daß Stein auf nichts anderes bedacht sei, als sich die höchste Macht anzueignen: er wolle angeblich nur verhindern, daß der König sich von allen Seiten Rat einhole. Aber Friedrich Wilhelm versuchte doch zumindest einen Kompromiß zu finden und schlug einen dem Kabinett verantwortlichen Ministerrat vor, dem auch Stein angehören sollte. Doch Stein lehnte ein weiteres Mal ab, da der Ministerrat entweder nutzlos sei oder vom Kabinett mißbraucht würde. Er beabsichtige zwar nicht, den Dienst zu quittieren, aber hege nicht weiterhin die Täuschung, es existiere ein wirklich funktionierender Ministerrat. Daraufhin nahm der König an, Stein sei wenigstens noch zu einer Zusammenarbeit bereit, und sandte ihm einige Geschäftsangelegenheiten des Departements des Innern, die Stein prompt mit der Bemerkung zurückschickte, daß er den Ministerrat als nicht konstituiert betrachte. Friedrich Wilhelm wurde über dieses Benehmen wütend und drohte ihm mit Entlassung. Stein bot daraufhin seinen Rücktritt an, der angenommen wurde. Der absolute Monarch war dem Mann einer neuen Ära entgegengetreten und hatte für eine kurze Zeit gewonnen.

Stein kehrte in sein heimatliches Nassau an der Lahn zurück und widmete sich den Gründen für das Unglück, das sowohl Preußen wie auch Deutschland befallen hatte. Eins der Grundübel Preußens glaubte er in der völligen Apathie des Volkes zu finden, die das Produkt eines bürokratischen Staates war, dessen Bürger nicht an der Formulierung einer doch sie alle betreffenden Politik Anteil nahmen. Der Französischen Revolution war es anscheinend gelungen, die Bürger aktiv an den Geschicken des Staates partizipieren zu lassen. Das gleiche Ziel schien Stein für diesen Staat erstrebenswert. 1806 erlitt das ›ancien régime‹ in Preußen seine endgültige Niederlage. Es hatte zweifellos Großes vollbracht, aber die Verbindung zwischen Volk und Regierung, die Stein zufolge im Mittelalter bestanden hatte, war verlorengegangen. Die Forderung nach Zusammenführung von Volk, Gesellschaft und Staat hatte die Französische Revolution aufgenommen und sich zu eigen gemacht. Aber Stein strebte keine Nachahmung dieses Beispiels an. In vieler Hinsicht reflektierte er die allgemeine Meinung in Preußen, die insgesamt diese Revolution zwar billigte, doch ohne einen Augenblick Gedanken zu verschwenden, ob sie für Preußen oder ganz Deutschland als Modell dienen könnte. Während die Franzosen die unmittelbare Umsetzung der Naturrechte in die Praxis versucht hatten, zog der konservative Stein es vor, an die geschichtliche Tradition Deutschlands anzuknüpfen. Er wollte im Volk keine Kräfte wecken, die wie in Frankreich der Kontrolle entgleiten würden, sondern forderte die Überwindung des Absolutismus mit legalen Mitteln, durch Gesetze und Erlasse, die vom König und seinen Ministern entworfen und unterzeichnet werden sollten. Auch die Befreiung vom Joch Napoleons sollte durch Reformen erfolgen, eine Befreiung, die patriotische Bürger auszuführen hätten. Weil sie an seinen Angelegenheiten aktiv beteiligt gewesen wären, würden sie sich dann auch mit dem Staat identifizieren können. Preußen sollte ein Modell für ganz Deutschland werden, und er hoffte, daß auch Österreich diesem Beispiel folgen werde. Als deutschem Unitarier war ihm die Habsburger Monarchie zu wertvoll, um geopfert zu werden, und er glaubte, daß ihre Beteiligung einen wichtigen und wesentlichen Beitrag zur Erreichung seines Hauptzieles liefern könnte: der Wiedererrichtung der Einheit Deutschlands. »Ich kenne nur ein Vaterland, und das heißt Deutschland.«

In seiner Nassauer Denkschrift vom Juni 1807 beschreibt er bis ins Einzelne die von ihm für die Erneuerung des Vaterlandsgefühls, der Unabhängigkeit und der nationalen Ehre für notwendig erachteten Reformen. Wie schon zuvor fordert er die Ersetzung des Kabinetts durch eine ständige Ministerkonferenz; auch sollte sie entsprechend den besonderen Zwecken und nicht regional strukturiert sein, da nur auf diese Weise ein geeintes Staatswesen herzustellen sei. Er verlangte die Trennung von Rechtsprechung und Exekutive, was die Beseitigung der noch immer von den Gutsbesitzern praktizierten patrimonialen Gerichtsbarkeit einschloß. Er forderte ein besonderes Erziehungsministerium sowie Ministerien für protestantische und katholische Angelegenheiten. Das bedeutete die Trennung von Erziehung und Religion und die Beschränkung des klerikalen Einflusses auf den religiösen Bereich, wo er nach Steins Ansicht allein berechtigt war.

Ironischerweise hatte Stein seine Rückberufung Napoleon zu verdanken. Als Friedrich Wilhelm III. gegen Napoleon äußerte, daß er nur Hardenberg hohe Ämter anvertrauen könne, erwiderte der Kaiser: ›Prenez le baron de Stein, c'est un homme d'ésprit‹. Es hatte Gerüchte gegeben, wonach Stein und Hardenberg Schwierigkeiten hatten, miteinander auszukommen. Napoleon mag damit gerechnet haben, daß der Wiederaufbau Preußens durch die Rivalität der beiden blockiert werde.

Am Tag des Vertrags von Tilsit ließ der König Stein in sein Amt zurückrufen und forderte ihn auf, alte Kränkungen zu vergessen. Daß Stein dazu bewogen werden konnte, war allein Hardenbergs Überredungskunst zu verdanken. Am 4. Oktober 1807 nahm er seine Tätigkeit für genau ein Jahr wieder auf – ein Jahr voller wichtiger Entscheidungen, die die Geschichte Preußens und Deutschlands ein Jahrhundert lang beeinflussen sollten. Innerhalb von fünf Tagen wurde die erste große Reformmaßnahme angekündigt, das ›Edikt, den erleichterten Besitz und den freien Gebrauch des Grundeigentums sowie die persönlichen Verhältnisse der Landbewohner betreffend‹ vom 9. Oktober 1807, das sogenannte ›Oktober-Edikt‹.

Hardenberg hatte den Boden für Stein schon bereitet. Eine von zwei durch ihn einberufenen Kommissionen sollte die alte Ständeordnung prüfen, sie durch eine modernere Gesellschaftsstruktur ersetzen und die Rechte der Landbevölkerung neu gliedern. Trotz der von Friedrich Wilhelm I. und seinen beiden Nachfolgern begonnenen Reformen blieb noch viel zu tun. Als Napoleon das Großherzogtum Warschau geschaffen hatte, waren dort alle Formen der Leibeigenschaft aufgelöst worden. Das übte auf Preußen einen Druck aus, es gleichfalls zu tun. Der führende Mann in der von Hardenberg geschaffenen Kommission war Minister von Schrötter, der als Minister für Ostpreußen jahrelang für die Bauernbefreiung gekämpft hatte. Nun sollte er Stein auf diesem besonderen Gebiet beraten. Schrötter wurde in der Kommission von Theodor von Schön unterstützt, einem weitgereisten, von den Ideen Kants und Adam Smiths beeinflußten Ostpreußen, der wie Stein lange in England geweilt hatte. In den Verhandlungen mit dem Adel erwiesen sich dessen Vertreter gegen die Vorschläge über die Emanzipation der Bauern erstaunlich aufgeschlossen. Als Gegenleistung verlangten sie nur die Aufhebung aller Maßnahmen, die drei vorhergehende Monarchen zum Schutz der besonderen Rechte der Bauern ergriffen hatten.

Die Leibeigenschaft im 18. Jahrhundert unterschied sich von Land zu Land. In Rußland und Polen herrschte absolute Unterwerfung, die Leibeigenschaft glich hier der Sklaverei. In Österreich hatten sich die Zustände seit den Reformen Josephs II. etwas gemildert. In Preußen dagegen war der Leibeigene seinem Herrn zu verschiedenen Diensten verpflichtet und besaß doch das Recht eines jeden Bürgers, vor Gericht zu gehen; eine aufmerksame Bürokratie wachte darüber, daß der Grundbesitzer sein Recht nicht mißbrauchte.

Aber der scheinbaren Bereitschaft des Adels, den vorgeschlagenen Reformen zuzustimmen, hatte einen bestimmten Grund. Seit der Jahrhundertwende hatten die Agrarpreise unter einer schweren wirtschaftlichen Depression gelitten, so daß sich die Einkünfte der Grundbesitzer vermindert hatten, während ihre Verpflichtungen der Landbevölkerung gegenüber die gleichen waren. Wenn die Maßnahmen, die den Leibeigenen und das von ihm bestellte Land schützten, widerrufen würden, konnten die Gutsbesitzer mühelos eine beliebige Anzahl von Bauern von ihrem Boden vertreiben, ihre Güter sanieren und – wann immer sie wollten – Saisonarbeiter einstellen. Das liefer-

te die Grundlage für den wirtschaftlichen Aufschwung, den die Gutsherren nach 1810 erfuhren.
Steins erste Handlung bestand darin, die zunächst nur für Ostpreußen gedachte Reform auf das gesamte Königreich auszudehnen. Er erkannte die Gefahr, die sich für die Bauern mit dem Widerruf der sie betreffenden Schutzmaßnahmen verband. Deshalb enthielt das Dekret auf seine Initiative hin einige zusätzliche Verordnungen, um den Kauf, den Besitz und die Bearbeitung von Land für alle zu erleichtern. Jedermann sollte seinen eigenen Neigungen folgen und in diesem Fall einem bäuerlichen Beruf nachgehen können, sofern er den Wunsch dazu hegte. Aber die Erleichterung des Landkaufs, das Recht des Bauern, frei seine Hilfsquellen zu nutzen, war der reine Schein, weil er im Konkurrenzkampf mit dem Gutsherrn keine Chance besaß: »Eine revolutionäre Zerstörung der privatwirtschaftlichen Grundlagen der politischen Machtposition des Adels kam nicht in Frage (Eckart Kehr).«
Nur die Großgrundbesitzer besaßen ausreichendes Kapital, mit dem sie auf wechselnde Wirtschaftslagen reagieren und sich die neuesten landwirtschaftlichen Techniken aneignen konnten, und schickten zudem ihre Söhne auf Fachschulen und Landwirtschaftsinstitute. Steins Absicht, jedem Bauern in seinem Lande ein Stück Boden zu verschaffen, erfüllte sich nicht. Vielleicht betrachtet man die Formulierung Kehrs als zu scharf, aber es trifft doch den Kern der Sache, wenn er sagt, daß die Bürokratie sich mit dem Grundadel in die Herrschaft über den Staat auf dem Rücken eines unbeteiligten Dritten teilte, der ›befreiten Bauernschaft‹ . . .
Das ließe sich auf die Bürokratie als eine Institution anwenden, nicht auf Stein selbst, der bald genug die wirkenden Tendenzen erkannte, ihnen entgegenzusteuern versuchte und sich daraufhin von den Bauern oder deren selbsternannten Sprechern und dem Adel angegriffen sah. Der lautstärkste der reaktionären Adligen war Ludwig von der Marwitz aus Friedersdorf bei Seelow, der sich über den bösen Einfluß des ›ausländischen‹ Edelmanns Stein beklagte: »Er begann mit der Revolutionierung des Vaterlandes den Krieg der Habenichtse gegen den Besitz, der Industrie gegen die Landwirtschaft, des Beweglichen gegen das Beständige.«
Graf York, bald als einer der Generäle des Befreiungskriegs berühmt

und als Unterzeichner der Neutralitätskonvention von Tauroggen verdientermaßen bedeutend, schrieb über Stein kurz nach der Veröffentlichung des Erlasses, daß er sich zum Unglück Preußens in England aufgehalten und von dort seine ›Staatsweisheit‹ bezogen habe. Mit den Institutionen einer Seemacht, gewachsen über Jahrhunderte, gegründet auf Handel und Manufaktur, bilde das reiche Großbritannien ein schlechtes Beispiel für das arme Preußen. Er frage sich, ob der Gewürzhändler oder der Schneider, der sich selbst ein Gut kaufe, ob der Spekulant, der nur an den Profit und schon wieder an den Verkauf denke, ob all diese bereit seien, in Zeiten der Not und des Unglücks ihrem Monarchen mit ihrem Besitz und ihrem Leben beizustehen. Diese Worte enthalten Erkenntnisse, die nicht von der Hand zu weisen sind. Aber die Gegner Steins waren sich seiner nationalen Triebkraft nicht bewußt, auch nicht der Verbindung dieser Triebkraft mit der deutschen Geschichte, sie stand aber hinter Steins Gedanken und Handlungen. Tatsächlich löste die Reform Steins, der die Maßnahmen Hardenbergs folgten, das traditionelle Verhältnis zwischen Gutsherrn und Bauer auf: die Leibeigenschaft wurde völlig abgeschafft, und die gesamte Gesellschaftsstruktur Preußens änderte sich. Landbesitz war nicht mehr ausschließlich das Privileg des Adels. Teilweise mußte mit der Ausführung der Reform noch gewartet werden: die erbliche Justiz wurde erst nach der Revolution 1849 und die Polizeigewalt der Gutsbesitzer 1872 abgeschafft.

Für Stein bedeutete die Befreiung der Bauern das eigentliche Fundament, auf dem alle anderen Reformen und ihr Erfolg beruhen sollten. Von Leibeigenen konnte er kein Interesse am Staat erwarten, geschweige denn die Möglichkeit der Teilnahme an einer Selbstverwaltung, dem anderen wichtigen Aspekt der angestrebten Reform. Stein wünschte sich Staatsbürger, da aber nicht jeder Staatsbürger im Zentrum des Staates wirken konnte, ergab sich die Notwendigkeit einer Beteiligung auf allen Ebenen, von den örtlichen Instanzen bis zur Spitze. Der Bürger sollte in seinem Dorf oder in seiner Stadt mitbestimmen, in den kommunalen Instanzen oder Versammlungen, denen der Provinzen und schließlich, so hoffte Stein, in einem preußischen Landtag und einer deutschen Nationalversammlung. Natürlich war er sich klar darüber, daß man diesen Typ der Demokratie nicht über Nacht installieren konnte. Es würde Jahre dauern, die

nicht nur harte Arbeit, sondern auch die Gewöhnung des Volkes an diese Praxis erforderten. Die Städteordnung vom 19. November 1808 stellt eine Rückkehr zum Prinzip der Freiheit der Städte dar, wie sie für das Mittelalter charakteristisch gewesen war, aber in praktischer Hinsicht gründete sie sich auf die Erfordernisse einer modernen Gesellschaft. Das Konzept einer autonomen, unabhängigen Gemeinschaft gehörte zum Recht des mittelalterlichen Deutschland. Wie überall in Europa war dieses Konzept von den Kräften des Absolutismus verdrängt worden. Unter Friedrich Wilhelm I. erfüllte die autonome Körperschaft eines Stadtmagistrats nur oberflächliche Funktionen: die Städte wurden in Wirklichkeit von Beamten aus Militär und Steuerbehörde regiert. Sogar Friedrich II. hatte den Versuch unternommen, einen kleinen Teil der einstmals von den Städten besessenen Privilegien wieder einzuführen. Steins Absicht war es, diese bürokratische Überzentralisation zurückzudrängen. Er erkannte jedoch, daß dies nicht durch eine Rückkehr zu mittelalterlichen Einrichtungen wie den Zünften möglich war, sondern eher dadurch, daß man, dem französischen Vorbild folgend, die Sozialstruktur nicht durch Geburt, sondern dem Einkommen gemäß bestimmen ließ. Die Städteordnung enthält verschiedene Passagen, die aus der französischen Verfassung von 1791 abgeschrieben sind.
Die Einführung der Selbstverwaltung der Städte war keine Reform auf der untersten Stufe der Gesellschaft. Aber die Städte stellten einen guten Ausgangspunkt dar, weil ihnen noch die Überreste einer körperschaftlichen Struktur, wenn auch hohl und kraftlos geworden, anhafteten – man mußte sie nur mit neuem Sinn und Inhalt erfüllen. Aufgrund der Vorherrschaft des Landadels war die Reform außerhalb der Städte am schwierigsten durchzuführen. Darüber hinaus kannte man in Preußen östlich der Elbe kommunale Selbstverwaltung auf dem Lande nicht. Dort regierte seit den Tagen des Deutschen Ordens noch der Gutsherr. Bisher hatte sich die preußische Krone zurückgehalten, die Adelsprivilegien anzutasten. Stein hatte die Gesetzgebung für die Einführung der Selbstregierung im ländlichen Hinterland an sich gezogen, jedoch waren die Schwierigkeiten und der Widerstand von seiten des Adels so groß, daß er sie nicht zum Gesetz erheben konnte. Das blieb für mehr als ein Jahrhundert ein Hauptproblem preußischer Geschichte.

Die Städteordnung – so Stein – wolle, daß die Bürger »nicht nur von den Fesseln unnützer, schwerfälliger Formen befreit werden, sondern auch Bürgersinn und Gemeingeist, den die Entfernung von aller Teilnahme an der Verwaltung der städtischen Angelegenheiten vernichtet hat, wieder neues Leben erhält«.

Die Funktion des Staates wurde auf Überwachungstätigkeit reduziert. Die Einwohner der Städte und der Kleinstädte wurden in Bürger und die, die unter ihrem Schutze standen, geteilt. Bürger zu sein schloß per definitionem alle Rechte innerhalb der Gemeinde ein, auch das ausschließliche Recht, in der Stadt Besitz zu haben und einen Handel oder ein Handwerk zu betreiben. Dieser Status konnte niemandem verweigert werden, der sich in der Stadt niederließ und einen einwandfreien Ruf genoß. Das bedeutete die Aufhebung des erblichen Kastensystems der deutschen mittelalterlichen Städte, während die politischen Funktionen der Zünfte auf die Besitzbürger übergingen. Nur die Juden bekamen bei ihrer Geburt nicht das Bürgerrecht (was sehr wahrscheinlich mit Steins Überzeugungen übereinstimmte). Sie genossen zwar den Schutz der Städte und hatten auch Steuern zu entrichten, waren aber von der Verwaltung ausgeschlossen und durften keinen eigenen Besitz bilden oder ein Geschäft betreiben. Der Status eines Bürgers brachte nicht nur Rechte, sondern ebenso auch Pflichten. Es war strafbar, unbezahlte städtische Ämter abzulehnen oder nicht an den Wahlen teilzunehmen. Jede Stadt besaß nur wenige hauptberufliche Magistratsmitglieder; die übrigen arbeiteten ehrenhalber, aber dennoch voll verantwortlich. Für den Staat brachte dies den Vorteil, daß die Verwaltungskosten drastisch reduziert wurden, während die Ausgaben der Städte zumindest theoretisch von den Gemeindesteuern abgedeckt waren. Steins Modell leitete sich wenigstens teilweise von seinen Erfahrungen in England ab.

Während die Rolle der Bürokratie in der preußischen Verwaltung eingegrenzt wurde, um die Entwicklung fester Grundlagen der Selbstverwaltung zu erlauben, war Stein nichtsdestoweniger von der Notwendigkeit der Zügelung oder der Ausmerzung solcher partikularistischen Erscheinungen überzeugt, die die Einheit des Staates gefährdeten. Obwohl Friedrich der Große die Tendenz gefördert hatte, sich auf ›Preußen‹ zu berufen – wobei er alle königlichen Besitzungen meinte –, wurde das Land bis 1807 noch als ›alle Seiner Königlichen Majestät Provinzen und Domänen‹ bezeichnet. 1807 wurde dann bestimmt, daß es von nun an als Preußen zu benennen sei. Es war tatsächlich die Reformbewegung in Preußen, die seine Vereinigung vollendete. Natürlich war dies für den angestrebten preußischen Landtag nötig, aber es bedurfte auch eines wirksam angepaßten Staatsdienstes. Stein war sich durchaus dessen bewußt, daß ein moderner Staat eine funktionierende Zentralverwaltung brauche. Die alte Verwaltung mit ihren Kollegiumsprozeduren erwies sich als kostspielig, träge und von Jahr zu Jahr ineffektiver. Stein begann die Beamtenschaft unbarmherzig zu säubern. Nahezu 50 Prozent verloren ihre Posten und wurden in Pension geschickt – zu jener Zeit mehr noch ein Zeichen königlicher Gunst als ein Recht –, aber die Pensionen setzte man auch drastisch herab und machte die Höhe der Zahlungen von der individuellen Bedürftigkeit abhängig. Die Gehälter wurden beschnitten und die Königliche Oper und das Königliche Ballett aufgelöst.

Am gleichen Tag, als Stein sein Amt verließ, am 24. November 1808, unterschrieb Friedrich Wilhelm III. die ›Verordnung, die veränderte Verfassung der obersten Verwaltungsbehörden in der preußischen Monarchie betreffend‹.

Es wurden moderne Ministerien gegründet, Departemente, deren Verantwortlichkeit sich nicht mehr auf Provinzen beschränkte, sondern auf spezifische Funktionen bezog. Darüber hinaus wurde einen Monat später, am 26. Dezember, ein ergänzender Erlaß herausgegeben, der die Verwaltung der Provinzen betraf. Anstelle der alten Distrikts- und Domänenkammern entstand die Provinzregierung. Auf provinzieller Ebene umfaßte sie die innere Verwaltung, unter Einschluß der Erziehung und der kirchlichen Angelegenheiten. Preußen erhielt eine neue Verwaltungseinheit: den Regierungsbezirk. Aber der Präsident der Provinzialregierung war nur ein Verwaltungsbeamter, dessen Macht durch die Zentralbehörden über ihm und die Selbstverwaltungsorgane der Städte unter ihm begrenzt wurde. Dann gab es auch Provinzen – 1808 waren es vier an der Zahl: Ostpreußen, Pommern, Brandenburg und Schlesien –, die, seit der Abschaffung des für diese Gebiete zuständigen Ministeramts, an ihrer Spitze einen Oberpräsidenten besaßen.

Bevor Stein unter dem Druck Napoleons sein Amt aufgab, schlug er dem König noch Wilhelm von Humboldt, den preußischen Gesandten beim Heiligen Stuhl, als Leiter der Verwaltung von Kultur und Erziehung vor. Es war eine überraschende Wahl, und Steins Motive bleiben unbekannt. Humboldt hatte keine Berührung mit den Reformern, er war viel zu sehr Ästhet, und Gesandter in Rom war er nur geworden, weil seine eigenen Mittel zur Fortsetzung seines Aufenthalts in der Ewigen Stadt nicht mehr ausgereicht hatten. Im Unterschied zu seinem Bruder Alexander von Humboldt hatte er sich bis dahin nicht sonderlich ausgezeichnet, außer daß er einen Ruf als glänzender Essayist und Korrespondent genoß. Die Berufung erreichte ihn bei einem Besuch in Preußen, und angesichts der erniedrigend jämmerlichen Niederlage entschloß er sich, die Ernennung anzunehmen, obwohl er auch einiges Widerstreben zeigte. Im Gegensatz zu Johann Gottlieb Fichte folgte Humboldt dem Grundsatz, das Erziehungswesen nicht bis ins Detail zu reglementieren; er sah es als seine Aufgabe an, dem Staat so lange zu geistiger und moralischer Reife zu verhelfen, bis er sich selber um den Erziehungsbereich kümmern konnte. Staat und Nation sollten als Gemeinschaft nicht nur von rechtlichen Banden zusammengehalten werden, sondern auch von einer gemeinsamen Kultur. Die Aufmerksamkeit für diese kulturellen Bande zu wecken und zu stärken, betrachtete er als vorrangige Aufgabe. Aber er war sich darüber im klaren, daß das Verbindende in der Kultur deutsch und nicht preußisch verwurzelt war, und in dieser Hinsicht paßte er durchaus zu der Gruppe der Reformer, deren eigentlicher Bezugsrahmen Deutschland war, für das Preußen ein nachahmenswertes Modell darstellen sollte.

Aber im kulturellen und im pädagogischen Bereich operierte Humboldt in keinem Vakuum. Herders Idee des ›Volkes‹ als der natürlichen organischen Einheit der Nation hatte sich durch Fichte zu einer nationalen Verteidigungswaffe gegen die französische Vorherrschaft verändert, und zwar politisch, militärisch und vor allem kulturell. Die Furcht, daß die noch keine 50 Jahre alte kulturelle Emanzipation von Frankreich wiederum unter ausländischen Einflüssen begraben werden könnte, machte ihn zu einem Radikalen, der das Konzept des ›Volkes‹ als Antithese gegen die Theorie vom Gesellschaftsvertrag verwendete. Deshalb besaß man in der Erziehung eine scharfe Waffe nicht nur gegen den französischen Eindringling, sondern auch gegen den Einfluß romanischen Geistes. Während es Humboldt als die Aufgabe des Staates ansah, seine zukünftigen Bürger ungeachtet der Machtverhältnisse und anderer Interessen zu erziehen, glaubte Fichte, daß Erziehung zumindest für eine gewisse Zeit als Widerstand gegen jedes Eindringen einer andersgearteten Welt benutzt werden sollte. Er scheint der erste gewesen zu sein, der Patriotismus und das Konzept des ›Volkes‹ aus einem religiös und humanistisch beeinflußten Zusammenhang in einen hauptsächlich weltlich und politisch bestimmten gestellt hat. Vor allem legte er immer wieder Nachdruck auf die Einmaligkeit der deutschen Sprache, weil das deutsche Volk nur durch sie existiere. Er argumentierte, daß die deutsche Sprache, im Gegensatz zu den romanischen Sprachen, von fremden Einflüssen weitgehend freigeblieben sei, was ihr unmeßbare Tiefe und lebensnahe Ausdruckskraft gebe, während die anderen nordischen Sprachen stark latinisiert und deshalb nur zur oberflächlichen Darstellung des Lebens in der Lage seien. Es seien tote Sprachen. So wäre es fruchtlos, sie mit dem Deutschen zu vergleichen – man könne nicht das Leben mit dem Tod vergleichen. Deutschland repräsentiere als einziger Besitzer einer lebenden Sprache das ›Urvolk‹. In diesem Zusammenhang war es unwichtig, daß die deutsche Nation nicht geeint war, solange sie nur die Integrität ihrer Sprache behielt. Früher oder später würde diese gemeinsame Sprache die Nation, das deutsche Volk als politische Einheit wiederauferstehen lassen.

Humboldt hatte diese Denkrichtung zu berücksichtigen und glaubte ihr durch seinen Plan einer ›nationalen Erziehung‹ Rechnung zu tragen, durch die er ganze und freie Menschen zu schaffen gedachte, die ihre gesamten Fähigkeiten zum Wohl der Nation entwickeln sollten. Deshalb engagierte er sich für ein Experiment, dessen Konsequenz und Reichweite auf nationaler und internationaler Ebene er wohl kaum voraussehen konnte. Für Preußen und letztlich für ganz Deutschland eröffnete es ein neues Zeitalter im Erziehungswesen.

In einer aus wachen und verantwortungsbewußten Staatsbürgern bestehenden Gesellschaft sollte ein nationaler Geist entstehen. Quelle und Anstoß dieser Entwicklung waren die Ideen und das Beispiel des Schweizer Erziehungsreformers Johann Heinrich Pestalozzi. Wie Rousseau wandte sich Pestalozzi gegen philosophische Abstraktionen, die als Folge der Aufklärung auch in die Erziehung eingedrungen waren. Seiner Ansicht nach war es nicht die Aufgabe der Pädagogik, den Schülern mechanisch Wörter und Begriffe zu vermitteln: dem Schüler sollte es selber überlassen werden, Dinge herauszufinden, damit er sein eigenes geistiges Wachstum beobachten, an ihm teilhaben und ihm den Mut zum weiteren Ausbau des Bewußtseins entnehmen konnte. Ein Kind müsse zunächst zuhören, beobachten und handeln, bevor es zu urteilen vermöge. Die Aufgabe des Lehrers bestehe mehr in der Führung als in der mechanischen Unterweisung. Der Mensch und die Verhältnisse, in denen er lebe, seien in eine klare Beziehung zueinander zu bringen. Wahr ist, daß der Mensch das Produkt seiner Umwelt ist, aber diese Umwelt ist zumindest teilweise wiederum selbst Produkt des Menschen. Daraus folgte für Pestalozzi, daß der Mensch das Produkt seiner selbst sei. Erziehung bestehe aus einer dreifachen Methodik: der Erziehung des Geistes, des Herzens und der Hand.

Pestalozzi entwickelte seine Vorstellungen niemals in systematischer Weise, woraus folgte, daß nur Teile hie und da übernommen wurden, während andere als unbrauchbar ignoriert blieben. Der erste Hinweis auf die Rezeption Pestalozzis in Deutschland findet sich in Fichtes ›Reden an die Deutsche Nation‹, die er deutschen Studenten im französisch besetzten Berlin während des Winters 1807/08 vortrug. Fichte argumentierte, daß das deutsche Vaterland durch die Selbstsucht seiner eigenen Söhne ruiniert würde und daß zu seiner Wiederherstellung eine neue Kraft zu erzeugen sei, die persönliche Betrachtungsweisen wie materielle Vor- und Nachteile transzendiere. Aber der Vorgang der Regeneration habe im Herzen des Volkes mit dem Erziehungsprozeß zu beginnen. Erziehung bestehe nicht in Gedächtnisarbeit, sie müsse die Liebe und die Sehnsucht nach dem Wahren und Guten wecken und das gesamte menschliche Wesen gestalten und nicht nur Teile. Erziehung solle sich nicht auf Vermittlung beschränken, sondern den Willen stärken und den Geist aktivieren. Fichte paßte die Lehren Pestalozzis, die hauptsächlich für die niederen Stände bestimmt waren, den preußischen und – von seiner Sicht her – den deutschen Bedürfnissen an. Er wollte die Barrieren zwischen den Intellektuellen und dem Volk niederreißen und durch die Anwendung neuer Grundsätze in der Erziehung eine Nation und einen Staat schaffen. Schulen für Privilegierte lehnte er ab. Er betrachtete nationale Erziehung als ein System erstklassiger Schulen für alle, in dem alle Begabungen Raum für ihre weitere Entfaltung erhalten müßten. Pestalozzis Ideen bedeuteten für ihn praktische Mittel für politische Ziele: im Unterschied zu Pestalozzi sah Fichte nicht ausschließlich den Menschen, sondern auch den Staat und die Nation. Staat und Nation brauchten ein System einheitlicher Erziehung, und die Aufgabe bestand darin, sie zu schaffen. In wahrhaft preußischer Tradition stehend erwies sich Fichte als Apostel des Staatssozialismus auf dem kulturellen Sektor. In mancher Hinsicht predigte er Ideen, wie sie in gewissem Ausmaß im nationalsozialistischen Deutschland und in Sowjetrußland praktiziert wurden und auch heutzutage noch ihren Platz in der Liste der Forderungen von Sozialreformern haben. Fichte verlangte die Trennung des Kindes von der Familie und seine Erziehung in einer vom Staat betriebenen Schulgemeinschaft; er forderte die Koedukation, weil der ›ganze Mensch‹ ungeachtet des Geschlechts hergestellt werden sollte. Diesem Vorschlag der Trennung des Kindes von der Familie lag die Unterstellung zugrunde, die damalige Gesellschaft sei korrupt und das Kind müsse zur Herstellung einer neuen Gesellschaft ihrem Einfluß entzogen werden. Das Kind solle den Wert der Arbeit erkennen und lernen, daß es verwerflich sei, eigenes Einkommen aus der Arbeit anderer zu beziehen. Innerhalb der Schulgemeinschaft solle es Verantwortlichkeit für die Gemeinschaft entwickeln, deren Teil es sei, damit es als Erwachsener verantwortlich gegen Staat und Nation handeln könne. Über allem stand für Fichte die Volksgemeinschaft, und auf sie hatte sich die ganze Loyalität zu richten. Mit anderen Worten stellte Fichte die gleiche rhetorische Frage wie Luther: Wenn der Staat seine Bürger in den Krieg und zum Militärdienst zwingen konnte, warum sollte er dann nicht auch das Recht haben, ihm ein Erziehungssystem zu verordnen? Fichtes Vorstellungen gipfelten in dem Postulat, daß der Staat das Kultur- und Erziehungsmonopol besitzen müsse.

Zu seiner Zeit wurden sie nie völlig in die Praxis umgesetzt: sie forderten zu sehr den Widerstand einer durch Tradition geformten Gesellschaft heraus; nichtsdestoweniger äußerte sich ihr Einfluß stark genug darin, daß sich der Staat im Namen der persönlichen Freiheit

Macht aneignete, die durch den Erziehungsprozeß das Spektrum der bestehenden Freiheiten einengte. Darüber hinaus beeinflußten Fichtes Vorstellungen eines einheitlichen, von nationalen und weltlichen Ansichten begrenzten Schulsystems, über das der Staat die Macht ausüben sollte, nicht nur das preußische, sondern grundsätzlich auch das deutsche Erziehungssystem. Die preußischen Reformer im allgemeinen und Wilhelm von Humboldt im besonderen hofften, daß es durch die Verbindung der Ideen Pestalozzis mit ihren eigenen und denen Fichtes möglich sei, die Macht des Staates zu vergrößern, indem die geistigen und körperlichen Kapazitäten seiner Bürger gesteigert würden. Humboldt wünschte kein Übermaß an Wissen, sondern die möglichst vollständige Entwicklung der Fähigkeiten eines Schülers. Eine ganze Generation preußischer Jugend mußte diesen Prozeß durchlaufen, bevor sie sich für einen Beruf spezialisieren durfte. Dieser Plan wies Schulen für Adlige oder reine Berufsschulen zurück: »Alle Schulen, deren sich nicht ein einzelner Stand, sondern die ganze Nation oder der Staat für diese annimmt, müssen eine allgemeine Menschenbildung bezwecken. Was das Bedürfnis des Lebens oder eines einzelnen seiner Gewerbe erheischt, muß abgesondert und nach vollendetem allgemeinem Unterricht erworben werden. Wird beides vermischt, so wird die Bildung unrein, und man erhält weder vollständige Menschen noch vollständige Bürger einzelner Klassen.« Einheit und Kontinuität der Schulerziehung beruhten auf der Voraussetzung, daß Erziehung Teil eines organischen Ganzen sei, eine Widerspiegelung der organischen Theorie aller Lebenssphären, wie sie von Herder entwickelt worden war. Das Durcheinander und die Ausuferung des bestehenden Erziehungssystems hatte einer dreistufigen Erziehungsstruktur zu weichen: den Grundschulen, die eine primär soziale Funktion zu erfüllen hatten und in denen die Voraussetzungen für einen verantwortlichen Staatsbürger entwickelt werden sollten; den höheren Schulen für die Ausbildung des Talents und dessen weitere Entfaltung sowie den Erwerb vertiefteren Wissens, ohne das eine wissenschaftliche Einsicht unmöglich ist; und schließlich den Universitäten als Instituten zur Vermittlung schöpferischen Wissens, selbst wenn das nur die Erweiterung bereits erlangter Erkenntnisse bedeutete. Da Wissen eine Einheit und eine Totalität darstellt, spielten soziale Erwägungen beim Übergang von einer Erzie-

hungsstufe zur anderen keine Rolle, wobei das einzige Kriterium für ein Vorwärtskommen nur verstandesgemäß gemeint war.
Den Privatschulen warf Humboldt den Fehdehandschuh hin. Mit ihrer Abschaffung hatte er teilweise Erfolg – obwohl er die Kadettenanstalten oder die Kriegsakademie nicht beseitigen konnte; aber sein Einfluß war stark genug, daß sie viele Elemente der klassischen humanistischen Bildung in ihre Lehrpläne aufnahmen. Der ›Volksschule‹ gab Humboldt einen großen Freiraum. Aber für sie wurden dringend ausgebildete Lehrer benötigt, da das Lehramt bis dahin oft nur von entlassenen Unteroffizieren besetzt war. Humboldt gründete eine große Anzahl von Lehrerseminaren, die neue Lehrkräfte hervorbrachten. Aus den höheren Schulen entwickelten sich durch seine Reformen endgültig Gymnasien. Um qualifizierte Lehrer einstellen zu können, mußte er die Ämterpatronage und das willkürliche Eingreifen städtischer Behörden unterbinden. Auch der Einfluß der Geistlichkeit wurde eingeschränkt. Das Gymnasium sollte der Schüler mit dem Abitur verlassen – einer Prüfung, die in Preußen seit 1788 bestand. Es umfaßte einen 10jährigen Kurs, unterteilt in sechs Klassen, mit den Hauptfächern Latein, Griechisch, Deutsch und Mathematik. Auch die Nebenfächer gehörten zu Humboldts Vorstellung einer umfassenden Bildung und waren deshalb Prüfungsfächer. Humboldts Reform bestimmte das gesamte Feld der weiterführenden Schulbildung im ganzen 19. Jahrhundert in Deutschland.
Die Universitäten befanden sich schon seit einigen Jahrhunderten in einem Stadium geistigen Zerfalls. Nach Adam Smith war dieser Zustand nicht auf Deutschland beschränkt: er, der selber einst Hochschullehrer gewesen war, beschrieb auch Englands Universitäten als Zufluchtsburgen der Faulheit. In Deutschland waren sie zu Ausbildungsstätten für Staatsbeamte herabgesunken. Schon 1802 hatte der auf Goethes Empfehlung nach Jena berufene Philosoph Friedrich Wilhelm Schelling für eine durchgreifende Universitätsreform Partei ergriffen. Er begriff Wissen als eine unteilbare Einheit und lehnte seine Zersplitterung ab, wobei er zugleich auf der Autonomie des menschlichen Denkens bestand. Humboldt und viele andere teilten diese Überzeugung. Er beschrieb seine Vorstellung vom Sinn und Zweck der Universität folgendermaßen: »Nicht darauf ist zu sehen, daß dieses oder jenes gelernt werde, sondern in dem Lernen muß das

Gedächtnis geübt, der Verstand geschärft, das Urteil berichtigt, das sittliche Gefühl verfeinert werden. Nur so wird die Geschicklichkeit, die Freiheit, die Kraft erreicht werden, die nötig sind, um jeden Beruf aus freier Neigung und um seiner selbst willen – und nicht um das Leben damit zu fristen – zu ergreifen.« Er forderte, daß Studenten wie auch Lehrer »die Wissenschaft als etwas noch nicht ganz Gefundenes und nie ganz Aufzufindendes . . . betrachten und unablässig sie als solches zu suchen«. Die Einheit von Lehre und Forschung bildete einen Eckpfeiler in der Entwicklung der preußischen und der deutschen Universitäten im 19. Jahrhundert, bis das technologische Zeitalter sich wieder vom Begriff der Allgemeinbildung entfernte und einen Grad von Zersplitterung erreicht hat, der gefährlicher ist als der in den drei Jahrhunderten vor 1810 erfahrene. Humboldt wünschte sich die Rolle des Staates im Universitätsbereich so, daß er die erforderlichen finanziellen Mittel stellen, sich aber jeglichen Eingriffs in Lehre und Forschung enthalten sollte. In beiden Bereichen bestand er auf völliger Freiheit. Auch sollten die Studenten zu keinem Studium in ihrer näheren Heimat gezwungen werden. Alles in allem erweiterten die Reformen Humboldts und seiner Nachfolger das Spektrum derer, die eine Bildung erhielten, während sie das Bildungssystem zur gleichen Zeit gründlich reorganisierten, wobei sie für Leistungsfähigkeit und Kontinuität sorgten. Die Hoffnung, daß Humboldts hohe ethische Ideale beibehalten werden könnten, erfüllte sich nicht. Aber sein Denken beeindruckte den deutschen Idealismus durch den Begriff der Bildung als universaler Idee, der den ganzen Menschen umfaßte. Auf Humboldts Anregung hin wurde die Friedrich-Wilhelms-Universität zu Berlin gegründet: ihr erster Rektor war Fichte, und Hegel sollte einer ihrer berühmtesten Lehrer werden.

Aus persönlichen Gründen fand es Humboldt immer schwieriger, mit Hardenberg zusammenzuarbeiten, und verließ 1810 sein Amt, um als Gesandter nach Wien zu gehen. In wenig mehr als einem Jahr hatte er die geistigen Kräfte in der preußischen Gesellschaft in einem Maß mobilisiert, wie es nie zuvor geschehen war.

Karl August von Hardenberg, Nicht-Preuße wie Stein und Hannoveraner wie Scharnhorst, war 1810 schon 60 Jahre alt, als er mit dem Amt des Staatskanzlers – es wurde auf Kabinettsbefehl hin eingeführt und verschwand wieder nach seinem Tod – und so mit der Führung der Staatsgeschäfte in Preußen betraut wurde. Auf Stein folgte das Dohna-Altenstein-Ministerium, das, nachdrücklich beeinflußt vom Adel und nachgiebig gegenüber französischem Druck, 1810 entlassen wurde, als es die französische Forderung nach Schlesien als Kriegsentschädigung unterstützte.

Hardenberg hatte wie Stein schon beträchtliche Zeit in preußischen Diensten gestanden; im Unterschied zu Stein war er flexibel und kompromißbereit, solange er das von ihm als wesentlich Erachtete durchsetzen konnte. Er gehörte zu einem Kreis liberaler Adliger, die Reformen im Interesse der Bourgeoisie unterstützten, aber auch mit gewissem Argwohn die Bewegungen im fünften Stand – im »Pöbel« – beobachteten. 1807 hatte er seinen Posten auf französischen Druck hin aufgeben müssen und sich nach Riga zurückgezogen; wie Stein drückte auch er seine Überlegungen in einem Memorandum aus: der Rigaer Denkschrift vom 12. September 1807. Darin erörterte er die Reform des sozialen und politischen Lebens auf der Grundlage individueller Freiheit, aber innerhalb des Rahmens einer streng zentralisierten Staatsbürokratie und hatte keine Selbstverwaltung in dem Ausmaß im Auge, wie Stein sie durchführen wollte. Aber er teilte mit ihm die Erkenntnis der Notwendigkeit einer nationalen, einer repräsentativen Körperschaft.

Als er wieder ins Amt berufen wurde, machte er sich daran, seine Vorstellungen in die Praxis umzusetzen. Während Stein im Laufe seiner kurzen Amtszeit seinen Untergebenen Eigeninitiative gestattet hatte, kollidierte der leicht arrogante Hardenberg schon bald mit Ministern und Räten, die sich eine abweichende Meinung zu vertreten erlaubten. Aus diesem Grunde mußten Schön und Niebuhr zurücktreten. Der Kanzler entwarf seine Reformen in großen kühnen Zügen und überließ die detaillierte Ausführung seinem Amtspersonal unter dem jungen Friedrich von Raumer, der später der Historiker der Hohenstaufer werden sollte. Ohne Hemmung übernahm Hardenberg von den Franzosen das, was er für nützlich hielt. Ein von ihm kopiertes Modell war das neugeschaffene Königreich Westfalen. Eine seiner ersten Verordnungen bestand in der Säkularisierung allen Kirchenlandes, gleich ob es protestantisch oder katholisch war. Die meisten der durch diese Maßnahme gewonnenen Gebiete wurden, der Deflationsspirale entsprechend, vom Staat zu extrem niedrigen Preisen an Spekulanten verkauft. Aber Preußen brauchte dringend Geld, um den französischen Forderungen nachkommen zu können und die Bedrohung durch territoriale Sanktionen abzuwenden, zumal Hardenbergs Außenpolitik vor allem die Aussöhnung mit Frankreich und damit die Erleichterung der Belastung Preußens zum Ziel hatte.

Am 2. November 1810 führte Hardenberg eine allgemeine Einkommenssteuer ein. Die Steuergesetze beseitigten jegliche Steuerbefreiung, setzten Boden- oder Besitzsteuern allgemein im Königreich durch und führten sowohl eine generelle Verbrauchssteuer wie auch die Besteuerung von Luxusgütern ein. Zu diesen Maßnahmen kam die Gewährung der Gewerbefreiheit, mit Ausnahme in den Bereichen, wo scharfer Wettbewerb oder das Fehlen beruflicher Fähigkeiten der Gemeinschaft insgesamt schaden konnten, wie etwa in der Pharmazie. Stein, aus der Ferne murrend, war mit dieser Maßnahme nicht einverstanden: er hätte die Zünfte nicht beseitigt, sondern nur ihre ausschließliche Macht. Aber der Adam-Smith-Schüler Hardenberg sah in der Konkurrenz den besten Anreiz und Regulator ›unserer Industrie‹. Diese Reform räumte völlig mit den alten Verbänden und ihren Privilegien auf und stellte die grundsätzliche rechtliche Gleichheit freien Besitzes und die Vertragsfreiheit her. Hardenberg sah die Proteste der am alten System Interessierten voraus und war sich der Notwendigkeit bewußt, diesen Protest und die dadurch verursachte Debatte zu institutionalisieren. Deshalb versprach er am 27. Oktober 1810 Landtage für alle Provinzen und einen Landtag für den gesamten preußischen Staat. Er berief eine provisorische Nationalvertretung ein, deren Mitglieder er selbst bestimmte. Sie bestanden in der Hauptsache – das spiegelt die damals noch andauernde landwirtschaftliche Grundlage der preußischen Ökonomie wider – aus Angehörigen des Landadels. Aber statt durch diese Maßnahme beschwichtigt zu sein, äußerte der Adel – der irrigen Meinung, daß er die entscheidende Rolle bei der Absetzung Steins gespielt habe – seinen heftigen Widerstand gegen Hardenbergs Politik, die er auch als die eines ›Ausländers‹ ansah, der das gottgefällige Preußen in einen ›Judenstaat‹ umwandeln wolle. Die Führer der Opposition, Graf Finckenstein und Ludwig von der Marwitz, wurden in die Spandauer

Zitadelle geworfen, angeblich als die leitenden Köpfe einer Verschwörung, und einige Staatsbeamte, die sie unterstützt hatten, ihrer Posten enthoben.

Steins Verordnung von 1807 hatte die Erbuntertänigkeit und ihre Folgen beseitigt, nicht aber die Dienstverpflichtungen gegenüber den Landbesitzern. Hardenberg schlug nun vor, diese Leistungen in Geldzahlungen umzuwandeln oder einen Teil des vom Bauern bearbeiteten Bodens dem Gutsherrn zu übereignen. Von den dienstbefreiten Bauern erhoffte sich Hardenberg eine Steigerung der landwirtschaftlichen Produktion, die im Feudalsystem nicht möglich gewesen war. Sein »Edikt die Regulierung gutsherrlicher und bäuerlicher Verhältnisse betreffend« vom 14. September 1811 stellt seinen wichtigsten Schritt in dieser Richtung dar. Wie Steins Reform lag sie nicht ganz im Interesse der Bauern. Viele von ihnen konnten nach der Abgabe eines Teils ihres Landes als Ausgleich für die Pflichtdienste nicht existieren und wurden zu landwirtschaftlichen Lohnarbeitern. Diejenigen, die zu überleben vermochten, wurden in den Augen Hardenbergs zum Kern einer gesunden Bauernschaft. Hierin mag man die Anfänge des ›laissez faire‹ in Preußen erkennen, das auf den Erfahrungen der Agrarrevolution in England beruhte.

Des weiteren fand Hardenberg für seine Maßnahmen Unterstützung durch den einflußreichen Volkswirtschaftler Albrecht Thaer, der sich schon einen Namen gemacht hatte, bevor er 1804 in preußische Dienste trat. Thaer war davon überzeugt, daß die Landadligen und die Bauern nicht mehr Herr und Knecht seien, sondern gemeinsame Verwalter eines profitorientierten Gewerbes, das wiederum durch seine Steuern für ein höheres Einkommen des Staates sorgte. Bei der Gründung der Berliner Universität wurde Thaer einer ihrer Professoren. Aber seine Ansichten blieben nicht unwidersprochen. Der preußische Adel fand einen Mittelstandsintellektuellen, Adam Müller, der anderer Meinung war. Der Kampf zwischen Hardenberg und der preußischen Aristokratie wurde nun mit den Federn zweier Akademiker geführt. Müller bezeichnete die Rationalisierung der Landwirtschaft als inhuman und lehnte die Theorie der Landwirtschaft als einer Industrie ab. Während Müller die enge Beziehung zwischen dem Boden und den ihn bearbeitenden Menschen erörterte, wies Thaer die Existenz solcher Bindungen zurück und verglich das Verhältnis eines Gutsherrn zu seinem Land mit dem eines Fabrikverwalters zu seiner Fabrik. Müller vertrat eine organische Weltsicht, Thaer verfocht als progressiver Liberaler industrielle Verhältnisse in allen Bereichen menschlicher Produktion; Müller betrachtete die Landwirtschaft als Widerspiegelung der göttlichen Ordnung der Dinge – streng hierarchisch und eingebunden in die christlichen Einrichtungen. Er artikulierte den Protest der Landwirtschaft mit Argumenten, die noch das ganze Jahrhundert hindurch vernommen werden sollten. Praktisch griff er alle Aspekte der Reform und jene an, die von ihr profitierten. Er attackierte die zunehmende Bürokratisierung, die von Adam Smith beeinflußten Volkswirtschaftler und äußerte die Befürchtung, daß der Adel und die Bauernschaft aussterben würden und es am Ende nur noch Kaufleute, Künstler und Juden gebe.

Der latente Antisemitismus der konservativen Kräfte wurde weiterhin durch die Einführung der bürgerlichen Gleichstellung der Juden 1812 mobilisiert. Das von Friedrich von Raumer vorbereitete Edikt proklamierte, daß der Begriff des Judentums ab sofort nicht mehr gelte und die Juden bloß eine religiöse Gemeinschaft wie jede andere bildeten. Hardenberg sagte selbst, daß er für keins die Juden betreffendes Gesetz optieren würde, das mehr als die vier Worte enthalte: gleiche Rechte, gleiche Pflichten. Infolge dieses Edikts wurden annähernd 70 000 Juden preußische Staatsbürger. Im Befreiungskrieg wurden mehr als 400 jüdische Freiwillige registriert, von denen 72 das Eiserne Kreuz verliehen erhielten; viele von diesen nun emanzipierten jüdischen Familien – unter ihnen Namen wie Friedberg, Liebermann, Friedländer, Rathenau, von Mossner und von Bendemann – setzten sich aktiv für den preußischen Staat und alles ein, für das er stand.

Zu dieser Zeit tauchten neue militärische Komplikationen am Horizont auf: Die bei Jena und Auerstedt gedemütigten preußischen Streitkräfte wurden wieder als begehrte Verbündete angesehen. Das war einem weiteren Hannoveraner in preußischen Diensten zu verdanken, dem General Gerhard von Scharnhorst, Sohn eines Unteroffiziers, der sich hochgedient hatte. Wie Napoleon hatte auch er bei der Artillerie begonnen. Schon zu Beginn seiner Karriere zeigte er besondere Begabung für die Ausbildung. Er war wohl der erste deutsche Offizier, der die den Kolonialmilizen der nordamerikanischen

Siedler innewohnenden Kräfte und die Rolle, die sie bei dem Sieg über die britischen Söldnertruppen spielten, in vollem Umfang erkannte. Sie besaßen den Vorteil, ihr Land zu kennen und seine Beschaffenheit voll nützen zu können. Erst einmal zu einer richtigen Armee organisiert, operierten sie siegreich. Was sich in Nordamerika erwiesen hatte, wurde durch die französischen Revolutionsarmeen bestätigt; das war besonders in Flandern der Fall, wo Scharnhorst mit Auszeichnung in hannoverschen Diensten focht. Er hatte mit anderen Worten die Bedeutung der ›levée en masse‹ erkannt, bevor sie in Frankreich in die Praxis umgesetzt wurde.

Wie Stein und andere sah er die Notwendigkeit einer durchgreifenden Reform der preußischen Armee schon vor Jena und Auerstedt und widmete sich dieser Aufgabe. Als Direktor der Kriegsakademie, die auf seine Initiative hin gegründet worden war, entwickelte er auch eine neue Theorie der Kriegführung; einer seiner Schüler war Karl von Clausewitz. Aber sein Ruf nach Reformen wurde ein ums andere Mal von den Anhängern der friderizianischen Schule abgewiesen, bis die Niederlagen durch Napoleon ein für die Rezeption seiner Vorstellungen günstigeres Klima schufen.

Clausewitz faßte die Ideen Scharnhorsts und der ihn unterstützenden Reformer in vier Punkten zusammen:

»1) Eine der neuen Kriegsart entsprechende Eintheilung, Bewaffnung und Ausrüstung.

2) Veredelung der Bestandtheile und Erhebung des Geistes. Daher die Abschaffung des Systems der Anwerbung von Ausländern, eine Annäherung an die allgemeine Verpflichtung zum Kriegsdienst, Abschaffung der körperlichen Strafen, Einrichtung guter militärischer Bildungs-Anstalten.

3) Eine sorgfältige Auswahl derjenigen Offiziere, welche an die Spitze der größeren Abtheilungen gestellt werden. Das Dienstalter, welches bis dahin in der preußischen Armee eine allzu große Herrschaft ausgeübt und derselben ihre Führer gegeben hatte, wurde in seinen Rechten beschränkt und daneben der für den Augenblick sehr heilvolle Grundsatz aufgestellt, daß diejenigen vorgezogen werden müßten, die bis zuletzt im Kriege gedient oder sich auf irgendeine Art in demselben ausgezeichnet hätten ...

4) Neue der heutigen Kriegsart angemessene Übungen.«

Diese Ziele bedeuteten nicht mehr und nicht weniger als einen fundamentalen Wechsel in der Beziehung zwischen Armee und Staat. Bis dahin war die schmale Mittelschicht vom Militärdienst ausgenommen gewesen. Scharnhorst, der ihr selber entstammte, befürwortete die Öffnung des Heeres; das erwies sich als ein Schritt von langfristiger Bedeutung. Bisher waren die Offiziersränge ausschließlich dem Adel vorbehalten gewesen, während die Bauern die Mannschaften bildeten. Scharnhorsts Ziel bestand darin, Angehörige auch der Mittelschicht offiziersfähig zu machen und höhere Bildung als Voraussetzung des Aufstiegs in die oberen Befehlsbereiche einzuführen.
Die Beziehungen zwischen Armee, Staat und Gesellschaft sollten dergestalt reformiert werden, daß die Armee auch das Wertsystem und das politische Bewußtsein der Mittelschicht übernahm. Auf diese Weise wurde sie zu einer Institution, die im Prozeß der politischen und sozialen Integration im preußischen Staat eine wesentliche Rolle zu spielen hatte. Im Juli 1809, als viele der Reformen bereits durchgeführt worden waren, antwortete Scharnhorst in einem Memorandum auf die Einwände gegen den Eintritt Nichtadliger in das Offizierskorps: »Sollen bloß adelige Kinder das Vorrecht haben, als Offiziere in ihrer krassen Unwissenheit und zarten Kindheit eingestellt zu werden, und Männer mit Kenntniß und Muth ihnen untergeordnet werden, ohne je eine Aussicht auf Beförderung zu haben, so wird den adeligen Familien geholfen, die Armee aber schlecht werden und nie die Achtung der Nation sich erwerben – und ein Gespött der übrigen gebildeten Stände bleiben.«
Die Erziehung war für Scharnhorst der wichtigste Faktor – kein Wunder also, daß sich die militärischen Reformer der Bildung zuwandten:
»Soll die Bildung einer Nation gedeihen, so muß das ganze Schulwesen der Nation aus ein und derselben Quelle abgeleitet und auf den ursprünglichen Boden der Nationalität gegründet sein, so muß ein und dieselbe Idee der Nationalbildung durch alle Bildungsanstalten herrschen, so müssen alle Schulen in einem organischen Zusammenhange stehen, das ganze Bildungsgeschäft der Jugend umfassen und gemeinschaftlich auf ein und dasselbe Ziel hinarbeiten. Es gibt nur Eine Menschheit, und jede Nation ist ein in sich abgeschlossenes Ganzes; daher die nationalen Bildungsanstalten nicht Individuen

und Stände, sondern eine Nation bilden sollen; daher auch alle Schulen zusammen Eine Nationalschule ausmachen müssen.«
Dieses Konzept gibt zwei Forderungen wieder: eine nationale und eine demokratische. Die Schulen sollten weder eine Einrichtung für den Staat sein noch für die Bildung einer besonderen Schicht oder zur Vorbereitung einer speziellen Berufsausbildung dienen: denn dies würde nur Sonderinteressen nützen und in Widerspruch zur Idee der nationalen Erziehung stehen. Auch brächte die Spezialisierung in den Schulen Einzelbestrebungen hervor und führe nicht zum Ziel der Einheit aller Bürger in einer Nation. Auch schon aus dem Grunde sollten sie sämtlich in der Armee dienen. »Nur dadurch, daß man die ganze Masse des Volkes bewaffnet, erhält ein Kleineres eine Art von Gleichgewicht der Macht in einem Defensivkrieg gegen ein Größeres, welches einen Unterjochungskrieg führt und angreift.«
Die neue Armee sollte auf Ehre und Tapferkeit ruhen und jedem Befähigten Möglichkeiten bieten. Scharnhorst wies darauf hin, daß Eroberungskriege immer von einem großen Manne abhängig seien, der die Fähigkeit und das Charisma besitze, seine Armee zu führen und zu inspirieren; für Verteidigungskriege hingegen sei der Charakter der Soldaten ungleich wichtiger als die Begabung eines bedeutenden Generals. »Wir haben angefangen, die Kunst des Krieges höher als die militärischen Tugenden zu schätzen – dies war der Untergang der Völker in allen Zeiten. Tapferkeit, Aufopferung, Standhaftigkeit sind die Grundpfeiler der Unabhängigkeit eines Volkes; wenn für diese unser Herz nicht mehr schlägt, so sind wir schon verloren auch selbst in dem Laufe der großen Siege.«
Nach Jena und Auerstedt wurde Scharnhorst an die Spitze einer Kommission berufen, der aufgrund seiner brillanten Verteidigung Kolbergs auch Gneisenau angehörte. Sie sollte die Ursachen der Niederlage untersuchen und jene aus der Armee entfernen, die sich als unfähig erwiesen hatten, und schließlich die für notwendig erachteten Reformen vorlegen und ausführen.
»Man muß der Nation das Gefühl von Selbständigkeit einflößen, man muß ihr Gelegenheit geben, daß sie mit sich selbst bekannt wird, daß sie sich ihrer selbst annimmt; nur dann erst wird sie sich selbst achten und von anderen Achtung zu erzwingen wissen. Darauf hinzuarbeiten, dies ist alles, was wir tun können. Die alten For-

men zerstören, die Bande des Vorurteils lösen, die Wiedergeburt leiten, pflegen und sie in ihrem freien Wachstum nicht hemmen, weiter reicht unser hoher Wirkungskreis nicht.«

In mancher Hinsicht könnte man sagen, daß das Prinzip des allgemeinen Militärdienstes seit Friedrich Wilhelms I. Kantonal-Reglement von 1733 existierte. Damit aber übersieht man die zahlreichen Ausnahmen, die alle Ortschaften und Städte umfaßten; sie hatten Rekrutierung von Söldnerheeren nötig gemacht. Während der letzten Phase des Siebenjährigen Krieges waren verstärkt Rekrutierungen vorgenommen worden, aber niemand hätte sich Bürger als Soldaten vorstellen können – die Pflicht eines jeden, Waffen für sein Land zu tragen und für den Tag sich vorzubereiten, da er sie benutzen mußte.

Stein unterstützte Scharnhorsts Forderung nach Einführung der allgemeinen Militärdienstpflicht. Eins der ersten Hindernisse war finanzieller Natur, und es stellte sich die Frage, was ein plötzlich auf Militärdienstpflicht beruhendes Heer kosten würde. Trotz der finanziellen Verpflichtungen Preußens gegenüber Frankreich bot sich ein überraschendes Bild. Man mußte nur akzeptieren, was schon bestand, nämlich ein stehendes Heer, und eine weitere, sehr billige Komponente hinzufügen, die Landwehr. Die schon durchgeführten verschärften Aushebungen wurden übernommen und in die allgemeine Pflicht des Staatsbürgers umgewandelt, in der Armee zu dienen. Auf diese Weise erfuhr die preußische Armee ihre durchgreifendste Veränderung seit den Tagen des Großen Kurfürsten.

Zuerst allerdings benötigte das stehende Heer eine Reform, die sich auch auf die älteren Offiziere erstrecken mußte. Scharnhorsts Kommission säuberte es derart, daß von 143 Generälen, die noch 1806 im aktiven Dienst standen, am Vorabend der Befreiungskriege ganze zwei übrig geblieben waren: Blücher und Tauentzien.

Scharnhorst wollte die Armee zur Schule der Nation machen, aber praktisch gesehen mußte er eine effiziente, aber billige Militärstreitmacht für einen verarmten Staat formieren. Die von ihm angestrebte Lösung bestand zunächst darin, alle waffenfähigen Männer einzuziehen, obwohl das bis 1813 aufgrund des Vertrags von Tilsit, der die Stärke der preußischen Armee auf 42 000 Mann beschränkt hatte, nicht in vollem Umfang durchzuführen war. Die Einberufenen mußten eine zeitlich begrenzte, aber ununterbrochene Periode in der Armee dienen und wurden danach mit der Auflage entlassen, sich in Reserve zu halten. Stehendes Heer und Reserve bildeten die reguläre Armee, die im Augenblick der Bedrohung des Landes zur Mobilmachung bereitstand. Um aber sicherzustellen, daß jedermann in der Armee diene, wurde die Landwehr ins Leben gerufen, deren Aufgabe der Nachschub und der Schutz der Verbindungslinien war. Zuerst bestand die Landwehr natürlich aus vielen, die nie gedient hatten; als sich aber das System des Wehrdienstes entwickelte, würde schließlich jeder Angehörige der Landwehr in seinen jungen Jahren Soldat gewesen sein.

Scharnhorst erfand Methoden zur Umgehung der auferlegten Begrenzung von 42 000 Soldaten. Das sogenannte ›Krümpersystem‹ erlaubte jeder Kompanie, monatlich drei bis fünf Leute zu entlassen und durch die gleiche Anzahl ›Krümper‹, wie die Rekruten genannt wurden, zu ersetzen. Auf diese Weise wurden jährlich pro Kompanie 60 zusätzliche Männer ausgebildet, die im Falle einer Mobilmachung verfügbar waren. Auch wurde die preußische Armee nach französischem Vorbild in Brigaden organisiert: in jeder von ihnen waren sämtliche Divisionen der Armee vertreten, und sie waren in der Lage, unabhängig zu operieren.

Die Strukturveränderungen wurden von Veränderungen des Dienstes und der taktischen Ausbildung begleitet. Bis auf wenige Ausnahmen wurde die Züchtigung abgeschafft – schon ein halbes Jahrhundert, bevor diese barbarische Praxis in der englischen Armee eingestellt wurde. In Anbetracht dessen, daß körperliche Züchtigung bis ins 20. Jahrhundert zu den Urteilen in deutschen Strafprozessen gehörte, war diese Maßnahme ihrer Zeit weit voraus. Das Exerzieren bestand nicht mehr hauptsächlich aus einem Drill auf dem Paradefeld, sondern schloß auch die Gefechtsausbildung im freien Gelände und auf dem Schießplatz sowie die Verbindung der Tirailleurs-Taktik mit massivem Linienfeuer und dem konzentrierten Vorstoß einer Kolonne in Bataillonsstärke ein. Kavallerie, Artillerie und Infanterie wurden dazu ausgebildet, sich nicht mehr als unabhängig zu betrachten, sondern die maximale Stoßkraft durch kombinierte und integrierte Anstrengungen zu erreichen.

Wie gegen Stein und Hardenberg wandte sich auch gegen Scharnhorst ein wesentlicher Teil des preußischen Adels – gegen einen weiteren ›Ausländer‹. Die Adligen wiesen entschieden die Ansicht zurück, daß der Zusammenbruch Preußens durch Fehler des ›ancien régime‹ verursacht worden sei, und meinten, die Fehler lägen primär an Einzelpersonen, die zu weich oder zu unfähig gewesen seien. Sie führten die Niederlage der friderizianischen Armee darauf zurück, daß in ihr nicht mehr die alte Disziplin und Gehorsam vorgeherrscht hätten. Man habe zugelassen, daß die regulären Anforderungen nicht mehr erfüllt worden seien. Das mag richtig sein. Als Meister der Defensive wäre Friedrich wohl kaum mit einem Streich vom Schlachtfeld gefegt worden, wie das mit der Armee Friedrich Wilhelms III. geschehen war. Aber es scheint mehr als zweifelhaft, ob er auf lange Sicht in der Lage gewesen wäre, einem modernen Nationalheer und Napoleons Offensivstrategie zu widerstehen.

Scharnhorst und die anderen Militärreformer wie Gneisenau sahen nur zwei Möglichkeiten: eine umfassende Reform oder gar keine. Ihre Widersacher gaben die Notwendigkeit einer Reform zu, bestanden aber darauf, daß sie innerhalb des Rahmens der friderizianischen Armee auszuführen sei. Sie waren blind für die neuen und starken nationalen Strömungen, die insofern bei der Motivierung neuer Streitkräfte eine große Rolle spielten, als sie für deren Dynamik sorgten. Sie erkannten nicht die Bedeutung der Volksaufstände gegen Napoleon in Spanien und Tirol und auch nicht die langfristigen Implikationen, die sich aus solchen neuen Methoden der Kriegsführung ergaben.

Einer der Hauptgegner Scharnhorsts war der General von Yorck, der sich schon als Widersacher der gesamten preußischen Reformbewegung exponiert hatte. Das heißt nicht, daß er seine Augen völlig vor der Notwendigkeit von Militärreformen verschloß. Er bemerkte schon vor 1806 die Bedeutung der neuen französischen Taktiken und begann seine Truppen entsprechend auszubilden. Im Prinzip hatte er auch nichts gegen die Einführung der allgemeinen Militärdienstpflicht einzuwenden. Er kämpfte gegen die Aushöhlung der Privilegien des aristokratischen Offizierskorps: die zweifache Absicht der Reformen, nämlich erstens die Barrieren einzureißen, die die vorherrschend agrarische Gesellschaft Preußens im 18. Jahrhundert um die Armee herum errichtet hatte, und zweitens innerhalb des preußi-

schen Staates allgemein und der Armee im besonderen einer mit dem neuen Nationalismus infizierten, aufstrebenden Mittelschicht einen Platz zu verschaffen. Diesen Nationalismus betrachtete Yorck als ein Übel, das trotz Unterschiedes der Methoden im Ergebnis doch der Französischen Revolution gleichkäme – ein totaler gesellschaftlicher und politischer Aufstand, an dessen Ende der Sieg des Pöbels stünde. Sicherlich waren demokratische Tendenzen unübersehbar, wie sie zum Beispiel in der Regel, die es der Landwehr erlaubte, ihre eigenen Offiziere zu wählen, und in der Forderung nach Einführung der konstitutionellen Monarchie zum Ausdruck kamen, einer Forderung, die schließlich für die gesamte Reformbewegung zum Stein des Anstoßes wurde. Die Mittelschicht war für die Ideen der Französischen Revolution besonders aufnahmebereit, vor allem die jüngere Generation, die vor und nach der Abdankung Napoleons lautstark kundgab, daß es nunmehr an der Zeit sei, nicht nur Preußen, sondern auch Deutschland eine neue Form zu geben. Diese Tendenz und die Tatsache, daß sie vor allem von der Armee unterstützt wurde, veranlaßte Castlereagh, 1815 zu schreiben: »Ich muß schon sagen, daß ich mit beträchtlicher Angst ihre (die preußische) Politik verfolge. Zum gegenwärtigen Zeitpunkt beobachtet man beträchtliche Unruhe in allen Teilen des Staates, man bemerkt sehr freie Ansichten über die Regierung, wenn nicht gar revolutionäre Prinzipien, die dominieren. Die Armee ist nicht ohne diese Zeichen, und dies erweist sich in ihrem Mangel an Subordination gegenüber den Zivilbehörden.«
In solchem Zusammenhang waren die Öffnung des Offizierskorps und die Organisation der Landwehr kaum geeignet, die Reaktionäre zu beruhigen. Während die Reformer versucht hatten, Staat und Nation zu einigen und die traditionelle Gesellschaftsstruktur so zu modifizieren, daß sie das Bürgertum und seine Bestrebungen mit einschloß, sorgte das allmähliche Aufkommen der Reaktion wieder dafür, den Graben zwischen ihnen zu vertiefen. Fürst Wittgenstein war der Ansicht, daß die Bewaffung der Nation nur die Organisierung und Erleichterung der Opposition und ihrer Unzufriedenheit bedeute: die Landwehr und ihre Offiziere stellten für ihn eine potentielle Bürgerkriegsarmee dar.
Doch die Furcht der Reaktionäre, Scharnhorst plane die Beseitigung des preußischen Adels, entbehrte jeglicher Grundlage. Er wollte nur

eine Verjüngung einleiten. Adlige, die durch Geburt das Offizierspatent besaßen, zeigten wenig Interesse an der Ausbildung ihrer Fähigkeiten. Die Reformer glaubten an das Prinzip des freien Wettbewerbs zwischen Adel und Bürgertum und meinten damit, für den Staat Kräfte freisetzen zu können, die bis dahin brachgelegen hatten. Doch Scharnhorst wies entschieden die Bemerkung zurück, wonach nur der Adel einen Begriff von Ehre und Pflicht besitze: »Daß jedoch die Grundsätze der Ehrliebe bei den Bürgerlichen ebenso gut herrschen können wie bei den Adeligen, davon geben die jetzigen französischen Offiziere ein auffallendes Beispiel.«

Was weite Teile der Aristokratie gegen die Militärreformer aufbrachte, war der Vorgang, daß mit der geforderten Reduzierung der preußischen Armee berühmte alte Regimentsnamen verschwanden und durch Einheiten ersetzt wurden, die nur die Nummern und den Namen der Provinz ihrer Garnisonen trugen.

Wie Stein am unmittelbaren Zugang zum König gehindert worden war, so wurde Scharnhorst mit dem Amt des Adjutanten konfrontiert. Als Oberbefehlshaber der Armee tendierte Friedrich Wilhelm III., wie seine Vorgänger und Nachfolger, sowohl von der Ausbildung wie von der Neigung her mehr zu militärischen als zu zivilen Angelegenheiten. Solange die preußische Monarchie bestand, gab es auch ein Militärkabinett. Scharnhorsts Ziel der Institutionalisierung der militärischen Führung in Form eines Kriegsministeriums wurde durch seinen Tod zunichte, aber zeit seines Lebens verband er Energie mit weitgesteckten Zielen, was seinen Reformen Einheit und Richtung gab.

Friedrich Wilhelm III. machte sich die Dinge nicht gerade einfach. Vom Verstand her wußte er sicher, daß Scharnhorst Recht besaß, aber emotional blieb er der Erbschaft seines Großonkels verbunden, was ihn den Argumenten der Widersacher Scharnhorsts gegenüber zugänglich machte. Auch er fragte sich, welche Streitkräfte man durch die Einführung des allgemeinen Militärdienstes schließlich schaffen würde. Er sah die Notwendigkeit der Aufhebung der Adelsprivilegien in der Armee wohl ein und billigte deshalb die Einführung von Prüfungen für Fähnriche und Offiziere, aber weigerte sich, die Kadettenanstalten zu schließen, die Scharnhorst als Ausbildungsstätten des Adels nicht für geeignet hielt, eine nationale Elite zu

schaffen. Auf lange Sicht mußten die preußischen Konservativen dem Druck der wachsenden Mittelschicht nachgeben, und die Kadettenanstalten wurden allen geeigneten Bewerbern geöffnet.
Auch vom Staatsdienst her schlug Scharnhorst Widerstand entgegen. Er gab zu bedenken, daß es nicht im wirtschaftlichen Interesse Preußens liege, wenn wegen des Wehrdienstes junge Männer plötzlich vier Jahre lang ihre Laufbahn nicht fortsetzen könnten. Für vorteilhafter hielt man das napoleonische System, wo sich ein Dienstpflichtiger dadurch freikaufen konnte, daß er für einen Vertreter sorgte, der an seiner Stelle diente. Dagegen wehrte sich Scharnhorst heftig, weil eine solche Konzession seinem ganzen Reformprojekt zuwider gelaufen wäre. Nichtsdestoweniger wurde er zu einem Kompromiß gezwungen, wonach jeder Akademiker und jeder, der in der Lage war, seine eigene Armeeausrüstung zu bezahlen, nur fünf Monate hintereinander dienen mußte, während alle anderen fünf Jahre abzuleisten hatten.
Im Unterschied zu den Reformen Steins und Hardenbergs, die man Edikt für Edikt aufführen kann, ist von Scharnhorst, mit wenigen Ausnahmen, nur in den Armeebestimmungen etwas wahrnehmbar. So wurde die allgemeine Militärdienstpflicht beispielsweise nie öffentlich verkündet. De jure blieb das alte Kantonal-Reglement Friedrich Wilhelms I. bis zum März 1813 in Kraft, obwohl es da bereits de facto seit fünf Jahren abgeschafft war. Nur die taktischen Reformen der preußischen Armee fanden in einer umfassenden Revision der Militärdienstvorschrift Ausdruck.
Allerdings konnten innerhalb der kurzen Spanne von höchstens neun Jahren kaum Verhaltensmuster völlig eliminiert werden, die mehr als ein Jahrhundert die preußische Armee geprägt hatten. Nach dem Tode Scharnhorsts, dem später der Rücktritt Gneisenaus und Boyens folgte, waren die Ergebnisse der Militärreformen praktisch wohl noch sichtbar, aber die tiefere, die geistige und die nationale Strömung, die sie motiviert hatte, war bereits in Vergessenheit geraten. Schon 1824 vermerkte ein österreichischer General, daß die preußische Armee sich wieder an bedingungslosen Gehorsam gewöhnt habe. Die Armee, die Elemente enthalten hätte, die die öffentliche Ordnung gefährdeten, sei wieder zu einer der stärksten Stützen der existierenden Ordnung geworden.

In Anbetracht der weitgesteckten Ziele der preußischen Reformbewegung, besonders auf dem Bildungs- und dem Militärsektor, sah das Endergebnis recht enttäuschend aus. Alles, was man im militärischen Bereich errang, war die Umgestaltung einer weitgehend auf Söldnertruppen basierenden Armee in eine spezifisch preußische, deren Funktion im soziologischen Sinn darin bestand, all ihre Angehörigen in die Staatsgemeinschaft zu integrieren. Im Bereich der Bildung indessen erlangte Humboldt weitreichend internationalen Einfluß.

9. KAPITEL

Der Befreiungskrieg

Der Vertrag von Tilsit zwang Preußen in die Rolle eines Pufferstaates zwischen Frankreich und Rußland und schränkte seine Unabhängigkeit und Handlungsfreiheit stark ein. Die von Napoleon geforderte Kriegsentschädigung war derartig hoch, daß Preußen sie sogar bei strengsten Sparmaßnahmen nicht aufbringen konnte. Aus diesem Grunde empfahlen Stein und später Scharnhorst dem König, sich aus taktischen Gründen um eine Annäherung an Napoleon zu bemühen, bis Preußen seine Bewegungsfreiheit wiedergewinnen konnte. Aber in diesem Punkt blieb Friedrich Wilhelm III. fest. Er wies das Ansinnen zurück, und Steins Vorschlag, Napoleon die Patenschaft für eine preußische Prinzessin anzutragen, fand kein Gehör.
Die Franzosen hatten bestimmte Zahlungstermine festgesetzt und machten den Rückzug ihrer Besatzungstruppen von deren Einhaltung abhängig. Stein versuchte, mit den Franzosen zu verhandeln, aber ihm fehlte die für geschickte Diplomatie nötige Wendigkeit. Napoleon hatte zunächst 150 Millionen Taler, dann 120 Millionen und schließlich 100 Millionen gefordert. Er bestand darauf, daß diese Summe durch den Verkauf königlicher Domänen aufgebracht werden sollte, was ausgedehnte Annektionen preußischen Kernlandes ermöglicht hätte. Die Forderung Napoleons lieferte aber den Hebel, mit dessen Hilfe der preußische Adel zur Einwilligung für eine allgemeine Einkommenssteuer gebracht wurde. Napoleon verhielt sich immer noch ausweichend.
In dieser Situation, auf dem Zenit seiner Macht, brach der spanische Aufstand gegen Napoleon aus. Spanien, vielleicht die einzige geeinte Nation Europas neben Frankreich, entzündete die Fackel der nationa-

len Befreiung und bekämpfte den Usurpator als Personifikation des Bösen, des Glaubensabfalls und der Gottlosigkeit. Napoleon, auf seine Weise ein Sohn der Aufklärung, hatte mit meßbaren, empirisch zu beweisenden Größen gerechnet. Ein Aufstand, der seinen Anstoß aus einer Mischung von nationalen, religiösen und anderen geistigen Kräften erhielt, stellte ein Imponderabilium dar, das er nicht einbezogen hatte und das sich deshalb als unangenehme Überraschung erwies. Einige Monate später hatten die spanischen Flugschriften, die die Bevölkerung zum Widerstand gegen die Franzosen aufriefen, die deutschen Staaten erreicht. Sie dienten dem gleichen Zweck; manchmal wurden sie als Modell für eigene, deutsche Flugschriften verwandt, zumeist aber kopierte man sie direkt und nahm nur einige Veränderungen in bezug auf die spezifisch deutsche Situation vor. Die spanischen Pamphlete gingen zunächst nach London und Wien, von wo sie ihren Weg nach Deutschland fanden. Die Spanier heizten die Emotionen und Leidenschaften all derer an, die unter Napoleon litten und glaubten, daß der Moment gekommen sei, die napoleonische Herrschaft in Mitteleuropa abzuschütteln.
Der österreichische Kanzler, Graf Johann Philipp von Stadion, hielt den Augenblick gekommen, da Preußen sich an die Seite Österreichs gesellen könne, nicht nur, um die gemeinsamen Handelsbeziehungen wiederaufzunehmen, sondern um die frühere Gegnerschaft zwischen Preußen und Österreich auszulöschen. Stadion war, wie Stein, Sproß einer alten deutschen Reichsritterfamilie und fand in Stein einen Mann gleichen Charakters und gleicher Denkungsart. Stein hatte in Verhandlungen keinerlei Zugeständnisse der Franzosen erreicht und sprach sich für den weiteren Konflikt mit ihnen aus. Friedrich Wilhelm III. war bereit, in dieser Richtung zu agieren, aber nur unter der Voraussetzung, daß Rußland den gleichen Kurs verfolgte, und dafür gab es bislang kein Anzeichen. Spanien erreichte nun mit Gewalt, was Stein in Verhandlungen nicht gelungen war: die Ereignisse in Spanien zwangen Napoleon, beträchtliche Truppenkontingente von Mitteleuropa nach der Iberischen Halbinsel zu verlegen, wodurch die drückende Besetzung Preußens auf ein Minimum reduziert wurde. Friedrich Wilhelm III. konnte von Königsberg wieder nach Berlin zurückkehren.
Zar Alexander riet Friedrich Wilhelm zu einem Frieden und reiste

dann zur Teilnahme an einem Kongreß in Erfurt weiter, zu dem Napoleon ihn eingeladen hatte, da er sich für sein Engagement in Spanien den Rücken freihalten wollte. Auch in Preußen empfahl die Friedenspartei, die weitgehend mit den Reformgegnern identisch war, Mäßigung. Stein verteidigte ein Zusammengehen Preußens mit Österreich gegen Napoleon, aber ob er den König dazu hätte bringen können, ist zweifelhaft. Auf jeden Fall wurde einer seiner Briefe, datiert vom 15. August 1808, von den Franzosen abgefangen – wie es scheint, nicht ohne Hilfe preußischer Gegner Steins. Das Schreiben enthielt scharfe antinapoleonische Äußerungen, und der Kaiser, der sich nun der Gefahr bewußt wurde, forderte die Entlassung Steins. Außerdem sollte Preußen endgültig die Reparationssumme in Höhe von 140 Millionen Francs sowie die Besetzung von drei Festungen entlang der Oder akzeptieren. Friedrich Wilhelm sah keinen anderen Ausweg mehr, unterzeichnete den Vertrag von Paris und nahm am 24. November 1808 Steins offiziellen Rücktritt an. Die reaktionären Kräfte des preußischen Adels triumphierten; General Yorck kommentierte: »Ein unsinniger Kopf ist schon zertreten, das andere Natterngeschmeiß wird sich in seinem eigenen Gifte selbst auflösen. Ich hoffe, es wird bald besser werden.«
Stein, der nun von den Franzosen verfolgt wurde, fand in Wien Zuflucht, von wo er weiterhin versuchte, ein Einverständnis zwischen Preußen und Österreich herzustellen. Aber sein Nachfolger in Berlin, der Innenminister Graf Alexander zu Dohna, und der Finanzminister Freiherr Karl von Altenstein waren nicht zu gewinnen, solange sich Friedrich Wilhelm weigerte, ohne russische Unterstützung und ohne Befriedungspolitik gegen die reaktionären Kräfte innerhalb des preußischen Adels zu handeln.
In der Hoffnung, Preußen werde schließlich doch nachziehen, entschloß sich Österreich, die Gunst des Augenblicks zu nutzen. Das Haus Habsburg bewies immer dann Größe, wenn es, zum Guten oder zum Schlechten, deutsche Interessen vertrat. Im Jahr 1809 machte sich die Dynastie zum eifrigsten Verfechter der ersten Bemühung um die deutsche Nation – die sich wieder einmal im Prozeß der Neuorientierung befand. Die ursprüngliche Einheit und das entsprechende Nationalbewußtsein waren durch die Reformation und ihre Folgen zerrissen worden, aber nun sollte ein nationaler Aufstand

den Deutschen ihre Freiheit wiedergewinnen. Spanien war das Vorbild, und man hoffte, Napoleon sei durch gleichgewichtige Volkserhebungen an Donau und Ebro in die Knie zu zwingen. Friedrich von Gentz, Friedrich Schlegel und viele andere wandten sich mit Flugschriften und Aufrufen an alle deutschen Patrioten. Erzherzog Karl verkündete in einer öffentlichen Proklamation an das deutsche Volk und die Truppen des Rheinbundes: »Eure Siege werden ihre Fesseln lösen, und Eure deutschen Brüder, jetzt noch in den feindlichen Reihen, harren auf ihre Erlösung!« Wien wurde zum deutschen Zentrum eines systematischen Propagandafeldzugs mit Nebenstellen in München, unter der Führung von Stadions Bruder Friedrich Lothar, in Dresden, unter dem österreichischen Gesandten Buol, und in Preußen, wo Heinrich von Kleist und der Staatstheoretiker Adam Müller die Wortführer waren. Die Sicherheit, ob diese Anstrengungen in eine allgemeine Erhebung der Deutschen gegen Napoleon münden würden, war der kritische Faktor für Österreichs endgültige Entscheidung, in den Krieg zu ziehen, was eigentlich schon Ende 1808 beschlossen worden war. Der Krieg begann 1809 mit einem von Friedrich Stadion und Schlegel verfaßten und vom Erzherzog Karl unterzeichneten Aufruf ›An die Deutsche Nation‹. Scharnhorst und Gneisenau befürworteten die preußische Unterstützung Österreichs, und Königin Luise vertrat die Meinung, daß, wenn der Untergang Preußens unvermeidlich sei, er wenigstens ehrenhaft vonstatten gehen sollte.

Ein von Wien angefachter, gut geplanter und zum Teil von London finanzierter Massenaufstand der Tiroler Bauern unter der Führung des Gastwirts Andreas Hofer vertrieb die Besatzungstruppen des Rheinbunds, vor allem bayerische Verbände, aus der ganzen Provinz und ihrer Hauptstadt Innsbruck. Da sich die Truppen des Erzherzogs Karl aber zu langsam bewegten, hatten Napoleons Streitkräfte Gelegenheit, sich zu sammeln. Karl wurde nach Böhmen abgedrängt, und Napoleon rückte auf Wien vor. Am 21./22. Mai 1809 konnte Karl bei Aspern Napoleon zwar seine erste Niederlage zufügen, aber wieder einmal wurde der Erfolg nicht genutzt: Napoleon gewann die Initiative zurück und schlug am 5./6. Juli die Österreicher bei Wagram.

Obwohl sich die preußische Regierung gegenüber den Erfolgschancen skeptisch gezeigt hatte, wirkte besonders das Beispiel des Tiroler Aufstands ansteckend. Am 28. April 1809 marschierte das 2. Brandenburger Husarenregiment in Berlin unter seinem Major Ferdinand von Schill, der sich schon bei der Verteidigung Kolbergs ausgezeichnet hatte, zu einer angeblichen Übung aus der Stadt. Schill plante statt der Rückkehr in die Stadt einen eigenen Feldzug gegen die französischen Truppen, um auf diese Weise König und Regierung zur allgemeinen Mobilmachung zu zwingen. Außerhalb Berlins weihte er Offiziere und Mannschaften in sein Vorhaben ein und gab ihnen sogar Gelegenheit, in die Garnison zurückzukehren. Die Mehrheit der Soldaten schloß sich Schills Plan an und drängte auf einen baldigst möglichen Angriff gegen die französischen Truppen. Daraufhin marschierte Schill nach Dessau, wo er die Befreiung der Stadt verkündete und offiziell seine Absichten bekanntgab. Die Bevölkerung feierte ihn zwar enthusiastisch, leistete aber keine substantielle Unterstützung. Schill blieb mit seinen Truppen isoliert, der erhoffte allgemeine Aufstand stellte sich nicht ein. Schills Absicht war gewesen, in Richtung auf das Königreich Westfalen zu marschieren, um sich dort mit den Streitkräften des Obersten von Dörnberg zu vereinigen, der einen ähnlichen Aufstand gegen König Jérôme entfachen wollte. Aber auch diese Aktion blieb erfolglos, und Dörnberg flüchtete nach Böhmen. Schill wollte sich nun zur Ostsee durchschlagen, in der Hoffnung, er und seine Männer würden von der englischen Marine aufgenommen und gerettet werden. Zunächst überraschte er die Garnison Stralsund und besetzte sie. Er wollte entweder ein zweites Saragossa aus ihr machen – 1808 hatten sich spanische Soldaten und Zivilisten bei der Verteidigung Saragossas gegen die französische Belagerung Ruhm und Ehre erworben –, oder die Garnison wenigstens solange halten, bis die englische Marine zu Hilfe kam. Am 31. Mai 1809 stürmten holländische und dänische Hilfstruppen der Franzosen die von Schill und 500 seiner Männer verteidigte Stadt. Schill fiel im Straßenkampf, elf seiner Offiziere wurden in Wesel vor ein französisches Kriegsgericht gestellt und am 16. September erschossen. Aus Dörnbergs Streitkräften wurden durch Los 14 Offiziere herausgegriffen und in Braunschweig hingerichtet. Die übrigen Gefangenen wurden zur Galeere verurteilt. Wer von ihnen überlebte, wurde nach Napoleons Fall wieder freigelassen.

Friedrich Wilhelm verurteilte Schills Vorgehen als einen Akt der Meuterei, nicht, um Napoleon zu besänftigen, sondern weil es seiner innersten Überzeugung entsprach. Desgleichen war ihm der Appell an die Massen, der Versuch, eine ganze Nation zum Aufstand und zu einem Befreiungskrieg aufzurufen, zutiefst fremd.

Wien war über den Mißerfolg im Norden enttäuscht. In der Hofburg schien man sich nicht dessen bewußt zu sein, daß die norddeutschen Tiefebenen für einen Guerillakrieg wie in Andalusien und Tirol nicht taugten. Kleists widerhallende Verse

›Schlagt ihn tot, das Weltgericht
fragt euch nach den Gründen nicht‹

waren für die von Napoleon hart bedrängten österreichischen Truppen keine Hilfe. Scharnhorst und Gneisenau versuchten erfolglos, den König zu überreden: Friedrich Wilhelm hielt an seiner Entscheidung fest, ohne russische Unterstützung nicht zu handeln. Der verbitterte Gneisenau trat von seinem Posten zurück und ging nach England, in der Hoffnung, die dortige Regierung zum Einsatz von Landstreitkräften in Norddeutschland zu bewegen. Aber in der Zwischenzeit hatte Napoleon die Österreicher bei Wagram geschlagen. Am 12. Juli 1809 schlossen Napoleon und Kaiser Franz einen Waffenstillstand. Die Tiroler Bauern wurden ihrem Schicksal überlassen. Sie setzten ihren Kampf zunächst recht erfolgreich fort, bis im Herbst 1809 all ihre Verbindungslinien zusammenbrachen und sie von französischen und bayerischen Truppen geschlagen wurden. Ihr Anführer, Andreas Hofer, entkam, wurde aber später verraten. Er wurde festgenommen, oberflächlich verhört und 1810 in Mantua erschossen. Andere Tiroler Bauernführer wie Speckbacher, denen es gelang, den Franzosen zu entwischen, gelangten nach Wien, wo sie mit beträchtlicher Verlegenheit behandelt wurden und während der nächsten Jahre Almosen hinnehmen mußten, die ihren Anstrengungen zur Unterstützung der Dynastie keineswegs entsprachen.

Am 14. Oktober 1809 unterzeichnete Österreich, das nunmehr zu einer zweitklassigen Macht degradiert war, in Napoleons Hauptquartier den Frieden von Schönbrunn. Es mußte sich an der Kontinentalsperre beteiligen und seine Streitkräfte auf 150 000 Mann reduzieren. Clemens Graf von Metternich, der den Vertrag ausgehandelt hatte, trat nun als österreichischer Kanzler an die Stelle Philipps von Stadion.

Obwohl die Ereignisse von 1809 unglücklich verlaufen waren, erwiesen sie sich als Vorboten des Befreiungskriegs. Sie beschleunigten die Kristallisation antinapoleonischer Gefühle in ganz Deutschland und erweckten neue Sympathien für die Sache der Befreiung, wobei die Hoffnungen sich vor allem auf Preußen stützten. Trotz des wankelmütigen Monarchen konnte nun ein Reformprogramm realisiert werden, das überall im Lande Nachahmer fand, zumal die Reformer ihr oberstes Ziel nie verleugnet hatten: die Wiederherstellung einer deutschen Einheit, die in den zwei vorhergehenden Jahrhunderten auseinandergebrochen war.
Um das breite Spektrum der bürgerlichen Meinungen zu mobilisieren, war im April 1808 in Königsberg ein »sittlich-wissenschaftlicher Verein« gegründet worden, kurz »Tugendbund« genannt, der es sich zum Ziel gesetzt hatte, liberale wie nationale Ideen zu verbreiten und zu vertiefen. Unter französischem Druck mußte er sich im Dezember 1809 auflösen, fand aber in der 1810 von Friedrich Ludwig Jahn in Berlin gegründeten »Turnbewegung« schon bald einen Nachfolger. Jahn hatte sich seit 1807 schon gegen die französische Fremdherrschaft ausgesprochen und betrachtete seinen Turnverein sowohl als politische wie auch als körperliche Vorbereitung auf den Befreiungskampf. Er sorgte damit für die Massenbasis eines »Deutschen Bundes«, den er mit dem gleichgesinnten Karl Friedrich Friesen begründet hatte und der sich von Preußen her über alle Staaten des Rheinbundes ausbreiten sollte.
Seit 1809 mehrten sich die Krisenanzeichen im napoleonischen Kaiserreich. Zwei Jahrzehnte hindurch hatte Frankreich unausgesetzt Kriege geführt, die dem französischen Volk außer dem Ruhm nichts eingebracht hatten. Die Unzufriedenheit wuchs, und Napoleons Polizeiminister Joseph Fouché, der Frankreich mit einem dichten Netz von Geheimagenten überzogen hatte, stand vor immer schwierigeren Aufgaben. Im darauffolgenden Jahr zerbrach das oberflächlich-freundliche Verhältnis zwischen Rußland und Frankreich an grundlegenden Differenzen. Rußland scherte nun seiner wirtschaftlichen Interessen wegen aus dem System der Kontinentalsperre aus, was Napoleon damit beantwortete, daß er die Mündungen von Elbe, Weser und Trave besetzte und das Herzogtum Oldenburg auflöste, dessen regierender Fürst ein Schwager des Zaren war. Als Alexander

daraufhin von Napoleon eine Zusicherung verlangte, daß er das Königreich Polen in den Grenzen von 1772 nicht wiederherstellen werde, und auf Ablehnung stieß, war der Zeitzünder für einen offenen russisch-französischen Konflikt gelegt.
Beide Mächte bereiteten sich auf die drohende Auseinandersetzung vor und bauten ihre Stellungen aus. Preußen war als Pufferstaat gezwungen, für die eine oder andere Seite Partei zu ergreifen. Um französischen Absichten zuvorzukommen, die darauf zielten, das ohnehin schon beträchtlich reduzierte preußische Staatsgebiet als Aufmarschgelände zu benutzen, bot Friedrich Wilhelm den Franzosen ein Bündnis an; gleichzeitig sandte er Scharnhorst nach Petersburg, wo nach der Niederlage Österreichs preußische Emigranten, unter ihnen Stein, Zuflucht gefunden hatten. Scharnhorst informierte den Zaren über das preußische Vorgehen und schloß eine geheime Militärkonvention ab. Angesichts des feindseligen Verhaltens Napoleons forderte Hardenberg in Berlin ein offenes Bündnis mit Rußland. Friedrich Wilhelm III. mißtraute aber der Zuverlässigkeit Alexanders und wollte deshalb das Risiko einer solchen Allianz nicht tragen. Von Petersburg reiste Scharnhorst nach Wien, wo ihm Metternich vorsichtig zu verstehen gab, daß die Errichtung einer russischen Hegemonie auf Kosten der französischen nicht im Interesse Österreichs liege. Hardenberg wandte sich nun wieder an die Franzosen, die inzwischen zu einem Bündnis bereit waren. Die Bestimmungen des am 24. Februar 1812 geschlossenen Vertrags verpflichteten Preußen, im Fall eines Krieges zwischen Rußland und Frankreich den französischen Streitkräften ein Hilfskorps zu stellen. Die französischen Truppen wurden bereits an der preußischen Grenze zusammengezogen; hätte Berlin nicht unterzeichnet, wären sie in Preußen eingefallen, statt das Land auf dem Weg nach Rußland nur zu durchqueren.
Die Ratifizierung des Vertrags am 5. März 1812 löste unter den Militärreformern beträchtliche Empörung aus. Scharnhorst und Gneisenau reichten zusammen mit anderen Generalen beim König ihren Rücktritt ein. Gneisenaus Gesuch, sein zweites innerhalb von zwei Jahren, wurde abermals angenommen, und er begab sich wieder nach England. Boyen und Clausewitz gingen mit anderen nach Petersburg. Scharnhorst reiste nach Schlesien, behielt aber seine Funktion als technischer Berater des Königs.

Napoleon hatte bald seine Streitkräfte entlang der russischen Grenze versammelt: in der Armee von 600 000 Mann waren nur 210 000 Franzosen. Das zweitgrößte Kontingent mit 180 000 Soldaten stellten die deutschen Fürsten. Am Abend des 22. Juni begann Napoleon den Njemen, die russische Grenze, zu überqueren. Die russischen Truppen zogen sich zurück und brachten Napoleon damit in eine Lage, mit der er noch nie konfrontiert gewesen war und der er sich nicht anpassen konnte. Da er auf seine zahlenmäßige Überlegenheit baute, übersah er Rußlands mächtigsten Verbündeten: seine unermeßliche Weite. Unter höchst geschickter Ausnützung ihres geographischen Vorteils lockten die Russen die Große Armee immer tiefer ins Land. Die Eroberung Moskaus erwies sich als ein Pyrrhus-Sieg für die Franzosen, der schließlich Napoleons strategische Niederlage symbolisierte. Infolge der russischen Taktik der verbrannten Erde konnte das Massenheer nicht verpflegt werden; die Verbindungslinien waren abgeschnitten oder funktionierten wegen der langen Entfernungen kaum mehr; der Feind griff an und wich dann wieder in die unendliche Weite seines Landes zurück, weswegen man ihn zu keiner Entscheidungsschlacht zwingen konnte. Es gab für Napoleon nur noch eine Möglichkeit: aus Rußland abzuziehen und von seiner Armee zu retten, was noch zu retten war. Während dieses Rückzugs wurden die Angriffe der Russen immer heftiger, und bei der Überquerung der Beresina trieben sie Napoleons Armee schließlich in die totale Katastrophe. Das war der Anfang vom Ende Napoleons.
Das 20 000 Mann starke preußische Hilfskorps unter General Crawert war Marschall Macdonald zugeteilt und hatte bei Napoleons Vorstoß an der Ostsee die nördliche Flanke zu decken. Crawert scheint ein glühender und unkritischer Bewunderer des militärischen Genius Napoleons gewesen zu sein; als er jedoch kurz nach Beginn des Rußlandfeldzugs erkrankte und durch General Yorck ersetzt wurde, änderten sich die Verhältnisse. Yorck verweigerte die Durchführung des Befehls Macdonalds, auf preußische Kosten die Stadt Memel zu befestigen, mit der Begründung, es gebe keine entsprechende Klausel im Friedensvertrag. Im August, während der Scharmützel mit der russischen Besatzung in Riga, wurden einige preußische Soldaten gefangengenommen, woraufhin Yorck den Russen einen Bevollmächtigten schickte, um sie auszutauschen. Die Gefan-

genen hatten sich jedoch der deutschen Legion Rußlands angeschlossen, die Stein und Gneisenau inzwischen aufgestellt hatten. Im Oktober und November wurde das preußische Kontingent in keine ernsthaften Gefechte verwickelt. Yorck war in seinem Hauptquartier indessen einem fortwährenden Bombardement ausgesetzt – nicht durch russische Artillerie, sondern durch russische Briefe, in denen er bedrängt wurde, sich den russischen Streitkräften anzuschließen, da die preußischen und russischen Interessen identisch seien. Der Gouverneur von Riga, Marquis von Paulucci, forderte Yorck auf, zum Kern der Sache zu kommen. Der Mann, dem Europa die Wunden verdankte, die noch lange bluten würden, nähere sich dem Ende seiner zerstörerischen Größe. Dieser Umstand setze Preußen in die Lage des Schiedsrichters über Europas Zukunft und Yorck in die des Befreiers des Vaterlandes. Zwei Wege stünden ihm offen: Erstens, seine Streitkräfte mit denen Pauluccis zu vereinigen, Macdonald gefangenzunehmen und dann zur Befreiung des Königs nach Preußen zu marschieren; der Zar werde ihn mit allen ihm zur Verfügung stehenden Mitteln unterstützen. Oder, zweitens, im Hinblick auf den Rückzug der Franzosen könne Yorck erklären, die Grenzen seines Vaterlandes zu decken, seine Truppen hinter den Njemen zurücknehmen und eine neutrale Haltung bewahren.

Yorck befand sich in einer Situation, in der seine Handlungsweise entweder den Anstoß zur Befreiung geben oder einfach verpuffen konnte, wobei er dann wie Schill als Verräter und Meuterer dastand. Yorck unterrichtete den König über die russischen Annäherungsversuche und hoffte, dieser würde ihm den Weg in die eine oder andere Richtung weisen. Friedrich Wilhelm jedoch wollte sich aus allem heraushalten. Am 17. Dezember 1812 wurde die Entscheidung dann von den Russen herbeigeführt. Ein russisches Truppenkontingent unter General von Diebitsch war südlich von Yorck durchgebrochen und operierte im Bereich seiner Nachhut. Yorck befahl den Preußen, sich an die russische Grenze zurückzuziehen. Die gegnerischen Streitkräfte beobachteten das, ergriffen aber keine der häufigen Gelegenheiten, um anzugreifen. Der Adjutant des Generals von Diebitsch war kein geringerer als Oberst Karl von Clausewitz, einst Scharnhorsts bevorzugter Schüler. Kurz vor der Grenze schnitt Diebitsch die Preußen von ihrer Nachhut ab und ersuchte Yorck um eine Unterredung. Die beiden Generäle trafen sich am Weihnachtsmorgen des Jahres 1812, doch die Unterhaltung verlief nicht sonderlich befriedigend. Diebitsch wollte den Preußen keine Hindernisse in den Weg legen und verlangte nur einen Teil ihrer Munition und einige Kanonen. Yorck war unsicher. Er mochte keinen Schritt riskieren, der seine militärische Ehre in Frage stellen konnte. Außerdem mißtraute er Clausewitz, der ebenfalls anwesend war. Clausewitz ging es mit Yorck nicht viel anders, denn er sah in ihm einen Erzreaktionär, dessen Einfluß er bei vielen Gelegenheiten zu spüren bekommen hatte.

Yorck geriet mit einem Grundsatz in Konflikt, dem er sein Leben lang treu gewesen war: Befehlen gegenüber unbedingten Gehorsam zu leisten. Nun wurde von ihm etwas verlangt, das er weder auf der Kadettenschule noch sonst in der preußischen Armee gelernt hatte: Er mußte eine grundsätzliche politische Entscheidung treffen. Trotz allem stellte für ihn die Abkehr vom vielgehaßten Macdonald einen Akt des Verrates dar, und als ihn Clausewitz um eine weitere Unterredung bat, lehnte er ab. Nach Clausewitz sprach der von Paulucci entsandte Schwager Scharnhorsts, Graf Dohna, vor und überbrachte einen persönlichen Brief des Zaren. Darin versicherte Alexander, nicht eher die Waffen gegen die Franzosen niederzulegen, bis Preußens einstige Stellung unter den europäischen Mächten voll wiederhergestellt sei.

Dieser Brief gab den Ausschlag. Yorck entschloß sich, seine Verhandlungen mit Diebitsch wiederaufzunehmen. Gleichzeitig unterrichtete er Friedrich Wilhelm über die Entwicklungen. Clausewitz fand sich wieder in Yorcks Hauptquartier bei Tauroggen, 30 Kilometer nordöstlich von Tilsit ein und entwarf mit ihm eine Übereinkunft. Yorck hatte einen Major von Seydlitz nach Berlin gesandt und erwartete genaue Befehle vom König. Doch Seydlitz brachte lediglich Ausflüchte zurück und die mündliche Botschaft, mit den Österreichern seien bereits Verhandlungen aufgenommen, und Yorck solle den Umständen entsprechend handeln. Yorck war zunächst verwirrt, interpretierte dann aber den Ausdruck ›den Umständen entsprechend‹ als eine Blankovollmacht. Am 30. Dezember traf er sich wieder mit Diebitsch, und in der Mühle von Poscherun unterzeichneten sie die Konvention von Tauroggen, derzufolge Yorck seine Truppen von denen Macdonalds trennte und Neutralität zu wahren versprach. Die Nachricht von der Unterzeichnung wurde von den preußischen und russischen Regimentern mit Begeisterungsrufen begrüßt. Seinen Offizieren sagte Yorck: »Meine Herren, ich weiß noch nicht, was ich dem König zu meiner Handlung mitteilen soll. Vielleicht wird er es Verrat nennen. Dann werde ich die Konsequenzen zu tragen wissen. Ich werde meinen grauen Kopf Seiner Majestät zur Verfügung stellen und fröhlich sterben, in dem Wissen, daß ich niemals gefehlt habe, ein treuer Untertan und ein wahrer Preuße zu sein.«

Tatsächlich betrachtete Friedrich Wilhelm Yorcks Aktion als Verrat und gab Befehl, ihn seines Kommandos zu entheben. Da er jedoch nicht offiziell erteilt worden war, sondern nur in einer preußischen Zeitung erschien, weigerte sich Yorck, die Befehlsgewalt aufzugeben: bislang habe noch kein General seine Befehle durch die Gazetten empfangen.

Von nun an wurde er zu einer der treibenden Kräfte für die Beteiligung der preußischen Armee am Krieg gegen Napoleon. So unangenehm es ihm auch war – die Umstände zwangen ihn, vorübergehend mit den Reformern gemeinsame Sache zu machen. Aber den Rest seines Lebens trug er an der Last des Verrats. Nicht nur, weil sein Verhalten vom König oder innerhalb des Offizierskorps leidenschaftlich erörtert wurde: er forschte auch ständig in sich selbst und wollte sogar den Titel ›Feldmarschall‹ zurückweisen: er müsse in Hinsicht auf die Vorfälle der Vergangenheit befürchten, es auch zukünftig nicht ausschließen zu können, daß er gegen seine eigenen Überzeugungen handle und dadurch in einem entscheidenden Moment einen Fehler beginge. Das war bester preußischer Militäradel.

Die französische Niederlage in Rußland schürte die antinapoleonischen Emotionen in Preußen. Bereits am Tag vor dem Abschluß der Konvention von Tauroggen hatten die Vertreter des Adels der östlichen Provinzen einen Friedensvertrag mit Rußland gefordert. Zweifellos spielte dabei neben patriotischen Beweggründen die Furcht vor Kriegsverwüstungen eine wichtige Rolle. Aber das französische Debakel hatte auch viele andere aktiviert und dem von deutschen Emigranten in Petersburg gegründeten »Komitee für deutsche Angelegenheiten«, dem Stein, Dohna, Clausewitz und zahlreiche preußische

Offiziere angehörten, wachsenden Einfluß verschafft. Besonders Stein inspirierte den romantisch veranlagten Zaren, den Krieg gegen Napoleon in größeren Zusammenhängen zu sehen als nur denen der nationalen Verteidigung und der Befreiung Europas vom napoleonischen Joch. Yorcks Handlungsweise gab ihnen Auftrieb; Boyen wurde von Petersburg nach Preußen gesandt; Stein folgte ihm und reiste zunächst nach Königsberg und dann nach Breslau, wo er gegen Ende Februar 1813 eintraf. Bis dahin war er ausschließlich durch die von Russen befreiten Gebiete gekommen. Östlich der Oder gab es keinen französischen Soldaten mehr. Yorck kämpfte schon Seite an Seite mit den Russen. Auf Hardenbergs Rat hatte Friedrich Wilhelm Berlin in Richtung Breslau verlassen, um von den Franzosen nicht gefangengenommen zu werden. Am 3. Februar 1813 erließ er ein Edikt, das alle Bürger zwischen 17 und 24 Jahren, die bisher vom Militärdienst ausgenommen waren, zu den Waffen rief, und am 9. des gleichen Monats hob er die noch verbliebenen Freistellungsgründe auf. Damit wurde für die Dauer des Krieges die allgemeine Dienstverpflichtung eingeführt. Am gleichen Tag wurden die Bündnisverhandlungen mit dem Zaren aufgenommen. Preußen wünschte seine Wiederherstellung in den Grenzen von 1806. Dem stimmte Rußland zu und bestand nur auf der Übergabe eines früher preußischen Streifens von Polen, wofür Preußen mit sächsischen Gebieten abgefunden werden sollte. Da der König dazu nicht bereit war, zogen sich die Verhandlungen fast drei Wochen hin, bis sie auf Steins Intervention am 27. Februar 1813 in Kalisch abgeschlossen werden konnten. Das Bündnis war für Preußen ein risikoreiches Unternehmen, denn es stellte sich heraus, daß die russischen Streitkräfte nicht so zahlreich waren wie angenommen. Die Franzosen dagegen besaßen in Deutschland noch beträchtliche Kontingente. Österreich votierte zwar für eine neue Koalition, verhielt sich sonst aber abwartend, anstatt eine klare Position zu beziehen.

Am 10. März 1813, dem Geburtstag der verstorbenen, vielgeliebten Königin Luise, stiftete Friedrich Wilhelm III. den Orden des ›Eisernen Kreuzes‹. Fünf Tage später traf der Zar in Breslau ein, und am 16. März erklärte Preußen Frankreich den Krieg. Am darauffolgenden Tag ließ der König seine berühmt gewordene Proklamation ›An mein Volk‹ veröffentlichen, die allseits große Zustimmung fand.

Öffentliche Sammlungen zur Finanzierung des Krieges erbrachten in wenigen Tagen 6,5 Millionen Taler, wobei diejenigen am meisten gaben, die am wenigsten besaßen. Freiwillige aus ganz Deutschland und aus allen sozialen Schichten meldeten sich so zahlreich zu den preußischen Fahnen, daß die Armee innerhalb von zwölf Monaten – von März 1813 bis März 1814 – mehr als 50 000 Freiwillige aufnehmen konnte. Theodor Körner, ein Sachse, wurde zum Dichter des Befreiungskrieges. Als er von der preußischen Mobilmachung hörte, gab er sogleich seine Stellung am Wiener Hofburgtheater auf und machte sich auf den Weg nach Breslau. Dort trat er als einfacher Soldat der leichten Infanterie dem Freikorps Lützow bei. Wie einige andere Einheiten setzte es sich nicht aus aktiven oder eingezogenen preußischen Soldaten zusammen, sondern zeichnete sich dadurch aus, eine deutsche Truppe zu sein. Seine Uniformfarben – schwarz, mit roter Borte und goldenen Knöpfen – erhoben die Revolutionäre von 1848 zu den nationalen Farben Schwarz, Rot und Gold. Körner war in vieler Hinsicht der ›ideale‹ Mann seiner Zeit, ein Kämpfer und Dichter, dessen Gestalt nach seinem frühen Tod heroische Ausmaße verliehen wurden. Seine vertonten Dichtungen blieben für mehr als ein Jahrhundert Lieblingslieder der deutschen Jugend. Unter den Freiwilligen spielten die Studenten eine führende Rolle, aber es wäre irreführend zu meinen, die Freiwilligen entstammten hauptsächlich dem Bürgertum. Im Gegenteil: Studenten und Gymnasiasten stellten nur sieben Prozent (Studenten 4,9, Schüler 2,1 Prozent), während Handwerker, Arbeiter und Bauern zusammen 59,5 Prozent ausmachten (Handwerker 41,2, Arbeiter 14,7 und Bauern und Pächter 3,6 Prozent). Die Gebiete, die sich schon vor der Zeit Friedrichs des Großen im Besitz der preußischen Krone befunden hatten, stellten 53,7 Prozent der Freiwilligen; der Rest kam aus allen Teilen Deutschlands einschließlich Österreichs, Tirols und der Rheinbundstaaten. Am Krieg gegen Napoleon beteiligte sich über alle Klassenschranken hinweg der Querschnitt der jüngeren Generation.
Am 25. März 1813 gab das russische Hauptquartier die Proklamation von Kalisch frei. Sie nannte als Ziel des Krieges gegen Napoleon die Wiederherstellung der deutschen Verfassung allein durch die deutschen Fürsten und das Volk und in Übereinstimmung mit der ursprünglichen Gesinnung des deutschen Volkes.

Das war eine vorsichtige, widersprüchliche Formulierung, aus der jeder das von ihm Gewünschte herauslesen konnte – die Fürsten mochten an die Wiedergewinnung der Territorien denken, die Napoleon ihnen geraubt hatte, das Bürgertum hatte vermutlich als Ziel die größere politische Einheit Deutschlands vor Augen, die ihm auch größere politische Wirksamkeit in den europäischen Beratungen verschaffen würde. Für die preußischen Konservativen ging es jedoch zunächst um den Sturz des französischen Usurpators und dann um die Wiederherstellung der Rechte, die regierende wie entthronte Fürsten durch Napoleon verloren hatten. Der Kampf gegen Napoleon war Agens und Bindeglied zwischen der wachsenden deutschen Nationalbewegung und den Verteidigern der Idee der monarchischen Legitimität, den beiden Prinzipien, die die deutsche Politik für den Rest des 19. Jahrhunderts beschäftigen sollten und ihren vielleicht widersprüchlichsten Ausdruck in der Verfassung des Deutschen Reichs von 1871 fanden.

Im März 1813 hatten sich die preußischen und russischen Streitkräfte verbunden, und am gleichen Tag, als Friedrich Wilhelm seine Proklamation ›An mein Volk‹ erließ, zogen Yorck und sein Korps zur Freude der Bevölkerung in Berlin ein. Russische Kosaken drangen sogar bis Hamburg vor, wo sie begeistert empfangen wurden.

Napoleon hatte ebenfalls begonnen, seine Truppen zu sammeln und aus den Überresten des Rußlandfeldzugs eine neue Armee aufzubauen. Seine erschöpften Streitkräfte wurden durch frische Rekruten aus Frankreich und den Staaten des Rheinbundes ergänzt. Bayern zögerte mit seiner Unterstützung für Napoleon, da die bayerische Armee in Rußland 30 000 Mann verloren hatte. Auch Sachsen war unentschieden, wie es sich verhalten sollte, und als die Alliierten das Königreich besetzten, floh sein Monarch nach Prag. Daß der Versuch, den Krieg gegen Napoleon in einen allgemeinen deutschen Volksaufstand zu verwandeln, mißlang, schuf bei den Verbündeten beträchtliche Enttäuschung. Trotz seiner Niederlage in Rußland besaß Napoleon noch genügend Macht, um andere, vor allem aber Preußen, von seiner Unüberwindlichkeit zu überzeugen. Und daß man sich statt der französischen unter Umständen eine russische Besatzung einhandeln würde, stellte auch keine besondere Verlockung dar. Am wichtigsten indessen war Österreichs fortdauernde Unentschlossenheit.

Napoleon konnte seine Streitkräfte rasch über Mainz und Frankfurt nach Sachsen bewegen. Er hatte seinen Schlachtplan entworfen, wurde aber am 2. Mai von einem unerwarteten Angriff der Alliierten bei dem Dorf Großgörschen südwestlich von Leipzig gestört. Er schlug ihn energisch zurück und zwang die preußischen und russischen Truppen zum Abzug; allerdings konnte er weder Gefangene noch Beute machen, da seine Kavallerie zu schwach für eine Verfolgung war. Das Gefecht hatte Napoleon jedoch gezeigt, daß sich die preußische Armee seit Jena und Auerstedt entscheidend verändert hatte. In einem Brief an seine Frau gibt Gerhard Leberecht von Blücher, dem die preußischen Truppen unterstanden, einen Eindruck von der Heftigkeit des Kampfes: »Was vor nachricht du auch erhälst so sey ruhig, den ob ich gleich 3 kugell erhalten, und auch ein Pferd erschossen, so ist doch alles nicht gefährlich, und ich bin und bleibe in volliger tetigkeit, Satisfaction habe ich genug. den ich habe den Hern Napoleon zwey mahl angegriffen, und beide mahl geworften, die Schlacht ist so mörderisch gewesen, daß beide theile erschöpfft wahren und beide ein mangel an munition hatten, der Feind hat ungleich mehr als wihr verlohren, aber es ist auch mancher brave waffen Bruder aus der weld geschieden. Franz ist wieder gentzlich her gestellt. vor heütte kan ich nicht mehr schreiben, da ich auß marschire. Küsse Fritze [Tochter Blüchers] die Girodz [Nichte von Blüchers zweiter Frau] und die Kinder, negstens will ich dich mehr sagen, gott mit dich. ich habe einen Schuß im Rücken, der mich sehr schmertzt, die kugell bring ich dich mit.«
Scharnhorst war Blüchers Stabschef, wurde aber nach einer Verwundung durch Gneisenau ersetzt. Ungeachtet seiner Blessur begab sich Scharnhorst nach Prag, um die Österreicher zum Eintritt in den Krieg gegen Napoleon zu bewegen. Dort bekam er eine Gangrän und starb am 28. Juni 1813.
Nach dieser ersten Schlacht zogen sich die Alliierten aus Sachsen an die Spree zurück, wo sie in der Nähe von Bautzen in gut befestigten Stellungen Napoleons Angriff erwarteten. Blücher und Gneisenau sprachen sich für einen Angriff aus, mußten aber in der Defensive bleiben, da sie unter russischem Oberbefehl standen und Zar Alexander die Erfolgschancen skeptisch beurteilte. Am 20. Mai griff Napoleon an und sicherte seinen Flußübergang durch schweres Vertei-

digungsfeuer. Er wollte die Preußen durch eine Zangenbewegung einkreisen, aber die Verbündeten durchschauten den Plan und konnten ihn durch ein Rückzugsmanöver vereiteln.
Die Preußen hatten zwei Schlachten verloren, aber der Kampf hatte in solcher Intensität getobt, daß Napoleon seine Gegner für stärker hielt, als sie in Wirklichkeit waren. Da er selbst am besten um die Schwäche seiner Armee wußte, schlug er einen Waffenstillstand vor, der am 4. Juli auch geschlossen wurde. Napoleon nannte die Entscheidung später die größte Dummheit seines Lebens. Durch die Überschätzung der Alliierten erkannte er nicht, daß auch sie in einer tiefen Krise steckten. Daß ein Waffenstillstand zustande kam, war hauptsächlich Zar Alexander und Friedrich Wilhelm zu verdanken. Hardenberg, Blücher und Gneisenau waren dagegen gewesen. Die zwei Monate, die er dauerte, wurden von den Verbündeten gut genutzt. Neben der zahlenmäßigen Verstärkung und der Verbesserung der Ausrüstung galt ihre Hauptanstrengung dem Versuch, Österreich zum Beitritt in die Allianz zu bewegen. Metternich wollte anfänglich Österreich die Rolle eines Schiedsrichters zwischen der Allianz und Frankreich verschaffen, um auf diese Weise seine frühere Position in Europa wiederherzustellen. Gleichzeitig rüsteten die Österreicher in großem Umfang auf. Metternichs Politik wurde jedoch von der ›Patriotischen Partei‹ unter dem Grafen Stadion bekämpft. Aber Metternich, der 1809 noch zu den Kriegsbefürwortern gehört hatte, hatte seine Lektion gelernt und wollte weder Napoleons Rache noch Österreichs erneute Abhängigkeit von Rußland riskieren. Im Frühsommer des Jahres 1813 fühlten sich die Österreicher stark genug, um die Rolle des ›bewaffneten Vermittlers‹ für sich zu beanspruchen, und lösten das Bündnis mit Frankreich. In Reichenbach tat der englische Außenminister Viscount Castlereagh sein möglichstes, um Preußen und Rußland kampfbereit zu halten. England wollte 2 Millionen Pfund für den Unterhalt ihrer Armeen bezahlen, und beide Mächte stimmten seiner Forderung zu, daß ohne vorhergehende Konsultationen mit den übrigen Alliierten keine Separatverhandlungen mit Frankreich eröffnet werden sollten. Im Vertrag von Reichenbach vom 27. Juni 1813 zwischen Österreich und den Alliierten verpflichtete sich Österreich zum Beitritt, falls Napoleon nicht bereit war, die Bedingungen des Vertrags zu akzeptieren.

Napoleon wurde aufgefordert, das Herzogtum Warschau aufzulösen, Preußen und die freien Hansestädte wiederherzustellen und Österreich die illyrischen Provinzen zurückzugeben (über die Auflösung des Rheinbundes wurde nichts gesagt). Zur großen Überraschung der Alliierten nahm Napoleon die Bedingungen an, allerdings mit dem Vorbehalt, daß der Waffenstillstand bis zum 4. August 1813 verlängert werde. Er hoffte, in dieser Zeit den Zaren für ein Separatabkommen zu gewinnen, aber für diesmal erwies sich Alexander als unerschütterlich.

Nach Ablauf des Waffenstillstands trat Österreich dem Bündnis bei. Zuvor hatte sich auch Schweden angeschlossen und landete mit einer Armee unter dem Prinzen Bernadotte an der Ostseeküste. Die Alliierten konnten nun 480 000 Soldaten gegen Napoleons 450 000 ins Feld stellen. Diese zahlenmäßige Überlegenheit verlor jedoch an Wirkung durch den Mangel an Einmütigkeit bei den Alliierten. Nur Preußen und Rußland waren entschlossen, Napoleons Tage als Kaiser zu beenden; Österreich fürchtete hingegen, daß beide zu mächtig werden könnten, während Schweden Norwegen annektieren wollte, das damals zu Dänemark gehörte.

Mit dem Herbstfeldzug 1813 wollten die Alliierten Napoleons zentrale Stellung in Dresden einkreisen. Die aus Österreichern, Russen und Preußen bestehende Hauptarmee unter dem Österreicher von Schwarzenberg im Süden sollte ihn gemeinsam mit dem schlesischen Heer unter Blücher zur Entscheidungsschlacht zwingen. Die Verbündeten erzielten bei Großbeeren und Bad Hegelberg südlich von Berlin Anfangserfolge, wobei sich die Landwehrverbände besonders auszeichneten. Aber dann mußte die südliche Armee in der Nähe Dresdens einen Rückschlag hinnehmen. Blücher, ebenfalls gezwungen, sich zurückzuziehen, beschloß, sich der Fesseln des russischen Oberkommandos, das jegliches Risiko mied, zu entledigen. Am 26. August 1813 griff er die Streitkräfte Macdonalds bei Katzbach an und fügte ihnen eine schwere Niederlage zu:

»Heute wahr der tag den ich so sehnlich gewünscht habe, wir haben den Feind völlig geschlagen ... von 2 uhr nachmittag bis zum abend dauerte daß gefegt ... gefangen sind nicht so vihll gemagt die Truppen wahren zu erbittert u magten alles nider ... es regnete den gantzen tag und gegen abendt gink kein gewehr mehr loß, meine Infantrie fochte mit dem Bajonet, Preußen und Rußen wetteiferten mit ein ander, und keiner wollte den andern den vorzug ein Räumen, unsere Truppen haben mit grosser Bravour gefogten, meinen verlust kann ich noch nicht bestimmen in dessen ist er in hinsicht der vortheille die wihr errungen nicht groß.«

Blüchers Infanterie bestand, wie bei Großbeeren, hauptsächlich aus schlesischen Landwehrsoldaten.

Napoleon zog weiterhin seine Truppen um Dresden zusammen und versuchte, den einen oder anderen seiner Gegner entscheidend zu schlagen. Die Alliierten überlegten, wie sie ihre Heeresgruppen vereinigen sollten, während Napoleon noch zwischen ihnen stand. Bernadotte erklärte sich bereit, seine Streitkräfte mit der schlesischen Armee zu verbinden. Die beiden Heere trafen sich und rückten auf Leipzig vor, während sich Schwarzenbergs Truppen von Süden näherten. Nun erkannte Napoleon die Gefahr, von seiner Nachhut abgeschnitten zu werden und mit verkehrten Fronten wie die Preußen bei Jena kämpfen zu müssen. Um dem zu begegnen, rückte seine Hauptstreitmacht gegen Bernadotte und Blücher vor mit der Absicht, sie zumindest zum Rückzug über die Elbe zu zwingen. Bernadotte wollte tatsächlich über die Elbe ausweichen, doch Gneisenau gab zu bedenken, daß jeder Rückzug, mit Ausnahme der Überquerung der Elbe, nicht nur Napoleons Nachhut bedrohen würde, sondern auch eine rasche Verbindung mit Schwarzenbergs Truppen ermögliche. Napoleons Armee trat an und fand keinen Feind, den sie angreifen konnte. In der Nähe von Merseburg trafen sich die verbündeten Heere, und Napoleon mußte sich nun entschließen, die Schlacht zu erzwingen, weil ihm nur noch eine Entscheidung zu seinen Gunsten den Weg nach Westen zum Rückzug öffnen konnte.

Die Schlacht bei Leipzig vom 16. bis zum 19. Oktober war eine der größten Schlachten des 19. Jahrhunderts. Napoleon hatte seine Armeen um Leipzig herum postiert. Er bot 190 000 Mann gegen die alliierten Streitkräfte auf, die zu Beginn 200 000 und am Ende, als alle Verstärkungen eingetroffen waren, 300 000 zählten. Am 16. fochten sich die Bündnistruppen die Anmarschwege frei, am 17. drangen die Preußen in die Vorstädte ein, und am folgenden Tag entbrannte die Schlacht um die Stadt, in die sich Napoleon hatte zurückziehen müssen. Es fanden heftige Straßenkämpfe statt, wobei die Franzosen und die mit ihnen verbündeten Kontingente versuchten, sich nach Westen durchzuschlagen. Als jedoch ein französischer Korporal die Elsterbrücke über die Elbe sprengte, sah ein Großteil der französischen und der Rheinbundtruppen den Fluchtweg abgeschnitten. Einige versuchten, ans andere Ufer zu schwimmen. Der polnische Adlige Marschall Poniatowski kam bei diesem Unterfangen ums Leben. Die Franzosen waren geschlagen. Die alliierten Heere, ihre Befehlshaber und ihre Monarchen trafen sich auf dem Leipziger Marktplatz. Es bestand die Möglichkeit, die fliehenden Truppen abzuschneiden, aber die alliierten Soldaten waren erschöpft. Napoleon, der auf seinem Rückzug nur einmal von bayerischen Truppen, deren König sich einige Wochen vor Leipzig den Siegern angeschlossen hatte, angegriffen wurde, konnte über den Rhein entkommen. Der Rheinbund löste sich selbst auf.

Am Neujahrstag, ein Jahr nach der Unterzeichnung der Konvention von Tauroggen, überquerten preußische Verbände den Rhein bei Kaub und marschierten gen Westen. Seit Leipzig hatte man darüber diskutiert, ob und wie man den Krieg fortsetzen solle. Im Lager der Verbündeten gab es ernste Meinungsverschiedenheiten, die alte Rivalität zwischen Österreich und Rußland brach wieder auf, und es war wiederum Castlereagh, der sie dazu bestimmte, vereint zu bleiben, um ein Ergebnis zu erzielen, das den europäischen Frieden sicherte. Gneisenau begeisterte sich für eine sofortige Invasion in Frankreich, die er über die Niederlande und Lothringen führen wollte. Schwarzenberg und andere befürchteten, jede Invasion in Frankreich könne wie 1792 einen Volksaufstand auslösen. Wenn überhaupt, sollten die Operationen über die Schweiz auf Südfrankreich in Richtung der Pyrenäen geführt werden, um sich dort mit den Streitkräften des Herzogs von Wellington zu verbinden. Schwarzenbergs Plan fand auch im preußischen Lager Unterstützung, wo General von Knesebeck auf den abgenutzten Zustand zahlreicher preußischer Einheiten verwies. Viele Landwehrkontingente besaßen keine Stiefel mehr und marschierten in Lumpen, und ohne Neuausrüstung der Armee sei ein Winterfeldzug nicht durchzustehen. Friedrich Wilhelm teilte die Ansichten Knesebecks und erklärte weiterhin, für ihn sei das westliche Ufer des Rheins auf jeden Fall ohne Interesse. Im Unterschied zu den preußischen Reformern lag ihm nichts an einem Sturz Napoleons, sondern nur daran, ihn im Zaum zu halten. Erst nachdem Napoleon alle Vorschläge Metternichs zurückwies, wurde die Fortsetzung des Feldzugs mit dem Ziel beschlossen, ihn zum Frieden zu zwingen.

Als die alliierten Truppen das Plateau von Langres erreicht hatten, wiederholten sie ihr Friedensangebot an Napoleon und bestanden diesmal auf den Grenzen von 1792. Die Verhandlungen brachten keine Ergebnisse, und Blücher erfocht den ersten Sieg der Alliierten auf französischem Boden bei La Rothière; dadurch ermutigt, nahmen die Verbündeten ihren allgemeinen Vormarsch wieder auf. Blücher marschierte voraus, erlitt jedoch drei schnelle Niederlagen, die ihn veranlaßten, sich wieder der Hauptstreitmacht des Bündnisses anzuschließen. In den politischen Beratungen über die Fortsetzung des Feldzugs gingen die Meinungen immer noch weit auseinander, wobei sich besonders Zar Alexander und Metternich unversöhnlich gegenüberstanden. Metternich wünschte Friedensverhandlungen, an denen Alexander nicht teilnehmen wollte. Napoleon bereinigte schließlich die Differenzen seiner Gegner, da er alle Verhandlungen ablehnte. Es war hauptsächlich Blücher und Gneisenau zu verdanken, daß der Rückzug auf das Plateau von Langres vermieden wurde und die Alliierten am 31. März 1814 in Paris einmarschierten. Einige Tage später dankte Napoleon ab und zog sich nach Elba zurück.

Blücher, der ›Marschall Vorwärts‹, war ohne Zweifel der Held des Tages. Für die Deutschen, aber nicht nur für sie, wurde er zum Symbol des Freiheitskriegs. Die Engländer, die einige Jahrzehnte zuvor die Erfolge Friedrichs des Großen gefeiert hatten, zeigten für den alten, aufrechten Mann die gleiche, wenn nicht noch größere Bewunderung. Sein Besuch in London erwies sich als persönlicher Triumph: »libes malchen.

gestern bin ich in Engeland gelandet, aber ich begreiffe nicht, daß ich noch lebe, daß Volk hat mich beynahe zerrissen, man hat mich die Pferde außgespannt, und mich getragen, so bin ich nach london gekommen . . . daß volk trägt mich uf henden, ich darff mich nicht sehen lassen, so machen sie ein geschrey und sind gleich 10,000 zusammen, in mondierung darff ich gar nicht erscheinen, nun lebe wohl ich kan nicht mehr Schreiben, den ich bin völlig betäubt . . . sie sind das verrückteste Volk das ich kenne.« (London, den 6. Juni 1814)

Ende September 1814 begann der Wiener Kongreß. Er mißachtete die Volksempfindungen, die den Befreiungskrieg getragen hatten. So wurden einige Vorkriegsversprechungen, die in Preußen Hoffnungen hinsichtlich konstitutioneller Veränderungen ausgelöst hatten, jetzt stillschweigend übergangen. Die europäischen Staatsmänner waren Repräsentanten lediglich einer europäischen Gesellschaftsschicht und standen als Einheitsfront den jeweiligen Sozialgefügen entgegen. Das Leitmotiv hieß Restauration und entsprang der Angst, der Einfluß des liberalen Bürgertums könne ähnliche Entwicklungen auslösen wie in Frankreich. Praktisch beherrschten die Diskussion hauptsächlich Territorialfragen. Preußens liebstes Thema waren Sachsen und Polen. Zar Alexander wollte aus ganz Polen ein Königreich in Personalunion mit Rußland machen. Preußen forderte das gesamte Sachsen als Ausgleich. Weder England noch Österreich mochten einer solchen Vergrößerung zustimmen, und Frankreich, vertreten durch den fähigen Talleyrand, wußte diese Differenzen zu seinem Vorteil zu nutzen. Einmal erreichten die Spannungen ein derartiges Ausmaß, daß England, Österreich, Frankreich, die Niederlande, Hannover und Bayern gegen Preußen und Rußland ein Geheimbündnis schlossen.

In diese Situation platzte die Nachricht, Napoleon sei am 1. März 1815 in Cannes gelandet. Der überwiegende Teil der französischen Armee sei dem wiedereingesetzten Bourbonenkönig davongelaufen und habe sich Napoleon angeschlossen. Das Kriegsbündnis wurde sofort erneuert. Am 20. März zog Napoleon prunkvoll in Paris ein, das die Bourbonen eilig geräumt hatten. Nur die Engländer und die Preußen traten sofort in den Krieg ein. Die englische Armee unter Wellington stand in den Niederlanden, die preußische unter Blücher in den Rheinprovinzen. Gneisenau wurde ein weiteres Mal zum Stabschef Blüchers ernannt, was für ihn eine gewisse Enttäuschung bedeutete, da er auf ein unabhängiges Kommando gehofft hatte. Aber er gehorchte den Anweisungen des Königs und fungierte als Planungsinstanz für die militärischen Aktionen Blüchers. Erst durch Gneisenau erhielt das Amt des Stabschefs die Bedeutung, die es seitdem hat.

Zunächst erlitt der preußische Feldzug bei Lüttich einen Rückschlag, weil die sächsischen Verbände gehört hatten, sie sollten wegen der territorialen Veränderungen in ihrem Land aufgelöst werden, und meuterten. Sie wurden entwaffnet und ihre Führer von einem Hinrichtungskommando erschossen. Napoleon ging zum Angriff über mit dem Ziel, die Koalition zu sprengen. Während der Schwerpunkt des preußischen Heeres bei Lüttich lag, war das englische Zentrum um Gent, die Vorausabteilungen beider Armeen trafen sich in der Gegend von Charleroi. Napoleon wollte die Vereinigung der beiden Armeen verhindern und versuchte deshalb, sie getrennt zu schlagen. Mit überraschender Schnelligkeit griff er am 16. Juni Blücher bei Ligny an. Blücher akzeptierte die Schlacht, weil Wellington Hilfe versprochen hatte, aber die englischen und die preußischen Verbände standen noch zu weit voneinander entfernt, als daß die Hilfe rechtzeitig hätte eintreffen können. Außerdem wurde Wellington zur gleichen Zeit bei Quatre-Bras von Marschall Ney angegriffen. Die preußischen Linien wurden überdehnt: in der einen Richtung, um die Verbindung zur Nachhut zu halten, und in der anderen, um den Kontakt mit Wellington nicht zu verlieren. Stundenlang tobte die Schlacht in der heißen Junisonne, bis Napoleon gegen Abend im Zentrum seine kaiserliche Garde einsetzte, um Ligny zu erobern. Blücher wurde verwundet, und erst der Einbruch der Dunkelheit setzte dem Kampf ein Ende. Der Rückzug war für Preußen und Engländer unvermeidbar, Wellington ließ seine Truppen in Richtung Antwerpen marschieren. In dieser Situation erließ Gneisenau die Anweisung, daß die Preußen sich nicht in Richtung Rhein, sondern zum nordöstlich gelegenen Dorf Waterloo zurückziehen sollten, um sich dort mit den Engländern zu treffen. Damit hatten sie zwar ihre Hauptbasis geopfert, aber dafür machten sie Napoleons Pläne zunichte. Es wurde ein Debakel für ihn. Er hatte nicht damit gerechnet, daß der geschlagene Feind sofort eine zweite Schlacht akzeptieren würde, sondern ging davon aus, Engländer und Preußen würden in verschiedene Richtungen zurückweichen. Marschall Grouchy wurde schnellstens nach Lüttich kommandiert, um die preußischen Kräfte zu schwächen, aber dort gab es niemanden, den er hätte schwächen können. In der Meinung, nur einen Gegner vor sich zu haben, machte sich Napoleon bereit, die Engländer bei Waterloo anzugreifen.

Wellington rückte in Verteidigungsstellungen und ordnete an, sie zu halten: »Unser Plan ist einfach: die Preußen oder die Nacht.« Im Angesicht der englischen Truppen besichtigte Napoleon noch einmal in aller Ruhe seine Einheiten und griff dann an. Drei Großangriffe brachen unter dem Verteidigungsfeuer zusammen. Trotzdem wurde die Situation der Engländer sehr prekär, bis am späten Nachmittag die von Blücher angetriebene preußische Armee das Schlachtfeld erreichte und ihre Marschkolonnen sich sofort zum Angriff formierten. Sie zielten auf den rechten Flügel und die Nachhut der Franzosen. Napoleon meinte zunächst, es sei Grouchy, der mehr als ein Drittel der französischen Armee befehligte, aber schon bald erkannte er den Irrtum. Blüchers Angriff veränderte die Situation von Grund auf. Die Verteidigungsschlacht wurde nun zu einer Offensive. Aus Angst, zwischen Engländern und Preußen aufgerieben zu werden, flüchteten die Franzosen in Massen. Da Wellingtons Streitkräfte völlig entkräftet waren, übernahmen die Preußen die Verfolgung des Feindes. Gneisenau zu seinen Truppen: »Wir haben dem Feind gezeigt, wie gesiegt wird; nun werden wir ihm vorführen, wie verfolgt wird.« Fast die gesamte französische Artillerie und sogar Napoleons Kutsche wurden erobert.

Blücher und Wellington trafen sich in der Nähe eines Bauerngehöfts namens Belle-Alliance. Es wurde nicht viel gesprochen: beide waren zu sehr bewegt, wie nah sie am Abgrund einer Niederlage gestanden hatten, und zu dankbar, daß der Sieg doch errungen war. Und der Sieg war vollständig, denn Napoleon war gestürzt, seine Laufbahn beendet. Die Nemesis der Macht verbannte ihn nach St. Helena, wo er sein Leben beschloß.

10. KAPITEL

Restauration

Die Rückkehr Napoleons nach Frankreich hatte die vier europäischen Großmächte – England, Österreich, Rußland und Preußen – veranlaßt, ihre Differenzen zeitweilig zurückzustellen. England und Österreich annullierten stillschweigend das Wiener Geheimbündnis, und auf preußischer Seite gaben Gneisenau und Boyen ihre detaillierten Pläne für einen ›Volkskrieg‹ auf. Dieser Krieg hätte die deutsche Frage lösen sollen, wenn nötig auf Kosten der Fürsten und gegen den Grundsatz der monarchischen Legitimität. Die Pläne weckten bei Friedrich Wilhelm und Hardenberg einige Befürchtungen, aber sie standen ihnen nicht in ausgesprochener Opposition gegenüber.

Preußen minderte seine Gebietsforderungen. Es erhielt den kleineren, nördlichen Teil Sachsens und die Provinz Posen, die vom Großherzogtum Warschau abgetrennt wurde, damit Preußens Ostgrenze eine bessere Verteidigungslinie erhielt. Dazu kamen noch der Rest Vorpommerns und Danzig. Diese territorialen Erweiterungen nahmen sich relativ gering aus gegenüber dem Zugewinn, den Preußen entlang der Mosel, der Saar und des Mittelrheins verbuchen konnte. Aus 150 einzelnen Besitzungen wurde ein einheitliches Gebiet gebildet: das Rheinland. England war einer der Hauptbefürworter dieser Abtretung gewesen, da es als Gegengewicht zu Frankreich eine starke Macht am Rhein sehen wollte. Während Preußen sich nun immer mehr in Deutschland ausbreitete, zog sich Österreich durch die Abtretung seiner Besitzungen in den Niederlanden (aus denen 1830 Belgien gebildet wurde) in die südöstliche Ecke des ehemaligen Heiligen Römischen Reiches Deutscher Nation zurück, war aber noch immer darauf bedacht, seinen Einfluß in den deutschen

Staaten geltend zu machen. Trotz der Zugewinne blieb Preußen in eine westliche und eine östliche Hälfte geteilt, da Hessen und Hannover seine Gebiete trennten.

Zu dieser Zeit wurde erstmals die Forderung laut, Preußen solle die führende Rolle in Deutschland übernehmen. Boyen und selbst der erzkonservative Junker von der Marwitz hatten solche Ideen geäußert oder zumindest einen preußischen Führungsanspruch im Norden erwogen. Friedrich Wilhelm und Hardenberg erkannten, daß diese Position nicht ohne Konflikt mit Österreich zu erlangen war, und sie zogen Österreichs Unterstützung seiner Gegnerschaft vor. Was die Forderung nach preußischer Führung in Deutschland so pikant machte, war die Tatsache, daß sie nicht von führenden preußischen Politikern, sondern von Vertretern des Bürgertums im südwestlichen Deutschland erhoben wurde – von deutschen Patrioten, die sich im sogenannten ›Hoffmann-Bund‹ zusammengeschlossen hatten. Friedrich Wilhelm III. hatte eine Verfassung und eine Volksvertretung versprochen und damit die konstitutionalistischen Hoffnungen vieler Deutscher genährt. Dieses Versprechen sollte ein Bestandteil der moralischen Eroberung Deutschlands sein, wie sie die preußischen Reformer angestrebt hatten. Aber obwohl Preußen Großmacht war, konnte es nur im Zusammenhang mit anderen Großmächten handeln, und 1814/15 war eine derartige Forderung, wenn sie auch ein erstes Anzeichen künftiger Ereignisse sein mochte, noch vorschnell und unrealistisch.

Nach Napoleons Rückkehr und seiner endgültigen Niederlage verlor Frankreich im Zweiten Pariser Vertrag vom 20. November 1815 weiteres Territorium. Im Hauptquartier der preußischen Armee forderte man die Abtretung von Elsaß und Lothringen, aber Hardenberg und Humboldt, die Vertreter Preußens in Wien, gaben sich mit den Städten Saarlouis und Saarbrücken zufrieden; hinzu kam noch eine Kriegsentschädigung und die preußische Besetzung verschiedener französischer Gebiete, bis Frankreich gezahlt hatte.

Das Ergebnis des Wiener Kongresses bestand in einem Restaurationswerk, das für die deutschen Staaten einen friedlichen Dualismus Österreichs und Preußens in einem ›großdeutschen‹ Rahmen unter der Führung des Hauses Habsburg herstellte. Für Männer wie Stein war eine solche Lösung akzeptabel – der Deutsche Bund, der am

8. Juni 1815 ins Leben gerufen wurde, stellte für sie die Wiederbelebung des Heiligen Römischen Reiches Deutscher Nation unter anderem Namen dar: einen Rahmen, in dem deutscher Nationalgeist wachsen und gedeihen konnte. Sie ignorierten damit allerdings das neue Nationalgefühl des deutschen Bürgertums. Die nationale Strömung breitete sich über die Grenzen Deutschlands aus und ergriff verschiedene Völker und ethnische Gruppen im östlichen und südöstlichen Europa. Das österreichische Kaiserreich geriet mit diesen Strömungen in Widerspruch, denn es gelang ihm nicht, gleichzeitig die führende Macht des ›großdeutschen‹ Nationalbundes zu sein und an der Spitze eines Vielvölkerstaates zu stehen. Die universalistischen Wurzeln und Traditionen des alten Kaiserreichs standen in wachsendem Widerspruch zum Zeitgeist. Metternich, der die Gefahr erkannte, machte es sich zur Aufgabe, die Flut aufzuhalten. Letztlich war seine Niederlage unvermeidlich, aber es spricht für seine Fähigkeiten, daß er bis 1848 seine Politik vertreten und ausführen konnte.

Der Deutsche Bund erhielt die Garantie der in Wien anwesenden Unterzeichnerstaaten. Es scheint zweifelhaft, ob sich die deutschen Vertreter der Implikationen dieser Garantie bewußt waren, die den anderen europäischen Mächten das Recht gab, im Falle innerer Schwierigkeiten oder Veränderungen im Deutschen Bund jederzeit einzugreifen.

Repräsentativorgan des Deutschen Bundes war der Bundestag in Frankfurt am Main unter dem Vorsitz des österreichischen Gesandten. Mitglieder waren fünf Königreiche (Preußen, Bayern, Sachsen, Hannover und Württemberg), das Kurfürstentum Hessen, sieben Großherzogtümer einschließlich Luxemburg, zwölf Herzogtümer, eine Markgrafschaft und vier freie Reichsstädte, also insgesamt 37 Erbdynastien und vier Stadtrepubliken. Einige Herrscherhäuser starben aus, und es blieben schließlich 34 Monarchien und die vier freien Städte übrig. Von den beiden Großmächten Österreich und Preußen waren jeweils nur Teilgebiete im Bund vertreten. Weder Ost- und Westpreußen und Posen gehörten ihm an noch die Ungarn, die polnischen, südslawischen oder die italienischen Besitzungen der Habsburger. Hauptaufgabe des Bundestags war es, das Prinzip der monarchischen Legitimität zu sichern und die deutschen Einigungsbestrebungen zu bekämpfen – viele Zeitgenossen schätzten das nicht sofort so ein. Für sie war der Bund ein Element europäischer Stabilität, und er erfüllte fast ein halbes Jahrhundert lang seine Funktion. Wilhelm von Humboldt gab in seinem Memorandum vom 3. September 1816 zu bedenken, das ganze Dasein des Bundes sei auf Erhaltung des Gleichgewichts durch innewohnende Schwerkraft berechnet.

Kein wahrer Deutscher konnte wollen, daß Deutschland ein Eroberungsstaat war. Es waren aber bereits damals schon abweichende Stimmen zu hören: Der leidenschaftliche Nationalist und Hauptpropagandist des Befreiungskrieges, Ernst Moritz Arndt, forderte die Einheit von Volk und Staat. Wenn er den Bund auch anerkannte, so meinte er doch, daß eine neue Führung an seine Spitze treten solle, weil selbst der schlechteste Kaiser dem vollkommensten Zankbund, der doch nicht übereinstimmen könne, vorzuziehen sei. Arndts Mißtrauen richtete sich besonders gegen die Selbstsucht der deutschen Fürsten. Auch Stein, der ähnliche Gedanken hegte, fand den Mangel an gemeinsamer Führung potentiell gefährlich. Tatsächlich bestand eine der Schwächen des Deutschen Bundes in der fast unbegrenzten Souveränität seiner Mitgliedsstaaten. Den Institutionen fehlte eine gemeinsame Außenpolitik, sie besaßen keine Exekutivgewalt, keine einheitliche Rechtsprechung und keine gemeinsame Währung, geschweige denn eine gemeinsame Wirtschaftspolitik. Folglich war der Ruf nach einer Reform des Deutschen Bundes schon in seiner Geburtsstunde vernehmbar.

Nach 1815 bestand das Königreich Preußen aus zwei ungleichen Teilen (seine südlichste Besitzung, Ansbach-Bayreuth, blieb bei Bayern). Der östliche Teil war vorherrschend protestantisch, der westliche katholisch. Besonders die Zugewinne im Westen stellten den preußischen Staat vor mancherlei neue Aufgaben, denn es mußten Gebiete integriert werden, wo der französische Einfluß stark gewesen war und sich die napoleonischen Reformen als erfolgreich erwiesen hatten. Zu den neugewonnenen westlichen Territorien gehörte das Gebiet an der Ruhr. Noch war es ein reiches Weideland mit mittelgroßen Bauernhöfen, während das Saarland schon Anzeichen industriellen Fortschritts aufwies.

Im Hinblick auf diese neuen Gebiete entwickelte Preußen auch eine neue innere Organisation, die seine Lande in zehn Provinzen aufteilte, die später auf acht reduziert wurden. Jede Provinz besaß ihre kor-

porative Autonomie und wurde von einem Oberpräsidenten regiert. Die Provinzen waren Westpreußen, Pommern, Schlesien, Westfalen, Brandenburg, Ostpreußen, Rheinland, Niederrhein, Sachsen und Posen. Als Ergebnis der territorialen Veränderungen von 1815 umfaßte das preußische Gebiet nun 278 000 qkm mit einer Bevölkerung von 10,4 Millionen. Preußen war nun in viel weiterem Sinn ein deutscher Staat geworden, als er es 1807 hatte sein können. Die Land- und Stadtreformen begünstigten die industrielle und die kapitalistische Entwicklung. Ohne daß das 1815 geplant gewesen war, dehnte sich Preußen dadurch aus und schuf die Grundlage, auf der wenige Jahrzehnte später Deutschlands industrielle Entwicklung wachsen sollte. Infolge der Militärreformen besaß Preußen einige Jahre lang das fortschrittlichste und wirkungsvollste Militärsystem Europas.
Im Jahr 1815 wurde auch die sogenannte ›Heilige Allianz‹ geschaffen. Am 26. September schlossen Franz von Österreich, Alexander von Rußland und Friedrich Wilhelm von Preußen dieses Bündnis der ›christlichen Monarchen‹, um eine übernationale Zusammenarbeit zur Aufrechterhaltung des politischen und sozialen Status quo und die Konsolidierung der antinationalen Kräfte Europas ins Leben zu rufen. Viele Deutsche, auch Preußen, mußten nun erkennen, daß die durch den Befreiungskrieg geweckten volksbewußten Kräfte im Zaum gehalten und in ihren Ambitionen abgewiesen werden sollten – wenn nötig, mit Gewalt. Man war bei einer neuen Art von Normalität angelangt, in der Monarchie und Bürokratie gezielt gegen eine bröckelnde Front politischer und militärischer Reformer arbeiteten, die die Unterstützung weiter Teile des politisch bewußter werdenden Bürgertums besaßen. Viele Menschen artikulierten ihre Enttäuschung über diese Entwicklung; beispielhaft ist der Ausruf des Studenten Arminius Riemann beim Wartburgfest 1817, anläßlich der Dreihundertjahrfeier der Reformation und vier Jahre nach der Schlacht bei Leipzig: »Das deutsche Volk hatte schöne Hoffnungen gefaßt, sie sind alle vereitelt; alles ist anders gekommen, als wir erwartet haben; viel Großes und Herrliches, was geschehen konnte, ist unterblieben; mit manchem heiligen und edlen Gefühl ist Spott und Hohn getrieben worden.«
Tatsächlich besaß die Heilige Allianz mehr symbolischen als praktischen Wert. Sie war für den konterrevolutionären Geist der herr-

schenden Klasse nach 1815 symptomatisch; selbst Metternich sagte, sie sei nie genutzt, ja ihre Nutzung nie in Betracht gezogen worden. In der praktischen Politik erwies sich das Zusammenspiel der europäischen Mächte – 1818 nach der Wiederzulassung Frankreichs eine Pentarchie –, das seine Wurzeln im 18. Jahrhundert hatte, als ein viel effektiveres Instrument als die vagen Formulierungen der Heiligen Allianz – selbst zu Zeiten, da es Mißklänge gab.

Die Großmächte konnten nicht verhindern, daß die Ergebnisse des Wiener Kongresses in Frage gestellt wurden. Das zeigte sich in Spanien und Griechenland, bei der Abtrennung Belgiens von den Niederlanden und bei dem erfolglosen Aufstand der Polen. Trotz dieser lokalen Unruhen bewahrte die in Wien erarbeitete Ordnung die europäischen Mächte aber vor einem größeren Krieg gegeneinander – bis zum Krimkrieg.

Unter der politisch bewußten Bevölkerung breitete sich tiefe Resignation aus. Viele, die an hervorragender Stelle am Befreiungskrieg teilgenommen hatten, zogen sich vom öffentlichen Leben zurück und suchten Zuflucht in religiösen, historischen und philosophischen Spekulationen. Die deutsche Romantik, deren Anfänge ins 18. Jahrhundert zurückdatieren, hat ihre tiefere Ursache in der Verweigerung dem politischen Leben gegenüber. In Literatur, Musik, Malerei – der bedeutendste preußische Maler jener Zeit war Caspar David Friedrich –, in Geschichtswissenschaft, Rechtswissenschaft und Philologie wird in der Romantik Bedeutendes hervorgebracht. Der Gegenwart den Rücken zugewandt, entdeckten ihre Anhänger die Pracht des Mittelalters wieder – kein Wunder, daß der Kölner Dom nun dank beträchtlicher Spenden vollendet werden konnte. Die Volkskunde weckte das Bewußtsein für die eigene Vergangenheit; und wenngleich sie auch vieles idealisiert hat, so konnte doch manches Volksgut gerettet werden, was sonst der Vergessenheit anheimgefallen wäre. Die Brüder Grimm, Achim von Arnim, Clemens von Brentano, Joseph von Eichendorff und E. T. A. Hoffmann gehörten zu ihren hervorragendsten Protagonisten.

Unterdessen wurde der rasche Wiederaufbau Preußens fortgesetzt. Viele der Stein-Hardenbergschen Reformen wurden ignoriert oder ihre ursprünglichen Intentionen verdreht. 1816 übte der Landadel östlich der Elbe hinreichend Druck aus, um eine Änderung des Ge-

setzes über die Bauernbefreiung von 1811 zu erzwingen. Während die Bauernbefreiung bewirkt hatte, daß die Adelsgüter sich ausdehnten, war die Änderung des Gesetzes, die bis 1850 in Kraft war, für die Entstehung eines ländlichen Proletariats verantwortlich.
In den westlichen Provinzen, wo von Anfang an eine andere Wirtschaftsstruktur bestanden hatte, wo Handel, Gewerbe und Industrie vorherrschten, sah die Situation entsprechend anders aus. Die sozialen Bedingungen waren denen im preußischen Kernland weit voraus, was nicht zuletzt auf den Einfluß der Französischen Revolution und Napoleons Reformen zurückging. Einer der Wortführer des rheinischen Liberalismus, der Aachener Großkaufmann David Hansemann, faßte 1830 die Unterschiede in einer Denkschrift »Über Preußens Lage und Politik Ende des Jahres 1830« zusammen:
»Die Rheinprovinzen, diese echt germanischen Gaue, welchen niemals durch Eroberung eine drückende Leibeigenschaft wie in den meisten östlichen Provinzen aufgedrungen wurde – sodaß die französische Revolution hier weniger Feudallasten als in den meisten Teilen Frankreichs zu vertilgen fand –, sind nicht an Preußen überkommen, um experimentalisch zu versuchen, wie weit sich die Überbleibsel der Feudalzeit wohl mit dem neueren Kulturzustande vertrügen, sondern um zu zeigen, welches dieser letztere in den östlichen Provinzen wohl sein werde, sobald einmal die Gewerbefreiheit und die Freiheit der Bauern ganz Wurzel gefaßt haben, um zu beweisen, daß sich mit der Justiz als Institut, mit Öffentlichkeit und Mündlichkeit derselben, mit der Gleichheit vor dem Richter und dem Gesetze gar gut regieren lasse.«
Gleichzeitig mit der preußischen Reformbewegung stagnierte die konstitutionelle Entwicklung. Stein hatte 1806 eine Art repräsentativer Versammlung vorgeschlagen, was nach seiner Entlassung von Hardenberg zunächst aufgegriffen worden war. Dann hatte Hardenberg es jedoch für nötig erachtet, sich mit den Oppositionskräften zu einigen, und berief im Februar 1811 in Berlin eine Interimsversammlung von Notablen der östlichen Provinzen ein. Es war eine Konzession an die Forderungen nach einer Volksvertretung und einer geschriebenen Verfassung, zu der sich Friedrich Wilhelm mit seinem öffentlichen Versprechen vom 22. Mai 1815 verpflichtet hatte. Damals versprach er sogar, jede Provinz solle ihr eigenes Parlament er-

halten. Hardenberg griff 1815 diese Idee wieder auf – nicht weil er ein Liberaler war, sondern weil der Prozeß des institutionellen Wiederaufbaues und die staatliche Integration der neu erworbenen Gebiete eine einheitliche Gesetzgebung und Besteuerung verlangten. Er wußte, daß dieses Ziel nicht ohne die Mitwirkung derjenigen erreicht werden konnte, die in der Lage waren, Steuern zu zahlen, und daß diese Mitwirkung am besten in repräsentativen Versammlungen zu realisieren war. Steins und Hardenbergs Motivationen unterschieden sich: Stein hatte weiterhin die Idee eines harmonischen Staates verfolgt, während der praktischere Hardenberg an einen leistungsfähigen Staat dachte, an die Rationalisierung der gesamten Infrastruktur. Schon in seiner Rigaer Denkschrift von 1807 hatte er den Begriff der Revolution von oben benutzt, als einer »Revolution im guten Sinne«. Präziser ausgedrückt, stellte er sich den preußischen Staat als eine monarchische Regierung mit demokratischen Institutionen vor: »Dieses scheint mir die angemessene Form für den gegenwärtigen Zeitgeist.«

Am 30. März 1817 erließ Friedrich Wilhelm eine Kabinettsorder, die eine aus Staatsbeamten bestehende Verfassungskommission einberief. Sie sollte zunächst durch die einzelnen Provinzen reisen und die örtlichen Instanzen nach ihren Meinungen befragen, um einen Eindruck zu gewinnen, worauf die alten ständischen Institutionen beharrten und welche Reformen sie sich vorstellen konnten. Von den 22 Mitgliedern der Kommission sprachen sich mehr als die Hälfte für eine geschriebene Verfassung aus. Trotzdem führten Unstimmigkeiten, unklare Richtlinien und persönliche Rivalitäten zur Auflösung der Kommission, bevor ein Ergebnis zustande gekommen war. Unter Metternichs Einfluß entschloß sich Friedrich Wilhelm, nicht mehr über die Teplitzer Punktation vom 1. August 1819 hinauszugehen, in der er Provinzvertretungen versprochen hatte. Dieses von Metternich entworfene Dokument sah eine schrittweise Einführung von Volksvertretungen in der Weise vor, daß die einzelnen Kreistage und Provinziallandtage mit solchen Verzögerungen geschaffen werden sollten, daß es nie zur letzten Stufe eines Zentralausschusses der Landesrepräsentanten kommen könnte. Hardenberg hingegen wollte ein Zwei-Kammer-System, das nicht nur beratende, sondern schließlich auch gesetzgeberische Funktionen erfüllen sollte.

Die Verfassungsbewegung des Bürgertums, die sich seit 1815 ziemlich rasch ausgebreitet hatte, fand ihren wortgewaltigen Fürsprecher in dem Publizisten Joseph Görres, der Hardenberg die von 3000 Rheinländern unterzeichnete ›Koblenzer Adresse‹ übergeben hatte. Im Ton eines Ultimatums forderte sie vom König die Erfüllung seines Verfassungsversprechens von 1815. Friedrich Wilhelm sah sofort in seinem Königreich die Revolutionskräfte am Werk und war nun noch weniger bereit, die geforderte ›Magna Charta‹ zu gewähren.

Die Verfassungsbewegung hatte auch in der preußischen Verwaltung ihre Befürworter. Wilhelm von Humboldt war wieder ins Innenministerium berufen worden, um sich mit den ständischen Problemen zu beschäftigen, forderte jedoch im Unterschied zu Hardenberg, der sich, obwohl Konstitutionalist, auf gefährlichem Boden stets höchst vorsichtig bewegte, geradeheraus eine Vertretung des Volkes durch direkte Wahlen. Die beiden Männer gerieten in beträchtliche Rivalitäten, nicht, weil sie unterschiedliche Ziele vor Augen hatten, sondern weil sie verschiedener Auffassung waren, welche Mittel am besten zum Ziel führten.

Außerhalb der preußischen Verwaltung gewannen die Konstitutionalisten in Preußen und in ganz Deutschland an Boden. Die Enttäuschungen führten zu öffentlichen Mißfallensäußerungen gegen das ancien régime. Jahns Turnbewegung, die neugegründeten studentischen Burschenschaften und die Ermordung des Dichters August von Kotzebue, der von radikaler Seite als Spion in Rußlands Diensten angesehen wurde, durch den Studenten Karl Ludwig Sand im Jahr 1819, all das schien die Existenz einer Revolutionspartei zu beweisen. Die Gefängnisse in ganz Deutschland registrierten zunehmend Verhaftungen ›politischer Freidenker‹. Die Jugend, vor allem die akademische, setzte ihre Proteste fort und ging schließlich mit dem Ruf nach Revolution auf die Barrikaden. Nachdem sie für die Befreiung ihres Landes gekämpft hatte, beanspruchte sie nun auch das Recht, seine politische Zukunft zu bestimmen. Heinrich von Gagern schrieb 1818 an seinen Vater: »Wir wünschen unter den einzelnen Staaten Deutschlands größeren Gemeinsinn, größere Einheit in der Politik und den Staatsmaximen; keine eigne Politik der einzelnen Staaten ... Wir wünschen, daß Deutschland als *ein* Land und das deutsche Volk als *ein* Volk angesehen werden könne.« Dieses schwelende Revolutionsfieber wollte Metternich mit den Karlsbader Beschlüssen von 1819 zügeln; hätte Preußen sich nicht angeschlossen, wäre sein Austritt aus dem Deutschen Bund unumgänglich gewesen. Als aber die Überwachung und Untersuchung der Universitäten sowie die Zensur von Zeitungen, Journalen und Flugschriften tatsächlich eingeführt wurde, wie es der konservative Adam Müller vorgeschlagen hatte, reagierte die preußische Verwaltung mit grundsätzlicher Ablehnung. Humboldt, Boyen und Beyme traten zurück. Jahns Turnvereine wurden verboten, Arndt durfte in Bonn seine Geschichts-Vorlesungen nicht mehr halten, und die von Schleiermacher und anderen Verdächtigen wurden von Polizeispitzeln regulär kontrolliert.

All das ermutigte auch den ostelbischen Adel, der sich mehr als preußisch denn als deutsch verstand; er fürchtete, noch weitere Privilegien zu verlieren, und spürte, daß eine verfassunggebende Versammlung mit diesen Privilegien höchst wirksam aufräumen könnte. Unter der Führung des Herzogs Karl von Mecklenburg agitierten sie gegen eine Volksvertretung, die sie, wie Marwitz es nannte, als ›demagogische Erfindung‹ betrachteten. Der Adel und ein Großteil der preußischen Administration verbündeten sich, um die Verfassungsbewegung zu erledigen, und schließlich begrenzte Friedrich Wilhelm durch eine Kabinettsorder vom 11. Juni 1821 die Volksvertretungen auf die Landtage der Provinzen. Aufgerieben vom Kampf um einen Kompromiß zwischen dem Wünschenswerten und dem Machbaren, starb Hardenberg im November 1822 vereinsamt in Genua.

Ein Dekret vom 5. Juni 1823 ordnete an, daß die historischen Stände der Provinzen Landtage bilden sollten, die sich aus Repräsentanten des Adels, des Bürgertums und der Bauernschaft zusammensetzten. In der Praxis qualifizierten sich die Mitglieder durch ihren Besitz, so daß die Repräsentanten aller drei Klassen wohlhabende Leute waren. Die Landtage der preußischen Provinzen umfaßten1329 Abgeordnete der Stadte, 2207 der Großbauern und 12 654 Gutsbesitzer. Damit war das Verfassungsversprechen von 1815 vorläufig begraben.

Die ideologische Fundierung der Restauration in Preußen hatte der Schweizer Karl Ludwig von Haller bereits 1816 in seinem Werk ›Restauration der Staatswissenschaft‹ geliefert. Er wollte die politische Staatstheorie von dem, seiner Meinung nach, bösen Einfluß der

Naturrechtslehre und besonders von den Ideen Rousseaus und Hobbes' säubern. Es sei die Aufgabe der Regierung zu regieren, und die Gesellschaft solle entsprechend dem aristokratischen Prinzip der Natur organisiert sein. Nach Hallers Ansicht war der Staat eine aus Familien und Körperschaften zusammengefügte organische Struktur, deren Keimzelle die Familie mit ihrem Besitz darstellte. Wie der Vater das Oberhaupt der Familie sei, so stehe der Souverän an der Spitze der den Staat ausmachenden Gemeinschaft der Familien, des ›patrimonialen Staates‹, wie ihn Haller nannte. Der Unterschied zwischen Souverän und Untertan bestand nur darin, daß der Souverän außer Gott keine Macht mehr über sich thronen hatte. Im Gegensatz zur traditionellen Maxime der Hohenzollernkönige Friedrich Wilhelm I. und Friedrich II., die sich als erste Diener ihres Staates gesehen hatten, war für Haller der Monarch weder Repräsentant noch Diener eines abstrakten Staatsbegriffs, sondern der Eigentümer des Staates, der sich ganz in seinem Besitz befinde. Seine Macht leite sich aus dem Lande ab, das er und seine Vorfahren im Laufe der Zeit akkumuliert hätten, und die Tatsache, daß sie diese ihre Territorien erfolgreich hatten erwerben können, lasse das Walten des göttlichen Willens evident werden, weil ohne ihn eben nichts so glücklich gelungen wäre. Das gleiche Prinzip bezog Haller auf andere Besitzende und Familienoberhäupter, die er aufrief, in ihrem eigenen Bereich ihre souveränen Rechte auszuüben. Nach Haller waren dies die Grundlagen eines wahrhaft christlichen Staates, einer patriarchalischen Einheit, abhängig vom Monarchen und von Gott und von Verbindlichkeiten und Pflichten zusammengehalten. In einer solchen organischen, auf der christlichen Ethik beruhenden Gesellschaft besaß eine geschriebene Verfassung keinerlei Bedeutung, da sie den Versuch darstellte, einen Naturprozeß mit den Mitteln privater oder konstitutioneller Rechte beeinflussen zu wollen. Die Macht des Fürsten werde nicht durch die institutionalisierte Autorität anderer oder durch einen Katalog von Menschenrechten begrenzt, sondern durch die Privilegien anderer Körperschaften und anderer Familien sowie durch Verträge. Haller faßte seine Ansichten in der Formulierung zusammen: »Gleichheit vor dem Gesetz, ausgenommen, wo bestehende Verträge Ausnahme verlangen.«

Das implizierte natürlich eine starke Eingrenzung der Gesetzgebungsmacht des Monarchen und bestätigte gleichzeitig die alte patrimoniale Justiz. Steuern konnten nicht durch die Volksvertretung, sondern nur durch die einzelnen Stände sanktioniert werden. Haller wies auch die Militärdienstpflicht als Folge eines revolutionären Staatsbegriffs zurück, weil, ausgenommen allgemeine Menschenrechte, Untertanen nur vertragsgemäße Verpflichtungen zu erfüllen hätten – mehr könne von ihnen nicht verlangt werden.

Die Gesellschaft bestand nach Haller aus einer Pyramide von Verträgen, Privilegien und Freiheiten, wie es im Mittelalter der Fall gewesen war. Die neuere Entwicklung hatte diese Grundlagen angegriffen, indem sie sie mittels Souveränität und Zentralisation aushöhlte und den Staat über das Subjekt stellte – über diesem allgemeinen Nivellierungsprozeß stand nur der Monarch. Hallers Lehren waren ein Protest gegen den modernen Staat und auf persönlicher Ebene gegen die Politik Hardenbergs. Sie gipfelten in der Ablehnung jeglicher Theorie eines Gesellschaftsvertrags.

Obwohl Haller auch den letzten logischen Schritt tat und zum Katholizismus konvertierte, machte sich sein Einfluß vor allem in Preußen bemerkbar. Der Sohn Friedrich Wilhelms III., Kronprinz Friedrich Wilhelm, und seine Freunde, die Brüder Leopold und Ludwig von Gerlach, wurden Hallers glühende Verehrer. Der Idealstaat, den sie sich vorstellten, mußte christlich-germanischen Ursprungs sein und sollte von einer auf den Ständen basierenden Monarchie regiert werden. Haller lieferte dem preußischen Adel die ideologischen Waffen gegen den Verfassungsstaat, gegen die Zentralisierungsbestrebungen des Absolutismus und gegen die fortschrittlichen Tendenzen des Allgemeinen Landrechts. Der preußische Adel und die Monarchie wurden trotzdem keine organische Einheit, sondern blieben ein in Wirklichkeit von absolutistischen Kräften aufgezwungenes Bündnis – und jedes Bündnis ist auflösbar. Der preußische Adel hatte sich von Anfang an über die Reformen, die ihm zwischen 1807 und 1813 aufgezwungen worden waren, geärgert. Man lehnte Revolution grundsätzlich ab, egal ob sie von oben oder von unten kam. Diese Abneigung beschränkte sich nicht nur auf Preußen. Nach 1815 wuchs der Widerstand der Stände gegen die Folgen des aufgeklärten Despotismus, gegen die Fortsetzung der Reformen und gegen den sogenannten ›Geist des Rheinbunds‹.

Noch als Hardenberg an der Spitze der Verwaltung stand, wurden der gesamte Staatsapparat und die Gebietsorganisation einer gründlichen Revision unterworfen. Anstelle des napoleonischen Präfektensystems, das Hardenberg vorübergehend als Modell benutzt hatte, kehrte er zum Kollegialprinzip zurück. An der Spitze jeder Provinz stand wieder ein Oberpräsident, der die Macht mit dem Oberkommando des dort stationierten Armeekorps teilte. Anstelle der Zentralisierung aller das öffentliche Leben betreffenden Angelegenheiten in einer Behörde erzwangen die Umstände die Wiederaufteilung in verschiedene Zweige wie Erziehung, Gesundheit, Finanzen, Post und Bergbau. Grundsätzlich wurde jede Provinzverwaltung in drei Bereiche eingeteilt: innere und polizeiliche Angelegenheiten, Kirche und Bildung, direkte Besteuerung, Domänen und Forste.
Der von den Reformern geplante Staatsrat wurde 1817 eingeführt, allerdings nicht als Regierungseinrichtung, wie es vor allem Stein gehofft hatte, sondern nur als ein Beratungsgremium, das neue Gesetze vorbereiten konnte. Mitglieder waren die Prinzen, höchste Staatsbeamte und berufene Vertrauensleute. Es war also kein Ersatzparlament, sondern ein Gremium, in dem Fachleute ihre Meinungen austauschten. 1816 wurde das Innenministerium von seinen polizeilichen Aufgaben entbunden und ein besonderes Polizeiministerium geschaffen. Nach dem Zugewinn des Rheinlands konnte das Allgemeine Landrecht nicht mehr einheitlich angewandt werden, da in den neuen Gebieten noch der Code Napoléon in Kraft war. Deshalb wurde das Justizministerium geteilt; die neu entstandene Behörde besaß die ausschließliche Verantwortlichkeit für das Rheinland und mußte außerdem ein Verfahren entwickeln, nach dem die unterschiedlichen Rechtssysteme einander angenähert und schließlich vereint werden konnten. Während dem neu geschaffenen Handelsministerium nur ein kurzes Leben beschieden war, erwies sich eine andere Neubildung als dauerhaft: das Kultusministerium, das zunächst dem Freiherrn Karl von Altenstein unterstellt wurde. Die Revision war nicht ohne Widersprüche: Auf der einen Seite stand der Staatskanzler Hardenberg mit seinem auf einer kollegialen Basis funktionierenden Apparat, auf der anderen die Ressortminister mit ihren jeweiligen Zuständigkeiten. Die Minister und ihre Beamten forderten im Bewußtsein ihres Fachwissens und ihrer Kompetenz in wachsendem

Maß die Politik an der Spitze heraus und betrieben Obstruktion; ein Beispiel war der Konflikt zwischen Humboldt und Hardenberg. Trotzdem förderte die Revision die Einigung des Königreichs. Auch im religiösen Bereich wuchs die Einheit, als 1817 durch die Union zwischen dem lutherischen und dem reformierten Bekenntnis die preußische Staatskirche geschaffen wurde, deren oberster Bischof der König war.

Die preußischen Reformer hatten einen Rechtsstaat schaffen wollen; diese Forderung stammte nicht eigentlich von ihnen, aber sie lag ihren Erläuterungen zum »Preußischen Allgemeinen Landrecht« zugrunde. Die logische Konsequenz daraus war eine unabhängige Rechtsprechung, die auch von keiner königlichen Kabinettsorder unterlaufen werden konnte. Die Finanzkrise von 1808 bis 1818 hatte Preußen nicht unberührt gelassen und war nur durch die Aufnahme von Krediten zu meistern gewesen; Kredite waren jedoch nur zu bekommen, wenn sie legal völlig abgesichert waren. Im übrigen zogen Kredite immer das Risiko politischer Forderungen jener nach sich, die sie gewährt hatten. Um dies zu vermeiden, entschlossen sich die preußischen Behörden, kurzfristige Kapitalanleihen innerhalb des Königreichs zu vermeiden und statt dessen beim Hause Rothschild im Ausland einen langfristigen Kredit aufzunehmen. Das beraubte jene, die eine Verfassung und ein Parlament forderten, eines wichtigen Hebels, nämlich der Steuerfrage, mit dessen Hilfe andere Länder Liberalisierung und Demokratisierung erreicht hatten. Dank der ausländischen Anleihen wurden auch Prozesse wegen Geldforderungen gegen den Staat vermieden. Es gab folglich keinen Bereich, wo Entscheidungen der Justiz letztlich politische Fragen berührten. Der Justizminister Karl Friedrich von Beyme hatte 1809 erfolgreich der Flut von Beschwerden gegen die neue Rechtsprechung standgehalten, die dem König direkt unterbreitet worden waren, und hatte damit die ständigen Interventionen der Monarchie in Rechtsprozessen endgültig unterbunden. Die Bürokratie, die ihre Stellung durch wachsende Monopolisierung des Fachwissens verstärkte, begann sich ebenfalls vom König zu emanzipieren. Die einzige Institution, die danach noch Kontrolle über die Verwaltung ausüben konnte, war die Rechtsprechung, weshalb es wiederum das Ziel der Verwaltung war, ihrerseits Kontrolle über die Justiz zu gewinnen. Wenn das Justizministerium es beispielsweise ablehnte, die Unabhängigkeit der Richter anzutasten, konnte es sich nur auf den König berufen, der den gleichen Standpunkt einnahm. Dennoch blieb seit 1815 das vorherrschende Thema der preußischen Innenpolitik der immerwährende Versuch der Beamtenschaft – die inzwischen das Recht auf lebenslange Anstellung und seit 1820 auch auf Pension erlangt hatte –, sich von der einzig verbliebenen Kontrollinstanz, den Gerichten, dadurch zu befreien, daß sie versuchte, sie ihren eigenen Institutionen einzuverleiben.

Wie das Kultusministerium, so war auch das Kriegsministerium neu geschaffen worden. 1814 unter von Boyen begründet, stand es im Mittelpunkt der Auseinandersetzungen um die zwischen 1807 und 1813 eingeführten Armeereformen. Die Militärdienstpflicht war offiziell nur für die Dauer des Krieges verfügt worden. Sie wurde am 27. Mai 1814 durch Kabinettsbeschluß wieder aufgehoben, was unter den Reformern die Besorgnis auslöste, es könne eine Rückkehr zum alten Kantonalreglement stattfinden. Boyen konnte das verhindern, mußte aber als Preis dafür die Einführung der Landsturmpflicht akzeptieren. Der König unterzeichnete am 3. September 1814, noch vor seiner und Hardenbergs Abreise zum Wiener Kongreß, das Gesetz, das die Dienstpflicht zur ständigen Einrichtung machte und dem ein Jahr später neue Bestimmungen für die Landwehr folgen sollten. Von da an besaß Preußen ein relativ kleines stehendes Heer von annähernd 136 000 Mann (dessen Angehörige drei Jahre aktiv und zwei Jahre in der Reserve dienen mußten) und eine Landwehr von 163 000 Mann (deren Angehörige einen siebenjährigen Dienst versahen), die sich jedes weitere Jahr zu einigen Übungswochen zusammenfand, im Kriegsfall jedoch dem Heer eingegliedert wurde. Es gab auch noch eine Hilfstruppe der Landwehr, die aber in Friedenszeiten an keinerlei Übungen teilnehmen mußte.

Die Militärdienstpflicht und die Landwehr waren Einrichtungen, denen preußisch-konservative Reaktionäre wie Großherzog Karl von Mecklenburg und Fürst Wittgenstein äußerst feindselig gegenüberstanden. Wittgenstein erklärte immer wieder, die Bewaffnung der Nation komme einer Organisierung der Revolution gleich. Es gab Versuche, beide Institutionen wieder abzuschaffen. Finanzminister von Bülow ließ verlauten, sie brächten eine finanzielle Belastung mit sich, die der preußische Staat nicht tragen könne. Boyen wiederum wies nach, die Kosten pro Kopf der Bevölkerung seien im Vergleich zu den tatsächlichen Einkommen und den steigenden Preisen geringer als die der alten Armee, die sich zudem als ineffektiv erwiesen hatte. Für diesen Punkt fand er die Unterstützung des Königs. Die Frage der Landwehr war noch explosiver. Durch eigene Fehler hatte sich ihr zwischen 1813 und 1815 erreichter Standard wieder verschlechtert, so daß sie heftiger Kritik ausgesetzt war. Die Landwehr besaß in jedem Regierungsbezirk eigene Inspektoren, und ihre Soldaten und Offiziere blieben als Angehörige einer Teilzeitarmee im Leben ihrer Heimatgemeinden verwurzelt. Als direkten Vorgesetzten hatten sie nur den General der Provinz über sich. Boyen beharrte nachdrücklich auf dem Milizcharakter der Landwehr, weil er es als lebenswichtig ansah, daß sie ihre Eigenart als Volksarmee beibehielt, und insistierte deshalb auch auf der strikten Trennung zwischen Landwehr und regulärem, stehendem Heer. Der König aber beriet sich mit seinen Generälen, die sich über die laxe Disziplin der Landwehr beschwerten, die Entlassung ihrer Inspektoren forderten und die Zusammenlegung von Regimentern des stehenden Heeres mit denen der Landwehr zu Divisionsverbänden verlangten. Die Wünsche des Königs gaben schließlich den Ausschlag, daß 1819 die Größe der Landwehr verringert und sie dem direkten Kommando der Linienregimenter unterstellt wurde. Boyen und Generalstabschef Grolmann traten aus Protest von ihren Posten zurück, und seither bestimmte der Geist des Regimentsoffizierskorps die Entwicklung der preußischen Armee. Das war der Anfang der Ministerialkrise, die sich aus der reaktionären Politik Friedrich Wilhelms ergab und im Kampf um Kompetenzen und Ausführungsbestimmungen kulminierte, wie er sich zwischen Humboldt und Hardenberg und zwischen Hardenberg und Beyme abspielte. Im Grunde genommen war die Reformbewegung am Ende. Sie blieb ein halb eingelöstes Versprechen und hinterließ das bittere Gefühl, enttäuscht und betrogen worden zu sein.

Wirtschafts- und finanzpolitische Gründe waren dafür ausschlaggebend, daß neue Freizügigkeiten wie die Gewerbefreiheit nicht widerrufen wurden, obwohl die Zünfte und einige Handelsbereiche entsprechenden Druck ausübten. Als der Adel und die Großbauern die

Vorteile des freien Handels erkannten, betonten sie auch schon bald ihre Interessengleichheit mit den gewerblich und industriell fortschrittlicheren westlichen Provinzen Preußens. Mit diesen ersten Anzeichen kündigte sich jenes Bündnis an, das nach 1875 den entscheidenden Einfluß auf die Politik des Deutschen Reichs ausüben sollte: das Bündnis zwischen dem Agrarkapitalismus der ostelbischen Großgrundbesitzer und der westdeutschen Schwerindustrie.

Da der Handel nicht mehr reglementiert wurde, gingen die Zünfte zugrunde, während sich für die Entwicklung der Manufakturen neue Wege öffneten. Stein und Humboldt hatten bereits Möglichkeiten einer deutschen Politik für die Bereiche Zoll, Handel, Postverbindung und Münze erörtert. Daß ihre Vorstellungen den Interessen des deutschen Handels und Gewerbes entsprachen, beweisen die Gründungen des ›Deutschen Fabrikantenvereins‹ 1816 und des ›Deutschen Handels- und Gewerbevereins‹ 1819. Beide Organisationen kämpften für die Abschaffung sämtlicher Zölle innerhalb der deutschen Grenzen. Friedrich List, der Gründer des ›Handels- und Gewerbevereins‹, versuchte die Vertreter des Deutschen Bundes zu beeinflussen und ersuchte die deutschen Monarchen persönlich um größere Liberalisierung für Handel und Gewerbe innerhalb Deutschlands. Gleichzeitig forderte er den Schutz der jungen deutschen Industrie vor ausländischen Importen. Keiner der Monarchen besaß genügend Vorstellungskraft, um das Potential zu erkennen, das in Lists Idee steckte; und das, obwohl Preußen nach 1815 vor dem finanziellen Bankrott stand und der Staat alles irgend mögliche versuchen mußte, um der preußischen Wirtschaft wieder aufzuhelfen. In der Administration gewannen die Anhänger der Prinzipien Adam Smiths, wie der Staatsrat Kunth und der Finanzminister Karl Georg Maaßen, die Oberhand gegen den Widerstand von Merkantilisten wie dem Oberpräsidenten Brandenburgs von Heydebreck. Sie entwarfen ein Gesetz, das am 26. Mai 1818 in Kraft trat und in ganz Preußen einheitliche Steuern und Zölle einführte, während gleichzeitig die Enklaven innerhalb Preußens und jene Gebiete, die die östliche Hälfte Preußens von der westlichen trennten, besonders also Hessen-Nassau und Hessen-Darmstadt, mit Schutzzöllen belegt wurden.

In den späten zwanziger Jahren des 19. Jahrhunderts konkurrierten im Deutschen Bund drei Blöcke miteinander: Preußen, Österreich und die Staaten Mittel- und Süddeutschlands. Österreich sah zwar die Vorteile, die die Beseitigung der innerdeutschen Handelsschranken brachte, war aber zu dieser Zeit noch nicht bereit, diese Politik auf seine nichtdeutschen Territorien auszudehnen. Preußens rasche Industrialisierung, der Österreich dann mit politischen Mitteln zu begegnen suchte, konnte zu dieser Zeit noch nicht vorhergesehen werden.

Der zweite Block, Preußen, erkannte allmählich, daß seine potentielle Wirtschaftsmacht ihm schließlich die Vorherrschaft im nördlichen Deutschland sichern könnte. Die Staaten Mittel- und Süddeutschlands mußten befürchten, entweder von Österreich oder von Preußen absorbiert zu werden. Nur dieser letzte Block war noch in sich selbst geteilt: Hessen-Darmstadt näherte sich bald Preußen und ließ Württemberg und Bayern als eine Gruppe und Baden und Hessen-Nassau als die andere zurück. Bayern und Württemberg gaben schließlich das Signal für die folgenden Ereignisse. Am 18. Januar 1828 schlossen sie eine Zollunion, aus der der Deutsche Zollverein hervorgehen sollte. Übrig blieb Hessen-Nassau, dessen Fürst meinte, alleine überleben zu können. Hessen-Darmstadt trat am 14. Februar 1828 der Zollunion bei.

Preußens wirtschaftliche Konsolidierung alarmierte sowohl Österreich als auch Bayern. Österreich und Preußen unterbreiteten nun den bisher ungebundenen deutschen Fürstentümern ihre Angebote. Preußens unerbittlicher Druck auf seine mitteldeutschen Enklaven war eine unmißverständliche Warnung. Die deutschen Mittelstaaten bildeten eine Assoziation, die sich vor allem durch ihre Aversion gegen die Ziele Preußens und Bayerns auszeichnete, im übrigen aber unfähig war, eine andere Politik zu entwickeln. Auch Metternichs Bemühungen, eine wirtschaftliche Koalition gegen Preußen zusammenzuführen, scheiterten, weil er keine lebensfähige Alternative anbieten konnte. Diese obstruktive Politik bewies letztlich nur, daß Nord- und Süddeutschland die gleichen Interessen hatten, und schuf damit die Grundlage für die Verhandlungen, die 1833 zur Gründung des Deutschen Zollvereins führten. Die Notwendigkeit verbesserter Straßenverbindungen von Ost nach West und von Nord nach Süd lieferte dem preußischen Finanzminister Motz ein Argument, das er meisterhaft nutzte, um die deutschen Mittelstaaten für Preußens Interessen zu gewinnen. Um auch die Süddeutschen von den Vorteilen der preußischen Handelspolitik zu überzeugen, sandte Motz Goethes Tübinger Verleger Johann Friedrich Cotta nach München, wo er die Bayern davon überzeugen konnte, daß die Preußen nichts mit ihrer Karikatur gemein hätten. Die Wiederannäherung zwischen Preußen und Bayern motivierte auch Hessen, die Dinge günstiger zu beurteilen, vor allem, nachdem der Handelsvertrag vom 27. Mai 1829 zwischen Preußen und Süddeutschland Bayern und Württemberg die Möglichkeit eröffnete, eine Zollunion mit den westlichen Provinzen Preußens einzugehen. Dieser Schritt zog die Auflösung des gegen Preußen und Bayern gerichteten Bundes der Mittelstaaten nach sich und trieb die wirtschaftliche Separierung Österreichs von Deutschland weiter voran.

Preußen und Bayern hatten die gesamte deutsche Frage erneut in Bewegung gebracht. Motz war sich der Konsequenzen seiner Politik wohl bewußt. Er wollte nicht nur die internen Handelsbedingungen neu bedenken und die Zölle standardisieren, sondern er strebte eine Revision der Verfassung des Deutschen Bundes und die Stärkung der außenpolitischen Macht Deutschlands unter der Führung und dem Schutz Preußens an. Er starb 1830 und erlebte die Gründung des Deutschen Zollvereins, mit der sich sein Werk vollendete, nicht mehr; damit war aber die wirtschaftliche Vorbedingung geschaffen für die Aufgabe, die Bismarck politisch lösen sollte. Königreiche, Fürstentümer und noch ungebundene Territorien begannen, ihre Lage neu zu überdenken. Baden einigte sich 1830 mit Bayern; Preußen, Sachsen und Thüringen fanden 1833 einen gemeinsamen Nenner. All das kulminierte am 30. März 1833 in der Gründung des Deutschen Zollvereins, der am 1. Januar 1834 in Kraft trat. Zum ersten Mal in der modernen Geschichte hatten deutsche Staaten bedeutsame Teile ihrer Souveränität im Interesse einer deutschen Gemeinsamkeit aufgegeben. Die Standardisierung der Zölle hatte unvorhergesehen zu einer wirtschaftlichen Vereinigung Deutschlands geführt.

Die französische Julirevolution 1830 hatte auf Preußen, außer daß sie allenthalben die Vorurteile der Reaktionäre scheinbar bestätigte, keine praktischen Auswirkungen. Sie band jedoch im europäischen Zusammenhang Frankreich enger an England, wo die Liberalen die Konservativen abgelöst hatten. Infolgedessen wandte sich Preußen stärker Österreich und vor allem Rußland zu, wo nach dem Tode Alexanders der Schwager Friedrich Wilhelms III., Nikolaus I., den Thron bestiegen hatte. Als die Polen erfolglos ihren Nationalaufstand versuchten, wurde er zum Prototyp eines Despoten, der den europäischen Legitimismus und Absolutismus verteidigte. Bar der glatten Glacéhandschuhmethoden Metternichs zog er den Gebrauch brutaler Gewalt vor.

Der Aufstand fand hauptsächlich in den russisch besetzten Gebieten Polens statt, die nun ihre Unabhängigkeit endgültig verloren. Auf preußischem Territorium kam es nur in Posen zu kleineren Aufruhrversuchen, die jedoch so halbherzig waren, daß sie sowieso keine Aussicht auf Erfolg gehabt hätten. Trotzdem änderte die preußische Verwaltung ihre Haltung gegenüber den Polen. Als Posen 1815 annektiert worden war, hatte Friedrich Wilhelm seinen neuen Untertanen noch erklärt, von ihnen werde nicht erwartet, daß sie ihre Nationalität wechseln. Dem entsprach auch die Verwaltungspraxis. Polnisch und Deutsch waren gleichberechtigte Amtssprachen, polnische Adlige wurden zu Landräten ernannt, und an der Spitze der Provinz stand neben dem Oberpräsidenten Zerboni auch der Fürst Radziwill, ein patriotisch gesinnter polnischer Magnat, der mit einer Deutschen verheiratet war. Bis zum Aufstand von 1831 gab es keinerlei Anzeichen einer Germanisierungspolitik. Ein Resultat des Aufstands war die Ernennung eines neuen Oberpräsidenten, von Flottwell, der ein anerkannt tüchtiger Verwaltungsmann war. Er schaffte Polnisch als Amtssprache ab und ersetzte die polnischen Landräte.

Die Julirevolution in Frankreich ließ auch den Deutschen Bund überdenken, wie seine militärischen Pläne im Fall eines Krieges mit Frankreich aussehen sollten. Die Initiative ging von Preußen aus, und da die kleineren deutschen Staaten sich in einer solchen Situation von Preußen wirkungsvoller geschützt fühlten als von Österreich, entschieden sie sich für den preußischen Entwurf. Der Plan sah im Kriegsfall die Mobilisierung von drei Armeen vor: Ein preußisches Heer sollte einschließlich anderer norddeutscher Kontingente am Niederrhein aufgestellt werden, eine gemischt preußische und süddeutsche Armee am Main und eine österreichische am Oberrhein – alle drei sollten von einem gemeinsamen Hauptquartier befehligt werden.

Die Julirevolution gab den Konservativen neuen Auftrieb. Metternich fürchtete eine liberale revolutionäre Flut derart, daß er die Abschaffung aller deutschen Verfassungen vorschlug – ein Plan, der jedoch von Preußen vereitelt wurde. Am 28. Juli 1832 beschloß der Bundestag die Einführung der ›Sechs Artikel‹ – Polizeimaßnahmen, die das Verfassungsleben der Staaten des Deutschen Bundes seiner strengen Kontrolle unterwarfen, um das monarchische Prinzip aufrechterhalten zu können und die Freiheiten der bestehenden Parlamente einzuschränken. Einen Monat zuvor hatte das Hambacher Fest stattgefunden, wo junge und ältere Liberale der Öffentlichkeit die Ideale, die sie seit 1813 motiviert hatten, wieder in Erinnerung riefen. So entrollten sie ihre schwarzrotgoldene Fahne zum Zeichen ihrer Sympathie neben der weißroten polnischen Nationalflagge. Preußen reagierte mit verstärkter Zensur und ließ verdächtige Personen noch schärfer polizeilich überwachen. Am 3. April 1833 scheiterten 50 radikale Studenten der Universitäten Göttingen, Heidelberg, Erlangen und Würzburg, als sie, unterstützt von polnischen Emigranten und Elsässern, versuchten, Frankfurt am Main als Sitz der Nationalversammlung des Deutschen Bundes zu stürmen und eine deutsche Republik zu proklamieren. Eine der Folgen war die Einsetzung einer Untersuchungskommission in Preußen, die zwischen 1833 und 1835 204 Studenten verurteilte, davon 39 zum Tode. Diese Urteile wurden allerdings später alle in lebenslange Haftstrafen umgewandelt.

Trotz dieser reaktionären Welle sahen viele Gemäßigte und Liberale in Preußen die letzte Hoffnung Deutschlands. Der angesehene Historiker Friedrich Christoph Dahlmann, der zu jener Zeit an der Universität Göttingen lehrte, schrieb 1832, es gebe in Deutschland einen Staat, der einen wundervollen Speer besitze, weshalb das Vaterland allen Grund besitze, ihn mit Bewunderung statt mit Zorn zu betrachten. Dieser Staat sei Preußen, und es solle seine historische Mission erfüllen. Wenn der preußische König sein Land in eine konstitutionelle Monarchie umwandle, wäre der Augenblick gekommen, da er die Führung des Deutschen Bunds übernehmen und auf die Loyalität jedes deutschen Patrioten rechnen könne. 1831 veröffentlichte der

Württemberger Jurist Paul Achatius Pfizer seinen »Briefwechsel zweier Deutschen«. Er stellte fest, Österreich habe in seiner Politik die Nationalinteressen aller Deutschen außer acht gelassen und sich deshalb Deutschland entfremdet. Man könne von ihm nurmehr erwarten, daß es sich nach außen öffne und die Führung an Preußen abtrete: »Preußen war es, das durch außerordentliche Anstrengung seiner physischen Kräfte, noch weit mehr aber durch das moralische Gewicht, das sein Enthusiasmus in die Waagschale legte, die Befreiung Deutschlands von der Herrschaft Napoleons entschieden und dadurch für seine Ansprüche auf die Hegemonie einen vollgültigen Rechtstitel, dem bis jetzt nur die äußere Anerkennung fehlt, erworben hat.« Preußen war, historisch gesehen, nun dazu bestimmt, der Beschützer Deutschlands zu werden, und das Wohl Deutschlands gebot es, daß die kleineren Fürsten und Könige einen Teil ihrer Macht und Souveränität in seine Hände legten.

Heute wissen wir, daß der Deutsche Zollverein einen wesentlichen Schritt in dieser Richtung darstellte; seither konnte man von einer deutschen Wirtschaft reden, deren Macht in Preußen, an der Ruhr begründet wurde.

Nach der Vertreibung der Franzosen wurde Ludwig von Vincke, ein enger Vertrauter Steins, Generalbevollmächtigter für die befreiten Gebiete. Vincke war ein weitgereister Mann, der mehrere Male England besucht und ein bedeutendes Buch über dessen innere Verwaltung geschrieben hatte, in dem er besonders die englische Selbstverwaltung pries. Wie die meisten preußischen Reformer, so war auch er ein Anhänger Adam Smiths. 1815 wurde Vincke Oberpräsident von Westfalen, das damals noch ein Konglomerat zersplitterter Gebiete war, die er erst im Laufe seiner Amtszeit zu einer Einheit zusammenfügen mußte. Zunächst engte der traurige Zustand der preußischen Finanzen seine Handlungsfreiheit ein, aber nach der Rothschild-Anleihe von 1822 änderten sich die Verhältnisse nicht nur allgemein, sondern auch für Westfalen. Aus dieser Zeit datiert die Umwandlung des Agrarlandes an der Ruhr in ein Industriegebiet, dessen neu entdeckte Kohlevorkommen zur Basis der wirtschaftlichen Stärke Preußens in Deutschland wurden. Vincke erkannte, daß Verbindungswege, insbesondere ein verbessertes Straßennetz, die wichtigste Voraussetzung für eine industrielle Entwicklung

waren. Außerdem mußte ein Kanalnetz mit Hafenanlagen und Speichermöglichkeiten geschaffen werden.
Das preußische Straßenbauprogramm spiegelt die verbesserte wirtschaftliche Situation des Landes wider. 1816 besaß Preußen insgesamt 3162 Kilometer staatseigene Straßen, davon 1798 in den rheinischen Provinzen und in Westfalen, 679 in Schlesien, 446 im preußischen Teil Schlesiens und 209 in Brandenburg. Bis 1831 wurde die Gesamtlänge der staatseigenen Straßen auf mehr als das Doppelte, auf 6794 Kilometer erhöht, bis 1838 auf 8632 und bis 1848 auf 11 852 Kilometer. Die Einführung der Eisenbahn krönte die Entwicklung des preußischen Transportwesens. Die erste Eisenbahnlinie wurde 1838 zwischen Berlin und Potsdam eröffnet – ein Ereignis, dem Friedrich Wilhelm nicht sonderlich viel abgewinnen konnte. Er schrieb: »Alles soll carrière gehen, die Ruhe und die Gemütlichkeit aber leidet darunter. Kann mir keine große Seligkeit davon versprechen, ein paar Stunden früher von Berlin in Potsdam zu sein.« Heinrich Heine dagegen kommentierte: »Die Eisenbahnen sind ... ein ... bestimmendes Ereignis, das der Menschheit einen neuen Umschwung gibt, das die Farbe und Gestalt des Lebens verändert; es beginnt ein neuer Abschnitt in der Weltgeschichte, und unsere Generation darf sich rühmen, daß sie dabeigewesen. Welche Veränderungen müssen jetzt eintreten in unserer Anschauungsweise, in unseren Vorstellungen! Sogar die Elementarbegriffe von Zeit und Raum sind schwankend geworden. Durch die Eisenbahnen wird der Raum getötet, und es bleibt uns nur noch die Zeit übrig.«
1844 besaß Preußen 861 Eisenbahnkilometer und nur vier Jahre später schon 2363. Sie führten zu einer Expansion der Stahlindustrie: 1847 gab es bereits 60 Walzwerke, und seit 1841 lieferte die Maschinenbauanstalt Borsig in Berlin die ersten Lokomotiven. Die Eisenbahn erwies sich auch als Anreiz für private Investitionen, weil sie sich im Gegensatz zu anderen Industrien keinem Wettbewerb ausgesetzt sah. Aufgrund der Entwicklung in der Eisen- und Stahlindustrie wurden auch immer mehr Arbeiter gebraucht, und so entsprach die Entstehung einer spezifischen Industriearbeiterklasse der allgemeinen raschen Wirtschaftsentwicklung. Preußens wirtschaftlicher Fortschritt wird deutlich im Vergleich zu anderen deutschen Staaten. Während etwa Sachsen 1838 100 000 Zentner Roheisen herstellte,

konnte Preußen in der gleichen Zeit 1,8 Millionen Zentner produzieren. Die Namen Alfred Krupp und August Borsig wurden nun die ersten Glanzlichter der preußischen Großindustrie. Krupps Vorfahren waren wohlhabende Kaufleute gewesen, und das Familienvermögen stellte das Kapital für die Gründung einer ersten Gußstahlfabrik. August Borsig, ein gelernter Tischler, ging abenteuerlicher vor. Von 59 000 Talern Startkapital stammten nur 5300 aus eigenen Ersparnissen, während er alles andere von jedem lieh, den er von seiner Vision eines florierenden Industrieunternehmens überzeugen konnte.

Die Einführung der Dampfmaschine in den Manufakturen war ein weiterer Schritt auf dem Weg zum industriellen Fortschritt. Die Newcomen-Maschine war bereits 1753 in Deutschland eingeführt worden, in der westlichen Provinz Preußens. Die Maschine von James Watt wurde 1779 in der Nähe von Magdeburg aufgestellt. 1796 besaßen alle schlesischen Minen und Hüttenwerke Dampfmaschinen. 1830 gab es in Preußen 245 Dampfmaschinen mit einer Gesamtleistung von 4485 Pferdestärken, 1837 schon 419 mit 7355 PS und 1849 schließlich 1445 Dampfmaschinen mit 67 149 PS. Ein weiterer Indikator für Preußens Fortschritt war die Kohleförderung. In den neu gewonnenen Saarprovinzen, wo es schon lange Bergbau gegeben hatte, stieg die jährliche Förderung der staatseigenen Minen von 113 689 Tonnen im Jahr 1816 bis auf 408 377 Tonnen im Jahr 1844. An der Ruhr, wo der Bergbau in seinen Anfängen steckte, wurde die Förderleistung trotzdem von 388 000 Tonnen 1815 bis auf 956 000 Tonnen im Jahr 1846 gesteigert.

Ein derartiges wirtschaftliches Wachstum verlangte nicht nur ausreichend Arbeiter, sondern auch tüchtige Ingenieure und Facharbeiter. Peter Christian Wilhelm Beuth aus Kleve, der einst als Leiter der Technischen Kommission Mitglied in Hardenbergs Stab gewesen war, machte nach einem Englandaufenthalt 1826 auf dieses Problem aufmerksam. Bereits neun Jahre zuvor hatte er in Berlin eine Gelehrtengesellschaft zur Förderung des industriellen Fortschritts gegründet, die damals 367 Mitglieder zählte, von denen die Hälfte in Berlin lebte. 110 der Mitglieder waren Staatsbeamte einschließlich Universitätslehrern, 66 waren Kaufleute und Bankiers, der Rest setzte sich aus Repräsentanten von etwa 30 verschiedenen Gewerben zusammen. Kurz nach der Gründung dieser Gesellschaft unterbreitete

Beuth der preußischen Regierung den Plan zur Errichtung eines Technischen Instituts in Berlin mit dem Argument, das bestehende Ausbildungssystem könne die von der modernen Industrie geforderten Fertigkeiten und Kenntnisse nicht mehr vermitteln. Im November 1821 öffnete das erste Institut dieser Art, aus dem später die Technische Hochschule werden sollte, seine Tore. Die Regierung stellte Stipendien bereit, und auch private Stiftungen leisteten beträchtliche Unterstützung. 1821 hatte das Institut nur 13 Studenten, 1845 waren es bereits 101. In ganz Preußen wurden in diesen Jahren ähnliche Anstalten und Institute gegründet. Um technisches Wissen zu verbreiten und einer internationalen Öffentlichkeit den Fortschritt der preußischen Industrie vorzuführen, organisierte Beuth 1822, 1827 und 1844 in Berlin Ausstellungen. Auf der ersten waren 176, auf der zweiten 208 und auf der dritten bereits 3040 Fabrikanten vertreten.

Während um die Jahrhundertwende der durchschnittliche Arbeitstag zwölf Stunden dauerte – Nachtschichten und Sonntagsarbeit waren die Ausnahme –, änderte sich das um 1825 drastisch. Schon 1816 stellte ein die rheinischen Provinzen betreffender Regierungsbericht, nachdem er die industriellen Leistungen und die durch die Erfindung der Dampfmaschine bewirkten Veränderungen gelobt hatte, im folgenden fest: »... Dieses sind in den Hauptzügen die technischen und kommerziellen Resultate ... Weniger erfreulich sind die moralischen. Es ist allen Fabriken gemein ..., daß, je mehr sie sich ausbilden, je mehr Maschinen und Arbeitstheilung zunehmen, desto mehr der Mensch zur Maschine herabsinke; zumal, wenn von anderen Seiten noch so wenig für die Entwicklung und Erhaltung der Menschlichkeit geschieht ...« Der Bericht fand die Mißstände in der rheinischen Provinz stärker ausgeprägt als im Osten. Er vermerkte auch, daß die Fabrikanten sich beschwerten, weil sie einige Stunden auf die Arbeit der Kinder verzichten mußten, wenn diese die Schule besuchten. Schon gebe es die ersten Stimmen, die vor den Gefahren der allgemeinen Übernahme des englischen Fabriksystems und seiner Produktionsmethoden warnten. Unzufriedenheit eines Großteils der Bevölkerung sei die unvermeidliche Folge, und es werde als die Aufgabe des Staates angesehen, gegen die in der Industrie praktizierten Mißbräuche vorzugehen, um so die Lage der Arbeiterklasse zu verbessern.

Die meisten Arbeiter jener Zeit waren Bauern gewesen, die infolge der Stein-Hardenbergschen Reformen ihre kleinen Gehöfte verloren hatten; außerdem gab es viele Handwerker, deren Gewerbe neben den kapitalistischen Fabrikationsmethoden nicht mehr bestehen konnte und zugrunde ging. Die gleichen Reformen, die das Arbeitskräftereservoir für die Industrie geschaffen hatten, führten auch zur Umgestaltung der Landwirtschaft durch die Einführung kapitalistischer Produktionsweisen. Neben dem ostelbischen Landadel tauchten bürgerliche Grundeigentümer auf. 1828 waren in Gebieten wie der Niederlausitz 25,9 Prozent der Landgüter nicht mehr in adligem Besitz, 1853 bereits 54,8 Prozent. Großgrundbesitze und Großgehöfte dehnten sich auf Kosten kleinerer Anwesen aus, deren Besitzer von ihrem Land nicht mehr leben konnten und Fabrikarbeiter werden mußten. Sie arbeiteten sechs Tage in der Woche 16 bis 17 Stunden täglich. In Berlin belief sich der Durchschnittswochenlohn eines ungelernten Arbeiters auf 3,5 bis 4 Taler, der eines Eisenbahnarbeiters sogar nur auf 2 oder 2,5 Taler. Das Existenzminimum einer vierköpfigen Familie betrug 4 Taler pro Woche. Auch ganz kleine Kinder mußten bereits zur Arbeit gehen, bis die preußische Regierung 1839 das Mindestalter für Kinderarbeit auf das Alter von neun Jahren festlegte. Diese Bestimmung wurde unter anderem deshalb erlassen, weil mehr und mehr Rekruten den gesundheitlichen Anforderungen des Militärdienstes nicht mehr genügten.

Wie die Industrie, so gedieh auch die Kunst in Preußen. Gottfried von Schadow, der Schöpfer der Quadriga auf dem Brandenburger Tor, hatte eine Reihe begabter Schüler, deren bekanntester Christian Daniel Rauch wurde. Sein Mausoleum für die Königin Luise im Garten des Charlottenburger Schlosses verbindet klassische Linienführung mit jener Strenge, die dem preußischen Rokoko seinen einzigartigen Charakter verlieh. Rauch schuf auch Standbilder zeitgenössischer Volkshelden wie Blücher und Scharnhorst und die berühmte Reiterstatue Friedrichs des Großen. Sie wurde vor einigen Jahren von Funktionären in der DDR wiederentdeckt, restauriert und an hervorragender Stelle beim Schloß Sanssouci in Potsdam neu aufgestellt. Rauch arbeitete auch außerhalb Preußens für den Zaren und für Ludwig I. von Bayern. Karl Friedrich Schinkel schuf die bedeutendsten klassizistischen Bauwerke Berlins. Er war der Architekt des Ber-

liner Schauspielhauses, des Alten Museums und der Neuen Wache Unter den Linden, die heute in Ost-Berlin liegt und das Mahnmal für die Opfer des Faschismus und Militarismus ist.
Auch die Malerei erlebte eine gewisse Blüte, besonders in Preußens westlichen Provinzen, wo der Nazarener Wilhelm von Schadow als Direktor der Düsseldorfer Akademie besonders bekannt wurde – Alfred Rethel war ihr ausdrucksstärkster Schüler. In Berlin, der Geburtsstadt und Wirkungsstätte Felix Mendelssohn-Bartholdys, nahm die Musik einen wichtigen Platz ein. Nach 1815 hatten sich die restaurativen Kräfte zwar wieder durchgesetzt, sie konnten jedoch das Geistesleben, dem Wilhelm und Alexander von Humboldt so starke Impulse verliehen hatten, nicht zum Erliegen bringen. Frauen wie Bettina von Arnim und Rahel Varnhagen erlangten großen Einfluß. Die neuen Universitäten von Berlin, Breslau und Bonn waren geprägt von der Bildungsreform Wilhelm von Humboldts und seiner Nachfolger und verbreiteten deren Geist in ganz Deutschland. Ranke, Savigny und vor allem Hegel hatten höchste Geltung erlangt, ebenso Hegels Widersacher Ludwig Feuerbach und David Friedrich Strauß. Karl Marx hätte die entsprechende Stellung einnehmen können, wäre er nicht für eine Dozentur an der Berliner Universität abgelehnt worden.
Die französische Julirevolution 1830 fand auch in Preußens Geistesleben Widerhall, wo das unerfüllte Verfassungsversprechen in ständiger Erinnerung geblieben war. Im Gegensatz zu den Vertretern des deutschen Liberalismus – deren Publikationen von der preußischen Zensur unterdrückt wurden – konnten protestantische und katholische Intellektuelle wie Jarke und Radowitz ein »Politisches Wochenblatt« gründen, dessen Herausgeber, darunter die Brüder Gerlach, dem Kronprinzen Friedrich Wilhelm nahestanden, und das romantisch-konservative Ideen verbreitete. Ihre Gegner waren Theodor Mundt, Karl Gutzkow, Heinrich Laube und, jenseits der Grenzen Preußens und dann Deutschlands, Heinrich Heine, der es vorzog, im selbstgewählten Exil zu leben. Heine war aus dem Rheinland nach Berlin gekommen und besuchte 1822 München, von wo aus er an Rahel Varnhagen von Ense schrieb: »Ich werde hier sehr ernsthaft, fast deutsch; ich glaube, das thut das Bier. Oft habe ich eine Sehnsucht nach Berlin. Wenn ich mal gesund bin, will ich suchen, ob

ich dort nicht leben kann. Ich bin in Bayern ein Preuße geworden.« Ein Jahrzehnt später gehörte er zusammen mit Ludwig Börne und Georg Büchner zu den revolutionär-demokratischen Vertretern der deutschen Literatur. Unglücklicherweise waren sie sich nur in dem, was sie ablehnten, einig, besonders in ihrer Gegnerschaft zum Obrigkeitsstaat, während sie konkrete Alternativen vermissen ließen. Fast völlig blind gegenüber gesellschaftlichen Fragen, erhoben sie ihre abstrakte Forderung nach Freiheit. Männer wie Philipp Jakob Siebenpfeiffer und Friedrich Seybold, deren Interessen über die Erlangung bürgerlicher Freiheiten hinausgingen, die ihre Reden und Schriften auf die Massen bezogen, waren ihnen fremd. Repräsentanten des ›Jungen Deutschland‹ wie Heine konnten auch angesichts der noch frischen Erfahrung von seiten Frankreichs keine weite öffentliche Aufmerksamkeit erwarten, da ihre Polemiken und ihre scharfen Satiren aus Paris kamen.

Für kurze Zeit entflammte in den 30er Jahren des 19. Jahrhunderts ein Konflikt zwischen der katholischen Kirche der Westprovinzen und dem preußischen Staat. Er berührte keinerlei theologische Belange; wie das Beispiel Schlesiens zeigte, hatte es Preußen gelernt, sich mit seinen katholischen Staatsbürgern zu arrangieren. Aber als 1835 ein neu ernannter Erzbischof von Köln die Mischehe verbot, brach die Kontroverse sofort aus; bisher hatte die katholische Kirche Mischehen akzeptiert, vorausgesetzt, die ihnen entstammenden Kinder wurden im katholischen Glauben erzogen. Nunmehr verbot man den katholischen Studenten in Bonn, Vorlesungen zu hören, die von Professoren gehalten wurden, deren entschiedene Sympathien für Preußen bekannt waren. Der Staat reagierte heftig, setzte den Erzbischof ab und sperrte ihn in die Festung Minden ein. Die römische Kurie reagierte mit gleicher Schärfe und ernannte einen neuen Erzbischof, der die Politik seines Vorgängers aufrechterhielt. Auch er wurde verhaftet und nach Kolberg gebracht. Erst nach dem Tode Friedrich Wilhelms wurde das einvernehmliche Verhältnis zwischen Kirche und Staat wiederhergestellt. Friedrich Wilhelm III. starb am 7. Januar 1840. Er hinterließ ein 1827 verfaßtes Testament, in dem er – nicht untypisch für ihn – seinen Nachfolger davor warnte, nicht der Doppelgefahr zu erliegen, einerseits jeder politischen Mode zu folgen und andererseits eine übertriebene Liebe zu alt und obsolet

Gewordenem an den Tag zu legen. Seiner Ansicht nach seien diese beiden Extreme vermeidbar, sofern nützliche und besonnene Neuerungen eingeführt würden. Außenpolitisch sei Preußens Zukunft mit der Unterstützung Rußlands und Österreichs eng verknüpft. Die Verfassungsfrage erwähnte er überhaupt nicht. Mit seinen Staatsbeamten teilte er die Meinung, daß eine gute Verwaltung jeder Verfassung überlegen sei, was auch immer sie auszeichnen möge. Den Kräften des Konstitutionalismus gegenüber blieb er bis zu seinem Tode blind.

11. KAPITEL
Friedrich Wilhelm IV.

Friedrich Wilhelm IV. wurde am 15. Oktober 1795 geboren und war der Lieblingssohn der Königin Luise. Nach den Schlachten bei Jena und Auerstedt begleitete er seine Familie nach Tilsit und Memel und kehrte mit ihr erst 1809 nach Berlin zurück. Im Unterschied zu seinem Vater kennzeichnete ihn eine Ruhelosigkeit, die ihn vieles beginnen ließ, ohne es zu Ende zu führen; seine Impulsivität trieb ihn von einem Vorhaben zum anderen. Im Zeichnen und im Anfertigen von Bauentwürfen entfaltete er wirkliche Begabung, so daß sein Hauslehrer Jean Pierre François Ancillon, ein Theologe und Historiker von hugenottischer Abstammung, zu ihm sagte: »Ich sehe Sie schon die ganze Zeit mit der Bleifeder in der Hand umgehen. Für einen künftigen Schinkel wäre dieses eine sehr nützliche Anwendung, allein da der Staat nicht in einem gothischen Tempel bestehet und noch nie ein Volk vermittelst romantischer Bilder regiert worden ist, so wird dieses ewige Zeichnen für Sie eine wahre Verschwendung der edlen Zeit.«

Seine Thronbesteigung wurde von der Bevölkerung weitgehend begrüßt. Mit großen Erwartungen sah sie dem Beginn einer neuen Ära entgegen. Und Friedrich Wilhelms erste Handlungen als König schienen diese Erwartungen zu bestätigen. Ernst Moritz Arndt erhielt seinen Lehrstuhl an der Universität Bonn zurück, die polizeiliche Überwachung Jahns wurde aufgehoben, die Brüder Grimm erhielten eine Berufung an die Preußische Akademie der Wissenschaften, und Alexander von Humboldt wurde 1842 Kanzler des Ordens pour le mérite für Wissenschaft und Kunst und Staatsrat.

Diesem Liberalismus steht jedoch die Berufung enger Freunde des

Königs auf wichtige Posten entgegen: Männern wie Leopold von Gerlach und dem General von Thile – Konservativen, die von Hallers christlich-germanistischem Staatskonzept und der religiösen Glut pietistischer Wiedererweckungslehren erfüllt waren. Zeitgenossen fingen an sich zu fragen, was die Politik des Königs nun wirklich sei – liberal oder pietistisch. Seinem Charakter entsprechend wünschte er beides. Hatte der Vater unter einer Sprachhemmung gelitten, so sprach der Sohn zuviel. Öffentliche Thronreden waren bis dahin unbekannt gewesen. Die Ansprachen Friedrich Wilhelms IV. bestanden weniger aus politischen Aussagen als aus religiösen Sermonen, die Liberale wie Heinrich von Gagern zu dem Schluß brachten, sie wiesen nicht eben auf einen Tatmenschen hin.

Sein Monarchiekonzept unterschied sich grundlegend von dem der frühen Hohenzollern. Wenn sie sich als die ersten Diener ihres Staates verstanden, so legte er Wert darauf, seine Krone von Gottes Gnaden zu besitzen und ein Amt göttlichen Ursprungs innezuhaben: »Ich und mein Haus wollen dem Herrn dienen«, sagte er. Oder er bestand darauf, daß er als König von Gott mit übernatürlichen Kräften ausgestattet worden sei, die ihn geistig und seelisch wundersam weit über alle anderen erhöben, auch über die höchsten Beamten und die engsten Vertrauten. Seine Zuversicht in die Macht göttlichen Willens war in entscheidenden Augenblicken dafür verantwortlich, daß er inaktiv blieb: er meinte, Gott werde schon die Entscheidung für ihn treffen.

Regierung und Administration blieben nach seiner Thronbesteigung in der Zusammensetzung, in der sie seit Hardenbergs Tod bestanden. Kabinettsminister war General von Thile, der konservative, aber fähige Verwaltungsmann. Zum Nachfolger des Kultusministers von Altenstein wurde Karl Friedrich Eichhorn, ebenfalls Pietist, ernannt. Auch der Innenminister von Rochow war Konservativer, ein Mann, der erbittert den Einfluß der ›Freidenker‹ in Preußen bekämpfte. Sein Fanatismus brachte ihn sofort in Auseinandersetzungen mit einem der noch übriggebliebenen Mitglieder der Reformbewegung, dem liberalen Oberpräsidenten von Ostpreußen, Theodor von Schön. Boyen wurde an die Spitze des Kriegsministeriums zurückberufen; aber verbraucht, wie er von den vergangenen Kämpfen war, hinterließ seine zweite Amtszeit in Preußens militärischer Entwicklung kaum Spuren. Im Justizministerium blieb Kamptz, der Feind aller sogenannten ›Demagogen von 1820‹, auf seinem Posten, bis er 1842 von Savigny abgelöst wurde. Wichtig war auch noch der 1845 ernannte Außenminister von Canitz. Aber Friedrich Wilhelm IV. ließ keinen Zweifel darüber, daß sie lediglich ausführende Organe seiner persönlichen Herrschaft seien, die nach seiner Überzeugung von göttlichem Willen inspiriert war.

So waren seine politischen Ansichten mehr das Produkt seiner Einbildung als Einschätzungen der politischen Realität. In seiner romantischen Weltanschauung war der Staat ein Ergebnis organischen Wachstums; er bewunderte die alte deutsche Verfassung (was immer er darunter verstand) mit ihren Institutionen und ihrer Differenzierung in bezug auf die Stände, eine Verfassung, die auf wechselseitigem Vertrauen und gegenseitiger Pflichterfüllung beruhte. Er war der erste preußische Monarch, der aktives Interesse an der »deutschen« Frage entwickelte, womit die Wiederherstellung des mittelalterlichen Glanzes Deutschlands gemeint war. Daß dies eventuell bedeuten konnte, daß entweder Preußen oder Österreich den Weg zur Führung hätte freigeben müssen, störte ihn nicht. Er war und blieb nicht nur ein Preuße, sondern auch ein »Großdeutscher«, der erste dieser Art im Hause Hohenzollern. Für ihn schien ein deutsches Reich ohne ein altes Herrscherhaus, wie es die Habsburger waren, und ohne die Dominanz über spezifisch nicht-deutsche Territorien ein Ding der Unmöglichkeit.

Eine seiner ersten Amtshandlungen war die Beendigung der Auseinandersetzung mit der katholischen Kirche, deren rebellische Bischöfe er wieder einsetzte. Er glaubte damit einen Prozeß einzuleiten, durch den die protestantischen und katholischen Bekenntnisse am Ende wieder vereint würden. Ein nächster Schritt in dieser Richtung war für ihn der Weiterbau am Kölner Dom, den er mit einer Festansprache einweihte. Praktisch machte sein Vorgehen in der katholischen Frage auf Katholiken den Eindruck, als hätte er de facto den Bischöfen zugestanden, nur den Anweisungen der römischen Kurie unterworfen zu sein, und als würde sich der Staat im Fall eines Konflikts der Stimme des Papstes beugen. Dieses Mißverständnis sollte eine der Wurzeln für den Kulturkampf 30 Jahre später sein.

Friedrich Wilhelm IV. revidierte völlig die Politik seines Vaters in bezug auf Polen, d. h. die Politik, die nach dem Aufstand von 1831 verfolgt worden war. Flottwell, in den vergangenen zehn Jahren Oberpräsident in Posen, wurde nach Sachsen versetzt und die Germanisierungspraxis eingestellt. 1841 erklärte Friedrich Wilhelm in Posen, daß er all seine Untertanen in gleichem Maße liebe, ob sie nun deutsch, wallonisch, litauisch oder polnisch sprächen. Sie alle seien Kinder Preußens, und während seiner Regentschaft solle keine Nationalität irgendwelche Nachteile erfahren. Alle Zivilprozesse mußten nun in der Sprache des Klägers geführt und alle offiziellen Verlautbarungen ins Polnische übersetzt werden. Der Erzbischof von Gnesen, ein aufrechter Patriot, war der eigentliche politische Führer der Polen in Preußen und genoß größeres Vertrauen beim König als die preußische Verwaltung. Friedrich Wilhelm IV. gewann damit nicht die Loyalität der polnischen Untertanen: Die Polen interpretierten seine Maßnahmen im Zeitalter des ›risorgimento‹ nur als Zeichen der Schwäche seiner Staatsführung.

Die ungelöste Frage, die Friedrich Wilhelm IV. von seinem Vater geerbt hatte, war die einer Verfassung für Preußen. Immer wieder war die Forderung zu hören, man solle das Versprechen vom 22. Mai 1815 erfüllen. Zunächst nahm der König eine sehr negative Haltung ein. Am 4. Oktober 1840 erklärte er deutlich, daß er das Problem nicht im Geist der damals gegebenen Zusicherung zu lösen gedenke. Er wünsche zwischen sich, dem König von Gottes Gnaden, und seinem Volk kein Stück Papier, das als eine Art zweiter Vorsehung mittels Paragraphen regiere. Eine Verfassung war für ihn unmittelbar mit dem Ereignis verknüpft, das er am meisten haßte, mit der Französischen Revolution.

Aber er durfte auch die Opposition nicht ignorieren, die vor allem aus Liberalen in der ostpreußischen Beamtenschaft, wie Schön, und aus Vertretern des aufstrebenden Bürgertums der Westprovinzen, wie David Hansemann, Ludolf Camphausen und Gustav Mevissen, bestand. 1841 veröffentlichte der Königsberger Arzt Johann Jacoby ein Pamphlet unter dem Titel »Vier Fragen, beantwortet von einem Ostpreußen«. Darin forderte er nicht eine Gunst, sondern das Recht des Volkes, an den Staatsangelegenheiten beteiligt zu werden. Jacoby trat mit allen prominenten Vertretern der Opposition in Verbindung. Das reichte aus, ein Strafverfahren gegen ihn einzuleiten.

Jacoby wurde zu zweieinhalb Jahren Gefängnis verurteilt, aber er legte Berufung ein, und das Kammergericht sprach ihn frei.
Einer von Jacobys stärksten Verbündeten war die von rheinischen Industriellen und Intellektuellen gegründete, finanzierte und herausgegebene »Rheinische Zeitung für Politik, Handel und Gewerbe«. Eine Zeitlang gab sie Karl Marx heraus. Erst 1844, als die schlesischen Weber gegen ihre Arbeitsbedingungen zu protestieren begannen, erkannte das rheinische Bürgertum die potentielle Kraft des Proletariats und entzog der zunehmend sozialistisch orientierten »Rheinischen Zeitung« seine Unterstützung. Daß die Presse im öffentlichen Protest eine solch bedeutsame Rolle spielen konnte, verdankte sie der von Friedrich Wilhelm verfügten Auflockerung der Zensur. Abbildungen, Zeichnungen und Bücher wurden von der Zensur ausgenommen, und zum Schutz gegen die widersprüchlichen Regelungen der einzelnen Zensoren wurde 1842 das Oberzensurgericht gegründet. Als sich der König jedoch unmittelbar nach dieser Liberalisierung einer Flut von Karikaturen und Satiren gegenübersah, änderte er rasch seine Meinung, und die Zensur wurde, wenn auch in weniger strenger Form, wiedereingeführt.
Auf diese Entscheidung hatte die allgemeine politische Entwicklung in Preußen erheblichen Einfluß. In jenen Gebieten des Königreichs, die an der sozialen und wirtschaftlichen Prosperität dieser Zeit keinen Anteil hatten oder von plötzlichen ökonomischen Einbrüchen betroffen waren, wurde wachsender Unmut laut. Eines dieser Gebiete war Schlesien, das größte Textilproduktionszentrum Preußens und Deutschlands. Die Weber waren noch nicht in Fabriken beschäftigt, sondern arbeiteten zu Hause. Ihr jährliches Einkommen belief sich auf 60 Taler und das eines Spinners auf 30, während 1843 für eine Familie mit drei Kindern ein Jahreseinkommen von 100 Talern als Existenzminimum galt: »Der Weber mußte, weil er selbst von allen Mitteln entblößt war, das Garn vom Fabrikanten entnehmen und ihm die fertige Leinwand verkaufen. Da der Weber stets für das Garn sich in Vorschuß befand, so war er dem Fabrikanten schon dadurch in die Hände gegeben ... Oftmals bin ich im Winter solchen Armen begegnet, die in dem schrecklichsten Wetter, hungrig und frierend, viele Meilen weit ein fertig gewordenes Stück zum Fabrikanten trugen. Zu Hause warteten Frau und Kinder auf die Rückkunft

des Vaters; sie hatten seit 1½ Tagen bloß eine Kartoffelsuppe genossen. Der Weber erschrak bei dem auf seine Ware gemachten Gebot; da war kein Erbarmen ... Er nahm, was man ihm reichte, und kehrte, Verzweiflung in der Brust, zu den Seinen zurück.«
Das schrieb der Schlesier Wilhelm Wolff, später ein Mitstreiter und naher Freund von Marx und Engels. Als es zwischen 1843 und 1844 zu einer Krise des Baumwollmarktes kam, der die deutsche Baumwollindustrie in gleicher Weise wie die englische und die amerikanische traf, trieb die schlesischen Weber die blanke Not auf die Straße, wo sie vor den Häusern und Fabriken der verhaßtesten Besitzenden protestierten. Am 4. Juni 1844 marschierte eine Anzahl von Webern durch Peterswaldau und forderte die Zuschauer auf, sich ihnen anzuschließen. Sie erhielten begeisterte Zustimmung und zogen vor das Haus des örtlichen Fabrikanten, um eine Lohnerhöhung zu fordern. Seine höhnische Reaktion brachte die Menge derart auf, daß sie das Haus erstürmte und es samt der Fabrik zerstörte. Der Textilkaufmann konnte gerade noch entkommen und eilte nach Breslau, wo er nach dem Eingreifen des Militärs verlangte. Ein Truppenkommando, das auf dem Weg nach Peterswaldau durch Langenbielau, ein anderes Zentrum aufrührerischer Weber, kam, traf auch dort auf protestierende Arbeiter. Die Soldaten eröffneten das Feuer und töteten elf Menschen, darunter Frauen und Kinder, und verwundeten weitere 24. Doch die Weber hielten ihren Widerstand aufrecht. Sie griffen immer wieder die Truppen mit Stöcken und Steinen an und zwangen sie, sich zurückzuziehen und auf Verstärkung zu warten. Am 6. Juni kamen vier Kompanien mit vier Geschützen und besetzten, unterstützt von einer Kavallerieabteilung, Peterswaldau und Langenbielau. Über 100 Weber wurden verhaftet und nach Breslau geschafft. Dort stellte man 80 Weber vor Gericht und verurteilte sie zu insgesamt 203 Jahren Zuchthaus, 90 Jahren Festungshaft und 330 Peitschenhieben. Zum ersten Mal hatte damit Preußen das Bündnis von industriellem Bürgertum und Staat demonstriert. Der Weberaufstand war zugleich der Beginn selbständiger politischer Aktivität des deutschen Proletariats.
Noch war das Bündnis von Bürgertum und Staat nicht besiegelt. Bettina von Arnim veröffentlichte 1843 ihr politisches Glaubensbekenntnis »Dies Buch gehört dem König«, in dem sie eindrucksvoll

die Leiden der Arbeiterklasse in Berlin beschrieb. August Heinrich Hoffmann von Fallersleben, Professor für deutsche Sprache und Literaturt an der Universität Breslau, veröffentlichte einen Band satirischer Gedichte, die ›Unpolitischen Lieder‹, und wurde dafür seines Amtes enthoben. Im Exil verfaßte er die Verse ›Deutschland, Deutschland über alles‹, die der Text der Nationalhymne werden sollten. Ein anderer zu den Radikalen gehörender Dichter, Ferdinand Freiligrath, wies 1844 eine königliche Pension zurück und emigrierte zunächst nach Brüssel, und Heinrich Heine schrieb in Paris sein berühmtestes Werk »Deutschland, ein Wintermärchen«, eine Gedichtfolge, die mit beißendem Witz deutsche Schwächen anprangerte.

Eine allgemeine Wirtschaftskrise, die von einer Serie von Mißernten begleitet war, gab der Unruhe im notleidenden Volk weitere Nahrung. Im Laufe des Jahres 1847 lösten die schlimmen ökonomischen Zustände weitere Revolten aus. In Berlin stürmte die Masse Marktbuden und Lebensmittelläden. Die Krise griff weiterhin auf die preußischen Staatsfinanzen über. Die Notwendigkeit, öffentliche Anleihen aufzulegen, zwang Friedrich Wilhelm IV., eine Konzession in Richtung auf die geforderte Konstitution zu machen. 1841 hatte er noch gemeint, dieses Problem lasse sich durch eine Weiterentwicklung der Provinziallandtage umgehen. Sie sollten alle zwei Jahre als Beratungsgremien zusammentreten und, teilweise öffentlich, anstehende Fragen diskutieren. Sie sollten außerdem Kommissionen bilden, die zwischen den Sitzungsperioden der Landtage arbeiten sollten. Am 18. Oktober 1842 wurden diese Ausschüsse als ›Vereinigte Ausschüsse‹ nach Berlin einberufen und bildeten damit eine Art Ersatz für ein allgemeines Parlament. Aber Friedrich Wilhelm weigerte sich noch immer, die entscheidenden Schritte zur Herstellung eines umfassenden parlamentarischen Systems zu tun: die Provinziallandtage und ihre Ausschüsse blieben ja Elemente der Ständevertretung. Die 98 Mitglieder der ›Vereinigten Ausschüsse‹ bestanden aus 46 Adligen, 32 Bürgern und 20 Großgrundbesitzern.

Schließlich konnte der König dem politischen und wirtschaftlichen Druck nicht länger standhalten und erließ am 3. Februar 1847 ein Dekret, das einen ›Vereinigten Landtag‹ einberief, wobei sowohl die Ausschüsse als auch die ständige Delegation für die Staatsschulden beibehalten wurden. Der Vereinigte Landtag sollte so oft zusammentreten, wie es die Erfordernisse des Staates verlangten, zum Beispiel, wenn neue Anleihen benötigt wurden oder wenn höhere oder neue Steuern eingeführt werden sollten. Wenn der Vereinigte Landtag nicht tagte, sollten die Vereinigten Ausschüsse alle vier Jahre zusammentreten. Landtag und Ausschüsse hatten das Recht, Kredite und Steuern abzulehnen und an der Gesetzgebung mitzuwirken: allerdings nur in dem Umfang, wie es die Provinziallandtage schon taten. Das hieß natürlich, daß sie sich in bezug auf die Gesetzgebung auf eine beratende Funktion beschränken mußten. Während der Vereinigte Landtag die drei Stände vertrat, sollte der Hochadel eine Art Oberhaus, das ›Herrenhaus‹, bilden.

Friedrich Wilhelms Dekret kam zwar spät, war aber besser als gar nichts. Am 11. April 1847 wurde der Vereinigte Landtag im Weißen Saal des Berliner Schlosses eröffnet. Es war eine wichtige Neuerung, daß die Sitzungen von der Presse in vollem Umfang wiedergegeben werden konnten. Für die Abgeordneten war es jedoch wichtiger, daß sie unter dem Schutz des Gesetzes und ungeachtet ihrer sozialen Stellung ihren König kritisieren konnten. Der Landtag umfaßte 237 Angehörige des Adels, 182 Vertreter der Städte und 124 Repräsentanten der Gutsbesitzer, während das ›Herrenhaus‹ 70 Fürsten und Grafen aufwies.

Die Eröffnungsansprache des Königs sorgte für Aufsehen: »Keiner Macht der Erde soll es je gelingen, Mich zu bewegen, das natürliche, gerade bei uns durch seine innere Wahrheit so mächtig machende Verhältnis zwischen Fürst und Volk in ein konventionelles, konstitutionelles zu wandeln.« Die Abgeordneten des Landtags hingegen forderten sofort volle Verfassungsrechte.

Im Laufe des Jahres 1847 griffen die revolutionären Strömungen weiter auf Deutschland und Europa über. In Frankreich war die Unzufriedenheit mit der Korruption so gewachsen, daß es nur eine Frage der Zeit war, wann eine Revolution ausbrechen würde. Als dann im Februar 1848 die Zweite Republik ausgerufen wurde, breitete sich das Feuer der Revolution über das ganze europäische Festland aus und ließ in Deutschland eine weitumfassende liberale Volksbewegung entstehen. In Preußen begann es am 3. März 1848 mit einer Massendemonstration von Arbeitern in Köln, der weitere im ganzen Rheinland folgten. Drei Tage später fanden in Berlin und anderen deutschen Städten und Provinzen ähnliche Protestkundgebungen statt. Friedrich Wilhelm war zum Handeln gezwungen. Um eine Revolution wie in Frankreich zu verhindern, riet Hansemann dem König, sich an das Volk zu wenden und gemäßigte Reformen einzuführen, sich dabei aber nicht auf Preußen zu beschränken, sondern dem liberalen Bürgertum ganz Deutschlands eine Rolle zuzuerkennen, indem er die nationale Einigung der Deutschen unterstützen sollte, mit anderen Worten, er sollte den Deutschen Bund reformieren. Um es Hansemann selbst sagen zu lassen: »Ich flehe Sie an, die inhaltsschwere Wichtigkeit des Moments zu erfassen und Sr. Majestät zu raten, sich an die Spitze deutscher Freiheit und Unabhängigkeit zu stellen.«

Aus Angst vor der Revolution zog Friedrich Wilhelm zunächst Truppen in Berlin zusammen, während die Demonstranten ihren Abzug forderten. Am 18. März 1848 veröffentlichte er dann ein neues Dekret, in dem er den Vereinigten Landtag für den 2. April einberief und anstelle einer deutschen Konföderation einen deutschen Bundesstaat, eine deutsche Militärverfassung, eine deutsche Marine, eine preußische Verfassung und volle Freiheit der Presse versprach. Doch Friedrich Wilhelms Vertrauter und Gesandter beim Bundestag in Frankfurt Joseph von Radowitz hatte schon seit einiger Zeit versucht, Bewegung in die deutsche Frage zu bringen. Es war immer offensichtlicher geworden, daß der Ruf nach Reformen des Deutschen Bundes auf längere Sicht nicht ignoriert werden konnte. Gegen Ende des vorangegangenen Jahres hatte Radowitz eine Denkschrift über die Zukunft Deutschlands entworfen, die von einem ›größeren Deutschland‹ ausging, praktisch jedoch auf eine Machtteilung zwischen Österreich und Preußen zielte. Falls andere Mitglieder des Bundes Obstruktion betreiben sollten, dachte Radowitz an die Alternative einer bilateralen Übereinkunft zwischen Preußen und Österreich – in der Weise, wie die bestehende Zollunion ausgehandelt worden war. Das Haus Habsburg sollte diesem Plan zufolge die Kaiserkrone zurückerhalten, während Preußen das Oberkommando über die Militärstreitkräfte des Deutschen Bundes übernahm. Österreich sollte mit moralischen Argumenten dazu gezwungen werden, eine positivere deutsche Haltung einzunehmen. Radowitz war nach Wien gereist, um die Angelegenheit mit Metternich zu erörtern, der sich für diesen Plan jedoch nicht erwärmen mochte und lediglich einer Ministerkonferenz in Dresden zustimmte; bevor sie aber stattfinden konnte, wurde sie von revolutionären Ereignissen überholt.

Als Reaktion auf die breite Volksbewegung, die in zahlreichen Demonstrationen zum Ausdruck kam, entschlossen sich liberale Angehörige der deutschen Intelligenz, die sich während der ersten Märzwoche in Heidelberg trafen, öffentlich wie auch im Bundestag für das Zustandekommen einer deutschen Nationalversammlung, einer deutschen Verfassung und – zu deren Vorbereitung – eines Vorparlaments einzutreten, das für den 30. März 1848 nach Frankfurt einberufen werden sollte.

Friedrich Wilhelms Proklamation vom 18. März fiel mit einer Empfehlung des Bundestages an seine Mitgliedsstaaten zusammen, derzufolge die Freiheit der Presse zu garantieren sei und die Farben Schwarz, Rot und Gold als deutsche Nationalfarben angenommen werden sollten.

Wie schon seine vorhergehenden Maßnahmen kam auch diese zu spät und ging nicht weit genug. Jubelnd über die Zurücknahme der Truppen zog die Berliner Bevölkerung durch die Straßen und zum Schloß. Während eines Handgemenges mit Soldaten fielen, angeblich unbeabsichtigt, zwei Schüsse. Obwohl niemand verletzt wurde, fühlten sich die Massen vom König betrogen, und so gaben die beiden Schüsse das Zeichen für die Revolution in Berlin. In der Stadt wurden Hunderte von Barrikaden errichtet, und es kam zu blutigen Straßenschlachten. »Zwischen 4 und 5 prasselt die erste Kartätsche von der Kurfürstenbrücke aus die Königstraße hinab; sie vermag die Barrikade nicht zu zerstören. Kanonendonner folgt Schlag auf Schlag; die Barrikade erschüttert; zerrissene Leichen liegen an den Straßenecken. Zwischen 5 und 6 kommen Infanteriepiketts. Man schießt auf sie aus den Fenstern, man schleudert Steine auf sie von den Dächern. Ein furchtbares Gemetzel beginnt; die Soldaten nehmen die Häuser, aus welchen geschossen und geworfen wird, einzeln ein, viele Opfer fallen, von den Soldaten im ganzen wenige.«

Über ein Jahrhundert lang ist die deutsche Geschichtsschreibung mit der Mär hausieren gegangen, die Massen seien durch ›ausländische Agitatoren‹ aufgewiegelt worden. Dafür gibt es nicht den geringsten Beweis. Die Barrikaden hielten Studenten, Handwerker und Bürger besetzt. Die Schlossergesellen Glasenapp und Zinna verteidigten eine Barrikade in der Jägerstraße. Als sich ein Infanteriezug aus der Richtung Friedrichstraße näherte, feuerte Glasenapp aus einer alten Flinte, bis ihn eine Kugel erwischte. Daraufhin griff Zinna, nur mit einem rostigen Säbel bewaffnet, den Zug allein an, verletzte seinen Offizier und bewarf die Soldaten mit Pflastersteinen, bis auch er getroffen wurde. Er starb später an seinen Verletzungen. Massenhaft schlossen sich die Arbeiter des neu errichteten Borsig-Eisenwerkes dem Aufstand an. Besonders in Berlin wurde die Revolution von den ausgebeuteten und deshalb unzufriedenen Arbeitern getragen. Der junge Rudolf Virchow, später der berühmte Arzt, bestätigt es in einem Brief an seinen Vater vom 1. Mai: »Darin habt Ihr recht, daß es wesentlich die Arbeiter gewesen sind, welche die Revolution entschieden haben, aber ich glaube, Ihr in den Provinzen denkt auch nicht genug daran, daß diese Revolution nicht eine einfach politische, sondern wesentlich eine soziale ist.«

Friedrich Wilhelm IV. wußte zunächst nicht, was er tun sollte. Er fand das Blutvergießen abstoßend, und seine Frau sowie manche Berater drängten ihn, der Forderung einiger Bürgerdelegationen nach Abzug der Truppen aus der Stadt nachzugeben. Er war sich klar darüber, daß seine Rolle als Reformer des Deutschen Bundes kaum mit der gewaltsamen Unterdrückung seiner deutschen Landsleute zu vereinen war. In der Nacht vom 18. auf den 19. März entwarf er eine neue Proklamation, in der er seine ›lieben Berliner‹ aufforderte, sich wieder dem normalen Leben zuzuwenden und die Barrikaden wegzuräumen; dafür gebe er sein königliches Wort, die Truppen abzuziehen. Mit seinem Kurs stieß er auf beträchtlichen Widerstand der Militärpartei unter Führung des Kommandeurs der Berliner Garnison, des Generals von Prittwitz. Sein Vorschlag ging dahin, daß die königliche Familie Berlin verlassen und man den Aufstand dann von außen niederschlagen solle. Aber der König wies diesen Rat zurück.

Als er dann am Morgen des 19. hörte, daß einige Barrikaden geräumt worden seien, befahl er, die Truppen dort zurückzuziehen, wo es keine Barrikaden mehr gab. So entstand ein Durcheinander, das mit einem völligen Rückzug aller Truppen endete, bis der König ohne jeden militärischen Schutz allein im Schloß zurückblieb. Die Massen folgten den sich zurückziehenden Truppen auf den Fersen und besetzten die Innenstadt, und auch die Militärs, die sich damit für die Zurückweisung ihres Rates rächten, beschlossen, den König im eigenen Saft schmoren zu lassen.

Jubel und Freudengeschrei hallten durch die Straßen Berlins; die Revolution hatte gesiegt – oder es schien wenigstens so. Der Bruder des Königs, Prinz Wilhelm, der spätere Kaiser Wilhelm I., den die Massen ungerechterweise für das Blutbad verantwortlich machten, mußte in einer ›Sondermission‹ nach England fliehen. Entsprechend dem Pariser Beispiel trug am Morgen des 19. März ein Trauerzug die Särge der Opfer in den Innenhof des Schlosses. König und Königin wurden gezwungen, den gefallenen Revolutionären öffentlich ihre Ehrerbietung zu erweisen. Die preußische Monarchie wurde zum ersten Mal von ihren eigenen Untertanen gedemütigt, und als man die 216 Toten beerdigte, mußte der König ihnen und dem Trauerzug vom Schloßbalkon aus wiederum seinen Respekt bekunden. Danach bildeten die Revolutionäre eine Miliz, die anstelle der Armee für den Schutz des Königs sorgte. Sie stellte die Ordnung wieder her. Aber der König mußte sich zu weiteren Konzessionen herbeilassen. Am 20. März wurde eine Generalamnestie für alle politischen Gefangenen erlassen. Einer der Minister, Heinrich von Arnim, riet dem König, die öffentliche Aufmerksamkeit auf die deutsche Frage abzulenken, indem er sich die Sache der nationalen Einheit zu eigen mache. Dadurch könne er sicher die Unterstützung der Massen gewinnen. So ritt Friedrich Wilhelm am 21. mit schwarzrotgoldener Schärpe durch die Straßen Berlins und sprach vor der Bürgermiliz, der Universität und den Stadtverordneten: Er versprach, sich an die Spitze der Bewegung für die deutsche Einheit zu stellen, ohne damit die Absicht zu verfolgen, selbst Deutschland zu regieren. Daraufhin verlas er ein Manifest, das den berühmten Satz enthielt: »Preußen geht fortan in Deutschland auf.«

Das war gutgemeinte Rhetorik und entbehrte jeglicher Grundlage. Die Regierung war ein solcher Trümmerhaufen, daß sie schon in Preußen zeitweise gänzlich handlungsunfähig war, erst recht auf nationaler Ebene. Um wenigstens den Anschein zu geben, als herrschten in der Regierungsspitze geordnete Verhältnisse, berief der König eine Reihe neuer Minister, unter ihnen Ludolf Camphausen als neuen Ministerpräsident und David Hansemann als Finanzminister, beide rheinische Liberale. Die Minister sollten den Entwurf einer neuen Verfassung erörtern, und eins der ersten Ergebnisse bestand in der Übereinkunft, eine verfassunggebende Versammlung in Preußen zu schaffen, die aus allgemeinen und direkten Wahlen hervorgehen sollte. Am 22. Mai trat sie zum ersten Mal zusammen. Zur gleichen Zeit hatte die Vertretung des Deutschen Bundes in Frankfurt beschlossen, alle deutschen Regierungen zur Abhaltung von Wahlen für eine ›Deutsche Nationalversammlung‹ aufzurufen. Am 18. Mai versammelte sich dieses Parlament in der Frankfurter Paulskirche, um eine deutsche Verfassung zu beraten und zu verabschieden. Der überdurchschnittliche Anteil an Universitätsprofessoren sorgte dafür, daß sich die Diskussionen in die Länge zogen, oft von Parteigeist und Doktrinarismus geführt, und für die anstehenden Fragen nicht selten irrelevant waren. Man schuf eine provisorische Zentralgewalt mit Erzherzog Johann von Österreich als Reichsverweser. Auf nationaler Ebene begann die revolutionäre Begeisterung nachzulassen.

Vorübergehend erlangte in Preußen ein anderes Ereignis Bedeutung. 1846 hatte erneut ein polnischer Aufstand stattgefunden, dessen Zentrum Krakau war und der hauptsächlich das österreichische Galizien betraf. Der Aufstand sollte nach Posen hineingetragen werden, was jedoch die preußischen Behörden voraussahen; sie sperrten den Anführer Mieroslawski und andere ein. Sie wurden des Hochverrats angeklagt und zu unterschiedlichen Freiheitsstrafen verurteilt. Im Zuge der 48er Amnestie kam Mieroslawski frei und wiederholte den zwei Jahre zuvor fehlgeschlagenen Versuch. Die deutsche Bevölkerung Posens sah sich nun der Gefahr gegenüber, von den Polen überrannt zu werden. Um dies zu verhindern, unterstellte Preußen die deutschen Distrikte ausschließlich deutscher Verwaltung, mit dem Ziel, sie dem Deutschen Bund einzuverleiben. Unter den Polen kam es darauf zu Empörung und Aufruhr, was Preußen und Deutschland wiederum kritische ausländische Stellungnahmen eintrug. Im Verlauf des Frühjahrs und des Sommers 1848 gelang es preußischem Militär, den Aufstand niederzuschlagen; Mieroslawski entkam ins Ausland. Für die Provinz Posen bedeutete das gleichzeitig das Ende der geplanten Reformen.

Der andere bemerkenswerte Vorfall jener Zeit spielte sich in Schleswig-Holstein ab, das ebenfalls dem Deutschen Bund angehörte. Eine dänische Volksbewegung hatte die Eingliederung Schleswigs in das dänische Königreich gefordert: Dänische Truppen besetzten das Gebiet. Die deutschen Schleswiger bestanden auf ihrer Unabhängigkeit und bildeten eine provisorische Regierung. Sie baten Berlin um Hilfe, worauf dem preußischen König, der sich ja selbst zum Kopf der deutschen Einigungsbewegung erklärt hatte, nichts anderes übrigblieb, als dem Verlangen Folge zu leisten. Er ging auch den Bundestag in Frankfurt und die deutschen Fürsten um Hilfe an. Zunächst versuchte er das Problem mit friedlichen Mitteln zu lösen, was jedoch an der dänischen Hartnäckigkeit scheiterte. Da der Deutsche Bund den Deutschen in Schleswig volle Unterstützung gewährte, brach ein Krieg aus, den der Deutsche Bund mit überwiegend preußischen Truppen unter dem Oberbefehl des Generals von Wrangel führte. Als aber Rußland, England und Frankreich auf dänischer Seite zu intervenieren drohten, kam es am 26. August 1848 zu einem Waffenstillstand, und Preußen zog seine Truppen aus Schleswig zurück. Die provisorische Regierung ersetzte man durch einen gemischten Ausschuß aus Dänen und Deutschen. In Deutschland stieß die Kapitulation auf weitverbreiteten Abscheu. Die radikal-demokratischen Kräfte riefen zum Widerstand gegen das Frankfurter Parlament auf, und erneut folgten Aufruhr und Straßenkämpfe in verschiedenen Teilen Deutschlands. Obwohl diese neuen Versuche eines Volksaufstandes rasch niedergeschlagen wurden, konnte nicht länger ignoriert werden, daß der Bevölkerung im großen und ganzen eine Rolle zuwuchs, die früher oder später ein entscheidendes Ausmaß annehmen würde. In der Zwischenzeit trat am 19. Oktober 1848 die Nationalversammlung wieder zusammen, dieses Mal, um die Frage einer deutschen Verfassung anzugehen; am 28. März 1849 wurde diese Aufgabe abgeschlossen.

Als die revolutionäre Glut im Herbst 1848 zu erkalten begann und die Diskussionen über eine Verfassung offensichtlich nicht vorwärtsgekommen waren, begannen die preußischen Konservativen sich wieder zu sammeln und bildeten die Konservative Partei. Ihr Sprachrohr war die neu gegründete »Neue Preußische Zeitung«, mit dem Eisernen Kreuz als Symbol und deshalb im Volksmund »Kreuzzeitung« geheißen. Der Parteigründer Ernst Ludwig von Gerlach repräsentierte einen Konservatismus, der sich der sozialen Probleme, denen sich ganz Preußen gegenübersah, wohl bewußt war und die gesellschaftliche Verantwortung des Staates und seiner begünstigten und wohlhabenden Mitglieder durchaus anerkannte. Ende des Jahres 1848 kam er auch zu dem Schluß, daß die Zeit für konterrevolutionäre Aktionen reif sei. Er drängte auf die Ernennung eines militärischen Ministerpräsidenten. Nachdem in Berlin neuerlich Gewalt ausgebrochen war, hatte das Camphausen-Ministerium im Juni 1848 seinen Rücktritt erklärt und wurde von Auerswald-Hansemann abgelöst. Gerlach schlug den Generalkommandeur von Breslau, den Grafen Friedrich Wilhelm von Brandenburg, Sohn Friedrich Wilhelms II. und Wilhelmine Enkes, zum Ministerpräsidenten vor. Die preußische Nationalversammlung protestierte; aber da ihm klar war, daß sich die militärische Balance zu seinen Gunsten verschoben hatte, schob der König seine Antwort auf. Am 10. November 1848 marschierten 40 000 Soldaten unter dem Kommando des Generals von Wrangel in Berlin ein und entwaffneten die Bürgermilizen. Die Ereignisse in Berlin fanden in ganz Deutschland Resonanz, und viele drückten ihre Sympathie mit der preußischen Nationalversammlung aus. Aber solche Kundgebungen besaßen wenig Wert, solange ihnen keine Taten folgten. Versuche der Arbeiter, die Verbindungslinien nach Berlin zu unterbrechen, um weitere Truppentransporte zu verhindern, fanden zu sporadisch statt, als daß sie praktisch eine Wirkung gehabt hätten. Als sich die Nationalversammlung weigerte, in irgendeine Steuer einzuwilligen, löste Friedrich Wilhelm, ohne das geringste Recht dazu zu haben, sie auf. Und am gleichen Tag, am 5. Dezember, oktroyierte er Preußen seine Verfassung. Die Methode lief auf die Ablehnung des Prinzips der Volkssouveränität hinaus: es war wieder eine Reform von oben, wenn sie auch viele Merkmale der jahrzehntelangen Forderungen der Liberalen trug. Es wurden allgemeine und repräsentative Wahlen geplant, und zwei Kammern sollten zur Erörterung der Endfassung der Konstitution gebildet werden. Die volle Exekutivgewalt der Krone wurde jedoch beibehalten, wenn auch im Rahmen verfassungsmäßiger Begrenzungen. Einen wesentlichen Grundzug der Verfassung, demzufolge die Armee auf sie zu vereidigen sei, ließ man weg; es wurde eine Klausel eingefügt, daß Staatsbedienstete dem König Loyalität und Gehorsam schwören sollten.

Man hat behauptet, daß selbst die verordnete Verfassung durch den Druck der öffentlichen Meinung und besonders durch den ›Straßenpöbel‹ geprägt worden sei. Das bedarf ernsthafter Prüfung. Gegen Ende des Jahres 1848 hatte sich der revolutionäre Elan in Preußen selbst erschöpft. Tatsächlich hatte die vorübergehende ›Herrschaft des Pöbels‹ die alten Anhänger der Hohenzollern-Dynastie dazu veranlaßt, sich bedingungslos hinter sie zu stellen. Und nicht weit davon befand sich das Bürgertum, das im Anblick des revolutionären Zauberlehrlings wie versteinert war. In ihrer Unfähigkeit, sich zu einigen, scheinen viele die Auflösung der Nationalversammlung durch den König und die Einsetzung seiner Verfassung als das kleinere Übel betrachtet zu haben.
In der Zwischenzeit gingen in Frankfurt die Beratungen über eine deutsche Verfassung weiter. Das Grundproblem bestand darin, welches Verhältnis Österreich und Preußen in der deutschen Politik allgemein zueinander haben sollten. Die Mehrheit der Mitglieder neigte anstelle der bestehenden losen Konföderation zu einer straffen Zentralregierung. Das hieß natürlich, daß Österreich nur seine deutschen Gebiete einbringen konnte, während die nicht-deutschen einer getrennten Verfassung und Verwaltung bedurften. Dagegen gab es in Österreich Widerstand von seiten der Anhänger eines österreichisch-ungarischen Einheitsstaates. Diese Opposition führte zum Rücktritt des Reichsministerpräsidenten, des Österreichers Anton von Schmerling, der durch den Präsidenten der Versammlung, Heinrich von Gagern, ersetzt wurde. Er optierte für eine ›kleindeutsche‹ Lösung, die durch eine Art Vertragsunion mit Österreich ergänzt werden sollte. Österreich reagierte abschlägig, und die Frankfurter Versammlung spaltete sich nun in drei Hauptgruppen: die ›Großdeutschen‹, die sich an Österreich hielten; die Katholiken, die radikale Linke und das liberale Zentrum – hauptsächlich Professoren; und schließlich jene, die ein ›kleindeutsches‹ Reich mit vererbbarem Kaisertitel verfochten und ihre Anstrengungen auf Preußen konzentrierten. Die letzte Gruppe vereinigte das ganze Spektrum rechtsgerichteter Meinungen, fand aber trotz einiger Vorbehalte starke Unterstützung innerhalb des liberalen Zentrums. Im November 1848 reiste von Gagern nach Potsdam, um die Angelegenheit mit Friedrich Wilhelm zu erörtern und um zu erfahren, ob er die Kaiserkrone

akzeptieren würde. Der König erklärte, daß die Annahme einer solchen Ehre ohne die Zustimmung der deutschen Fürsten einem revolutionären Akt gleichkomme; er weigerte sich, das Prinzip der Volkssouveränität anzuerkennen. Doch wolle er die Fürsten konsultieren. Das tat er auch, erfuhr aber von Österreich, daß es seine eigenen Pläne, die Errichtung eines österreichischen Einheitsstaates, verfolge und einen deutschen Bundesstaat mit vereinigter Zentralregierung nicht dulden könne. Darüber hinaus versuchten die Österreicher, ihn von ihrer Sache zu überzeugen und für einen Sturz des Frankfurter Parlaments zu gewinnen. Friedrich Wilhelm war nicht bereit, eine solche Aktion zu sanktionieren.

Er suchte nach Alternativlösungen wie der Schaffung eines deutschen Bundesstaates, dem alles deutsch-österreichische Gebiet angehören und mit dem die österreichisch-ungarische Monarchie eng assoziiert sein sollte. An der Spitze dieses Gebildes sollte ein Rat der Könige stehen. Aber Österreich widersetzte sich auch diesem Plan und lehnte die gesamte Frankfurter Verfassung ab, indem es gleichzeitig die Versammlung aufforderte, die Verfassung zu akzeptieren, die die Habsburger soeben ihren Ländern aufgezwungen hatten. Das setzte den Bemühungen der ›Großdeutschen‹ in Frankfurt ein Ende. Am 27. März 1849 nahm die Frankfurter Versammlung mit knapper Mehrheit eine neue Verfassung an, und einen Tag später sprachen sich 290 Abgeordnete für Friedrich Wilhelm IV. als deutschen Kaiser aus.

Am Hof zu Berlin löste das beträchtliche Verlegenheit aus. Es stellte sich die Frage, wie man die aus 34 Abgeordneten bestehende Frankfurter Delegation empfangen sollte. Wrangel riet dazu, sie einfach nicht hereinzulassen. Zu der Delegation gehörten unter anderem Ernst Moritz Arndt, Friedrich Christoph Dahlmann und der Vorkämpfer der Judenemanzipation, Gabriel Riesser. Am 3. April 1849 wurde sie dennoch von Friedrich Wilhelm IV. empfangen. In seiner Ansprache hob der Präsident der Nationalversammlung, der Königsberger Eduard Simson, hervor, wie begeistert das Vaterland die Dynastie der Hohenzollern als Deutschlands künftige Kaiserfamilie begrüße. Der König war zwischen dynastischem Ehrgeiz, nationalen Sympathien und seinen legitimistischen Prinzipien hin- und hergerissen, wiederholte jedoch seinen früheren Standpunkt, wonach die

Annahme der Kaiserkrone von dem Einverständnis der gekrönten Häupter, der Fürsten und freien Staaten Deutschlands abhänge.
Die Frankfurter Delegation war zutiefst verstört, denn die Absage des Königs schloß ein, daß er die ganze Verfassung ablehnte. Ihre Befürchtungen bestätigten sich einige Wochen später, als der König am 27. April die zweite Kammer des preußischen Landtages auflöste, weil sie ihm die Annahme der Reichsverfassung empfohlen hatte. Um die Entscheidung zu beschönigen, die er der Delegation mitgeteilt hatte, sandte Friedrich Wilhelm ein Rundschreiben an alle deutschen Höfe, in dem er seine Bereitschaft zur Führung eines deutschen Bundesstaates erklärte, der sich aus jenen Staaten zusammensetzte, die ihm angehören wollten. Seine Form und Verfassung würden zu einem späteren Zeitpunkt festgelegt. Das führte sofort zu österreichischen Protesten gegen eine Föderation unter preußischer Führung, während das Frankfurter Parlament an der neuen Verfassung festhielt und seinerseits Verhandlungen mit den einzelnen deutschen Staaten aufnahm. 28 von ihnen waren bereit, die Verfassung und Preußens Führung anzuerkennen. Aber außer Preußen waren auch Bayern und Sachsen gegen die Verfassung. Von den deutschen Königreichen erklärte schließlich nur der König von Württemberg, unter dem Zwang von Massendemonstrationen in Stuttgart, sein Einverständnis mit ihr. Der sächsische König, den die Öffentlichkeit drängte, dem König von Württemberg zu folgen, erhielt die Versicherung Friedrich Wilhelms, daß er ihm beistehe, falls es schlimmer werden sollte. Eine Reihe neuer Volksaufstände brach aus, der erste am 3. Mai 1849 in Dresden, am 7. Mai dann weitere im Rheinland und in Westfalen und am 11. Mai in Baden, während sich in der Pfalz am 17. Mai eine Revolutionsregierung bildete. Getreu dem Leitspruch, den Friedrich Wilhelm einst seinem Gesandten in London, Josias von Bunsen, in einem Brief mitgeteilt hatte – ›Gegen Demokraten helfen nur Soldaten‹ –, fielen preußische Truppen in Dresden, Baden und der Pfalz ein, schlugen die Aufstandsbewegung blutig nieder und stellten wieder die Autorität der Einzelstaaten des Deutschen Bundes her. Die Revolution von 1848 war am Ende.
Lenin bezeichnete es einmal als eine wesentliche Voraussetzung für den Erfolg einer Revolution, daß eine Krise der herrschenden Klassen mit dem Druck der unteren Stände zusammenfalle. Die Dyna-

stien Deutschlands wurden durch die Ereignisse der Jahre 1848/49 nervös, aber nicht in ihren Fundamenten erschüttert. Die Revolution rief bei den Verteidigern des politischen und sozialen Status quo erhebliche Ängste hervor, aber nicht mehr. Die Tradition des deutschen Partikularismus führte dazu, daß der Revolution ein Hauptschauplatz fehlte. So ereignete sich eine Reihe lokaler Unruhen, die aber isoliert blieben und zu keiner gemeinsamen revolutionären Anstrengung zusammengefaßt wurden. Außerdem fehlte den in Frankfurt versammelten Ehrenmännern ein wichtiges Instrument – die Macht. Die Revolution stellte in vieler Hinsicht einen traurigen Epilog der hohen Erwartungen der preußischen Reformbewegung zwischen 1807 und 1815 dar, die in ihrer Zusammensetzung eher deutsch als preußisch gewesen war und tatsächliche Macht besaß, obwohl sie sie aus Angst, jene Kräfte zu entfesseln, die zu den Exzessen der Französischen Revolution geführt hatten, nicht zugunsten einer Veränderung auf nationaler Ebene nutzte.

Nichtsdestoweniger zeigte die Revolution von 1848, daß die gesamte deutsche Nation politisiert war. An die Stelle abstrakt theoretischer Diskussionen war jetzt praktisch politische Erfahrung getreten. Das Mißlingen bestätigte erneut, daß sich die politische Entwicklung Deutschlands anders als in den meisten Teilen Westeuropas vollzog. Enttäuschung und politische Desillusionierung saßen tief. Einige wandten sich der radikalen Opposition zu, die sich in negativem Kritizismus erging und jegliche Kooperation ablehnte, eine Haltung, die sie bis 1918 einnahm. Andere fügten sich in ihr Schicksal und paßten sich den politischen Verhältnissen an, indem sie sich von Staatsbürgern zu Untertanen ihrer jeweiligen Dynastien zurückentwickelten. Andere wieder ignorierten Politik schlechthin, schwangen sich in die luftigen Höhen des Intellekts und verwarfen die Politik als ›schmutziges Geschäft‹. Einen Triumph der Revolution als Sieg der Demokratie zu betrachten, hieße die Geschichte rückwärts lesen; ebenso falsch aber ist es, ihre Niederlage als Triumph der militärischen Kräfte anzusehen, die in der Zukunft den Frieden Europas bedrohen konnten. 1848/49 gab es dazu in Europa unterschiedliche Einschätzungen. In Frankreich betrachtete Thiers die Einigung Deutschlands als die größte Gefahr für sein Land und forderte Preußen unter Berufung auf die Traditionen Friedrichs des Großen auf, dem Geist von Frankfurt mit aller Kraft zu widerstehen. Frankreichs Außenminister Bastide erklärte dem preußischen Gesandten im August 1848: Frankreich werde den Triumph demokratischer Tendenzen und anderer Einigungsbestrebungen bekämpfen. Seine moralische Unterstützung der deutschen Fürsten solle deren Positionen sichern, und aus diesem Grunde werde es sich weigern, offiziell jemals einen Abgesandten einer zentralen Autorität zu empfangen. Zwei Monate später ließ auch Cavaignac als Präsident der Zweiten Republik verlauten, daß Frankreich sich einer deutschen Einigung unter den Auspizien der liberalen Nationalbewegung, wenn nötig im Bündnis mit Rußland, widersetzen würde. Einige Beobachter sahen Deutschland schon in einen Zwei-Fronten-Krieg verstrickt. England war den Revolutionären zwar freundlich gesinnt, betrachtete aber das Frankfurter Parlament als eine zweifelhafte, den aktuellen politischen Gegebenheiten widersprechende Unternehmung: als ›eine deutsche Romanze‹, wie es Disraeli formulierte. Die Episode Schleswig-Holstein, das Verlangen nach einer deutschen Marine, die im wirtschaftlichen Wettbewerb von einem vereinten Deutschland ausgehende Bedrohung: all das waren Faktoren, die die zeitgenössische Beurteilung der Revolution anderwärts beeinflußte. Der europäische Friede schien eher vom Frankfurter Parlament als von dem Herrscher der Hohenzollern-Dynastie bedroht zu werden. Die von den Frankfurter Abgeordneten laut verkündeten expansionistischen Ziele alarmierten Europa: sie wurden nicht nur von Liberalen, sondern auch von Repräsentanten der wachsenden sozialistischen Bewegung wie Ferdinand Lassalle vertreten. Friedrich List hatte eine Wirtschaftsunion von der Nordsee bis zum Schwarzen Meer hin vorgeschlagen, Moring, der österreichische Deputierte in Frankfurt, ein ›größeres deutsches‹ Reich mit einer Wirtschaftshegemonie vom Rhein bis zur Wolga, und der österreichische Handels- und Finanzminister von Bruck dachte an die Schaffung eines ›Mitteleuropa‹, einer Zollunion, die die Niederlande, Skandinavien und die Balkanstaaten einschließen sollte. Constantin Frantz, oftmals als Befürworter eines gesunden europäischen Föderalismus betrachtet, träumte von einer Pangermanischen Union unter Annektierung Hollands, der Schweiz, Dänemarks und Schwedens. Die deutsche Revolution von 1848 war zweifellos höchst ehrgeizig, aber es fehlte ihr eben an der Macht, ihre

Ziele zu verwirklichen. Dieser Versuch blieb einer späteren Generation vorbehalten.

Das politisch geschlagene Bürgertum versuchte nun, seine Niederlage in einen wirtschaftlichen Sieg zu verwandeln. Innerhalb der nächsten 20 Jahre erreichte die ökonomische Entwicklung allein in Preußen größere Fortschritte als im ganzen Jahrhundert zuvor. Während 1846 die Industrie über 1139 Dampfmaschinen mit einer Gesamtkapazität von 21 715 PS verfügte, hatte sich diese Zahl bis 1866 auf 6669 mit einer Leistung von 137 377 PS erhöht. Entsprechend veränderte sich die Landschaft, besonders im Rheinland und in Oberschlesien. Die Eisenbahn erfuhr ein ähnliches Wachstum. 1850 belief sich das preußische Streckennetz auf 3869 Kilometer; 1860 war es auf 7169 km angewachsen, 1870 auf 11 523 km. In den Fabriken wurde die Handarbeit durch Mechanisierung ersetzt. 1846 arbeiteten in 2529 Textilfabriken 78 423 noch handbetriebene und erst 4603 mechanische Webstühle. 1861 hatte sich die Zahl dieser Fabriken auf 1900 verringert, die mit 15 258 mechanisierten und 28 012 handbetriebenen Webstühlen produzierten. In der Eisen- und Stahlindustrie Preußens stieg die Zahl der pro Fabrik angestellten Arbeiter zwischen 1849 und 1861 von 18 auf 40, im Maschinenbau ebenfalls von 18 auf 40 und bei der Eisenbahn von 27 auf 70. Die Expansion der Industrie wurde von wachsender Konzentration begleitet. So verringerte sich die Anzahl der Baumwollspinnereien zwischen 1846 und 1861 von 616 auf 351, die der Stahlfabriken von 913 auf 655. Nur im Maschinenbau stieg die Zahl der Gesellschaften. Die Form der Aktiengesellschaft breitete sich aus. Zwischen 1826 und 1850 wurden insgesamt 102 gegründet, die ein Gesamtkapital von 638 Millionen Mark stellten, zwischen 1851 und 1870 weitere 295 mit einem Gesamtkapital von 2400 Millionen Mark. 90 Prozent ihrer Investitionen flossen in Eisenbahnen, Bergbau, Stahl und Eisen, Banken und Versicherungen. Zwischen 1850 und 1870 traten neue Industrien wie die Elektro- und die chemische Industrie auf. Anfang 1859 schrieb Karl Marx: »Wer Berlin vor zehn Jahren gesehen hat, würde es heute nicht wiedererkennen. Aus einem steifen Paradeplatz hat es sich in das geschäftige Zentrum des deutschen Maschinenbaus verwandelt. Wenn man durch Rheinpreußen und das Herzogtum Westfalen reist, wird man an Lancashire und Yorkshire erinnert.«

Die industrielle Entwicklung wurde durch die Gesetzgebung erheblich unterstützt. Seit Dezember 1848 stand der Rheinländer August von der Heydt an der Spitze des Wirtschaftsministeriums, ein Anhänger des Freihandels. Steuererleichterungen stellten die Unternehmer zufrieden und lenkten sie von politischen Forderungen ab. Allerdings war das preußische Eisenbahnnetz seiner strategischen Bedeutung wegen einem beträchtlichen staatlichen Dirigismus unterworfen.

Das 19. Jahrhundert bezeichnete man mit voller Berechtigung als das Eiserne Zeitalter. Die erste Phase wurde durch den Sieg der Kohle über die Holzkohle geprägt, die zweite durch die Ersetzung von Schweißstahl durch Walzstahl. Henry Bessemers Stahlherstellungspatent von 1856, das die Umwandlung von Eisen in Stahl durch die Entkohlung des flüssigen Roheisens erleichterte, markiert den Beginn der zweiten Phase. Zehn Jahre später verfeinerte Siemens den Herstellungsvorgang, womit das Zeitalter des Stahls begann. Aber die Fortschritte in der Eisenindustrie, die hauptsächlich auf Deutschland konzentriert waren, sind ohne die Mitwirkung der Naturwissenschaften, besonders der Chemie und der Physik, nicht denkbar. Wie der Bericht über die Weltausstellung in London 1851 zeigt, war die chemische Industrie Deutschlands ihren englischen und französischen Konkurrenten weit überlegen.

Die Kohleproduktion in Preußen stieg sprunghaft an. Der Ausstoß der saarländischen Zechen wuchs von 674 860 Tonnen 1850 innerhalb von zehn Jahren auf 2 179 758, an der Ruhr von 1 961 000 auf 4 276 000 Tonnen. Die oberschlesischen Kohlebergwerke, zum großen Teil staatseigen, erhöhten ihre Förderung bis 1851 kaum; dann aber wurde die preußische Verwaltung durch den wachsenden Bedarf an Kohle, Eisen und Stahl gezwungen, diese Region der Entwicklung an Saar und Ruhr anzugleichen. Da in Schlesien ein weitverzweigtes System von Wasserwegen fehlte, gab der Ausbau des Eisenbahnnetzes seiner industriellen Expansion einen starken Auftrieb. Gegen Ende des Jahrhunderts förderte Schlesien schon nahezu 40 Prozent der deutschen Kohle.

Diese Entwicklung schuf neue Probleme, die besonders die Arbeiterschaft betrafen. Die Rationalisierung der Landwirtschaft auf den riesigen ostdeutschen Gütern setzte ein beträchtliches Reservoir an

Arbeitskräften frei. Arbeitsuchende strebten in die nächstgelegenen Städte und dann weiter in die westlichen Industriegebiete. So schätzt man die Zahl der Polen oder preußischen Staatsbürger polnischer Abstammung, die vor dem Beginn des Ersten Weltkriegs im Ruhrgebiet lebten, auf 350 000 bis 450 000. Entsprechend führte die Industrialisierung Oberschlesiens zu einem Zustrom von Polen aus den österreichischen und russischen Provinzen Polens. Dazu erhöhte sich die jährliche Geburtenrate in Preußen seit etwa der Jahrhundertmitte um zwei bis drei Prozent.

Kapital, Kohle und Eisenbahn bildeten die Grundpfeiler des neuen Industriezeitalters. Die Eisenbahn erleichterte und beschleunigte nicht nur den Gütertransport, sondern auch die Verbreitung von Nachrichten – ein Prozeß, der durch die Einführung des Telegraphen noch weitergetrieben wurde: »Man soll nicht vergessen, daß es die Eisenbahn war, die zuerst die elektrische Telegraphie ins Leben rief, sie war ihre Wiege und Schule«, notierte ein englischer Zeitgenosse. 1851 wurden in Preußen 39 872 Telegramme übermittelt; fünf Jahre später waren es bereits 221 411. Aber das neue Zeitalter fand auch seine Kritiker. Es gab den Vertretern eines sozialen Liberalismus Auftrieb, die sich den gesellschaftlichen Problemen empirisch zu nähern versuchten und ihre Theorie durch Beobachtung der sich verändernden Umwelt anglichen und modifizierten. Einige waren selber Industrielle: die meisten hatten sich länger in England aufgehalten und bemühten sich, die schlimmsten Auswüchse der Industrialisierung zu vermeiden. Marx und Engels bezeichneten die meisten Schriften dieser Autoren als Werke von Ökonomen, Philanthropen, Humanitariern, Verbesserern der Lage der Arbeiterklasse, Mitgliedern für die Verhinderung von Grausamkeit gegen Tiere, Temperenz-Narren und Irre jeder Art. Solcher Spott trifft kaum Unternehmer wie Friedrich Harkort und Gustav Mevissen, die mit den industriellen Verhältnissen in England bestens vertraut waren. Als Mevissen 1846 die Midlands und den Norden besuchte, schrieb er an seine Frau: »Dieses Leeds ist der schmutzigste Ort Englands. Kaum ein Sonnenstrahl dringt durch die verrußten Fenster. Die ganze Misere der modernen Industrie findet sich hier angehäuft. Ausgezeichnete Fabriken, in denen sich Tausende von Menschen verschleißen, physisch und geistig ... Was für eine helle Zukunft wird es geben,

wenn eines Tages die Enkel dieser Arbeiter die Forderung nach Entschädigung für das Leiden der Gegenwart erheben.« In seinen späteren Jahren sollte Mevissen noch eine wichtige Rolle bei der Ausarbeitung von Bismarcks Wohlfahrtsgesetzgebung spielen. Und Friedrich Harkort schrieb: »Obgleich ich selbst einer der Führer der Industrie bin, verachte ich aus der Tiefe meines Herzens die Schöpfung von Werten und Reichtum, die auf der Aufopferung der menschlichen Würde und der Degradierung der arbeitenden Klassen beruhen. Der Zweck der Maschine ist, den Menschen von tierischer Tätigkeit zu befreien und nicht noch größere und schrecklichere Knechtschaft zu schaffen.« So wurde er ein leidenschaftlicher und erfolgreicher Verfechter der staatlichen Interventionspolitik, durch die für eine bessere Ausbildung der Arbeiter und eine Absicherung ihres Lebensunterhalts gesorgt werden konnte.
Karl Heinrich Brüggemann hat sicherlich übertrieben, als er 1842 die industriellen Verhältnisse in Preußen mit denen anderer industrialisierter Länder verglich: »Die Preußische Regierung, zum Beispiel, dachte an Gesetzgebung zum Schutze der Kinder der arbeitenden Klassen zur gleichen Zeit, als die Fabrik entstand. Unser deutsches Gewissen sieht in dieser Handlung nicht eine Beschränkung, sondern eine Bestätigung unserer nationalen Auffassung von Freiheit.« Aber diese Anmerkung besitzt einen wahren Kern. In einer von der Familie Krupp gegründeten Siedlung zu leben, bedeutete für einen Krupparbeiter kein Zeichen von Abhängigkeit, denn ›Kruppianer‹ zu sein, war ein Anlaß zum Stolz. Die Irrungen des Laissez-faire-Kapitalismus erreichten nie das Ausmaß wie in England und in den Vereinigten Staaten, was allerdings weniger auf guten Willen als letztlich auf die Existenz eines Obrigkeitsstaates zurückzuführen war, mag er auch in anderen Bereichen noch so widrige Auswirkungen gehabt haben.
Wirtschaftswachstum und Prosperität blieben nicht ohne Rückschläge. Eine 1856 von Paris ausgehende Finanzkrise, die 1857 erst auf die Vereinigten Staaten und dann auf England übergriff, dehnte sich auch auf Preußen aus. Die schwächeren Betriebe brachen zusammen, und es kam zu zahlreichen Konkursen, während diejenigen, deren Produktion besser finanziert und effizienter organisiert war, sich in dieser Krise weiter konsolidieren und konzentrieren konnten. Zehn

Jahre später bekam die preußische Wirtschaft eine ähnliche, wenn auch nicht so weitreichende Krise zu spüren. Aber das waren temporäre Einbrüche, die den allgemeinen Aufwärtstrend der preußischen Wirtschaft nicht nachhaltig störten.

Doch auch die steigende Prosperität konnte Preußens politische Probleme nicht lösen helfen, besonders da Friedrich Wilhelm IV. trotz seiner ablehnenden Haltung gegenüber dem Verfassungsexperiment von 1848 weiterhin an die Notwendigkeit einer Reform des Deutschen Bundes und einer größeren Einigkeit Deutschlands glaubte. Als erste Stufe dieses Prozesses dachte er an eine Föderation der norddeutschen Staaten unter preußischer Führung.

Am 26. Mai 1849 schloß Radowitz mit Sachsen und Hannover einen Vertrag, dem sich 28 kleinere deutsche Staaten anschlossen, nicht aber Württemberg und Bayern. Er hatte das Ziel schon vor 1848 verfolgt: die Schaffung eines Bundesstaates unter preußischer Führung, der durch einen Unionsvertrag eng mit Österreich assoziiert sein sollte. Radowitz arbeitete in groben Zügen eine Verfassung aus, die ein aus zwei Kammern bestehendes Parlament vorsah, deren obere aus deutschen Fürsten bestehen sollte. Im März 1850 trat in Erfurt ein ›Unionsparlament‹ zusammen, um die neue Verfassung zu beraten. Aber weder Friedrich Wilhelm noch Radowitz konnten das Mißtrauen der Österreicher zerstreuen. Radowitz wurde nun zum preußischen Außenminister ernannt. Der österreichische Ministerpräsident Fürst Schwarzenberg forderte, daß der Bundestag unter dem Vorsitz Österreichs zusammenkommen solle. 22 Mitglieder der neuen Union boykottierten ihn. Der folgende Kampf zwischen Preußen und Österreich um die Vorherrschaft in Deutschland wurde durch die Schleswig-Holstein-Frage und einen Verfassungskonflikt in Hessen, wo die Bevölkerung die kurfürstliche Steuer ablehnte, noch verwickelter. Der Deutsche Bund bereitete sich darauf vor, dem Kurfürsten mit einer bewaffneten Intervention beizuspringen, als Preußen mit der Mobilmachung reagierte. Das vom Zaren Nikolaus unterstützte Österreich stellte Preußen ein Ultimatum, in dem es die Beendigung der Mobilmachung und die Auflösung der Union verlangte. Friedrich Wilhelms Minister und Berater waren geteilter Meinung. Radowitz und Prinz Wilhelm wollten um der Erhaltung der Union willen einen Krieg riskieren. Brandenburg und der Kriegsminister Stockhausen wiesen jedoch darauf hin, daß Preußen nicht in der Lage sei, nach zwei Fronten zu kämpfen. Schließlich entschied sich Friedrich Wilhelm zugunsten der Ansicht Brandenburgs und Stockhausens, ließ sie aber, was für ihn typisch war, wissen, daß er hoffe, sie würden ihre Entscheidung nicht bedauern. Radowitz trat zurück, und Brandenburg übermittelte Wien die Entscheidung Preußens, zu demobilisieren. Als Brandenburg am 6. November 1850 plötzlich starb, übernahm Otto von Manteuffel sowohl seine Ämter als auch das Außenministerium. Er erklärte im preußischen Abgeordnetenhaus: »Der Starke tritt wohl einen Schritt zurück, behält aber das Ziel fest im Auge und sieht, auf welchem anderen Wege er es erreichen kann.«

Am 29. November unterzeichneten Manteuffel und Schwarzenberg in Olmütz eine Vereinbarung, die die Beendigung der Mobilmachung der preußischen Truppen und jener des Deutschen Bundes besiegelte und vorübergehend Preußens Streben nach der Vorherrschaft in Deutschland dämpfte. Der Status quo war wiederhergestellt: Rußland war zum Schiedsrichter Mitteleuropas geworden. Preußische Konservative wie Ernst Ludwig Gerlach äußerten: »Preußens und Österreichs Einigkeit ist deutsche Einigkeit. Preußens und Österreichs Uneinigkeit ist Zerreißung von Deutschland und Untergang Preußens, Österreichs und Deutschlands.«

Preußen kehrte nach den Worten von Marx als ein reuiger Sünder in den Schoß des vollständig wiederhergestellten Bundestages zurück. Es wurde seit dem 15. Juli 1851 in Frankfurt von Otto von Bismarck vertreten, der aus seiner Position heraus die österreichische Politik nach Kräften unterlief: »Wenn Österreich ein Pferd vorne anspannt, spannen wir eines hinten an.«

Nachdem Friedrich Wilhelm IV. 1849 den preußischen Landtag aufgelöst hatte, wurden viele konservative Stimmen laut, die die völlige Abschaffung der Verfassung forderten. Aber Friedrich Wilhelm traf die weise Entscheidung, sie beizubehalten und mit einem neu gewählten Landtag zu revidieren. Die Revision wurde mit liberaler Hilfe durchgeführt und ersetzte die Errungenschaft des Jahres 1848, das allgemeine Wahlrecht, durch das Drei-Klassen-Wahlrecht. Damit war vorläufig den Konservativen die Mehrheit im Landtage sicher. Die Rückkehr zur Herrschaft der Konservativen war im Jahr zuvor durch eine in der Öffentlichkeit kaum bemerkte Maßnahme zustande gekommen, die die Rechtsprechung in Preußen betraf. Seit 1805 war es üblich gewesen, daß die Gerichte selber darüber entschieden, ob ein Verfahren eröffnet wurde oder nicht. Solange die Justiz von der Verwaltung unabhängig war, garantierte diese Praxis einen liberal orientierten legalen Prozeß. Aber in Zeiten politischer Unruhen wurde die Unabhängigkeit der Justiz für gefährlich erachtet, und so wurde am 3. Januar 1849 ein Dekret erlassen, wonach die Entscheidung über die Eröffnung eines Verfahrens an die Staatsanwaltschaft überging, die unmittelbar dem Justizministerium unterstand. Auf diese Weise erlangte die preußische Bürokratie eine Machtposition zurück, die einst in den Bereich des absoluten Monarchen gehörte. Daß sie diese Position hatte aufgeben müssen, war einmal ein Zeichen der Emanzipation des Bürgertums. Es lag nun wieder ganz in der Hand der Bürokratie, welche Angelegenheiten vor Gericht kamen und welche nicht, wobei die Justiz eben nur in den Fällen entscheiden konnte, die ihr vom Justizministerium oder der Staatsanwaltschaft zugeleitet wurde. Die Möglichkeit einer unmittelbaren Einwirkung der Rechtsprechung auf Fragen der Politik oder der Verwaltung war damit nicht mehr gegeben; die Bürokratie konnte nun sämtliche administrativen Entscheidungen selber treffen und unter Berufung darauf, daß es den Richtern an Sachverstand fehle, den Gerichten jeden Bereich öffentlichen Interesses entziehen. Soweit die Restriktionen es erlaubten, blieb die Rechtsprechung allerdings bis Anfang der 80er Jahre des 19. Jahrhunderts ein Instrument der liberalen Kräfte: sie war das einzige Mittel des Bürgertums, sich gegen Übergriffe des Verwaltungsapparats zu wehren.

Am 31. Januar 1850 hatte Friedrich Wilhelm die revidierte Verfassung akzeptiert und einen Eid auf sie abgelegt. Die Exekutivgewalt, die Ernennung der Minister, der Oberbefehl über die Armee und die außenpolitische Führung verblieben bei ihm. Das Drei-Klassen-Wahlrecht wurde durch ein System gleicher Vertretung aller drei Klassen ersetzt, was hieß, daß die kleine Gruppe reicher Steuerzahler die gleiche Zahl von Abgeordneten stellte wie die Mehrheit der Mitglieder der dritten Klasse. Zum Beispiel besaßen 1852 die Konservativen, die die Grundbesitzer repräsentierten, 196 Deputierte, während die Opposition, die die Masse der preußischen Bevölkerung vertrat, nur 152 Abgeordnete zählte. Allerdings stellten die Konservativen keine homogene Gruppe dar, und besonders jene, die aus den rheinischen Provinzen kamen – ihr Führer war der Bonner Jurist Moritz August von Bethmann Hollweg – teilten in vielem und gerade in der Frage der deutschen Einigung die Ansichten der Liberalen.

Was Konservative und Liberale stets einigte, war die Furcht vor dem Anwachsen der Arbeiterbewegung. Während der Wirtschaftskrise 1857 gab es im Rheinland, an der Ruhr und in Schlesien eine Welle von Streiks und Aussperrungen. Zum ersten Mal forderten Sprecher der Massen soziale Verbesserungen. Berlin erlebte die ersten Demonstrationen von Arbeitslosen, die staatliche Unterstützung verlangten.

Unter dem Innenminister von Manteuffel wurde noch die Bauernbefreiung abgeschlossen. Das Dekret vom 22. März 1850 nahm auf den Kleinbauer erheblich mehr Rücksicht als die frühere Gesetzgebung. Er mußte Zinsschulden beim Gutsherrn nicht mehr mit Land abgelten, sondern konnte es nunmehr behalten, indem er sie in einem Zeitraum von 41 Jahren abbezahlte. Trotz starken Widerstandes von seiten der Junker, die das Ohr des Königs hatten, konnte Manteuffel diese Maßnahme durchsetzen und ausführen.

In der letzten Phase der Regierungszeit Friedrich Wilhelms IV. geriet die Außenpolitik noch einmal in Bewegung. Der Konflikt zwischen England und Frankreich auf der einen Seite und Rußland auf der anderen, der im Krimkrieg kulminierte, drohte auch Preußen einzubeziehen. Es war nicht zuletzt dem Drängen des Königs zu verdanken, daß Preußen einen Kurs aktiver Neutralität verfolgte, was England und Frankreich und aus diesem Grund auch die liberale öffentliche Meinung in Deutschland ziemlich übelnahmen. Die Versuchung, sich Österreichs Vermittlungspolitik anzuschließen, war für den König anfänglich groß gewesen; aber schon bald wurde deutlich, daß diese Politik zur Isolierung Preußens führen mußte. Preußen übte dann Druck auf Österreich aus, seine gegen Rußland immer feindlichere Politik aufzugeben. So schlossen Österreich und Preußen am 20. April 1854 ein Neutralitätsbündnis. Zunächst sahen die Russen darin einen feindseligen Akt, so daß Friedrich Wilhelm zu ihrer Beruhigung die russophoben Elemente, wie Bunsen, aus dem Außenministerium entfernte. Friedrich Julius Stahl verteidigte die preußische Neutralitätspolitik im Landtag: »Ich und meine

Freunde, wir wünschen die Nichtbeteiligung Preußens an dem gegenwärtigen Kampf und wünschen, daß ohne Feindschaft gegen die Westmächte das alte Verhältnis zu Rußland gewahrt bleibe. Ich muß von vornherein den sogenannten europäischen Standpunkt für die Beurteilung der Frage zurückweisen, der doch nichts anderes ist als der Standpunkt Englands und Frankreichs oder aber Rußlands. Ich vindiziere uns das Recht, sie einzig und allein vom preußischen, vom deutschen Standpunkt zu beurteilen. Wir wollen nicht russischen Interessen dienen – aber auch nicht den Rivalitäten der Westmächte und ihren Ansichten über die Verhältnisse Europas. Man ist hierzulande nicht sehr lüstern nach einem Konzert, in welchem England und Frankreich Kapellmeister sind und die Deutschen die Musikanten sein sollen. Es ist nicht das Interesse Preußens, daß sich Rußlands Macht vergrößere; aber es ist das wohlverstandene Interesse Preußens und Deutschlands, daß Rußlands bisherige Machtstellung ungebrochen und sein bisheriges Verhältnis zu Preußen unzerrissen bleibe.«

Bismarck pflichtete völlig dieser Politik bei, weil er die Unterstützung Rußlands für Preußen als wesentlich erachtete. Schon in seinen frühen Briefen an Friedrich Wilhelms nahen Vertrauten Leopold von Gerlach wies er die Bemerkung zurück, daß Politik auf der Grundlage unwandelbarer Prinzipien zu betreiben sei. Selbst das Prinzip der monarchischen Legitimität war ihm nicht sakrosankt. Auch Prinzipien hätten sich der ›raison d'état‹ unterzuordnen, selbst ein Usurpator wie Louis Napoleon müsse nach dieser Theorie behandelt werden, weil, wie Bismarck meinte, er nicht bereit sei, 16 der vorhandenen 64 Felder auf seinem politischen Schachbrett durch ideologische Tabus schon besetzt zu finden. Er forderte eine Wiederannäherung an Frankreich, um damit den süddeutschen Staaten jede Möglichkeit zu nehmen, den Rheinbund wieder zum Leben zu erwecken. Zudem gebe es Preußen im Deutschen Bund größere Handlungsfreiheit und breche damit den alten österreichisch-preußischen Dualismus, der letztlich nur durch Krieg aufzulösen sei. Er sollte recht behalten. Der Krimkrieg war der letzte Krieg der europäischen Kabinette.

Allerdings verurteilten viele Zeitgenossen Preußens Haltung während des Krimkriegs als schwächlich und unentschieden. Sie sollte sich auf lange Sicht auszahlen, denn zehn Jahre später konnte Bismarck auf den guten Willen Rußlands setzen, als er seinerseits daranging, die deutsche Frage zu lösen.

Im Juli 1857, auf der Rückkehr von einem Besuch bei Kaiser Franz Joseph, erlitt Friedrich Wilhelm IV. einen Schlaganfall. Es folgten weitere, die zu einer Sprachlähmung und zur partiellen Paralyse der Gliedmaßen führten. Seine Erkrankung hatte nichts mit einer Geisteskrankheit zu tun, wie oft behauptet wird: seine abnehmende geistige Leistungsfähigkeit war das Ergebnis der Schlaganfälle. Nach langem Leiden starb der ›Romantiker auf dem Thron‹ am 2. Januar 1861 in Sanssouci.

12. KAPITEL

Preußen und Deutschland 1860–1871

Prinz Wilhelm vertrat seinen Bruder Friedrich Wilhelm IV. während seiner Krankheit. Seine Regentschaft mußte in einem Abstand von je drei Monaten erneuert werden. Da Friedrich Wilhelms Ehe kinderlos blieb, war Wilhelm Erbe der Monarchie, wie schon sein Titel ›Prinz von Preußen‹ sagt. Die Minister Friedrich Wilhelms IV. blieben in dieser Übergangszeit im Amt. Als sich nach einem Jahr herausstellte, daß der König nicht mehr genesen würde, übernahm Wilhelm die Regentschaft ganz. Nach dem Tod seines Bruders wurde er zum König von Preußen ausgerufen.

Wilhelm war der zweitälteste Sohn Friedrich Wilhelms III. und der Königin Luise. Ebenso wie seinen Bruder hatte auch ihn das Unglück geprägt, das Preußen und der königlichen Familie durch Napoleon widerfuhr. Er zeigte sich seither stets in Uniform und verstand sich zuerst und vor allem als Soldat. Im Jahr 1815 erhielt er in Frankreich bei Bar-sur-Aube mit 17 Jahren seine Feuertaufe. Für die preußische Reformbewegung scheint er wenig Interesse aufgebracht zu haben, bis auf einen wesentlichen Aspekt, die Militärreform.

In jungen Jahren, 1820, hatte er sich leidenschaftlich in die bezaubernde Tochter des polnischen Magnaten Fürst Anton Radziwill und dessen Frau, der Prinzessin Luise von Preußen verliebt. Das Paar verlobte sich 1822, aber Friedrich Wilhelm III. zögerte, seine Zustimmung zur Hochzeit zu geben. Als seine Berater schließlich zu dem Schluß kamen, daß der Prinz eine Frau heiraten wolle, deren gesellschaftlicher Rang zu niedrig war, verbot Friedrich Wilhelm die Mesalliance und hielt Prinz Wilhelm an, seine Pflichten als möglicher Thronfolger nach seinem Bruder zu beachten. Prinz Wilhelm war tief verletzt, aber er gehorchte. Drei Jahre später ehelichte er die Prinzessin Augusta von Sachsen-Weimar. Sie bekamen zwei Kinder: Friedrich, den späteren 100-Tage-Kaiser, und Louise, die spätere Frau des Großherzogs Friedrichs I. von Baden.

Seine politischen Ansichten waren von den Folgen der Französischen Revolution bestimmt. Sein Leben lang blieb er Revolutionen abhold und orientierte sich strikt an legitimistischen Prinzipien.

Sein Ruf hatte 1848 gelitten, da er für die ersten Schüsse in die Menge vor dem Berliner Schloß verantwortlich gemacht wurde. Seitdem galt er weithin als der ›Kartätschenprinz‹, obwohl er mit dieser Angelegenheit nichts zu tun hatte. Immerhin erwog er zu jener Zeit, ob er in der Erbfolge zugunsten seines Sohnes zurücktreten solle, aber sein Bruder stimmte ihn um. Wilhelm förderte nachdrücklich die deutsche Einigung, war sich dabei des Wertes seines preußischen Erbes jedoch durchaus bewußt und strebte einen deutschen Bundesstaat nur unter der Voraussetzung einer unumstrittenen Führung Preußens an. Deshalb wies er auch die Bemühungen der Frankfurter Delegierten zurück: Preußen dürfe denjenigen, die auch nur entfernteste Verbindungen zu revolutionären Kräften pflegten, nicht den kleinen Finger reichen. Seine streng gegenrevolutionäre Haltung bewahrte er auch in der Praxis. Er kommandierte im Sommer 1849 die vorwiegend aus Preußen bestehende Armee, die republikanische und anarchistische Aufstände in der Pfalz und in Baden niederschlug.

»Wer Deutschland regieren will, muß es sich erobern; à la Gagern geht es nun einmal nicht. Ob die Zeit zu dieser Einheit schon gekommen ist, weiß Gott allein: aber daß Preußen bestimmt ist, an die Spitze Deutschlands zu kommen, liegt in unserer ganzen Geschichte – aber das Wann und Wie? darauf kommt es an.« Diese Äußerung von 1849 kennzeichnet seine Einstellung zur deutschen Frage. Als er in Koblenz als Militärgouverneur der Rheinprovinzen residierte, scharte er Liberale um sich, die eine ›kleindeutsche‹ Lösung unter der Führung Preußens unterstützten. Er begrüßte nachdrücklich Friedrich Wilhelms Unionspolitik und das Erfurter Parlament, wies aber jede Ansicht zurück, wonach sich Österreich und Preußen friedlich in die Führung Deutschlands teilen könnten. Die Vereinbarung von Olmütz schockierte und enttäuschte ihn tief.

Schon als Prinzregent hatte er erkennen lassen, daß er die Politik sei-

nes Bruders nicht fortzusetzen gedachte. 1858 mußte Manteuffel zurücktreten; Prinz Karl Anton von Hohenzollern-Sigmaringen folgte ihm als Ministerpräsident, Rudolf von Auerswald als Staatsminister. Das Kabinett umfaßte gemäßigte Konservative und Rechtsliberale. In seiner ersten Adresse an seine Kabinettsminister vom 8. November 1858 betonte Wilhelm nach der Forderung einer Heeresreform in kurzen Hinweisen ein freundschaftliches Verhältnis zu allen Mächten, Unabhängigkeit und Ungebundenheit, in Deutschland »moralische Eroberungen« Preußens »durch einc weise Gesetzgebung bei sich, durch Hebung aller sittlichen Elemente und durch Ergreifung von Einigungs-Elementen, wie der Zollverband es ist, der indessen einer Reform wird unterworfen werden müssen.« Das war ein klarer Appell an das gemäßigte bis rechts stehende Bürgertum Preußens und Deutschlands. Daß er die wachsende Stärke der Liberalen richtig eingeschätzt hatte, erwies sich bei den Wahlen zum preußischen Landtag vom 27. November 1858, als diese die Zahl ihrer Abgeordneten von 36 auf 147 erhöhten, während die der Konservativen von beeindruckenden 224 auf 60 zurückging.
Außerhalb Deutschlands, besonders im Westen, verdüsterte sich der politische Horizont. Napoleon III., »der Vorkämpfer der Nationalitäten und der Schutzengel der deutschen Uneinigkeit«, suchte sein Heil unter dem Eindruck drohender innenpolitischer Unruhen in der Außenpolitik. Seine Ansprüche auf die oberitalienischen Provinzen der Habsburger begründete er mit dem Hinweis, daß es notwendig sei, die ›natürlichen Grenzen Frankreichs‹ wiederherzustellen. Das entfachte wiederum die Erhebung der italienischen Einigungsbewegung, die 1859 in dem Krieg der Österreicher gegen Oberitalien und Frankreich kulminierte. Es war der erste ›moderne‹ Krieg der europäischen Geschichte, der wegen einer nationalistischen Volksbewegung geführt wurde. Aber Napoleons Rechtfertigung bedeutete für Deutschland eine ernsthafte Gefahr, da sie auch auf das Linksufer des Rheins angewandt werden konnte. Die Furcht vor bonapartistischer Annexionspolitik gab der deutschen Einigungsbewegung zusätzlich Auftrieb. Liberale und Demokraten sprachen sich wieder für eine deutsche Zentralregierung, ein Nationalparlament und eine nationale Armee aus, bestanden aber darauf, daß die entscheidenden Schritte dazu von Preußen unternommen werden müßten. Vor diesem Hin-

tergrund schufen sie in Frankfurt den ›Deutschen Nationalverein‹. Sein Kampf um die deutsche Einheit unter preußischer Führung traf auf den erbitterten Widerstand des Landadels in Preußen, der die politischen und sozialen Folgen der deutschen Einigung fürchtete. Nach Wilhelms Thronbesteigung am 2. Januar 1861 tauchte genau die gleiche Frage auf, die sich 1849 gestellt hatte: das ›Wann-und-Wie‹ der Einigung. Tatsächlich war Preußen, von anderen Überlegungen abgesehen, militärisch nicht mehr in der Lage, sich auf das Risiko solcher Initiativen einzulassen. Man hatte die preußische Armee gefährlich verkommen lassen – ein Faktor, der auch Preußens Entscheidung, die Olmützer Punktation zu unterzeichnen, nachhaltig beeinflußte. Der Ruhm der Vergangenheit war verblaßt, als die ›Times‹ 1860 schrieb: »Preußen lehnt sich immer an jemanden an, sucht immer jemanden, der ihm hilft, und ist niemals willens, sich selbst zu helfen; es ist stets bereit, in Verhandlungen einzutreten, doch niemals, sich zu entscheiden; bei Kongressen ist es anwesend, auf dem Schlachtfeld aber abwesend; es redet und schreibt niemals für oder gegen, sondern nur über eine Frage; es ist immer dabei, Ideale und Gefühle in jedem Umfang beizusteuern, scheut sich aber vor allem, das nach dem Realen oder Aktuellen schmeckt. Es hat eine große Armee, die aber bekanntermaßen zum Kampf nicht fähig ist. Es ist verschwenderisch mit Zirkularen und mit Noten, hat aber meistens einiges zugunsten beider Seiten zu sagen. Niemand rechnet auf Preußen als seinen Freund, niemand fürchtet es als seinen Feind. Wie es eine Großmacht geworden ist, erzählt uns die Geschichte; warum es heute noch als solche gilt, weiß niemand . . . Ohne Hilfe könnte Preußen weder den Rhein noch die Weichsel auch nur einen Monat lang gegen seine ehrgeizigen Nachbarn verteidigen.«
Als dies geschrieben wurde, hatte die ›moralische Eroberung‹ der deutschen Einigung in Preußen ihren Höhepunkt erreicht und Wilhelm sich entschlossen, den möglichen Folgen der militärischen Schwäche mit dem Programm zu einer durchgreifenden Heeresreform zu begegnen. Zur noch immer wachen Erinnerung an Olmütz fügte sich Frankreichs militärischer Erfolg in Italien. Die Militärreform brachte die Gelegenheit mit sich, das liberale Bürgertum in die preußische Gesellschaftsstruktur zu integrieren.
Schon im Februar 1860 wurde dem Landtag die Gesetzgebung zur

Reorganisation der Armee zur Diskussion und Bewilligung der nötigen Mittel vorgelegt, die sich auf 9,5 Millionen Taler belaufen sollten. Angesichts der liberalen Opposition, die befürchtete, daß das Heer eventuell zur Beseitigung der Verfassung eingesetzt werden könne, zog die Regierung ihre Gesetzesvorlage zurück, und der Landtag gewährte vorläufig 9 Millionen unter der Voraussetzung, daß das Geld für keine anderen Zwecke als die Heeresreform ausgegeben werde. Auf diese Weise hatte die Regierung ihr Hauptanliegen durchgesetzt, während den Liberalen der Rückzug offenblieb, ohne daß sie eine klare Entscheidung getroffen hätten.

Die Gesetzesvorlage enthielt tatsächlich kontroverse Punkte. Wilhelms Kriegsminister, General von Roon, sah den Einfluß liberaler Ideen als eine der Hauptursachen des Verfalls der Armee an; besonders der Korpsgeist der Offiziere und die Moral der Armee schienen ihm dadurch geschwächt. Folglich liefen die Reformen auf eine Revision der Politik der Reformbewegung hinaus; statt daß sich die Armee als integraler Bestandteil der Nation auf das breite Volk stützte, wurde die Beziehung umgekehrt und das Volk zum integralen Bestandteil der Armee. Man argumentierte, das Militär müsse nicht nur professioneller werden, sondern auch der Nation ein Beispiel geben; ja, es solle zur Schule der Nation werden. Der jakobinische Patriotismus sei durch einen militärischen zu ersetzen. Da Preußens Größe immer auf einer starken Armee beruht habe, müsse sie wieder zur Grundlage der Nation werden. Da es der Landwehr an militärischem Drill fehlte, konnte sie auf dieser Basis keine Rolle spielen. Tatsächlich löste die Heeresreform von 1860 die Landwehr auf: sie war von ihren selbstgewählten Offizieren kommandiert worden, die meistens den kleinstädtischen Honoratiorenfamilien entstammten, liberalen Ideen zugeneigt waren und deshalb den Kern des Widerstandes gegen die Restauration des ›ancien régime‹ bildeten. Die Soldaten der regulären Armee rekrutierten sich immer noch hauptsächlich aus der der Krone und ihren Grundherren ergebenen Bauernschaft als einer konservativen Gegenkraft zum liberalen Bürgertum, einer der Gründe, weshalb Bismarck im Norddeutschen Bund und später in der Verfassung des Deutschen Reiches von 1871 das Prinzip des allgemeinen männlichen Wahlrechts einführte.

Trotz des Kompromisses spitzte sich die Auseinandersetzung über die Armeereform zu, weil es schließlich darum ging, ob das Heer das Heer des Königs oder des Parlamentes sein sollte. Wilhelm I. war nicht bereit, seine Befugnisse als Oberkommandierender an das Parlament abzutreten. Aber die Kompromißlösung hatte innerhalb der Opposition ihre Spuren hinterlassen. Am 6. Juni 1861 wurde die Deutsche Fortschrittspartei gegründet, zu deren Mitgliedern Virchow, Mommsen und Schulze-Delitzsch zählten. Ihr Programm sah die Umwandlung Preußens in eine parlamentarische Demokratie, die deutsche Einigung unter preußischer Führung und die Verkürzung der Militärdienstzeit auf zwei Jahre statt bisher drei vor. Es war bezeichnend für die liberale öffentliche Meinung jener Tage, daß sie nicht die Einführung des allgemeinen männlichen Wahlrechts forderte. Bei den im Dezember 1861 abgehaltenen Wahlen zur zweiten Kammer errangen die Fortschrittlichen mit 109 Sitzen einen eindrucksvollen Sieg; die anderen liberalen Fraktionen gewannen 141 Sitze, die Konservativen nur 14 und die Katholiken 54.

Nun brach zwischen König und Parlament der Konflikt offen aus. Adolf Hermann Hagen, ein Fortschrittlicher, forderte einen detaillierten und aufgeschlüsselten Budgetplan, damit der unkontrollierte Gebrauch von Geldern für militärische Zwecke verhindert werden konnte. Die Mehrheit des Landtages stimmte seiner Resolution zu. Dies zwang die liberalen Mitglieder der Regierung, ihren Rücktritt einzureichen, und am 11. März 1862 löste der König den Landtag auf. Am 6. Mai gab es Neuwahlen, bei denen die Fortschrittspartei 133 Mandate gewann, die Opposition insgesamt 230, während die Konservativen nurmehr 11 Sitze innehatten und die Katholiken 28. Am 17. September wies Wilhelm I. einen erneuten Kompromißvorschlag zurück, der die Annahme des Budgets als Gegenleistung für die Reduzierung der Militärdienstpflichtzeit auf zwei Jahre vorsah. Der König dachte zum ersten Mal an Abdankung. Daraufhin traten Hohenlohe und als weiterer Minister August von der Heydt zurück. Roon präsentierte einen neuen Kandidaten für das Amt des Ministerpräsidenten: Otto von Bismarck, den ›verrückten Junker‹, wie er einmal genannt worden war.

Das Bild Bismarcks als Inbegriff des typisch preußischen Junkers ist jedoch eine Karikatur – obwohl seine gelegentlich übertriebenen Vorstellungen über seinen Status als Junker auffielen –, denn kein deutscher Politiker seines Ranges fand je solch bittere Worte über den preußischen Landadel. Er war das Produkt von zwei verschiedenen sozialen und politischen Kulturen: von der Seite seines Vaters her war er dem Junkertum verpflichtet, von der seiner Mutter her neigte er dem Liberalismus des frühen 19. Jahrhunderts zu. Seine Mutter stammte aus dem Bürgertum und hatte entscheidenden Einfluß auf seine Erziehung. Statt eine Kadettenanstalt zu durchlaufen, absolvierte er ein bürgerliches Gymnasium, wo er von den Idealen des Humanismus tief geprägt wurde. Aus diesen beiden Einflüssen entwickelte sich ein Politiker, der für die Stärken und die Schwächen der Liberalen/Konservativen ein schärferes Auge besaß als die meisten seiner Zeitgenossen. Gerade diese Einsichten ermöglichten es ihm, beide Seiten im Griff zu haben.

Die Furcht vor Revolution, vor der Entfesselung von Kräften, die man schließlich nicht mehr kontrollieren konnte, darf als ein Hauptelement seines Denkens und Handelns betrachtet werden. Die Französische Revolution war für ihn ein solches Ereignis gewesen. Sein Mißtrauen gegen jegliche Ideologie – ob Liberalismus, Sozialismus oder Nationalismus – kam schon beinahe einer Gegenideologie gleich. Nur der wahre Staatsmann, für den er sich selbst, nicht ohne Berechtigung, hielt, könne die unterschiedlichen Kräfte zum Wohle des Staates verwenden; aber die Gefahr, sich auf einmal selber in der Rolle des Zauberlehrlings wiederzufinden, war stets vorhanden. Er erkannte, daß die Revolutionäre von 1848 ihr Ziel eines vereinten Deutschland nicht bloß deshalb verfehlt hatten, weil es ihnen am Machtmonopol gemangelt hatte und sie das Militär zum Gegner hatten, sondern weil ihnen auch der Rückhalt der Fürstentümer versagt blieb, die ein wohlerworbenes Interesse an der Beibehaltung des deutschen Partikularismus besaßen. Selbst der begrenzte Fortschritt einer Übereinkunft auch nur weniger Fürsten war wegen der Haltung Österreichs ohne Krieg nicht denkbar. Preußen konnte seine Verwundbarkeit ausländischem Druck gegenüber nur teilweise durch die Reform seines Militärapparats ausgleichen. Der Konflikt zwischen liberalen und konservativen Kräften in Preußen konnte, wie es der Konflikt über die Armeereform vorführte, wenig dazu beitragen, die Kluft zwischen ihnen zu überwinden. Doch die Existenz einer solchen Kluft war dem preußischen Staatsverständnis diametral entgegengesetzt. Nichtsdestoweniger bedeutete selbst Persönlichkeiten so unterschiedlicher Auffassung wie Dahlmann und Stahl der Staat etwas Geheiligtes, eine göttliche Institution. Ein Gebilde wie Preußen durfte sich dem mörderischen Kampf politischen Klüngeltums nicht ausliefern. Das war der Hauptgrund, daß sich Bismarck mit Erfolg bemühte, die autonome Stellung der Armee aufrechtzuerhalten. Seine Auffassung, die Probleme militärischer Angelegenheiten würden das Erkenntnisvermögen, das geistige Vermögen bloßer Zivilisation übersteigen, war demgegenüber von geringerem Gewicht.

Die Wechselwirkung zwischen administrativen Maßnahmen und außenpolitischen Ereignissen trug unter Bismarck dazu bei, den Graben zwischen Liberalen und Konservativen zu überbrücken. Er wußte genau, daß es in Deutschland ausreichend starke Kräfte gab, Obstruktion gegen eine moralische Eroberungspolitik zu betreiben, und daß auch Europa die Bildung eines neuen mächtigen Nationalstaats nicht ohne Furcht betrachtete. Bismarcks Bemerkung, daß die Tagesprobleme mit ›Eisen und Blut‹ zu entscheiden seien, stellte kaum ein politisches Bekenntnis dar, sie war vielmehr eine Waffe gegen seine Opponenten im Landtag.

Statt den Konflikt weiter brodeln zu lassen, entschloß er sich, ihn auf die Spitze zu treiben. Da der Landtag die Verwendungsmodalitäten der Militärbudgets abgelehnt hatte und die Chancen gering waren, daß es bei einer erneuten Vorlage während der im Januar 1863 beginnenden nächsten Sitzungsperiode anders aussehe, ließ Bismarck den gesamten Haushaltsplan vom Herrenhaus ablehnen. So wurde das Parlament für den Rest des Jahres 1862 in die Ferien geschickt, und die preußische Regierung ließ verlautbaren, daß sie die Umstrukturierung des Heeres fortsetzen und die dafür als notwendig erachteten Ausgaben vornehmen werde und hoffe, daß der Landtag diese Maßnahmen post factum genehmige. Bismarck berief sich auf eine Lücke in der preußischen Verfassung, die offen ließ, was zu geschehen habe, falls sich Regierung und Landtag über den Haushalt nicht einigen konnten. Er wollte nicht anerkennen, daß dies den offenen Konflikt zwischen der monarchischen Prärogative und der parlamentarischen Demokratie bedeutete, vielmehr erklärte er, daß die Krone aufgrund ihrer Machtgrundlagen solange zur Ausübung ihrer

Pflichten gezwungen sei, bis mit dem Landtag eine Übereinkunft erreicht werde.

Bismarcks Kriegsminister war Roon, sein Innenminister Graf Friedrich von Eulenburg. Außerdem stand ihm der Berliner Bankier Gerson Bleichröder nahe, Bismarcks ›Hofjude‹, der in seinem Bereich einen wichtigen Einfluß ausübte. Er fungierte nicht nur als sein privater Finanzberater, sondern war auch bei der Beschaffung der Geldmittel für die Kriege gegen Dänemark und Österreich behilflich. Zudem erwiesen sich Bleichröders internationale Verbindungen, besonders die zu den Rothschilds in Paris, sowie seine Beziehungen auf diplomatischem Parkett als äußerst nützlich. Während jedoch Bleichröders Rat allezeit vorsichtig und konservativ blieb, schieden sich an Roons und Eulenbergs Auffassungen in Preußen und selbst innerhalb der königlichen Familie die Geister. Wilhelm I. akzeptierte Bismarcks harten Kurs nur widerstrebend; seine Frau, Königin Augusta, mochte Bismarck einfach nicht, während der Kronprinz Friedrich und seine Frau, Prinzessin Victoria, Tochter der Queen Victoria, die weniger für ihren Charme als für ihre Taktlosigkeit bekannt war, seine Politik regelrecht bekämpften.

Die neue Sitzungsperiode des Landtages wurde am 14. Januar 1863 eröffnet. Die Debatte, die auf die Thronrede des Königs folgte, war von Virchows Anklage beherrscht, daß die Regierung die Verfassung gebrochen habe. Eine Delegation wollte Wilhelm I. den Text von Virchows Ansprache überreichen, aber er lehnte es ab, sie anzuschauen. Dieser Zwischenfall vergiftete für den Rest der Legislaturperiode die Atmosphäre: beide Seiten provozierten sich ständig, und die Regierung weigerte sich, auch nur einen Zentimeter Bodens preiszugeben, um damit die Chancenlosigkeit der Opposition zu demonstrieren. Tatsächlich konnten die Parteien, abgesehen von Wahl- und Abstimmungssiegen, keine weiterreichenden Erfolge verzeichnen: Eine Regierung, die sich des vollen Vertrauens des Königs erfreute und die Kontrolle über eine zuverlässige Armee und eine ebenso verläßliche Zivilverwaltung ausübte, war nicht zu stürzen, vor allem, wenn an ihrer Spitze ein vom letztlichen Triumph seiner Politik überzeugter Mann stand. Auch Wilhelm umriß seine Position recht deutlich, als er dem Landtag am 26. Mai 1863 in einer Botschaft mitteilte, daß seine Minister sein Vertrauen besäßen und ihre Handlungen vom

König voll gebilligt würden. Er selbst werde sich jedem Versuch des Parlaments, seine Macht verfassungswidrig auszudehnen, entgegenstellen.

Als der öffentliche Widerstand weiterhin anwuchs, erließ Bismarck ein Dekret, das der Polizei die Befugnis erteilte, nach zwei Verwarnungen jede Zeitung verbieten zu können – eine Maßnahme, die man im Frankreich Napoleons III. praktizierte und die daher in Preußen um so mehr übelgenommen wurde. Der Historiker und spätere Herausgeber der »Preußischen Jahrbücher« Heinrich von Treitschke äußerte öffentlich seinen Zorn und beschloß, in seiner Zeitschrift jegliche politische Aspekte zu ignorieren. Andere Zeitungen, Zeitschriften und Periodika folgten dem. Kronprinz Friedrich erklärte in Danzig, er habe mit dieser Maßnahme nichts zu tun. Städtischen Ratsversammlungen, die die Zurücknahme des Erlasses verlangten, wurde freundlich beschieden, daß diese Angelegenheit nicht in ihren Kompetenzbereich gehöre.

Die Neuwahlen vom 28. Oktober 1863 stärkten weiterhin die Opposition. In seiner Thronrede schlug Wilhelm versöhnliche Töne an. Die Beschränkungen der Presse wurden zurückgenommen, aber er beharrte auf der dreijährigen Militärdienstpflicht und der Fortsetzung des Neuaufbaues der Armee. Der Rest der Ansprache befaßte sich mit den Hauptaufgaben der Außenpolitik.

Vor allem drei Fragen beherrschten die Außenpolitik Bismarcks in den ersten Jahren als Kanzler. Aus dem Teil Polens, den Rußland annektiert hatte, drangen Nachrichten über revolutionäre Vorbereitungen ein. Die polnische Sache erfreute sich in Mittel- und Westeuropa großer Anteilnahme, und Österreich unternahm nichts, um die vom galizischen Teil Polens aus erfolgende Unterstützung zu unterbinden. Bismarck ging jedoch davon aus, daß die ›großpolnischen‹ Bestrebungen für Preußen genauso gefährlich werden könnten wie für Rußland. Zudem konnte Preußen die polnische Frage zur Herstellung engerer Beziehungen zu Rußland nutzen, die sich eines Tages bei der Entscheidung der deutschen Frage auszahlen würden. Deshalb schickte Bismarck den General von Alvensleben mit einem persönlichen Brief zum Zaren Alexander, in dem er die gemeinsamen Interessen in bezug auf die polnische Frage unterstrich und für jeden Aufruhr in Polen die Unterstützung Preußens anbot. Man entwarf

einen Vertrag, der allerdings nicht ratifiziert wurde. Nichtsdestoweniger wurden freundschaftliche Beziehungen, besonders zwischen König Wilhelm und dem Zaren, hergestellt, und ohne dazu verpflichtet zu sein, schloß Preußen seine Ostgrenzen, um polnische Insurgenten am Rückzug auf preußisches Gebiet zu hindern oder die Einreise von Freiwilligen nach Polen zu unterbinden. Die Parteinahme Englands, Frankreichs und Österreichs für Polen (nur das Zögern Englands vermied einen Krieg) betrachtete Alexander als Einmischung in innerrussische Angelegenheiten: Preußen und Rußland rückten noch enger zusammen.
Zur gleichen Zeit geriet Schleswig-Holstein wieder ins öffentliche Interesse und erregte die nationalen Gefühle der Deutschen. Friedrich VII. von Dänemark trennte unter dem Druck dänischer Nationalisten und im Widerspruch zum Londoner Protokoll von 1852 Schleswig von Holstein, annektierte Schleswig und gab Holstein eine neue Verfassung. Die Abgeordneten des Deutschen Bundes verlangten von Friedrich, dieser Politik sofort ein Ende zu machen. Auf die Ablehnung der dänischen Regierung hin entschloß sich der Deutsche Bund zu intervenieren. Zwei zivile Kommissare sollten mit Unterstützung von 6000 Soldaten die Verwaltung Schleswig-Holsteins übernehmen. Aber die Dänen kamen dem durch die Annahme einer sowohl für Schleswig als auch Holstein gültigen Verfassung zuvor, die die Annexion Schleswigs und seine Abtrennung von Holstein bedeutete. Friedrich starb am 15. November 1863, ohne daß er die Verfassung noch hatte unterzeichnen können. Am folgenden Tag wurde Prinz Christian von Sonderburg-Glücksburg auf der Basis des Londoner Protokolls zum dänischen König ausgerufen, während Prinz Friedrich von Augustenburg eine Proklamation erließ, in der er seine Erbfolge in Schleswig-Holstein als Herzog Friedrich VIII. verkündete. Friedrich fand in Holstein und in nationalen und liberalen Kreisen Deutschlands sofort Unterstützung. Sowohl Preußen wie Österreich entschlossen sich, wenn auch aus unterschiedlichen Motiven, die Zustimmung in Deutschland zu ignorieren. Österreichs Politik ergab sich aus Napoleons III. Plan, die Verträge von 1815 entsprechend dem Nationalitätenprinzip zu revidieren, und den er nun vor dem Hintergrund der Ereignisse in Dänemark wieder anmelden konnte. Das bedrohte besonders die legitimistische Position Öster-

reichs in seiner unruhigen Provinz Venetien. In der Schleswig-Holstein-Frage erstrebte es die Wiederherstellung der früheren Personalunion in der Regentschaft der Herzogtümer und Dänemarks. Bismarck dachte jedoch an ihre Annektierung, einen Kurs, dem Wilhelm zunächst sehr zurückhaltend gegenüberstand, da er keine Grundlage für den Anspruch Preußens auf diese Herzogtümer sah. Bismarck wies darauf hin, daß Augustenburg sein Anrecht auch nicht besser begründen könne und daß es außerdem noch einen anderen Ausweg aus dieser Situation gebe, nämlich den, einen kleinen neuen Staat zu schaffen, der, soweit es Preußen betraf, nur seine zukünftige politische Ausrichtung zu garantieren habe. Den Wünschen der öffentlichen Meinung in Deutschland sei am besten zu entsprechen, wenn Preußen mit der Zustimmung des Deutschen Bundes außer Österreich Dänemark den Krieg erkläre und Augustenburg zum Thron verhelfe. Diese Politik befand sich allerdings nicht nur in Opposition zu Österreich, sondern riskierte auch den Widerstand der Westmächte, besonders Frankreichs, das wieder nach einer Aneignung der linksrheinischen Gebiete trachtete – Olmütz drohte sich zu wiederholen. Nur im Einvernehmen mit Österreich konnte man eine Politik betreiben, die eine gegen Preußen gerichtete europäische Koalition vermeiden würde. Obwohl Bismarck Wilhelm überzeugen konnte, gelang ihm das weder mit der Königin Augusta noch mit dem Kronprinzen und dessen Frau: sie unterstützten die Sache Augustenburgs. Bismarck wies darauf hin, daß die gleichen Kräfte, die die Sache Augustenburgs in Preußen unterstützten, so oft im Preußischen Landtag Obstruktion betrieben: ein Hinweis mehr, der Wilhelm für die Politik seines Kanzlers einnahm.

Deshalb drängte Preußen gemeinsam mit Österreich darauf, daß der Deutsche Bund gegen den dänischen Vertragsbruch vorgehe. Gegen Ende 1863 befand sich nahezu ganz Holstein unter der Kontrolle des Deutschen Bundes. In der Zwischenzeit versuchten England und Rußland zu vermitteln, König Christian IX. war zwar bereit, die neue Verfassung zurückzuziehen, aber der dänische Nationalismus ließ ihn bei seinen Ministern keine Unterstützung finden, und so schlug der Einigungsversuch fehl. Nun verlangten Preußen und Österreich von der Frankfurter Versammlung, den dänischen König vor die Alternative zu stellen, entweder die Verfassung zu widerrufen oder Schleswig so lange von den Streitkräften des Deutschen Bundes besetzt zu bekommen, bis dies geschehen sei. Der Bundestag weigerte sich, dem zu entsprechen, woraufhin sich trotz britischer Warnungen Preußen und Österreich zu einem Alleingang entschlossen und zu diesem Zweck am 16. Januar 1864 ein Bündnis vereinbarten. Sie stellten Dänemark ein Ultimatum, ergriffen nach dessen Zurückweisung die Offensive und marschierten am 1. Februar in Schleswig ein. Mit dem hauptsächlich von preußischen Truppen durchgeführten Sturm auf die Düppeler Schanzen verloren die Dänen ihre letzte Stellung im Schleswiger Kernland. Die dänische Regierung suchte zunächst um Waffenstillstand und dann um Frieden nach. Ein vorläufiger Friedensvertrag wurde am 1. August, der endgültige am 30. Oktober 1864 in Wien geschlossen. Dänemark trat die Herzogtümer Schleswig, Holstein und Lauenburg an Österreich und Preußen ab, in deren gemeinsamem Besitz sie sich ohnehin schon befanden. Zwar stellte das für keine der beiden Mächte eine befriedigende Lösung dar, aber das Problem war zunächst einmal aus dem Zusammenhang herausgenommen, innerhalb dessen andere europäische Mächte intervenieren konnten: die Frage betraf nur noch Preußen und Österreich.

Daß sich die preußisch-österreichischen Beziehungen in einem kritischen Stadium befanden, hatte sich schon im Jahr zuvor gezeigt, als Österreich ein Treffen der deutschen Fürsten nach Frankfurt einberief, um wieder einmal die Reform des Deutschen Bundes zu diskutieren. Alles hing von der Haltung Preußens ab. Kaiser Franz Joseph traf in Badgastein mit Wilhelm zusammen, um dessen Anwesenheit in Frankfurt sicherzustellen, und Wilhelm erklärte sich tatsächlich zur Teilnahme bereit. Da Bismarck jedoch die Möglichkeit fürchtete, daß der König von den anderen Fürsten überstimmt werden könnte, riet er ihm von einer Mitwirkung ab. So trafen sich 31 deutsche Könige, Fürsten und Herzöge mit ihren Politikern und entfalteten eine solche Pracht, daß man sich in die großen Tage des Reiches zurückversetzt fühlte. Dabei fehlte nur einer: Wilhelm I. Ohne ihn waren die übrigen deutschen Fürsten an Beratungen nicht mehr sonderlich interessiert. Eine Reform in Deutschland war ohne Preußen undenkbar geworden. Am 22. September 1863 erklärte sich Wilhelm mit jeglicher Reform des Deutschen Bundes einverstanden, vorausgesetzt, daß die Erweiterung der Kompetenzen des Bundes eine angemessene Beachtung des preußischen Einflusses in dieser Konföderation finde sowie auch die deutschen Nationalinteressen berücksichtige.

Nach dem Wiener Frieden von 1864 stellte der gemeinsame Besitz einen weiteren Punkt dar, an dem sich preußisch-österreichische Differenzen entzünden konnten. Es wurde vorgeschlagen, Preußen solle für die Herzogtümer die Grafschaft Glatz an Österreich abtreten. Das war für Wilhelm ebenso unannehmbar wie die Aussicht, daß sich die Familie Augustenburg in Schleswig-Holstein festsetzen könne. Als sich der Deutsche Bund auf Betreiben Österreichs und gegen den Willen Preußens dafür aussprach, erwog Bismarck einen Krieg. Die Umstände waren jedoch nicht günstig, und auch Wilhelm I. lehnte dieses Vorhaben ab. Am 21. Juli 1865 fragte Preußen bei Österreich an, ob es bereit sei, bei der Unterdrückung der Agitation Augustenburgs behilflich zu sein; andernfalls werde Preußen seine eigenen Interessen verfolgen. Österreich steckte in einer Wirtschaftskrise, hatte mit innenpolitischen Unruhen zu kämpfen und mochte folglich das Risiko eines Konflikts nicht eingehen; man entwarf einen Vorschlag, der, einer Anregung des österreichischen Gesandten in München folgend, eine Teilung der schleswig-holsteinischen Verwaltung vorsah und als Diskussionsgrundlage dienen konnte. Die Gasteiner Konvention vom 14. August 1865 unterstellte Holstein der österreichischen Administration und Schleswig der preußischen.

Den meisten Politikern war klar, daß dies nur ein vorübergehendes Arrangement sein konnte und das Problem des preußisch-österreichischen Dualismus über kurz oder lang gelöst werden mußte. Zunächst sicherte sich Bismarck nach Rußland im Osten und nach Frankreich im Westen ab. Seit 1862 bestand zwischen Preußen und Frankreich ein Handelsabkommen, das außerhalb der Zollunion getroffen worden war. Es hatte Preußen den Zugang zum westeuropäischen Markt eröffnet. Napoleon III. nahm an, er könne den österreichisch-preußischen Konflikt zum Nutzen dessen ausbeuten, was er für die französischen Nationalinteressen hielt. Wie er für die Unterstützung der italienischen Einigungsbewegung Savoyen und die Côte d'Azur erhalten hatte, so gedachte er sich auch in bezug auf Deutschland durch die Aneignung Luxemburgs oder des wallonischen Teils von Belgien schadlos zu halten. Um Frankreichs Neutralität zu sichern, entschloß sich Bismarck, diese Gebiete als diplomatischen Köder zu opfern, und erhob keine Einwände. Ein preußisch-italienisches Bündnis vom 8. April sah vor, daß Italien sich an der Seite Preußens an einem eventuellen Krieg gegen Österreich beteiligen würde.

Am Tag darauf forderte Bismarck in Frankfurt eine Reform des Deutschen Bundes. Sein aufsehenerregender Antrag auf Schaffung eines durch allgemeines männliches Wahlrecht legitimierten Bundesparlaments nahm allen den Wind aus den Segeln. Es war einer seiner brillantesten Schachzüge. Bis dahin hatte das Drei-Klassen-Wahlrecht die Opposition im preußischen Landtag begünstigt, und Pläne, die Stimmen der Bauern und Arbeiter für die Konservativen nutzbar zu machen, waren schon 1848 aufgekommen. In einer immer noch vorwiegend agrarischen Gesellschaft konnte man von der Landbevölkerung erwarten, daß sie ein Bollwerk des Konservatismus bilde. Bismarck hatte bereits 1863 Kontakt zu Ferdinand Lassalle, dem Führer der Arbeiterbewegung, aufgenommen. Aber dieser Vorstoß, scheinbar ein Schritt in Richtung auf ein wahrhaft parlamentarisches System, war auch dazu geeignet, die bürgerlichen Schichten in ganz Deutschland anzusprechen. Besonders diejenigen, die in den vorausgegangenen vier Jahren Bismarck bekämpft hatten, stellten einen möglichen ersten Fortschritt fest. Das wirkliche Ziel bestand darin, einen deutschen Bundesstaat unter preußischer Führung zu schaffen, obwohl das Napoleons wegen nicht öffentlich ausgesprochen werden konnte. Bismarcks Erwartungen erfüllten sich allerdings in der unmittelbaren Zukunft noch nicht. Das Mißtrauen, dem er sich seit vier Jahren ausgesetzt sah, saß derartig tief, daß es mit einer einzigen Geste nicht auszuräumen war. Die nationalliberale Meinung in Deutschland blieb skeptisch.

Auch Wilhelm konnte sich zu keiner entschlossenen Haltung durchringen, aber etwa Angst vor einem neuen Olmütz zu haben, war für ihn als Soldat ein zu unerträglicher Gedanke, als daß er einem bewaffneten Konflikt ausgewichen wäre. Bismarcks Plan einer Reform des Deutschen Bundes machte jede Möglichkeit eines russischen oder englischen Versuches der Vermittlung zwischen Österreich und Preußen zunichte. Seit dem Abkommen mit Preußen hatten die Ita-

liener damit begonnen, an Österreichs Südgrenze hektisch Truppen zusammenzuziehen. Österreich rüstete auf, erklärte jedoch, daß dies nicht aggressiven Zielen diene. Preußen forderte Österreich auf, mit der Einstellung der Aufrüstung den Anfang zu machen. Österreich tat's. Die Politik Bismarcks brachte das in erhebliche Verlegenheit, zumal der König auch noch über die Erhaltung des Friedens erleichtert schien. Aber die Verlegenheit verflog, als Italien weiterrüstete. Nun konnte Österreich keinen Zweifel mehr haben, daß es Ziel eines Zangenangriffs von Süden und Norden war: Es mobilisierte seine Südarmee. Bismarck konnte Wilhelm damit beweisen, daß Österreichs Friedensversicherungen nichts als Täuschung gewesen waren.
Es blieb das Problem der Staaten, die sich bisher weder zu Preußen noch zu Österreich bekannt hatten. Um die Vorschläge Bismarcks nicht direkt ablehnen zu müssen und um Zeit zu gewinnen, baten die kleineren deutschen Staaten, Einzelheiten der von Bismarck vorgesehenen Reform und die Modalitäten ihrer Ausführung zu erfahren. Bismarck schätzte diese Verzögerungstaktiken nicht und forderte wie schon zuvor, daß jeder Reform des Deutschen Bundes die Bildung eines deutschen Parlaments vorauszugehen habe. Werde dem nicht entsprochen, so betrachte Preußen seine Reformvorschläge als abgelehnt. Am Tag vor diesem Ultimatum, am 26. April 1866, hatte Italien die Mobilmachung angeordnet; Preußen zog am 3. und 5. Mai nach.
Unerwartet mischte sich nun Napoleon III. ein. Für die Zusage an Österreich, es nicht anzugreifen, forderte er die Abtretung Venetiens an Frankreich. Damit hatte Bismarck nicht gerechnet. Es verzögerte seinen Zeitplan. Ein neuer Kompromißvorschlag sah als Alternative zur deutschen Einigung eine Aufteilung Deutschlands zwischen den Hohenzollern und den Habsburgern vor. Er fand die Zustimmung Bismarcks, aber nicht Wiens. Napoleons Intervention schlug allerdings fehl, da Italien Venetien nicht aus seiner Hand entgegennehmen wollte. Es hatte schon früher Gelegenheit zu erfahren, was Geschenke Napoleons am Ende kosteten. Inzwischen hatten auch Sachsen, Bayern und Württemberg mobilgemacht. Napoleon dachte nun an einen europäischen Kongreß, der das ganze Problem auf der Grundlage des Nationalitätenprinzips lösen sollte. Österreich stellte die Vorbedingung, daß die Grenzen seines Staatsgebiets zu garantie-

ren seien. Damit konnte auch dieser Vorschlag zu den Akten gelegt werden. Nun wollte Österreich die Frage Schleswig-Holstein dem Bundestag in Frankfurt und den holsteinischen Ständen vorlegen. Dies betrachtete Preußen als einen Bruch der Gasteiner Konvention, und Generalfeldmarschall von Wrangel marschierte mit seinen Truppen in Holstein ein, das von den Österreichern geräumt wurde. Daraufhin erklärte Preußen, daß es von nun an zur Bedingung mache, über Schleswig-Holstein nur noch in Verbindung mit der Reform des Deutschen Bundes zu diskutieren, womit Österreich ausdrücklich aus dem Deutschen Bund ausgeschlossen war. Preußen versuchte Bayern zu besänftigen: es sollte Oberbefehl über seine Truppen behalten. Aber Bayern schloß sich aus Furcht vor Verlust seiner Unabhängigkeit Österreich an. Österreich rief nun zur Mobilisierung aller Streitkräfte des Deutschen Bundes auf. Am 12. Juni wurden die diplomatischen Beziehungen zwischen Österreich und Preußen abgebrochen, und Bismarck ließ wissen, daß Preußen jedes Votum im Bundestag für Österreich als Kriegserklärung betrachte. Am 14. Juni stimmten vier Königreiche für Österreich: Sachsen, Hannover, Bayern und Württemberg; hinzu kamen noch Hessen-Nassau, Frankfurt und Meiningen. In Süddeutschland entschied sich nur Baden für Preußen. Luxemburg ergriff wie fast ganz Norddeutschland für Preußen Partei. Die preußische Armee erhielt den Befehl, in Sachsen, Kurhessen und Hannover einzumarschieren. Offiziell begann der Krieg am 18. Juni 1866.

Dank Bleichröders Anstrengungen, der nicht ohne einige verfassungswidrige Methoden die preußische Kriegskasse gefüllt hatte, war ein Krieg mit Österreich zu finanzieren; die Mittel waren aber begrenzt, weshalb der Krieg in Kürze entschieden sein mußte. Preußen hatte den militärischen Vorteil, daß es als erste Macht seine Infanterie mit Hinterladern ausgerüstet hatte, während die Österreicher noch mit Vorderladern antraten. Nicht mehr der Bajonettangriff entschied die Schlacht, sondern der Angriff mit gezieltem Feuer.

Hannover und Sachsen waren schnell besetzt. Dem hannoverschen König Georg V. und dem Kronprinzen, dem Herzog von Cumberland, gestattete Preußen die Ausreise, die Truppen Hannovers löste es auf. Die Streitkräfte Sachsens schlossen sich in Böhmen den österreichischen an. Die erste größere Schlacht an der nordöstlichen Landesgrenze bei Gitschin entschieden die preußischen Streitkräfte für sich. Von seinem Hauptquartier in Gitschin aus übernahm Wilhelm nun das Oberkommando, unterstützt von Moltke, Roon und Bismarck. Angesichts des preußischen Drucks mußte sich der österreichische Oberkommandeur Benedek mit der Nordarmee in Richtung Königgrätz zurückziehen und riet zu einem möglichst raschen Friedensschluß. Aber Österreich hoffte auf die Vermittlung Napoleons, um auf diese Weise Zeit für die Verlegung seiner Südarmee nach Norden zu gewinnen. Sie hatte soeben bei Custozza einen Sieg gegen die Italiener errungen. Benedek entschloß sich daraufhin, am 2. Juli bei Königgrätz eine Entscheidungsschlacht zu wagen. Sie wurde zu einem Triumph für das preußische Heer, für die Führungseigenschaften Wilhelms und die exakte Generalstabsarbeit Moltkes. Die Truppen waren mit etwa 220 000 Mann auf jeder Seite ungefähr gleich stark. Ende der Schlacht hatten die Österreicher 44 000 und die Preußen 10 000 Gefallene zu beklagen. Nun rückten die preußischen Armeen auf Wien vor. Am 18. Juli wurde das Hauptquartier bei Nikolsburg, 19 Kilometer vor der österreichischen Hauptstadt, aufgeschlagen. Die militärische Situation war für Preußen in Wirklichkeit gar nicht so vorteilhaft, wie das nach Königgrätz scheinen mochte, denn sie hatten keinen entscheidenden Sieg errungen, weil sich Benedeks Truppen trotz der Niederlage einer Einkesselung entziehen und die Donau bei Preßburg überqueren konnten. Es gelang ihnen folglich doch noch, sich mit den Streitkräften Erzherzog Albrechts, dem Sieger von Custozza, zu verbinden. Gleichzeitig breitete sich im preußischen Heer eine Choleraepidemie aus, die größere Verluste forderte als die Kämpfe. Die Österreicher besaßen zudem die günstigeren Verbindungslinien. Und was mochte geschehen, wenn Österreich seine Truppen hinter Wien zurückzog? fragte Bismarck und lieferte zugleich die Antwort:

Man konnte ja auf Konstantinopel marschieren und dort ein neues byzantinisches Reich gründen. Kurz gesagt: Preußen hatte ein baldiges Kriegsende ebenso nötig wie Österreich.

Auch in Süddeutschland rückten die preußischen Truppen rasch vor. Aber bevor sie einen endgültigen Sieg erringen konnten, begannen bereits Friedensverhandlungen. Je länger nämlich der Krieg dauerte, um so größer wurde die Gefahr, daß sich andere europäische Mächte einmischten. Genau das lag aber nicht im Interesse Bismarcks. Franz Joseph hatte Napoleon bereits angeboten, Venetien an Italien abzutreten. Preußen verhandelte in Paris mit dem Ziel, einen Norddeutschen Bund einschließlich Schleswig-Holsteins, aber ausgenommen dessen dänische Distrikte, zu schaffen. Abgesehen von Venetien sollte Österreichs territoriale Integrität garantiert werden. Aber im preußischen Hauptquartier war man zunehmend auf Siege erpicht. Der König und die Militärs wollten Ansbach-Bayreuth, Teile Sachsens und Böhmens sowie einige andere Gebiete, die sich einst im Besitz der Hohenzollern befunden hatten, annektieren. Bismarck wies darauf hin, daß in Zukunft ein ausgewogenes Verhältnis zu Österreich notwendig sei, man dies aber mit solchen Aktionen aufs Spiel setzen würde. Seine Argumente überzeugten, und man schloß einen Waffenstillstand; vor einem endgültigen Friedensschluß sollten allerdings noch einige Gebiete in Norddeutschland hinzugewonnen werden. Wilhelm I. wollte Sachsen in die Knie zwingen, Franz Joseph war bereit, für seinen treuesten Verbündeten zu kämpfen. Die Zukunft Sachsens war ein Problem, an dem es zum Bruch zwischen Wilhelm und Bismarck gekommen wäre, hätte der Kronprinz seinen Vater nicht davon überzeugt, die Anerkennung der territorialen Integrität Österreichs wie Sachsens sei zu diesem Zeitpunkt dringend geboten. Auf dieser Grundlage konnte Österreich im vorläufigen Frieden von Nikolsburg der Bildung von Konföderationen in Nord- und Süddeutschland zustimmen. Damit war der Anfang für eine funktionsfähige Beziehung zwischen den beiden Ländern gemacht. Sachsen wurde gezwungen, dem Norddeutschen Bund beizutreten, Österreich nicht besetzt und seine Reparationslast auf 20 Millionen Taler reduziert.

Die Rahmenvereinbarungen für einen Frieden kamen gerade zur rechten Zeit: Rußland hatte einen Friedenskongreß gefordert, und Napoleon übte durch Ausgleichsforderungen – Landau und Luxemburg für die Gewinne Preußens – Druck aus. Bismarck verweigerte jeglichen französischen Gebietszuwachs auf Kosten deutschen Territoriums. Aber Frankreich erweiterte seine Ansprüche und wollte nun auch noch Saarbrücken, Saarlouis und die gesamten linksrheinischen Gebiete Bayerns und Badens hinzu. Preußen lehnte schroff ab. Da Napoleon seinen Wünschen keinen militärischen Nachdruck verleihen konnte, zog er sie zurück und forderte statt dessen die Annexion Belgiens. Bismarck erklärte sich bereit, darüber nachzudenken. Der französische Botschafter in Berlin Benedetti war jedoch so unvorsichtig, einen schriftlichen Vertragsentwurf mit diesem Anspruch vorzulegen, was Bismarck dazu benutzte, die anderen Mächte, besonders England, ins Spiel zu bringen. Napoleon ließ die Sache auf sich beruhen. Die endgültigen Friedensverhandlungen zwischen Preußen und Österreich kamen am 23. August 1866 zum Abschluß, und am nächsten Tag wurde der Deutsche Bund offiziell aufgelöst. Preußen erhielt neben der Stadt Frankfurt Schleswig-Holstein, Hannover, Kurhessen, Nassau und andere hessische Gebiete.

Der Sieg von 1866 hatte auf die innenpolitische Situation Preußens erhebliche Auswirkungen. Als unheilvoll erwies sich die Unfähigkeit der Liberalen, eine unabhängige, konstruktive politische Alternative zu präsentieren. Sie traten in Bismarcks Lager über, weil er in seiner praktischen Politik deutlich gemacht hatte, daß er fähig war, Schritt für Schritt die Einigung Deutschlands herbeizuführen. Die Liberalen der anderen deutschen Staaten paßten sich dem nicht an, sondern blieben eher neutral. In Preußen unterbreitete Bismarck dem Landtag eine Gesetzesvorlage über die Kriegsentschädigung, die die nachträgliche Zustimmung zu allen Ausgaben seit Ausbruch des Verfassungskonfliktes vorsah. Sie wurde mit 230 gegen 70 Stimmen angenommen. Diejenigen Liberalen, die diese Vorlage unterstützt hatten, gründeten die Nationalliberale Partei unter der Führung von Rudolf Bennigsen, während sich die Oppositionellen der Fortschrittspartei anschlossen. Davon, Preußen in eine parlamentarische Demokratie zu verwandeln, war nicht mehr die Rede. Auch die Konservativen spalteten sich. Die alten Konservativen blieben Gegner der Bismarckschen Politik, während die Mehrheit die Freie Konservative Partei gründete, die die Interessen der Landwirtschaft und der Schwerindustrie vertrat. Die Vorherrschaft Preußens war erreicht. Bismarcks größter Triumph bestand jedoch darin, daß er es zwischen 1864 und 1871 fertigbrachte, die deutsche Frage aus ihrem europäischen Kontext zu lösen und die Einmischung der großen Mächte Europas zu unterbinden.

Nach Beilegung der Feindseligkeiten gab es auf der Basis einer ›kleindeutschen‹ Lösung für die Einigung Deutschlands drei Alternativen. Man konnte erstens eine breite Mehrheit der süddeutschen Bevölkerung für einen Beitritt zum Norddeutschen Bund gewinnen und somit, sehr zum Verdruß Napoleons III., dem von ihm so leidenschaftlich befürworteten Prinzip der Selbstbestimmung entsprechen; zweitens konnte man mit Napoleon eine Übereinkunft bezüglich des wallonischen Teiles von Belgiens treffen oder drittens mit Frankreich eine militärische Auseinandersetzung über die Dominanz in Mitteleuropa führen. Was die erste Möglichkeit betraf, so hatte der Krieg in weiten Teilen Süddeutschlands derartige antipreußische Ressentiments hervorgerufen, daß sie zumindest in der näheren Zukunft unrealistisch war. Die zweite Alternative berührte unmittelbar die Interessen Großbritanniens, Bismarck wollte aber eine mögliche Entfremdung vermeiden. Im Unterschied zur Situation in Italien 1859 konnte Bismarck keinerlei deutsches Gebiet offerieren, selbst wenn er das in Erwägung zog, da er damit den Zorn der öffentlichen Meinung provoziert hätte. Sowohl die Liberalen als auch der Generalstab votierte für die dritte Möglichkeit, für einen Präventiv-Krieg gegen Frankreich. Dem widersetzte sich Bismarck hauptsächlich deswegen, weil es den Liberalen einen erheblichen Einfluß auf militärische Angelegenheiten, die Prärogative der Krone, gewährt hätte, was wiederum zu einer weiteren Stärkung des Parlaments hätte führen können. Er antwortete den Generälen, militärische Überlegenheit sei allein noch kein Grund für einen Präventivkrieg. Zudem würde eine derart vollzogene Einigung Deutschlands den Eindruck erwecken, Preußen hätte den süddeutschen Staaten mit Gewalt seinen Willen aufgezwungen. Er selbst zog einen langsameren, einen organischeren Prozeß vor, bei dem sich die süddeutsche Bevölkerung allmählich für die Einheit Deutschlands unter dem Schutze Preußens entscheiden könne. Außerdem müsse ein solcher Angriff auf Frankreich die anderen europäischen Großmächte auf den Plan rufen.

Dem Prager Frieden folgte eine Phase ausgedehnter Verhandlungen mit den anderen norddeutschen Staaten, die mit der Vorlage der Verfassung des Norddeutschen Bundes am 7. Februar 1867 abgeschlossen wurden. Am 12. Februar wurde das Parlament der Konföderation gewählt. In diesem Parlament erhob die kleine sozialdemokratische Partei August Bebels ihre Einwände. Bebel protestierte ›gegen einen Bund, der nicht die Einheit, sondern die Zerreißung Deutschlands proklamiere, Deutschland zu einer großen Kaserne mache und den letzten Rest von Freiheit und Volksrecht vernichte‹. Damit war einmal mehr angedeutet, daß die Sozialdemokraten ihre Haltung gegenüber Bismarck verändert hatten. Mit Ferdinand Lassalle hatte sich Bismarck noch auf einer gemeinsamen Grundlage bewegen können. Lassalle hatte von der Realisierung der sozialdemokratischen Ziele innerhalb eines deutschen Nationalstaates geträumt. Nach seinem Tod 1864 gewann das marxistische Evangelium der proletarischen Weltrevolution an Einfluß. Damit änderte sich auch Bismarcks Einschätzung der Sozialdemokratie.

Am 16. April 1867 wurde die Verfassung des Norddeutschen Bundes mit 230 gegen 53 Stimmen verabschiedet, am 1. Juli trat sie in Kraft. Die preußische Krone übernahm als erbliches Amt die Präsidentschaft, erhielt das Oberkommando über die Streitkräfte und die Leitung der Außenpolitik sowie das Recht, Kriege zu beginnen und zu beenden und die Prärogative bei der Ernennung des Bundeskanzlers. Sämtliche Amtshandlungen des Präsidenten bedurften jedoch der Gegenzeichnung des Kanzlers. Mit 17 von 43 Sitzen besaß Preußen im ›Bundesrat‹ ein Übergewicht. Das Parlament konnte den Kanzler nicht entlassen, hatte aber ein gewisses Budgetrecht und Zuständigkeiten auf dem Gebiet der Wirtschaftsgesetzgebung.

Der Krieg von 1866 löste erneut eine Wirtschaftskrise aus, die in Preußen ernste Arbeitslosigkeit zur Folge hatte und zur Schaffung von Gewerkschafts- und Arbeitervereinigungen verschiedener Richtungen führte. Einer ihrer ersten Erfolge war die Durchsetzung des Assozierungs- und Streikrechts der Arbeiter, das der Norddeutsche Bund am 29. Mai 1869 in Kraft setzte. Gegen die vertragliche Abhängigkeit, in die sie das neue Industriewesen zwang, wehrten sich die Arbeiter erst später. Die Arbeitervereinigungen kämpften zunächst für bessere Ausbildungsmöglichkeiten und Chancengleichheit, da die Industrialisierung zwangsläufig zu einer minderen Bewertung der Handarbeit geführt hatte. In den frühen Arbeiterorganisationen waren überdurchschnittlich viele Gesellen vertreten. Sie konnten nicht mehr damit rechnen, Meister zu werden, weil die Handwerksbetriebe, selbst von den Fabriken bedroht, sich jede zusätzliche Konkurrenz vom Leibe halten wollten. Sie betrachteten sich selber nicht als Angehörige des ›Proletariats‹, da dieser Begriff zu jener Zeit noch eine ganz andere Bedeutung hatte. Damals war ein Proletarier ein mittelloser ungelernter Arbeiter, ein Vagabund, jemand zweifelhafter Herkunft, der häufig seine Arbeitsstelle wechselte.

Von London aus lenkten Marx und Engels Splittergruppen, die für sich beanspruchten, die Arbeiter zu vertreten. Die hervorragende Persönlichkeit in Deutschland blieb allerdings der Schriftsteller und Journalist Ferdinand Lassalle, der 1863 in Leipzig den ›Allgemeinen Deutschen Arbeiterverein‹ gründete. Er forderte unter anderem das allgemeine Stimmrecht für Männer und die Schaffung von Arbeitergenossenschaften, die Güter auf der Grundlage der Gewinnbeteiligung produzieren sollten. Diese Unternehmen sollten staatlich subventioniert werden. Sechs Jahre später gründeten Bebel und Wilhelm Liebknecht in Eisenach die Sozialdemokratische Arbeiterpartei, die in ihren Zielsetzungen marxistisch, internationalistisch, antipreußisch und betont revolutionär war. Lassalle, die treibende Kraft im Arbeiterverein, wurde 1864 in einem Duell getötet, und unter einem weniger dynamischen Nachfolger geriet der Verband schon bald in den Sog der revolutionären Sozialdemokratie, mit der er sich 1875 in Gotha unter dem Namen ›Sozialistische Arbeiterpartei Deutschlands‹ zusammenschloß. Diese internationalistische Partei auf nationaler Basis gewann dank der wachsenden Industrialisierung unter den Arbeitern immer mehr Anhänger, wurde aber zunächst von Bismarck gefährlich unterschätzt.

Bismarck gelang es zu dieser Zeit, noch andere deutsche Staaten zum Beitritt zum Norddeutschen Bund zu bewegen. Am 1. Januar 1868 wurde der Zollverein um acht weitere Jahre verlängert und ein Parlament dieser Union einberufen, dem die Abgeordneten des Norddeutschen Bundes und 85 süddeutsche Vertreter angehörten. Für Bismarck war das wieder ein wichtiger Schritt auf dem Weg zu einer deutschen Einigung. Weitere Fortschritte verhinderten aber zunächst die süddeutschen Deputierten, die preußischen Fortschrittlichen und die Konservativen.

Die süddeutschen Staaten, die mit Preußen separate Friedensverträge geschlossen hatten, erwiesen sich als unfähig, ein Gegengewicht zum Norddeutschen Bund zu schaffen. Deshalb schlossen sie sich, mit Ausnahme Bayerns, immer enger an Preußen an. Der württembergische Minister von Varnbüler ermunterte die süddeutschen Staaten, mit dem Norddeutschen Bund wechselseitige Allianzen einzugehen und im Fall eines Krieges die eigenen Truppen dem preußischen Oberbefehl zu unterstellen. Die praktische Konsequenz daraus war die Modernisierung ihrer Armeen nach preußischem Muster.

Angesichts der Fortschritte, die die nationale Konsolidierung Deutschlands machte, geriet Napoleon III. erneut unter den Druck, für Frankreich ›Entschädigungen‹ zu verlangen. Er griff wieder einmal die Frage des Herzogtums Luxemburg auf, das einerseits in Personalunion mit den Niederlanden regiert wurde und andererseits Mitglied des deutschen Zollvereins war. In der Luxemburger Festung waren preußische Truppen stationiert. Napoleon versuchte das Herzogtum zu kaufen und versicherte bei seinen Verhandlungen den Niederlanden, er werde Preußens Einwilligung erlangen. Die Zustimmung der Niederlande löste besonders unter den deutschen Liberalen und Nationalisten Entrüstung aus. Bennigsen fragte im Parlament des Norddeutschen Bundes, ob die Luxemburg betreffenden Gerüchte der Wahrheit entsprächen. Bismarck antwortete ausweichend. Die öffentliche Meinung in den Niederlanden zwang schließlich die dortige Regierung, die Verhandlungen abzubrechen. Napoleon meinte sein Gesicht verloren zu haben, aber da er für einen Krieg nur unzureichend gerüstet war, setzte er seine militärischen Vorbereitungen fort, während er gleichzeitig ein dreiseitiges Bündnis mit Österreich und Italien anstrebte. Italien sollte Rom erhalten, das sich noch im Besitz des Kirchenstaates befand. Der Plan einer Allianz erwies sich als Fehlschlag, da Österreich nach der Bildung von Österreich-Ungarn 1867 zu sehr mit seinen inneren Problemen beschäftigt war und die Italiener den vagen Versprechungen Napoleons nicht trauten. Erzherzog Albrecht besuchte allerdings im Februar 1870 Paris, um über eine mögliche Kooperation der österreichischen und französischen Streitkräfte zu beraten; im Juni desselben Jahres wurden die Gespräche in Wien fortgesetzt, wo sie vom Außenminister Beust, der in Sachsen das gleiche Amt innegehabt hatte, stark forciert wurden. Kaiser Franz Joseph ließ die Verhandlungen schließlich abbrechen. Er wollte Frieden und sich nur gezwungenermaßen an einem Krieg beteiligen.

Auch Wilhelm I. war für die Erhaltung des Friedens. Bismarck machte sich aber keine Illusionen darüber, daß die deutsche Einigung nicht ohne französischen Widerstand zustandekommen konnte. Er rechnete damit, daß die französischen Forderungen die süddeutschen Staaten an die Seite Preußens treiben würden. Darüber hinaus vermochte er Frankreich nichts anzubieten. Preußische Gebiete kamen nicht in Frage, und die Übereignung anderer deutscher Territorien hätte die Empörung jener deutschen Staaten zur Folge gehabt, mit denen er soeben Frieden geschlossen hatte. Seine Position war längst nicht so günstig wie die Italiens, da er keine ethnisch französichen Gebiete hatte, die er hätte opfern können.

Napoleon III. mußte sich nach dem innen- und außenpolitischen Fehlschlägen seiner Politik – die diplomatische Niederlage von 1866 und die fruchtlose Unternehmung in Mexiko waren im öffentlichen Bewußtsein noch recht lebendig – mit einer wachsenden Opposition im eigenen Lande auseinandersetzen, die sich durch größere Liberalisierung nicht mindern ließ. In diese Situation platzte eine neue, für Frankreich explosive Affäre: die spanische Hohenzollernkandidatur. 1869 war Prinz Leopold von Hohenzollern-Sigmaringen von Repräsentanten der Cortes gebeten worden, den vakanten spanischen Thron zu besteigen. Anfangs zeigte sich der Prinz wenig begeistert. Bismarck ermutigte ihn jedoch, weil er sich erhoffte, Preußen und Deutschland könnten von einer solchen Ausweitung des Einflusses der Hohenzollern profitieren. Er betrachtete die Angelegenheit als rein dynastisches Problem und rechnete kaum damit, daß sich deutsches Nationalgefühl an einer Hohenzollernkandidatur für den spanischen Thron entzünden könnte.

Die Dinge entwickelten sich jedoch in einer Richtung, die weder Bismarck noch die Cortes erwartet hatten. In Spanien gab es ein Mißverständnis bei der Entschlüsselung des entscheidenden Telegramms aus Berlin, was wiederum die Vertagung der Sitzung der Cortes verursachte. Bis dahin war die Angelegenheit geheim behandelt worden, jetzt aber schien das nicht mehr länger möglich; so unterrichtete Spanien Frankreich offiziell über die Kandidatur eines Hohenzollern für den spanischen Thron, und Frankreich zeigte sich natürlich alarmiert. Man erinnerte sich nur zu gut an das riesige Reich Karls V. und an die Position, in der sich Franz I. befunden hatte. Die Franzosen hielten das Ganze für eine preußische Intrige. Aber die

Angelegenheit hatte auch ihre reizvolle Seite. Bei vorausgegangenen Verhandlungen hatte Österreich verlauten lassen, die deutsche Frage könne nicht Anlaß für eine Beteiligung seinerseits an einem Krieg gegen Preußen sein. Der französische Außenminister, der Herzog von Gramont, war der Anführer der französischen ›Falken‹; im Gegensatz zu ihm hätte der müde und kranke Napoleon III. die Sache wohl durchgehen lassen. Gramont jedoch erklärte in der Deputiertenkammer, Frankreich werde niemals einen Ausländer auf dem spanischen Thron dulden, der das Gleichgewicht der europäischen Kräfte zum Nachteil der ›Grande Nation‹ verschiebe. Er drohte mit einem Krieg, falls diese Kandidatur aufrechterhalten werde. Französische Erkundigungen in Berlin ergaben anfänglich, daß die preußische Regierung mit der Kandidatur nichts zu tun hatte, da sie nur die Dynastie betraf. Genaugenommen stimmte das auch. Gramont war der erste gewesen, der mit Krieg gedroht hatte, und die französische Presse nahm diesen Ruf mit Vehemenz auf, bevor die deutsche Presse überhaupt wahrgenommen hatte, was sich tatsächlich abspielte. Bismarck interpretierte die französische Haltung öffentlich als Herausforderung für die Ehre Deutschlands und unterrichtete dementsprechend sowohl die preußischen Gesandten als auch die Journalisten.

In der Zwischenzeit hatte Benedetti mit Wilhelm I. in Bad Ems konferiert. Wilhelm schlug vor, Frankreich solle Spanien unter Druck setzen, von der Kandidatur Abstand zu nehmen; er selbst erhob keine Einwände dagegen, den Hohenzollernprinzen zurückzuziehen. Und tatsächlich nahm die Familie Hohenzollern-Sigmaringen am 11. Juli 1870 ihre Anwartschaft zurück. Was Bismarck auch immer für Pläne gehabt haben mag, sie wären nun obsolet geworden, hätte der Herzog von Gramont nicht darauf bestanden, einen großen diplomatischen Sieg durch eine Demütigung Preußens zu erringen. Er instruierte Benedetti dahingehend, daß er vom preußischen König eine Garantie verlange, die Kandidatur auch in Zukunft nicht mehr zu betreiben. Darüber hinaus wurde dem preußischen Gesandten in Paris bedeutet, daß man von Wilhelm I. einen Brief an Napoleon III. erwarte, in dem eine Art persönlicher Abbitte in dieser Angelegenheit geleistet werde. Am Morgen des 13. Juli sprach Benedetti mit Wilhelm auf der Emser Promenade, wobei der König das Ansinnen von Versicherungen für die Zukunft freundlich zurückwies. Im Laufe des Tages erfuhr er vom Rücktritt Prinz Leopolds und sandte deshalb seinen Adjudanten zu Benedetti, um ihn zu informieren, daß die Angelegenheit abgeschlossen sei. Benedetti bestand auf einer weiteren Unterhaltung, was Wilhelm mit dem Hinweis ablehnte, daß er seine Ansichten bereits am Morgen dargelegt und dem nichts hinzuzufügen habe. Frankreichs Haltung wurde von einer Fehleinschätzung seiner Position unter den europäischen Mächten bestimmt. Es hatte kein Recht, für sich eine Sonderstellung zu beanspruchen. Daß es dies trotzdem tat und schließlich die Regeln mißachtete, nach denen zwei gleichberechtigte Staaten untereinander zu verkehren pflegten, das führte zum Krieg.

Bismarck war über den Ausgang der spanischen Thronkandidatur enttäuscht, weil er gehofft hatte, er könne mit dieser Intrige die Geheimverhandlungen zwischen Österreich und Frankreich parieren. Am Abend des 13. Juli kehrte Bismarck von seinem Landgut bei Varzin zurück und nahm in Gegenwart Moltkes und Roons ein Telegramm aus Bad Ems entgegen, in dem ihn der König über sein Gespräch mit Benedetti informierte und es Bismarck überließ, diese Depesche der Presse zukommen zu lassen oder nicht. Der Text entmutigte seine Leser, die sich allzu rasch einem neuen Olmütz gegenübersahen. Besonders Moltke war verärgert, weil er den Krieg ›schon fest ins Auge gefaßt hatte‹. Was da stand, war recht lang geraten, und was noch wichtiger war: es vermittelte den Eindruck, als gebe Preußen den französischen Drohungen nach. Aus diesem Grunde redigierte Bismarck die Emser Depesche in eine Form, die man veröffentlichen konnte. Er kürzte sie um die Hälfte, was sie im Ton schroffer und freilich auch lesbarer machte und eliminierte dabei jeden Ausdruck, der zu der Annahme verleiten konnte, Preußen habe die französischen Demütigungen hingenommen. »Durch eine tragische Kombination von Unglück, Dummheit und Ignoranz stolperte Frankreich in den Krieg« (Michael Howard).

Dieser Kommentar würdigt zu wenig die Rolle, die damals Frankreich im Rahmen der internationalen Beziehungen zukam. Bis zur letzten Intervention Benedettis hatte sich alles in dem Rahmen bewegt, der das Verhältnis gleichberechtigter Staaten bestimmte. Frankreichs maßlose Garantieforderungen waren der Tropfen, der das Faß zum Überlaufen brachte. Aber es trieb die Sache noch weiter als notwendig und machte mobil. Die Emser Depesche traf auch das deutsche Nationalempfinden. Der süddeutsche Partikularismus war wie weggefegt, und als Frankreich am 19. Juli den Krieg erklärte, erhob sich nicht nur Preußen, sondern ganz Deutschland. Frankreichs Haltung erfüllte die deutsche Einigungsbewegung mit neuer Energie. Österreich rüstete, blieb jedoch neutral; es konnte den Schwung des deutschen Nationalismus nicht ignorieren. Eine mögliche Bedrohung durch England neutralisierte Bismarck dadurch, daß er Napoleons Plan, Belgien zu annektieren, durchsickern ließ. Rußland verhielt sich wohlwollend neutral und hielt auch Österreich in Schach.

Beide kriegführende Nationen befolgten eine Offensivstrategie. Die Franzosen wollten in der Nähe Straßburgs über den Rhein vorstoßen, um auf diese Weise das nördliche Deutschland vom südlichen abzuschneiden. Aber logistische Fehler, allgemeine Organisationsmängel und die schlechte Qualität der Offiziere machten die französischen Vorteile – wie das weitreichende Chassepot-Gewehr – wieder zunichte. Die Offensive wurde nirgends durchgehalten. Im Vergleich dazu bewährte sich jetzt die preußische Armeereform. Militärische Planungen, die man wegen der Luxemburg-Krise entworfen hatte, erwiesen sich nun als nützlich. Sie sahen die Eroberung von Paris vor, während die preußische Armee gleichzeitig die Hauptstreitmacht des französischen Heeres aus den reichen Landwirtschaftsgebieten Südfrankreichs in den ärmeren Nordosten abdrängen sollte.

Moltkes Grundsatz hieß, den Feind anzugreifen und zu schlagen, wo immer man ihn traf. Die deutschen Streitkräfte teilten sich in drei Armeen auf. Die 1. Armee unter General von Steinmetz bestand aus Rheinländern und Westfalen, die von Ost- und Westpreußen ergänzt wurden. Sie stellte die rechte Flanke dar und stand um Wittlich nahe bei Trier. Die 2. Armee unter dem Prinzen Friedrich Karl setzte sich aus den preußischen Garden, aus Brandenburgern und Sachsen, Hannoveranern und Holsteinern zusammen. Ihr Zentrum befand sich zwischen Homburg und Neunkirchen. Die 3. Armee unter dem Kronprinzen Friedrich Wilhelm bildeten die süddeutschen Streitkräfte sowie diejenigen Schlesiens und Posens. Diese linke Flanke stand zwischen Landau und Rastatt und sollte ins Elsaß vorrücken. Die ersten großen Schlachten wurden am 6. August von der

1. und der 3. Armee ausgefochten. Die 3. Armee traf im Elsaß auf die Truppen des Marschalls MacMahon, und in der Schlacht von Wörth errangen die bayerischen Streitkräfte ihren ersten Sieg, der die Franzosen zwang, sich aus dem Elsaß in Richtung Châlons zurückzuziehen. Bei Spichern traf die 1. Armee auf die Hauptstreitmacht der Franzosen, eroberte deren strategisch wichtige Höhen und zwang sie auf Metz zurück. Mit Ausnahme Straßburgs, das belagert werden mußte, eroberte man das gesamte Elsaß. Nun sollten die 1. und die 2. Armee auf Metz marschieren, während die 3. zur dortigen Nachhut vorzudringen hatte, um den französischen Rückzug abzuschneiden. Nach drei Schlachten, am 14., 16. und 18. August, die die Deutschen 50 000 Mann kosteten, gelang es, die französischen Armeen einzukreisen. Die Einkreisung von Metz war ursprünglich nicht vorgesehen, da sie einen Großteil der deutschen Truppen in Lothringen band, während MacMahon gleichzeitig aus Richtung Reims Streitkräfte zur Entsetzung des französischen Heeres heranführen konnte. Nun kommandierte Moltke die 3. Armee ab, um sich MacMahons Truppen, bei denen sich auch Napoleon III. befand, entgegenzustellen. Am 30. August wurden die Franzosen von den Soldaten des sächsischen Kronprinzen angegriffen, geschlagen und in Richtung Sedan zurückgedrängt. Dort wurden sie am 1. September ein weiteres Mal angegriffen und verloren die Schlacht. Am 2. September 1870 kapitulierten mehr als 100 000 französische Soldaten und ihr Kaiser.

Die Hoffnung, dies sei das Ende des Krieges, wurde jedoch enttäuscht. Die Niederlage von Sedan setzte das Zeichen für Revolutionen in Paris, Lyon, Bordeaux und Marseille. Napoleon wurde abgesetzt und eine provisorische Regierung unter General Trochu gebildet, mit Jules Favre als Außenminister und Léon Gambetta als Innenminister. Als die deutschen Armeen auf Paris vorrückten und es einkreisten, organisierte die neue Regierung noch einmal die nationale Verteidigung. Zunächst überwog der Belagerungskrieg; Metz gab sich am 27. Oktober geschlagen. Dann ergriffen die Franzosen wieder die Offensive, wurden jedoch von den Deutschen zurückgedrängt. Die Hauptkonzentration lag vom September 1870 bis zur Kapitulation von Paris am 24. Januar 1871 auf der Belagerung der französischen Hauptstadt. Der preußisch-deutschen Armee wurde später oft der Vorwurf gemacht, eine exzessiv harte Kriegsführung gegenüber Frankreich verfolgt zu haben. Dem steht das Zeugnis des im deutschen Hauptquartier anwesenden berühmten Offiziers des amerikanischen Bürgerkriegs, General Sheridan, entgegen, der die humanitären Bedenken der Deutschen völlig ungerechtfertigt fand. Man muß, meinte er, »den Bewohnern des Landes so viel Leid zufügen, daß sie sich nach dem Frieden sehnen und bei ihrer Regierung darauf dringen. Es darf den Leuten nichts bleiben als die Augen, um den Krieg zu beweinen.«

Seit dem Sieg von Sedan war Bismarck sorgsam darum bemüht, den militärischen Triumph in politisches Kapital umzumünzen: einen deutschen Bundesstaat zu schaffen, wie ihn sich die Liberalen wünschten – aber keinen Einheitsstaat. Von Oktober an reisten süddeutsche Politiker zum Hauptquartier bei Versailles, um ihren Eintritt in einen erweiterten Norddeutschen Bund oder die Schaffung eines neuen Bundesstaates zu diskutieren. Bismarck besaß genug historisches Bewußtsein, um die partikularistischen Traditionen der deutschen Kleinstaaten zu respektieren. Aus diesem Grund machte er gewisse Konzessionen; so sollte Bayern in Friedenszeiten sein eigenes militärisches Oberkommando behalten und auch Post und Eisenbahn weiterhin selbst verwalten dürfen. Aber wie sollte der Titel des Präsidenten dieser Föderation lauten? Sollte er deutscher Kaiser oder Kaiser der Deutschen sein? Besonders die Liberalen führten wochenlange Debatten über diesen Einzelaspekt. Bedeutsamer jedoch war Wilhelms I. Weigerung, überhaupt etwas derartiges zu werden. Erst ein schriftlicher Appell König Ludwigs II. konnte ihn dazu überreden, den Titel ›Deutscher Kaiser‹ anzunehmen. Was Wilhelm allerdings nicht wußte: Bismarck hatte Ludwigs Brief selber entworfen, und Ludwig erhielt beträchtliche Summen aus Mitteln, die Preußen durch die Annexionen von 1866 gewonnen hatte. Das Parlament des Norddeutschen Bundes entsandte eine Dreierdelegation unter der Führung Eduard Simsons, um Wilhelm zu bitten, die kaiserliche Würde entgegenzunehmen. Oberflächlich war die Kontinuität zu 1849 wiederhergestellt worden. Die offizielle Proklamation des Deutschen Reiches fand im Spiegelsaal des Schlosses von Versailles statt, genau 170 Jahre, nachdem Preußen Königreich geworden war. Unter den Anwesenden befanden sich keine Zivilisten; Bismarck trug ebenfalls eine Kürassieruniform, und die Abgeordneten waren nicht vertreten. Für alle war dies ein erhebender Augenblick – nur nicht für den Mann, der Kaiser wurde, der in seinen Gemächern Tränen vergoß, weil er die Auflösung des klassischen Preußen voraussah und sich beinahe weigerte, der Zeremonie beizuwohnen. Während des Proklamationstages ignorierte Wilhelm Bismarck fast völlig. Am 26. Februar 1871 wurde ein vorläufiger Friedensvertrag zwischen Deutschland und Frankreich geschlossen, dem am 6. Mai in Frankfurt ein endgültiges Friedensabkommen folgte. Außer daß Frankreich zur dreijährigen Zahlung beträchtlicher Kriegsentschädigungen verpflichtet wurde, verlor es das Elsaß, das zwei Jahrhunderte zuvor von Deutschland abgetrennt worden war, und die Hälfte Lothringens. Die Wiedergewinnung dieser ›verlorenen Gebiete‹ begeisterte die alten Liberalen von 1848; was jedoch Bismarck betraf, so beugte er sich dem militärischen Urteil Moltkes und des Generalstabs, die eine günstigere Grenze zu einem Land für nötig hielten, das Jahrhunderte lang Deutschlands Schwäche zu seinem eigenen Vorteil genutzt hatte. Außer daß die Kriegsentschädigung Frankreich für einige Zeit schwächte, erfüllte sie noch einen Zweck. Man konnte auf ein ständig zur Verfügung stehendes Kapital zurückgreifen, falls sich der Reichstag bei Rüstungsbewilligungen als ebenso störrisch erweisen würde wie der Preußische Landtag zwischen 1860 und 1866. Es gab einen Augenblick nationaler Freude in Deutschland. »Wodurch hat man die Gnade Gottes verdient, so große und mächtige Dinge erleben zu dürfen?« fragte der Historiker Heinrich von Sybel. Einstige Kritiker Bismarcks wie Heinrich von Treitschke, Gustav Freytag und Berthold Auerbach bekannten sich nun zu ihm. Die Mehrheit des deutschen Volkes sah in der Reichsgründung die Erfüllung ihrer nationalen Wünsche und der deutschen Geschichte.

Bismarcks Politik stand im Einklang mit der preußischen Tradition, die Sicherheit und die innere Stabilität des Staates allen anderen Erwägungen überzuordnen. Das zeigt sich am besten an der Bismarckschen Verfassung, die der Deutsche Reichstag am 16. April 1871 verabschiedete. Als Instrument der Regierung war sie in gleichem Maß eine Schöpfung der Staatskunst wie der Gesetzgebung. Sich ihr vom rein verfassungsmäßigen Standpunkt zu nähern, würde die Komplexität ihrer Struktur eher verdunkeln als erhellen. Ihre Eigenheit wird evident in einem Satz der Präambel, der von einem »ewigen Bund zum Schutze des Bundesgebietes und des innerhalb desselben gültigen Rechtes sowie zur Pflege der Wohlfahrt des deutschen Volkes« spricht.

Das scheint ein verfassungsrechtliches Paradox zu sein, denn entweder ist die Verfassung ein Zusammenschluß gleichberechtigter Partner und folglich ein Vertrag, oder sie ist ein Gesetz und kann dann kein Vertrag sein. Letztendlich schließen sich beide Annäherungsversuche gegenseitig aus. Aber daß eine solche Situation nicht einzigartig ist, zeigt sich an der Verfassung der Vereinigten Staaten mehr als deutlich. Man kann die deutsche Reichsverfassung nur dann verstehen, wenn man sie als die Verkörperung von zwei sich wechselseitig ausschließenden Strukturen anerkennt, der des Föderalismus und der des Einheitsstaates, des Vertrags und des Gesetzes. Es blieb die fundamentale Frage offen, ob das Prinzip der demokratischen Legitimität das der monarchischen überwunden hatte – und genau diese Zweideutigkeit kennzeichnet Bismarcks Kompromiß. Die Antwort konnte nur entschieden werden, wenn die Exponenten der verschiedenen Richtungen den Konflikt aktiv austrugen. 1871 lag Preußens Hauptvorteil in den traditionellen administrativen und militärischen Institutionen, die die beiden Klassen, auf die sich das Reich gründete, weitgehend integriert hatten: die Aristokratie und das Bürgertum. Den raschen Aufstieg der Arbeiterklasse sah Bismarck noch nicht voraus, und deshalb erwartete er auch noch keine Klassenkämpfe. Die Verfassung von 1871 war das Resultat des Wunsches nach der Einheit Deutschlands und der Ziele des Bürgertums, die zum Beispiel in der Vertretung des deutschen Volkes im Reichstag auf der Grundlage des allgemeinen männlichen Wahlrechts bestanden. Die wesentliche Funktion des Reichstages bestand in seiner Beteiligung am Gesetzgebungsprozeß. Sowohl Reichstag als auch Bundesrat hatten jedes Gesetz erst einmal zu verabschieden, bevor es erlassen werden konnte, und hatten auch das Recht, Gesetze zu initiieren. Im Gegensatz zu heutigen Parlamenten war der Reichstag durch diese Aufgabe nicht überlastet. Daher bestand seine Funktion hauptsächlich in der Ausübung jener Rechte, die ihm Einfluß auf die Reichsverwaltung erlaubten, und seine größte Macht lag in der Kontrolle des Budgets. Vom Standpunkt des Reichstags aus war die Verfassung unitarisch und hatte die Form eines Gesetzes. Aber zugleich war sie, vom Standpunkt des Bundesrates her, föderalistisch. Hier waren die verschiedenen deutschen Staaten vertreten, das monarchische Prinzip bestimmte die Verfassung, und der Rechtsaspekt war der eines Vertrages. Damit nicht Parteienzwist die nach außen hin hervorragende Struktur sprengte, die dem erfahrenen Blick Bismarcks jedoch höchst fragil schien, waren weder die Außenpolitik noch die Armee oder die Regierung und die Person des Kanzlers der direkten parlamentarischen Kontrolle unterworfen. Der Reichstag, der (von der Kontrolle des Budgets abgesehen) auf so großen Gebieten nicht eingreifen konnte, hatte eine andere Aufgabe: er war ein Sicherheitsventil für Unzufriedenheit und Sprachrohr der öffentlichen Meinung – beides konnte man oben bei passender Gelegenheit brauchen.

13. KAPITEL

Preußen in Deutschland

Preußen prägte Deutschland nicht einseitig, sondern wurde in gewisser Weise auch selbst ›germanisiert‹. »Preußen bedarf mehr der Germanisierung als Deutschland der Borussifizierung ... Angesichts der Verpflichtungen, die wir dem Reich gegenüber haben, halte ich es ... für eine Pflicht, zuerst die Macht des Reiches und nicht die eines Großpreußentums zu erstreben.«

Diese Worte Bismarcks kennzeichnen seine Haltung, weisen aber auch auf den Ernst der Auseinandersetzungen hin, die der Kanzler mit den preußischen Konservativen hatte. Nach Bismarcks Ansicht bedrohte eine Vielfalt von Gefahren den neuen Staat. Wegen der gegen seinen Widerstand annektierten Gebiete waren die Franzosen ihm höchst feindselig gesinnt; darüber hinaus war Österreich-Ungarns Verhalten in den ersten Jahren nur schwer einzuschätzen. Im Innern sah sich Bismarck der Bedrohung durch einen antipreußischen politischen Katholizismus in Süd- und Westdeutschland sowie den traditionell desintegrierenden Kräften partikularistischer Gefühle und der immer lauter vorgetragenen Forderung nach der vollständigen parlamentarischen Kontrolle der deutschen Regierung ausgesetzt. Daß der ›Kulturkampf‹ – der jeglichen kirchlichen Einfluß auf das politische Leben Preußens und Deutschlands eliminieren wollte – nicht als fundamentale Gegnerschaft Bismarcks gegenüber der katholischen Kirche mißverstanden werden kann, bedarf keines ausführlichen Hinweises mehr. Noch 1870 hatte Bismarck dem Papst Asyl in Berlin angeboten, sofern er gezwungen sei, den Vatikan zu verlassen; aber dahinter standen nicht etwa altruistische Motive, sondern der Gedanke, daß man eine katholische Koalition gegen Preußen à la Kaunitz verhindern müsse. Militärisch waren die partikularistischen Kräfte 1866 geschlagen worden, hatten aber nun die Möglichkeit, ihren Kampf auf parlamentarischer Basis durch Beitritt zur katholischen Zentrumspartei und durch ihre Unterstützung fortzusetzen. Das traf nach 1871 auf die Elsässer ebenso zu wie auf die Polen und die hannoverschen Welfen. Hinzu kam, daß für Bismarck die Zentrumspartei die katholische Kirche im Dienst des Parlamentarismus (womit er die Zwänge parlamentarischer Demokratie meinte) darstellte. Bismarcks Aversion gegen das unkontrollierte Eindringen volkstümlicher Ideologien und Gefühle in die Politik verdient besondere Beachtung, weil sich seine Aversion selbst zu einer Ideologie auswuchs: der Liberalismus bewege sich zwangsläufig jenseits der aktuellen Absichten ihrer Vertreter – sie könnten die machtvolle Woge von 40 Millionen, die in Bewegung geraten seien, nicht zurückhalten.

Der Kulturkampf wandte sich gegen Partikularismus und Parlamentarismus. In dieser Auseinandersetzung trug Bismarck zwar keinen Sieg davon, aber ein politisches Canossa erlebte er auch nicht. Wie viele seiner Widersacher mußte er schon sehr bald das Anwachsen der Arbeiterbewegung wahrnehmen, die er noch 1871 als quantité négligeable betrachtet hatte. Diese sozialistische Bewegung war ihren Zielen wie ihren Mitteln nach revolutionär und, anders als die Gruppe um Lassalle, mit dem Bismarck einst sympathisiert hatte, internationalistisch gesinnt. Sie einte auf der Gegenseite die Verteidiger des politischen, sozialen und wirtschaftlichen Status quo mit den Anhängern des Prinzips der monarchischen Legitimität und den Kirchen. Bismarck hatte es versäumt, die dynamischen Kräfte der industriellen Revolution genau abzuschätzen; die Umwandlung der deutschen Wirtschaft und des gesellschaftlichen Lebens zwischen 1871 und 1890 nahm ein Ausmaß an, das selbst für ihn durchaus unerwartet war. Hinzu kamen eine weltweite Agrarkrise und die Probleme des sich ständig vergrößernden Proletariats – allein schon ausreichender Anlaß, den Kulturkampf abzubrechen. Die industrielle Revolution, die Agrarkrise und die Ausweitung des Proletariertums fanden in der Gesetzgebung ihre Entsprechung: in Schutzzöllen, den Sozialistengesetzen und nachdrücklichen Maßnahmen auf dem Gebiet der Sozialwohlfahrt.

Bismarcks protektionistische Handelspolitik darf nicht isoliert vom internationalen Kontext betrachtet werden. Die durch die Überproduktion der großen Landwirtschaftsbetriebe ausgelöste Rezession führte zu einer allgemeinen Forderung der betroffenen Länder, einschließlich der Vereinigten Staaten, nach Einführung von Zöllen, um auf diese Weise billigere Importe fernzuhalten und der eigenen Agrarwirtschaft ein dem im industriellen Sektor entsprechendes Einkommen zu sichern. Man braucht nur die Entwicklung und die Forderungen der ›Populist Party‹ in den USA betrachten, um zu erkennen, daß sie in vieler Hinsicht gleiche Voraussetzungen und ähnliche Ziele besaß wie die entsprechenden Interessengruppen in Deutschland. Die preußische Landwirtschaft war extrem hart von der Einfuhr billigen russischen Weizens betroffen, wonach schon bald hohe Zölle auf Industriegüter folgten, die Deutschlands Anteil am russischen Import dieser Waren von 24 Prozent 1875 auf 5 Prozent im Jahr 1885 verringerten. Es weist auch auf die allmählich abbröckelnde politische Stellung der Junker hin, daß sie für die Durchsetzung der Zollgesetze im Reichstag der Unterstützung anderer bedurften. Sie fanden einen Verbündeten in der deutschen Schwerindustrie, die ihrerseits ebenfalls von den russischen Zöllen betroffen war. Um überleben zu können, mußten die Repräsentanten der alten Agrarordnung die Hilfe der Industrie in Anspruch nehmen und auf diese Weise die kapitalistische Industriegesellschaft und alles, wofür sie stand, akzeptieren. So waren die Landwirte und die Industriellen diejenigen, die die aufeinanderfolgenden Maßnahmen der Zollgesetzgebung nach 1879 forcierten.

Die Frage war, ob Deutschland – besonders Preußen mit seiner Schwerindustrie, seiner Bürokratie und einer vorindustriell verhafteten Sozialstruktur – in der Lage war, die Probleme einer neuen Wirtschaftsorientierung, einer starken Arbeiterklasse in den Städten und der Agrarkrise zu meistern und mit deren gesellschaftlichen Folgen zurechtzukommen. Wieder erschien es aus Bismarcks Auffassung vom Primat des Staates zwingend, daß sich der Staat weder zum hilflosen Objekt partikularistischer Parteiinteressen noch zu dem der wirtschaftlichen der Großindustrie degradieren ließ. Statt dessen sollte die Gesellschaft wieder durch den Staat geprägt werden, während der Staat selbst auf einer integrierten und nicht zerrissenen Gesellschaftsstruktur beruhte. Das Konzept der natürlichen Harmonie der sozialen Kräfte und die Realisierung dieser Harmonie bestimmten Bismarcks Innenpolitik in einem weit größeren Ausmaß als der Klassenkampf. Das Prinzip der Übereinstimmung der Solidarität zwischen Staat und Gesellschaft bildete die Grundlage für Bismarcks ›Staatssozialismus‹, der in seinem Kern mit dem Staatsbegriff Friedrich Wilhelms I. und Friedrichs II. identisch war.

Die preußische Bürokratie war während des ganzen 19. Jahrhunderts dem allgemeinen Trend des Freihandels und der Nicht-Einmischung des Staates in wirtschaftliche Angelegenheiten gefolgt. Bismarck, der die Rolle des Staates als die eines integrierenden, eines erziehenden und eines regulierenden Faktors der Gesellschaft begriff, teilte nicht jene Haltung und war auch nicht bereit, sie angesichts der sozialen und ökonomischen Umwälzungen zu tolerieren. Schon 1863 gab er der Meinung Ausdruck, daß die Wirtschaftssteuerung zu wichtig sei, um sie den unpersönlichen Mächten des offenen Marktes oder den Parteienauseinandersetzungen zu überlassen. Die Pariser Kommune bot eines der zahlreichen Beispiele für die Notwendigkeit staatlicher Intervention, um soziale Unzufriedenheiten und kapitalistische Auswüchse einzuschränken.

Die divergierenden Ansichten führten zu unvermeidlichen Zusammenstößen mit traditionell Liberalen. Einer fand mit dem preußischen Handelsminister von Itzenplitz statt, der eine staatliche Lohn- und Preiskontrolle gleichbedeutend mit einem Sieg sozialistischer Prinzipien ansah. Bismarck antwortete, daß der Ablehnung der Staatsordnung durch die Sozialdemokratie einzig staatliche Interventionen entgegengesetzt werden könnten, um sie in nutzbringende Richtungen zu lenken und jene sozialistischen Forderungen zu erfüllen, die gerechtfertigt erschienen und im Rahmen der bestehenden sozialen und staatlichen Ordnung durchführbar seien.

Bismarck war jedoch nicht der einzige, der erkannte, daß die orthodox liberale Doktrin des ›laissez-faire‹ mit den Folgen der industriellen Revolution nicht fertigwerden konnte. In späteren Jahren berief er sich häufig auf eine Passage aus dem Werk eines der bedeutendsten Vertreter der deutschen Jurisprudenz, Rudolph Sohm: »Aus den Kreisen des dritten Standes selbst sind die Gedanken hervorgegangen, welche nun, den Feuerbrand tragend, die Massen des vierten

Standes aufreizen gegen den dritten. Was in den Büchern der Gebildeten und Gelehrten geschrieben ist, das und nichts anderes ist es, was man jetzt auf den Gassen predigt ... Die Bildung des 19. Jahrhunderts ist es, welche sich selbst den Untergang predigt. Wie die Bildung des 18., so trägt die Bildung des 19. Jahrhunderts die Revolution unter ihrem Herzen. Wenn sie gebären wird, so wird das Kind, welches sie mit ihrem Blut genährt hat, seine eigene Mutter umbringen.«

Den revolutionären Kräften war weder mit dem Laissez-faire-Prinzip noch mit allgemeiner Unterdrückung beizukommen, sondern nur mit der Aufdeckung realer und praktischer sozialer Mißstände und gleichzeitiger gezielter Unterstützung für die Anhänger des sozialen und politischen Status quo. Diese Politik brachte einige unerwartete Ergebnisse. Sowohl die Katholiken wie die protestantischen Kirchen fanden rasch eine Antwort auf die veränderten sozialen Bedingungen. Unter den Protestanten war es besonders die antisemitische Bewegung des Berliner Hofpredigers Adolf Stöcker, die, hauptsächlich vom Elend und allgemeiner Desorientiertheit profitierend, proletarische Elemente an sich zu ziehen schien. Wie bei allen anderen Tendenzen politischer Emotionalität richtete Bismarck auch hierauf seine besondere Aufmerksamkeit: gegen das Gespenst einer populistischen Sozialrevolution empfahl er die Anwendung der Sozialistengesetze und die Entlassung des einflußreichen Geistlichen aus seiner Stellung am preußischen Hof.

Diese Antwort auf die von Stöcker ausgelöste Massenpsychose war typisch für Bismarck. Solange sie nur geringfügigeren Anklang fand, ignorierte er ihn und seine Bewegung. Für wichtiger erachtete er die Bedrohung durch eine soziale Revolution, was ihn dazu veranlaßte, den Kampf mit der Kirche einzustellen. Danach wurden die Konfessionen zu den wichtigsten Stützen des Bismarckschen Staates gegen die angebliche sozialistische Gefahr. Der liberale preußische Kultusminister Falck, einer der Hauptexponenten des Kulturkampfs, wurde durch Robert von Puttkamer ersetzt, einen streng Konservativen mit tief religiösen Überzeugungen, die so extrem waren, daß er eine unmittelbare Verbindung zwischen Preußens Geschick und der Gnade Gottes sah: Preußen war für ihn Gottes eigener Liebling. Von Puttkamers Karriere – als Kultusminister, bis 1888 dann Innenminister –

bleibt durch seine Bemühung gekennzeichnet, die Religion wieder zu einem lebendigen und wesentlichen Bestandteil der Staatsmaschinerie und zu einer Defensivwaffe gegen den sich ausbreitenden Materialismus zu machen.

Aber Religion allein reichte nicht aus, um die Grundlage des deutschen Obrigkeitsstaates zu sichern. Jede neue Nation wird in hohem Maß von der Klasse oder Kaste geprägt, die den meisten Anteil an ihrer Entstehung besitzt und auf der ihre Konsolidierung und ihre Sicherheit beruhen. In Preußen und in Deutschland war dies offensichtlich die Armee – besonders die preußische, die noch eindeutig vom Adel beherrscht war. Das Bürgertum mußte enger mit ihr verflochten werden, um fest an der Seite der Verteidiger des sozialen und politischen Status quo zu marschieren. Natürlich hatten die Siege von 1864, 1866 und 1870/71 viel dazu beigetragen, die Liberalen in Preußen und anderwärts für Bismarck zu gewinnen. Aber Roons Militärreform beinhaltete schon eine Maßnahme, die im Hinblick auf die institutionelle Absorption innerer Konflikte langfristige Bedeutung erlangen sollte: es war die Schaffung eines ›Reserveoffizierskorps‹ zwischen 1861 und 1880, wodurch das Bürgertum dem aristokratischen und monarchischen Charakter des preußischen Staates und des Deutschen Reiches angeglichen wurde. (Obwohl die Ausweitung des Offizierskorps natürlich zum Teil das Ergebnis der Erkenntnis war, daß der alte Adel für ein Massenheer, auf dessen Mobilisierung die militärische Planung nun beruhte, nicht mehr ausreichte.) Statt durch Bürgerliche das Offizierskorps zu erweitern, wurden bürgerliche Anwärter in das bestehende, von ungebrochenen Traditionen und einem eigenen Geschichtsverständnis geprägte Korps aufgenommen, was das Wertsystem der Neulinge auf Dauer dem preußisch-monarchischen Denken anpassen mußte. Vor dem Hintergrund der industriellen Revolution und des Aufbruchs des städtischen Proletariats wurden das preußische und das deutsche Bürgertum in ihrer ständigen Angst vor einer möglichen Revolution der ›Besitzlosen‹ eng mit den Sicherheit verheißenden staatlichen Institutionen verbunden. Die Konsequenz bestand nicht in einer Absorbierung der Armee durch die Nation, sondern umgekehrt in der militaristischen Indoktrinierung des Reserveoffizierskorps und der Militarisierung der deutschen Nation mit einer Gewichtsverlagerung vom ostelbischen Landadel auf das deutsche Bürgertum als Ganzes. Daß eine solche Verschiebung möglich war, dafür gab es mancherlei Gründe. Viele Deutsche, die vor der Vorherrschaft Preußens gewarnt hatten, waren durch den Krieg gegen Frankreich über Nacht umgeschwenkt. Damit wurde die Armee zu einem kostbaren Schatz Deutschlands, und die Ressentiments gegen den preußischen Militarismus nahmen, besonders angesichts der Ereignisse von 1871, ab, was unter anderem freilich auch dazu führte, daß Deutschland an seiner westlichen Grenze einen offenbar unversöhnlichen Feind besaß. Deutschlands geographische Verletzbarkeit, die Unvollständigkeit der deutschen Einigung (vielen Deutschen erschien Bismarcks ›kleindeutsche‹ Lösung als halbe Strecke auf dem Weg nach Großdeutschland), die Heterogenität seiner historischen Ursprünge, national, aber wie der Begriff des ›Reiches‹ zeigt, ideologisch doch das Nationale transzendierend: all dies schien dafür zu sprechen, das stehende Heer den unbeständigen Einflüssen parlamentarischer Politik zu entziehen. Wenig mehr als 20 Jahre später sorgte das französisch-russische Bündnis für das Gespenst der ›Einkreisungspolitik‹, im Grunde nur ein Symptom der 200 Jahre alten preußischen Unsicherheit, die nun auf das ganze Deutsche Reich übertragen worden war. Der Schlieffenplan, Deutschlands Fernostpolitik und schließlich der Aufbau einer Kriegsmarine waren die unmittelbaren Konsequenzen. Es ist daher ein grundsätzlicher Fehler, in der deutschen Politik von 1871 bis 1914 vom Primat der Innenpolitik zu sprechen. Innen- wie Außenpolitik waren die beiden Seiten der gleichen Münze. Es ging nicht um den Primat der einen oder der andren, sondern um deren Interpendenz.

Die Anpassung weiter Kreise des deutschen Bürgertums an die Wertordnung der preußischen Militäraristokratie stellte kein übermäßiges Problem dar, weil die Kluft zwischen Adel und Bürgertum weniger tief war, als gemeinhin angenommen wird. Die Aristokratie hatte selber ihre bedeutendste Auffrischung durch die im Laufe einiger Generationen geadelten Bürger erfahren. Der preußische Staat und sein Adel übten auf die meisten Begabungen des Bürgertums eine besondere Anziehungskraft aus. Allgemein gesprochen, war der Aufstieg des Bürgertums langsam und stetig genug, um Verhaltensweisen zu züchten, die sich nicht wesentlich von denen unterschieden, welche die Tradition, die Kultur und die Lebensart der Aristokratie geprägt hatten. Üblicherweise begann der soziale Aufstieg auf der Ebene des Besitzbauern oder Handwerkers, setzte sich über Berufe wie den des Lehrers oder des Geistlichen bis zum Verwaltungsbeamten oder unteren Militär fort, um schließlich im höheren Verwaltungsdienst oder im Offiziersrang seinen Gipfel zu erreichen. Bekannte Beispiele findet man in den Familien derer von Humboldt, Scharnhorst, Gneisenau, Clausewitz, Schön, Yorck, Boyen, Grolman oder Steuben. Außerdem wurden auch Heiratskonventionen nicht mehr so streng eingehalten: die Mütter Bismarcks und Bülows entstammten dem Bürgertum ebenso wie die des älteren Moltke und Hindenburgs. Im Vergleich zum Adel anderer deutscher Länder stellen die nahezu 30 Prozent Junkerheiraten mit Bürgerlichen einen extrem hohen Anteil dar. Wie schon gesagt, bestand einer der Hauptfaktoren des integrierenden Staates darin, daß Heiraten mit Bürgerlichen nicht notwendigerweise ein Ausscheiden aus der Schicht der Junker bedeutete. Der Ehepartner übernahm zumeist das Wertsystem der Adligen, und die Kinder kehrten oft in den Kreis der Junker zurück, wenn sie heirateten.

Aber die Eheschließungen verliefen keineswegs nur eingleisig: die Abkömmlinge aufstrebender Bürgerfamilien heirateten nicht selten auch Töchter aus dem Adel. Am Vorabend des Ersten Weltkrieges hatten von den preußischen Generälen bürgerlicher Abstammung 43 Prozent in die Aristokratie eingeheiratet. Während des 19. Jahrhunderts belief sich der Anteil der Angehörigen des Bürgertums an den höchsten Posten in der preußischen Bürokratie auf 22 Prozent; zudem stellten sie 34 Prozent aller Innenminister. Zwischen 1871 und 1918 entstammten 32 Prozent des preußischen und 26 des kaiserlich deutschen diplomatischen Dienstes dem Bürgertum, in der zweiten Kammer des preußischen Landtages hingegen waren es 78 Prozent. Wie eine vergleichende Analyse der politischen und militärischen Führung in Österreich und Preußen zwischen 1804 und 1918 gezeigt hat, bot Preußen dem Bürgertum größere Möglichkeiten persönlichen Vorwärtskommens, während sein Adel stärker als der österreichische an allen Lebensbereichen außerhalb der Politik und des Militärs teilhatte und sich besonders in der Kunst und den Wissenschaften hervortat. Bei der Betrachtung der zunehmenden Verbindungen zwischen Aristokratie und Bürgertum und deren gemeinsamer Anstrengung, die bestehende politische und soziale Struktur zu erhalten, sollte man sich erinnern, daß trotz einstiger und gegenwärtiger Differenzen die Voraussetzungen für diesen Prozeß besonders in Preußen schon existierten. Die durch die Agrarkrise wachsende Gefährdung des Landadels förderte die Annäherung beider Klassen. Aber den wesentlichen Beitrag dazu leistete die Institutionalisierung des Reserveoffiziers, da durch sie das deutsche Bürgertum, das seinen Aufstieg weitgehend der ökonomischen und industriellen Entwicklung verdankte, einer vorindustriellen Sozialordnung und einem ihr entsprechenden Wertsystem angepaßt wurde.

Mit diesem Prozeß gingen fundamentale personelle Veränderungen in der preußischen Verwaltung einher, die sich auch auf andere Bundesstaaten des Reiches übertrugen. Ältere Beamte eher liberaler Gesinnung wurden vorzeitig in den Ruhestand versetzt und durch jüngere Staatsbedienstete abgelöst, die »mit ihren adligen Kollegen in der überzeugten Betätigung konservativer Gesinnung« wetteiferten. »Wer die Personalverhältnisse der preußischen Regierungskollegien in dem letzten Viertel des vorigen Jahrhunderts gekannt hat, weiß, daß liberale politische Anschauungen unter den Verwaltungsbeamten so gut wie nicht vertreten waren. Der jüngere Nachwuchs dachte in seiner Staatsauffassung konservativ.«

1794 hatte die preußische Beamtenschaft die Sicherstellung ihrer Amtszeit erreicht. Um sich ihrer Loyalität und Konformität zu versichern, erließ Wilhelm I. nun 1882 eine Verlautbarung, die die preußischen Staatsbeamten zwang, einen Loyalitätseid auf den Monarchen abzulegen und seine Regierungspolitik bei Wahlen zu vertreten. Und eine *conditio sine qua non* für den Eintritt in die höheren Verwaltungsränge war natürlich die Zugehörigkeit zum Reserveoffizierskorps.

Durch eine drastische Rationalisierung wurde ab 1879 die preußische Richterschaft zwischen 50 und 60 Jahren pensioniert: es war die Generation, die Bismarck während des Verfassungskonfliktes so heftig bekämpft hatte. Gleichzeitig erreichten Anwälte und Rechtsbeistände ihre Unabhängigkeit vom Justizministerium, was viele junge Richter veranlaßte, dem konservativen Repressionsdruck durch den Ausweg in eine freiberufliche Existenz zu entkommen. Trotz eines ständig wachsenden Bedarfs an zusätzlichen Richtern erfolgten während der achtziger Jahre keine Ernennungen mehr, was zusammen mit der Pensionierung älterer Beamter Teil einer Politik sozialer und ideologischer Gleichschaltung war.

Diese Refeudalisierung der Bürokratie wurde besonders in Preußen praktiziert, was insofern bedeutsam war, als dieses Land nicht nur die Hauptgrundlage der deutschen Industrie darstellte, sondern auch in bezug auf Flächengröße und Bevölkerungsanteil zwei Drittel des Deutschen Reiches ausmachte. Die relative Uniformität der preußischen Sozialstruktur sicherte auf ihre Weise die gewünschte Stabilität, und der Kampf gegen potentiell revolutionäre Sozialisten wie diese institutionelle Absorbierung der industriellen Revolution sorgten für einen verhältnismäßigen Erfolg dieser Politik.

Daß die Sozialdemokraten der internationalen Revolution verpflichtet waren, konnte von Bismarck kaum ignoriert werden. Der sozialdemokratische Abgeordnete und spätere ›Revisionist‹ Georg von Vollmar schrieb dazu kurz und bündig, zwischen der Sozialdemokratie und dem deutschen Staat stelle sich eine Machtfrage, die nur auf den Straßen und auf dem Schlachtfeld, das heißt mit dem Schwert zu entscheiden sei: »Wir wollen euch vernichten. Ja, wir sind die Feinde eures Besitzes, eurer Versippung, eurer Religion und eurer ganzen Ordnung. Ja, wir sind Revolutionäre und Kommunisten.«

Zwei Attentatsversuche auf Wilhelm I. lieferten Bismarck den Vorwand zur Einführung seiner Sozialistengesetze, die die sozialistische Führung treffen und zerstören sollte. Wie er 1888 bemerkte, liege es in der Natur der Sozialdemokratie, die existierende Staatsordnung zu negieren. Dementsprechend sei es das Recht und die Pflicht des Staates, nicht nur den Auswirkungen sozialdemokratischer Politik entgegenzutreten, sondern auch das Existenzrecht der Sozialdemokratie zu bekämpfen, denn sie befinde sich mit dem Staate in einem Kriegszustand.

Doch ging Bismarck auf viele substantielle Beschwerden des Industrieproletariats ein. Er wies häufig darauf hin, daß Deutschland ohne ein gewisses Maß an Sozialismus nicht existieren könne und sich an die Praktizierung eines bestimmten ›Staatssozialismus‹ gewöhnen müsse, in dem ein ›praktisches Christentum‹ zum Ausdruck komme: es genüge nicht, Almosen zu verteilen, sondern man müsse

Wohlfahrt rechtlich dort bereitstellen, wo der gute Wille zur Arbeit nicht mehr genüge. Das Ergebnis bestand in seiner für ihre Zeit beispiellosen Sozialgesetzgebung.
Bismarcks Sozialistengesetze erwiesen sich als Fehlschlag: die Sozialdemokratie war weniger eine Partei als eine Lebensweise, die ihren Mitgliedern im Bildungs-, Kultur- und Erholungsbereich Erleichterungen verschaffte. Die Partei war zwar ihrer Führung beraubt, nicht aber der Bereitschaft ihres harten Kerns, neue, dem doktrinären Parteiprogramm verpflichtete Antriebskräfte zu unterstützen. Statt die Partei unschädlich zu machen, half ihr Bismarck, sich zu festigen, und da es ihm nicht gelungen war, die revolutionäre Ideologie zu tilgen, sah er sich nach angemessenen Alternativen für die bestehende Verfassung und die Art der Volksvertretung im Reichstag um. Die Umsetzung dieser Ideen hätte einen Staatsstreich bedeutet, da die von Bismarck angestrebte Art der parlamentarischen Repräsentation vorsah, das Prinzip der Stimmenmehrheit durch ein System der Vertretung von Interessengruppen zu ersetzen. Nach Bismarcks Ansicht ergaben materielle Interessen einen vernünftigeren gemeinsamen Nenner als die Ideologien der bestehenden Parteien.
Christopher Dawson, Thorstein Veblen und andere haben auf die besondere Natur der industriellen Revolution in Deutschland hingewiesen; Ralf Dahrendorf hat diesen Gesichtspunkt wieder aufgegriffen und großen Nachdruck auf das Tempo und die Gründlichkeit gelegt, mit der sie durchgeführt wurde. Was zum Beispiel in England im Laufe von 150 Jahren erreicht wurde, schaffte Deutschland in knapp einem Drittel dieser Zeit. Der Industrieproduktionsindex (1913 = 100) stieg in England von 34 im Jahr 1860 langsam, aber stetig auf 53 im Jahr 1880 und 79 zur Jahrhundertwende; im Vergleich dazu beziffert sich der Index in Deutschland im Jahr 1860 auf 14, 1880 auf 25 und 1900 auf 65. Eine Umwälzung diesen Ausmaßes konnte besonders im sozialen und politischen Bereich nicht ohne ernstliche Verwirrungen vor sich gehen.
Die Umstrukturierung der Wirtschaft ergab sich aus verschiedenen Faktoren. Da war zunächst einmal der Aufstieg der Industriekonzerne. Ein Vergleich der Statistiken der Aktiengesellschaften und Gesellschaften mit beschränkter Haftung im Jahre 1910 zeigt, daß es zu dieser Zeit im Deutschen Reich etwa 5000 solche Gesellschaften mit

einem Kapital von etwa 16 Milliarden Mark, in Großbritannien dagegen etwa 50 000 Gesellschaften mit einem Kapital von etwa 44 Millionen Mark gab. Dem durchschnittlichen Gesellschaftskapital von weniger als einer Million Mark in England entspricht eines von mehr als drei Millionen Mark in Deutschland. Ähnliches kann man auch in anderen Bereichen der Industrie- und der Finanzwelt beobachten. Die Bildung von Konzernen, Trusts und Kartellen wurde in Deutschland vom Staat gefördert, und man kann durchaus behaupten, daß vom Beginn der Industrialisierung an die mittelständischen Unternehmen eine geringere Rolle als die Wirtschaftsgiganten einnahmen. Zweitens hatte sich die gesamte Industrialisierung natürlich der Unterstützung eines Staates erfreut, dessen Sozialstruktur von vorindustriellen Elementen und Verhaltensweisen geprägt war. Drittens hatte der Staat die industrielle Revolution nicht nur gefördert, sondern unmittelbar an ihr durch die Gründung nationalisierter Unternehmen wie Eisenbahnen und Kanälen partipiziert. So besaß Preußen 1913 allein in der Eisen- und Stahlindustrie 14 Förderminen und 12 Hochöfen und Hüttenwerke. Da Elektrizität, Wasser, Gas und Transportgewerbe den Länder- bzw. Munizipalregierungen unterstellt und sowohl der Staat wie die Privatwirtschaft an Unternehmen wie Staatsbanken beteiligt waren, besaß der Staat, im Vergleich zu den überwiegenden Privatunternehmen in England, einen beträchtlichen Anteil an eigenen und daher von ihm gelenkten Industrieanlagen und Finanzierungsinstituten. Sein vordringliches Ziel bestand nicht in der Erzielung eines Gewinns, sondern in der verantwortlichen Wahrung des Allgemeinwohls und des öffentlichen Interesses. Das kaiserliche Deutschland im allgemeinen und Preußen im besonderen hatte eine wirtschaftliche Ordnung geschaffen, die aus einer Mischung privaten und öffentlichen Eigentums bestand.

Viertens finden wir parallel zum Staatskapitalismus die Entwicklung eines Staatssozialismus. Auch hier geht der grundsätzlich wichtige Anstoß von Preußen aus. Sicherlich war der Zeitpunkt der Sozialgesetzgebung Bismarcks von taktischen Erwägungen im Zusammenhang mit seinen Sozialistengesetzen bestimmt, aber seine wirkliche Anteilnahme an sozialen Problemen hatte schon weit zurückliegende Gründe: die Regulierung und Milderung sozialer Mißstände war schon immer ein charakteristisches Merkmal des preußischen Staates gewesen und in gleichem Maß Produkt der Staatsvernunft wie des pietistischen Erbes. Des Kanzlers Sozialgesetzgebung und die seiner Nachfolger fügt sich berechtigt in eine lange Tradition. Aber ebenso bedeutsam ist die Tatsache, daß der preußische Staatssozialismus Teil der Politik war, den Staat zu sichern, zu festigen und auszudehnen – oder wie es Max Weber formulierte: daß das letzte Maß des Nationalstaats auch auf wirtschaftlichem Gebiet die raison d'état sein müsse.

Fünftens schließlich stehen wir vor der bemerkenswerten Besonderheit, daß Deutschlands industrielle Revolution keine unabhängige pluralistische Sozial- und Wirtschaftsordnung hervorbrachte, sondern eine Gesellschaft, in der alle Teile der Nation letztendlich dazu fähig waren, ihre Interessen denen des Staates unterzuordnen. Deshalb ließ, laut Ralf Dahrendorf, die industrielle Revolution auch die liberalen Prinzipien verkümmern, statt ihnen ein Gedeihen zu ermöglichen.

Anfang des 20. Jahrhunderts besaß Deutschland eine Wirtschaftsstruktur, in der sich weite Bereiche im Staatseigentum befanden, sogar die Privatwirtschaft staatlich reguliert wurde und folglich reines Profitstreben öffentlicher Kontrolle unterworfen war. Der Staat trug Sorge also für die Industrie wie für das soziale Wohl und tat dies besser als andere vergleichbare Länder zu jener Zeit. Wie Thorstein Veblen, ein zeitgenössischer Beobachter, anmerkte: das Kaiserreich wurde zum Industriestaat »ohne die Bürde langfristiger institutioneller Folgen. Es trug mit sich eine Vorliebe für romantische Loyalität, verstärkt durch einen militärischen Patriotismus, erzeugt durch eine Reihe erfolgreicher Kriege. Arrogantes Bewußtsein seiner nationalen Macht, zusammen mit der neu errungenen wirtschaftlichen Leistungsfähigkeit, war der feudale Geist seiner Bevölkerung bisher in keiner Weise gedämpft durch die kurze Erfahrung als moderne Industriegesellschaft. Und getragen von der alten Tradition der Stärke und dynastischer Aggression, unterstützte der preußische Kaiserstaat diesen militanten Geist und kultivierte im Volk das Bewußtsein einer Solidarität, die aus reiner Leistung entstanden war. Daher als Folge eine ausgesprochene Unterentwicklung der Bewegung, die zu weitreichender politischer Autonomie hätte führen sollen.«

Bedarf vieles davon auch genauerer Qualifizierung und Differenzierung, so trifft die Schlußfolgerung doch zu, daß die industrielle Revolution in Deutschland nicht eine liberale bürgerliche Gesellschaft herbeiführte und die bewegende Kraft aller sozialen, wirtschaftlichen und politischen Veränderungen ein übermächtiger, von seinen Bürgern zu verehrender Staat blieb. Dabei erhebt sich natürlich die Frage, warum die preußischen, die deutschen Staatsbürger in einen Kompromiß zwischen Freiheit und Macht hätten einwilligen sollen. Begriffe wie ›Preußischer Militarismus‹ und ›Teutonische Aggressivität‹ können hier eine fehlende zutreffende Erklärung nicht ersetzen.

Warum ordneten die preußische und dann die deutsche Gesellschaft, schließlich sogar die Sozialisten ihre Interessen denjenigen des Staates unter, um ihm auf diese Weise zu erlauben, als Bewahrer des Status quo sowie als initiierende Kraft jeglicher Veränderung zu agieren? Das Bewußtsein von der Schutzfunktion des Staates und die seit dem frühen 18. Jahrhundert in Preußen wirksame Ideologie der staatlichen Gemeinschaft formierten sich selbst zur Antwort auf den Ruf nach der Einheit Deutschlands und bewegten sich dabei auf dem vom romantischen Begriff der Nation vorgezeichneten Weg zur Ideologie einer nationalen Gemeinschaft, einer Volksgemeinschaft. Preußen stellte eine eigentlich künstliche Schöpfung dar, die, im Innersten unsicher, eine Überlebensgarantie nur in seiner Armee besaß. Sie prägte durch ihre Verteidigungsfunktion sowie ihre Rolle bei der Konsolidierung des Staatsgebiets die preußische Gesellschaft in entscheidendem Maß. Die Ereignisse, die zur Einigung Deutschlands führten, übertrugen das spezifisch preußische Problem auf das ganze Deutsche Reich. Im Interesse der nationalen Sicherheit war es sowohl Ziel der Regierung wie der Wunsch weiter Teile des Bürgertums, die sozialen und ökonomischen Konflikte aufzufangen und eine Synthese zu erreichen.

Oft wurde ein Vergleich mit der politischen Entwicklung Englands, Frankreichs und der Vereinigten Staaten angestellt. Deutschland machte nicht die Erfahrung der Revolutionen, die die Entwicklung dieser Staaten geprägt haben sollen, und besonders von Preußen wird behauptet, daß durch seinen Einfluß sich die Feudalgesellschaft nicht zu einer demokratischen habe entwickeln können. Aber auch von der puritanischen Revolution – wenn es überhaupt eine war – ließe sich sagen, sie habe in England keine demokratische Gesellschaft herbeigeführt und sich zudem nur geringer Popularität erfreut. In Frankreich wurde die Revolution von einer kleinen Minderheit inszeniert und endete mit einem Kompromiß zwischen Adel und Großbürgertum, dem eine bis auf den heutigen Tag spürbare Teilung der Nation entsprang, während an der amerikanischen Revolution vor allem ihr konservativer Charakter ins Auge springt. Liest man die Schriften der Föderalisten, »The Federalist Papers«, bestätigt sich dies nur allzu rasch. Bis weit ins 19. Jahrhundert waren, in unterschiedlichen Erscheinungsformen, vor allem die Ideen Alexander Hamiltons und John Adams' wirksam, nicht aber diejenigen Thomas Jeffersons, ganz zu schweigen von Revolutionären wie Sam Adams und Thomas Paine.

Daß die Ideale der Französischen Revolution, besonders der Begriff der Menschenrechte, mit der Unterstützung einer Invasionsarmee einherkamen, war ihrer Verbreitung kaum förderlich. Man vergißt allzu leicht, daß der aufgeklärte Absolutismus seinen Untertanen Vorteile bescherte, die den Neid vieler ausländischer Zeitgenossen erregten und noch hundert Jahre später Richard Cobden dazu veranlaßten, Preußen als höchst effizienten, bestverwalteten Staat zu bezeichnen, der für seine Bevölkerung mehr als andere tat. Warum besteht die Notwendigkeit einer Revolution von unten, wenn oben Reformen vorgenommen werden? Schillers und Goethes Zeitgenosse Friedrich Daniel Schubart, selbst ein Opfer schlimmster absolutistischer Willkür und begeisterter Anhänger der Französischen Revolution, rief aus: »Nicht aus Frankreich und nicht aus England kam die wahre Toleranz nach Deutschland. Luther brachte die Gedankenfreiheit, Friedrich (der Große) und Joseph (II.) waren die Säulen der Toleranz.«

Und Goethe bemerkte 1824 in einem Gespräch mit Eckermann: »Revolutionen sind ganz unmöglich, sobald die Regierungen fortwährend gerecht und fortwährend wach sind, so daß sie ihnen durch zeitgemäße Verbesserungen entgegenkommen und sich nicht so lange sträuben, bis das Notwendige von unten her erzwungen wird. Den aufgeklärten Despotismus hat es in Frankreich zu keiner Zeit gegeben. Was immer auch aus der Rückschau seine Fehler waren – die Praxis des aufgeklärten Despotismus in Preußen und Österreich unter Joseph II. galt als beispielhaft für viele ihrer Zeitgenossen. Napoleon stellt zwischen die Büsten Washingtons und Mirabeaus die Friedrichs des Großen. Friedrich wurde sogar zu einer literarischen Kultfigur in einem Theaterstück, das im Revolutionsjahr 1789 die Pariser Massen anzog. In der Tat, im Zusammenhang des 18. Jahrhunderts war der deutsche Fortschritt durch den aufgeklärten Absolutismus die eigentliche Ursache deutscher politischer Unterentwicklung, wenn man diese Entwicklung mit Deutschlands westlichen Nachbarn vergleicht.«

Bismarck hatte auf eine Synthese von Staat und Gesellschaft hingearbeitet, wobei er allerdings nur partiell erfolgreich war. Selber noch den Traditionen der Nüchternheit und der Vernünftigkeit verpflichtet, ging er Probleme unter dem Aspekt des faktisch Machbaren an. Aber gegen Ende seines Lebens verstand er seine eigene Zeit nicht mehr. Für ihn bedeutete Politik bestenfalls ein sehr komplexes Geschäft, und mit dem Aufstand der Massen wurde es praktisch unkontrollierbar. Seine Versuche, gegen diesen Wandel anzukämpfen, brachten ihn letztlich zu Fall.

Sein Rückzug markiert das vorläufige Ende Preußens als Idee und Ethos. De facto hatte es bereits 1871 zu bestehen aufgehört. Der alte preußische Adel mit seiner im Land und in der Armee verwurzelten Stellung sah sich einem neuen Zeitalter gegenüber; die Landwirtschaft wurde mit der Ära der Dampfmaschinen konfrontiert. Der einfache Kodex von Ehre und Pflicht gegenüber dem Staat reichte zur Bewältigung seiner Komplexität nicht mehr aus. Die Neureichen drohten die alte herrschende Klasse zu entmachten. Der Gutsbesitzer paßte nicht zum Industriekapitän. Bleichröders Klientel bewies nur allzusehr, in welchem Ausmaß die Sprößlinge der alten ruhmreichen Familien, einschließlich Bismarcks, den Versuchungen des Reichtums erlagen. Was von Preußen blieb, waren äußerliche Pracht, Militärparaden, Marschieren und wieder Marschieren, der knarrend derbe Kasernenhofton, Uniformen und Säbelgerassel. Als Wilhelm I. starb, war dies der Anfang vom Ende einer Ära. In Anbetracht des bestimmenden Einflusses des deutschen Liberalismus auf die Politik Kaiser Friedrichs III., seinen Nachfolger, gibt es dennoch keinen Anlaß zu der Vermutung, daß er, wäre er nicht 100 Tage nach seiner Thronbesteigung an seiner tückischen Krankheit gestorben, das neue imperialistische Erscheinungsbild hätte verändern können, das den deutschen Nationalismus gegen Ende des 19. Jahrhunderts kennzeichnet. Solange Bismarck an der Spitze des Staates stand, konnten die Propheten des Irrationalismus ihre Meinung noch äußern, wurden aber durch ihn von jeglichem politischen Einfluß ferngehalten. Während der Regentschaft des letzten Hohenzollernkönigs und letzten deutschen Kaisers, Wilhelms II., wandelte sich die Politik dergestalt, daß sie die sicheren Pfade der Regierung Bismarcks verließ und risiko- und gefahrenreicher agierte, ohne je ihr eigentliches Ziel klar angeben zu können. Wilhelm II. war mehr ein Deutscher als ein Preuße; die Tatsache, daß er dazu auch ein halber Engländer war, verschlimmerte sein Identifikationsproblem noch mehr. Auch hatte er von seiner englischen Mutter eine unbegrenzte Taktlosigkeit geerbt, der er sich zeit seines Lebens jedoch nicht bewußt wurde.

Preußen war mit Deutschland verschmolzen und nicht umgekehrt. Deutschlands Glaube an seine Stärke und die Macht seines Staates war nicht langsam gereift, sondern hatte sich plötzlich zu übertriebenem Selbstvertrauen ausgewachsen. Die Zeit bis zum Ersten Weltkrieg ist von einem ständigen unterschwelligen Bewußtsein der Schwäche bestimmt, und die selten offen ausgesprochenen Zweifel der Deutschen an der Solidität der Grundlagen ihres neuen Staates waren stets vorhanden. Preußische Politik war nunmehr durch deutsche Politik ersetzt worden. Die extremen Auswüchse der Ideen von 1848 hatten schließlich doch gesiegt.

14. KAPITEL

Das Ende Preußens

Der preußische Staat gründete nicht auf der Begriffsdefinition von ›Volk‹, wie sie von Herder postuliert worden war, daß nämlich Staat und Nation sinngleich seien, wobei das ethnische und kulturelle Erbe eine solche Einheit zur Staatlichkeit prädestiniere, da sie keine künstliche, sondern eine natürliche, organisch entwickelte Gemeinschaft darstelle. Preußen war, wie das Habsburgerreich, eine künstliche Schöpfung, ein Produkt der Dynastie und ihrer Diener. Aber im Gegensatz zu diesem Kaiserreich war es fast immer ein rein deutscher Staat gewesen, ohne mit den Problemen nationaler Minderheiten belastet zu sein. Diese tauchen erst in der letzten Phase seiner Geschichte auf, als die Idee der deutschen Nation vorherrschend wurde und den Kräften des ›risorgimento‹ Auftrieb gab, von dem im 19. Jahrhundert Mittelost-, Südost- und Südeuropa ergriffen war. Das wurde besonders 1871 bei den Polen deutlich, denen es zwar nichts ausmachte, Untertanen der preußischen Krone zu sein, die aber auf keinen Fall deutsche Staatsbürger werden wollten.

Zumindest seit der Regentschaft Friedrich Wilhelms I. stand in Preußen eher die Idee vom Staat als die Dynastie im Vordergrund. Der Staatsbegriff sah Einheit vor, und auf dieser Basis konnte eine bunte Vielfalt von Gebieten mit weit differierenden Traditionen und unterschiedlicher wirtschaftlicher, politischer und sozialer Entwicklung integriert werden. Preußen war nicht das Ergebnis dynastischer Ehen oder Erbschaften gewesen. Es konnte nur existieren, solange seine Bürger den Staatsbegriff anerkannten. Warum dieses Abstraktum eine derartig integrierende Funktion ausüben konnte, ist schwer zu beantworten. Eigentlich schloß diese Idee nur rigorose Anforderungen ein. Dem Monarchen wie allen seinen Untertanen wurden nicht pflichtgetreue Absichten, sondern einzig Anstrengungen und Leistungen belohnt. Preußen gab nie vor, ein demokratischer Staat zu sein oder werden zu wollen. Es war stolz auf seine hierarchische, autoritäre Struktur. Der totalitäre Staat, der in seinem Ursprung demokratischen Charakter trägt, war Preußen fremd, wie auch das preußische Wesen dem Totalitarismus fremd blieb. In seinen Herrschaftsmethoden war es immer revolutionär gewesen, aber seiner Natur nach war und blieb es konservativ.

Der wesentlich deutsche Charakter Preußens war allerdings Ursprung sowohl seiner Stärken wie seiner Schwächen. Einerseits sahen gerade deshalb so viele in Preußen den einzigen deutschen Staat, der die deutsche Nation wieder zu einer relevanten politischen Einheit verschmelzen konnte, zu einem Reich. Andererseits brach die von Preußen repräsentierte allgemeine Bindung nach der deutschen Wiedervereinigung gerade deshalb auseinander, weil keine der unterschiedlichen Gruppen wie Westfalen, Friesen, Pommern, Brandenburger, Ostpreußen und Polen ihre Identität hatte aufgeben müssen, um preußisch zu sein. Im Gegensatz zu den Bayern beispielsweise stellten ›die Preußen‹ keine Stammesgruppe dar, deren Selbstbewußtsein über 2000 Jahre gemeinsamer Geschichte sich entwickelt hätte. Deshalb mußte der Begriff Preußen auch in dem Deutschlands nach der politischen Wiedervereinigung aufgehen. Von diesem Augenblick an mußte die integrierende Kraft, die es auf seine einzelnen Landesteile ausgeübt hatte, zwangsläufig erlahmen. Oder wie es Bismarck einmal ausdrückte: »Als Preußen hatten und haben wir noch ein besonderes Nationalgefühl, eigentlich ein Teil des größeren deutschen. Im Grunde besaß es keine größere Berechtigung als der Patriotismus der anderen deutschen Staaten. Soweit es mich betraf, war es selbstverständlich, daß ich dieses preußische Bewußtsein, mit dem ich aufgewachsen war, tief fühlte, aber sobald ich die Überzeugung gewann, daß das preußische Nationalgefühl den Amboß darstellte, auf dem man die anderen zusammenschmieden konnte, gab ich die Verfolgung einseitiger preußischer Ziele auf.«

Doch die Verfolgung deutscher Ziele mußte, besonders im Zeitalter eines sich weltweit ausbreitenden Imperialismus, die geistige Substanz Preußens schwächen, bis sie schließlich völlig ausgelöscht war.

Dieser Prozeß wurde weder in Deutschland noch in der übrigen Welt wahrgenommen. ›Das preußische Erbe‹ wurde zum Synonym einer deutschen Politik, deren Ziele wenig mit der traditionellen preußischen raison d'état zu tun hatten, und für die folgenden Kollisionen mit Mächten, die nicht minder habgierig waren als der neuentstandene deutsche Nationalstaat. Der einzige Unterschied bestand darin, daß jene Mächte sich schon in einem derartigen Ausmaß Gebiete angeeignet hatten, daß alles, was Deutschland erstrebte, auf ihre Kosten gehen mußte.

›Die preußische Idee‹ wurde zum romantisierten Vehikel des deutschen Nationalismus und lieferte den Kritikern innerhalb und außerhalb des Kaiserreichs Bismarcks und Wilhelms II. reichlich Angriffsmöglichkeiten. Innenpolitisch wurde sie gleichgesetzt mit den ökonomischen Interessen der ostelbischen Großgrundbesitzer, den preußischen Konservativen und ihrem Widerstand gegen den industriellen Fortschritt und die Forderung weitergehender Demokratisierung. Die Konservativen stellten freilich nur eine Komponente Preußens dar. Es war in gleichem Maße das Kernland des deutschen Konservatismus wie der deutschen Sozialdemokratie. 1912 stellten die Sozialdemokraten die größte Fraktion im Reichstag. Die größte sozialistische Partei der Welt war berühmt für ihre Organisation und ihre ›preußische‹ Disziplin. Wer von außen aufgrund oberflächlicher Erscheinungen urteilte, konnte allzu leicht zu dem Schluß kommen, Deutschland sei nichts als ein vergrößertes Preußen, und es existiere eine durchgehende Linie von Friedrich dem Großen bis zu Bismarck und zu Wilhelm II. und später sogar bis zu Hitler; wer die deutsche Außenpolitik etwa mit typisch ›preußischem Expansionsdrang‹ gleichsetzte, übersah geflissentlich, daß Preußen in seiner gesamten Geschichte nur zwei Angriffskriege geführt hatte, den von 1740 und den von 1866.

Preußen war angeblich vom zivilisierten romanischen Einfluß unberührt geblieben und deshalb barbarisch bis auf die Knochen: ein Produkt des Ostens, das ideell dem Luthertum und der von ihm gepredigten Unterwerfung unter die weltlichen Mächte verpflichtet sei. Eine derartige Charakterisierung ist nicht nur irreführend, sie versäumt vor allem, die westlichen Geistesströmungen und besonders den Einfluß des niederländischen und französischen Calvinismus zu beachten, der ein stoisches Ethos hervorbrachte, ein Pflichtgefühl, das ›das romanische Barock als hohle Eitelkeit bar jeglicher Leistung‹ zurückwies. Das Leistungsprinzip wurde zu einer oft bewunderten, aber ungeliebten Tugend, besonders wenn es sich im Staatsdienst und nicht in Privatunternehmen zu entfalten hatte: als Dienst bis zuletzt, bis zum Tod. Wenn die zehnjährigen Jungen in eine preußische Kadettenanstalt eintraten, wurde ihnen folgende Standardrede vorgetragen: »Meine Herren! Sie haben den schönsten Beruf erwählt, den es auf dieser Erde gibt. Sie haben das höchste Ziel vor Augen, das es auf Erden nur geben kann. Wir lehren Sie hier, dies Ziel zu erfüllen. Sie sind hier, um das zu lernen, was Ihrem Leben erst die letzte Bedeutung verleiht. Sie sind hier, um sterben zu lernen.« Und was man auch immer gegen Preußen und gegen die Preußen einzuwenden haben mag – man kann nicht behaupten, sie hätten es nicht verstanden, auf den europäischen Schlachtfeldern oder an Hitlers Galgen mit Würde zu sterben.

Aber Tod im Dienst am Staat als Erziehungsziel mußte in einer Welt und in einer Weltordnung mit einem Fluch bedacht werden, die glaubte und noch glaubt, liberal zu sein – in einer Gesellschaft, in der der Tod das Thema zu einem der großen Tabus geworden ist. Unvermeidlich mußte das als eine Bedrohung angesehen werden, besonders wenn, wie im Kaiserreich Wilhelms II., keine konkreten außenpolitischen Ziele erkennbar waren; Sir Eyre Crowes Memorandum von 1907 erläutert dies eindrucksvoll.

Preußen hörte mit der Abdankung Wilhelms II. 1918 und der Proklamation der Deutschen Republik nicht auf zu existieren. Das Überraschende ist, daß es Nicht-Preußen waren wie der Pfälzer Friedrich Ebert oder die Generäle Reinhardt und Groener aus dem Württembergischen, die besonders um die Erhaltung Preußens sich bemühten und häufig seine alten Tugenden beschworen und auch zum Teil bewahrten.

Obwohl der Einfluß Preußens auf die Politik des Reiches in der Weimarer Republik nur gering blieb, war er doch nicht völlig ausgeschaltet. Im Reichsrat, der Vertretung der Länder bei der Gesetzgebung und Verwaltung des Deutschen Reiches 1919 bis 1934, besaß Preußen, obwohl immer noch der größte deutsche Staat, keine weiterreichenden Rechte als jeder andere. Zudem konnte der Reichsrat auch keine Gesetze initiieren. Was Preußen während der Weimarer Republik kennzeichnet, ist seine vergleichsweise große Stabilität. Zwischen 1920 und 1932 stand der Sozialdemokrat Otto Braun an der Spitze der preußischen Regierung, der die Parteien der ursprünglichen Weimarer Koalition angehörten (Sozialdemokraten, Demokraten und Zentrum), wozu sich zwischen 1921 und 1925 noch ein Vertreter von Stresemanns Deutscher Volkspartei gesellte. Von 1919 bis 1933 besaß die Weimarer Republik 20 verschiedene Regierungen. Währenddessen konnte Preußen dank seiner Stabilität einen Demokratisierungsprozeß in seinem Verwaltungsapparat durchführen, und Staatsbedienstete, die mit diesem Vorgang nicht einverstanden waren, konnten rasch entlassen werden; etwas derartiges wäre im Staatsdienst des Reiches unmöglich gewesen. Preußen vermochte die extreme Rechte und die extreme Linke unter Kontrolle zu halten und in seiner Verwaltung eine Synthese zwischen dem alten Preußen und den neuen demokratischen Kräften herzustellen.

Als der Generalfeldmarschall a. D. Paul von Hindenburg 1925 den verstorbenen Friedrich Ebert als Reichspräsidenten ablöste, schienen mit ihm die reaktionären Kräfte gesiegt zu haben, obwohl dabei immer wieder vergessen wird, daß Ludendorff bei den Präsidentschaftswahlen geschlagen wurde. Im ganzen gesehen bewies Hindenburg gegenüber der Republik größere Loyalität, als man es von einem Manne seiner Laufbahn und seiner Art hätte erwarten können. Als man ihn 1932 wiederwählte, stand er gegen den Kandidaten der äußersten Rechten, den Österreicher Adolf Hitler. Unter den damaligen Politikern war schwerlich einer zu finden, der die schon sich auflösende Republik noch zäher hätte verteidigen können als der ehemalige Feldmarschall des Kaisers. Es ist nicht zutreffend, daß seine Wahl der Republik das Grab schaufelte: Die Parlamentarier damals waren schon fleißig dabei, dies selber zu tun. Hätte eine funktionierende parlamentarische Demokratie bestanden – was die Weimarer Republik nicht war –, und wäre Deutschland einem minder schweren ausländischen Druck unterworfen gewesen, hätte Hindenburg wohl das verbindende Element zwischen den traditionellen und den demokratischen Kräften sein können.

Hindenburg lag nichts daran, die Verfassung zu zerstören; aber nachdem der Reichstag einmal damit begonnen hatte, seine Funktion als

Gesetzgeber und als integrierende Kraft des politischen Willens der Nation nicht mehr wahrzunehmen, entstand ein Machtvakuum, das nur vom Präsidenten auszufüllen war. Oft hat man ihm mangelndes politisches Urteilsvermögen und ein altersbedingtes Nachlassen seiner Geisteskräfte vorgeworfen. Selbst wenn dies zutraf, bewies er doch noch größere Zurückhaltung und Skepsis gegenüber Hitler als die meisten jüngeren Zeitgenossen. Ohne Hindenburg hätte Hitler viel früher die Macht ergreifen können, als dies schließlich der Fall war. In den letzten beiden Jahren der Republik bemühte sich Hindenburg beharrlich, wieder eine von der Mehrheit des Parlaments gestützte Regierung einzusetzen. Daß er eine Mehrheitskoalition aus den Mitte-Rechts-Parteien (ohne Hitler) einer Links-Regierung vorzog, die ja auch unmöglich war, weil den Kommunisten die ›Sozialfaschisten‹, wie sie die Sozialdemokraten nannten, verhaßter waren als Hitler, zeigt zwar seine eigenen politischen Neigungen, beweist aber keineswegs, daß er die Verfassung verletzen wollte. Die einzige Alternative, die gegen Hitlers Machtergreifung bestand, hieß Militärdiktatur. Der General Kurt von Schleicher – kurzfristig, vom Dezember 1932 bis Januar 1933, Reichskanzler – scheint Gedanken in dieser Richtung gehegt zu haben. Hindenburg durchkreuzte diese Pläne, womit er dem Buchstaben der Verfassung die Treue hielt. Da er sich weigerte, einen dieser Verfassung widersprechenden Schritt zu unternehmen oder zu sanktionieren, hauchte die schon sterbenskranke Weimarer Republik schließlich den letzten Atem aus. Aber der Präsident blieb Hitler gegenüber skeptisch und versuchte bis zuletzt das Äußerste, um die mächtige Exekutivgewalt, die Armee, ihm vorzuenthalten. Daß er auf den Rat seines eigenen Sohnes und des Vizekanzlers Franz von Papen mit Werner von Blomberg einen Hitleranhänger zum Reichswehrminister ernannte, wußte der greise Präsident der Republik nicht. Als Hitler sich dann an der Macht befand, strich der alte Mann ebenso wie die Konservativen – die noch gemeint hatten, den ›Führer‹ zähmen zu können – die Segel. Das letzte Gesetz, das den Reichstag passierte, das ›Ermächtigungsgesetz‹, erhielt eine Zwei-Drittel-Mehrheit, die es auch dann bekommen hätte, wenn alle Oppositionsabgeordneten hätten anwesend sein können. Doch es war kein Erlaß des Reichspräsidenten.

Für Preußen war Hitlers Gleichschaltungspolitik schon während der

Kanzlerschaft Papens vorweggenommen worden, als die Regierung Braun, nachdem sie im preußischen Landtag ihre Mehrheit verloren hatte, ihre Geschäfte am 20. Juli 1932 an Papen abgeben mußte. Papen hatte sie unter dem Vorwand der Aufrechterhaltung von Ruhe und Ordnung zum Rücktritt gezwungen und das Land der Kontrolle eines Reichskommissars unterworfen. Auf den Tag genau bildeten zwölf Jahre später Vertreter des preußischen Adels den Kern der Verschwörung gegen Hitler, die den letzten Attentatsversuch auf den Diktator unternahm. Der Umsturzversuch mußte aus heutiger Sicht fehlschlagen. Das mißlungene Attentat bedeutete zudem »den Untergang einer traditionsreichen Schicht ... Es trat zugleich das alte Deutschland ab« (Joachim Fest).

Aber die Geschichte Preußens hatte allem Anschein nach schon lange zuvor geendet. Um jedoch ganz sicherzugehen, hielt es der Alliierte Kontrollrat für notwendig, den preußischen Staat am 25. Februar 1947 in seinem Gesetz Nr. 46 offiziell aufzulösen. Staaten können per Dekret verschwinden, nicht aber der ihnen zugrunde liegende Geist, der immer und überall wiedererweckt werden kann. Zwei Jahre später meinte der bekannte antimilitaristische Schriftsteller Arnold Zweig: »Seit ungefähr 1860 hat sich eine Tradition gebildet, und aus ihr ist ein Menschentyp gezüchtet worden, der immerfort in den Untergang geht. Wenn wir ihn vom Kriegshandwerk zu einem positiv schöpferischen und organisatorischen Handwerk umzüchten können, werden wir ihn retten und dem Frieden einen Dienst erweisen. Aber damit wir das tun können, müssen wir den Krieg bis auf sein Skelett durchleuchten.« Vielleicht wurde dies getan, und man hatte Erfolg. Die Antwort besteht im ›Wirtschaftswunder‹ sowohl der Bundesrepublik wie der DDR. Die preußischen Namen finden sich in der Bundesrepublik nicht mehr in der Armee, sondern im Management der Industrie oder in den politischen Parteien, die Reformen aller Art auf ihre Fahnen geschrieben haben; in der DDR werden die preußischen Tugenden unaufhörlich mit sächsischem Akzent einer Bevölkerung eingehämmert, die bisher nie die Möglichkeit besaß, sich für eine Alternative zu entscheiden.

In der DDR ist die radikale Negation des preußischen Erbes einem langsamen Prozeß historischer Bewußtseinssuche gewichen. Statt die architektonischen Überreste zu zerstören, beginnt man sie wiederherzustellen – so ziert heute das Reiterstandbild Friedrichs des Großen, das einst Unter den Linden gestanden hatte, den Schloßpark von Sanssouci. Die Ruine der Garnisonskirche in Potsdam wurde allerdings von Staats wegen dem Erdboden gleichgemacht. Die Särge Friedrich Wilhelms I. und seines Sohnes befinden sich heute in der Kapelle der Burg Hohenzollern in der Nähe Hechingens in Baden-Württemberg. Dort ruhen sie Seite an Seite unter den zerschlissenen und zerfetzten Fahnen einst berühmter preußischer Regimenter. »Eine Zuflucht der Geächteten, die auf ihre Rückkehr warten«, wie der französische Historiker Pierre Gaxotte gemeint hat. Vielleicht.

Preußen evoziert noch immer ein ganzes Spektrum von Reaktionen zwischen Zustimmung und Ablehnung, die selten frei sind von Emotionen. Im Laufe der Generationen wird sich das sicherlich ändern. Was bleiben wird, ist die Erinnerung an einen Staat und sein Ethos, als dessen Epitaph die Worte aus Shakespeares »Coriolan« geeignet wären:

»Die Trommel rühre, daß sie traurig töne!
Die Lanzen senkt! Wiewohl in unserem Staat
Er Mann und Söhne vielen Frauen nahm,
Die bis zu diesem Tag ihr Leid beweinen,
Soll dennoch sein Gedächtnis edel sein!«

Bibliographie

* Werke, die sich auf mehrere Kapitel beziehen

1. Kapitel

***H. Aubin,** ›The lands east of the Elbe and German colonisation eastwards‹, *Cambridge Economic History,* vol. I, Cambridge 1941.

***M. Biskup,** ›Polish research on the history of the Teutonic Order State Organisation in Prussia 1949–1959‹, *Acta Poloniae Historica 3.*

***A. B. Boswell,** ›The Teutonic order‹, in *Cambridge Medieval History,* vol. VII, Cambridge 1932.

E. Caspar, *Hermann von Salza und die Gründung des Deutschordensstaats in Preußen,* Tübingen 1924.

**Deutsche Ostsiedlung in Mittelalter und Neuzeit,* Köln 1971.

M.-L. Favreau, *Studien zur Frühgeschichte des Deutschen Ordens.* Stuttgart 1973.

E. J. Feuchtwanger, *Preußen. Mythos und Realität.* London 1970, dtsch. Ausg. Frankfurt/M. 1972.

G. Gause, *Deutsch-slavische Schicksalsgemeinschaft. Abriss einer Geschichte Ostdeutschlands und seiner Nachbarländer,* London 1972.

***K. Gorski,** ›The Teutonic Order in Prussia‹, *Medievalia et Humanistica,* 17, 1966.

R. ten Haaf, *Kurze Bibliographie zur Geschichte des deutschen Ordens,* Kitzingen 1949.

***Otto Hintze,** *Die Hohenzollern und ihr Werk,* Berlin 1915.

W. Hubatsch, ›Kreuzritterstaat und Hohenzollernmonarchie‹, in *Zur Frage der Fortdauer des Deutschen Ordens in Preußen* (Festschrift für Hans Rothfels), hg. von W. Conze, Düsseldorf 1951.

E. Kantorowicz, *Kaiser Friedrich der Zweite* (2 Bde.), Düsseldorf/München 1963.

M. Perlbach, ›Die Statuten des Deutschen Ordens‹ (1890): *Sciptores rerum Prussicarum* (5 Bde. 1861–74, Reprint 1965), Bd. VI, 1968.

D. Seward, *The Monks of War. The Military Religious Orders,* London 1972.

***H. v. Treitschke,** ›Das deutsche Ordensland Preußen‹, in *Historische und Politische Aufsätze,* Bd. II, Leipzig 1913.

M. Tumler, *Der Deutsche Orden im Werden, Wachsen und Wirken bis 1400,* Wien 1955.

J. Voigt, *Geschichte des Deutschen Ritterordens in seinen zwölf Balleien in Deutschland* (2 Bde.), Berlin 1857–59.

***R. Wenskus,** *Das Ordensland Preußen als Territorialstaat des 14. Jahrhunderts,* Sigmaringen 1970.

2. Kapitel

***F. L. Carsten,** ›Medieval democracy in the Brandenburg towns and its defeat in the fifteenth Century‹, *Transactions of the Royal Historical Society,* 4th Series, XXV, 1943.
*›The Origins of the Junkers‹, in *English Historical Review,* LXII/1947.
**The Origins of Prussia,* Oxford 1954.
**Princes and Parliaments in Germany,* London 1959.

W. Delius, *Die Reformation des Kurfürsten Joachim II. im Jahre 1539,* (Theologia Viatorum V). Berlin 1954.

E. Fidicin. *Die Territorien der Mark Brandenburg* (4 Bde.) Berlin 1857–64.

U. Stutz, *Johann Sigismund von Brandenburg und das Reformationsrecht,* Berlin 1922.

H. Wischhöfer, *Die ostpreußischen Stände im letzten Jahrzehnt vor dem Regierungsantritt des Großen Kurfürsten.* Göttingen 1958.

L. Zscharnack, *Das Werk Martin Luthers in der Mark Brandenburg. Von Joachim I. bis zum Großen Kurfürsten,* Berlin 1917.

3. Kapitel

F. L. Carsten, The Great Elector and the foundation of Hohenzollern despotism', *English Historical Review,* LXV. 1950.

K. Breysig, *Geschichte der Brandenburgischen Finanzen 1640–1697,* Leipzig 1895.

***H. Delbrück,** *Geschichte der Kriegskunst,* Bd. IV, Berlin 1962 (Reprint).

H. Erbe, *Die Hugenotten in Deutschland,* Essen 1937.

F. Flaskamp, *Die Religions- und Kirchenpolitik des Großen Kurfürsten nach ihren persönlichen Bedingungen,* Bonn 1925.

***R. Hatton,** *Europe in the Age of Louis XIV,* London 1969.
**Louis XIV and his World,* London 1972.
*(ed.), *Louis XIV and Europe,* London 1976.

O. Meinardus (Hg.), *Protokolle und Relationen des Brandenburgischen Geheimen Rathes aus der Zeit des Kurfürsten Friedrich Wilhelm* (7 Bde.), 1640–1660, Leipzig 1889–1919.

G. Oestreich, *Der brandenburgisch-preußische Geheime Rat vom Regierungsantritt des Großen Kurfürsten bis zur Neuordnung im Jahre 1651,* Würzburg 1937.

***E. Opgenoorth,** *Friedrich Wilhelm. Der Große Kurfürst von Brandenburg. 1620–1660,* Göttingen 1971.

H. v. Petersdorff, *Der Große Kurfürst,* Berlin 1939.

M. Philipson, *Der Große Kurfürst Friedrich Wilhelm von Brandenburg* (3 Bde.), Berlin 1897–1903.

F. Schevill, *The Great Elector,* Chicago 1947.

W. v. Unger, *Feldmarschall Derfflinger,* Berlin 1896.

Urkunden und Aktenstücke zur Geschichte der inneren Politik des Kurfürsten Friedrich Wilhelm von Brandenburg (3 Bde.), Berlin 1895–1915.

A. **Waddington**, *Le grand Electeur Frédéric Guillaume de Brandenburg. Sa Politique extérieure 1640–1688,* Paris 1908.

4. Kapitel

A. **Berney**, *König Friedrich I. und das Haus Habsburg, 1701–1707,* München 1927.

J. v. **Besser**, *Preussische Croenungsgeschichte,* Coelln an der Spree 1712, Reprint Berlin 1901.

*K. **Deppermann**, *Der Hallesche Pietismus und der Preußische Staat unter Friedrich III.,* Göttingen 1961.

*K. **Hinrichs**, *Preußen als historisches Problem,* Berlin 1964.

L. v. **Ranke**, *Zwölf Bücher preußischer Geschichte* (3 Bde.), Berlin 1930.

Th. **Schieder**, *Die preußische Königskrönung von 1701 und die polnische Ideengeschichte,* Königsberg 1935.

H. J. **Schoeps**, *Preußen, Geschichte eines Staates,* Berlin 1966.

5. Kapitel

**Acta Borrussica, Denkmäler der preußischen Staatsverwaltung im 18. Jahrhundert,* Preußische Akademie der Wissenschaften in Berlin, Bde. I–VI, o. J.

*O. **Buesch**, *Militärsystem und Sozialleben im alten Preußen, 1713–1807.* Berlin 1962.

G. A. **Craig**, *The Politics of the Prussian Army,* Oxford 1955

K. **Demeter**, *The Prussian Officer Corps,* London 1968.

*W. L. **Dorn**, The Prussian bureaucracy in the Eighteenth century, *Political Science Quarterly,* XLVI, 1931.

*R. A. **Dorwart**, *The Administrative Reforms of Frederick William of Prussia,* Cambridge, Mass. 1953.

J. G. **Droysen**, *Geschichte der preussischen Politik (bis 1756), 14 Bde., Leipzig 1855–86.*

R. **Ergang**, *The Potsdam Fuehrer,* New York 1941.

S. B. **Fay**, *The Rise of Brandenburg-Prussia to 1786,* New York 1937.

F. **Foerster**, *Friedrich Wilhelm I. König von Preussen* (3 Bde.), Potsdam 1834.

E. v. **Frauenholz**, (Hg.) *Entwicklungsgeschichte des preußischen Heerwesens,* Bd. IV, München 1940.

*Th. **Fuchs**, *Geschichte des europäischen Kriegswesens* (3 Bde.), München 1972.

*K. **Hinrichs**, *Der Kronprinzenprozeß,* Hamburg 1936.
**Friedrich Wilhelm I.,* Darmstadt 1968 (Reprint).
Preußentum und Pietismus, Göttingen 1971.

J. **Klepper**, *Der Vater. Der Roman des Soldaten-Königs.* Stuttgart 1957.
(Hg.), *In tormentis pinxit. Briefe und Bilder Friedrich Wilhelms I.,* Stuttgart 1938,

G. **Kuentzel** (Hg.),*Die politischen Testamente der Hohenzollern,* Leipzig/Berlin 1919

*C. A. **Macartney** (Hg.), *The Habsburg and Hohenzollern Dynasties in the Seventeenth and Eighteenth Centuries,* London 1970.
G. **Rhode,** *Brandenburg-Preußen und die Protestanten in Polen 1640–1740: Ein Jahrhundert preußischer Schutzpolitik für eine unterdrückte Minderheit,* Leipzig 1941.
*H. **Rosenberg,** *Bureaucracy, Aristocracy and Autocracy: The Prussian Experience 1660–1815,* Cambridge/Mass. 1958
*G. **Schmoller,** *Preußische Verfassungs-, Verwaltungs- und Finanzgeschichte,* Berlin 1921.
*L. D. **White** (Hg.), *The Civil Service in the Modern State. A Collection of Documents,* Chicago 1930.

6. Kapitel

*W. H. **Bruford,** *Germany in the Eighteenth Century,* Cambridge 1935.
W. **Bussmann,** ›Friedrich der Große im Wandel des europäischen Urteils‹, in *Deutschland und Europa. (Festschrift für Hans Rothfels),* Düsseldorf 1951.
H. **Butterfield,** *Man on his Past,* Cambridge 1955.
W. **Dilthey,** Friedrich der Große und die deutsche Aufklärung, in *Gesammelte Schriften,* Bd. III, Berlin 1927.
J. G. **Droysen,** M. **Duncker** und G. B. **Volz** (Hg.), *Politische Correspondenz Friedrichs des Großen (45 Bde.),* Berlin 1870–1938.
Ch. **Duffy,** *The Army of Frederick the Great,* Newton Abbot 1974.
C. W. **Eldon,** *England's Subsidy Policy towards the Continent during the Seven Years' War,* Philadelphia 1938.
Friedrich der Große, *Œuvres,* hg. v. G. B. Volz (31 Bde.), Berlin 1846–57.
Werke in deutscher Übers. v. G. B. Volz u. a. (10 Bde.) und Briefe (2 Bde.), Berlin 1912–14.
Die politischen Testamente, Berlin 1922 und München 1936.
*P. **Gaxotte,** *Frederick the Great,* London 1941.
J. W. v. **Goethe,** *Werke* (40 Bde.), Stuttgart 1840.
G. P. **Gooch,** *Friedrich der Große,* Göttingen 1951.
*W. O. **Henderson,** *The State and the Industrial Revolution in Prussia 1740–1870,* Liverpool 1958.
**Studies in the Economic Policy of Frederick the Great,* London 1963.
O. **Hintze,** *Friedrich der Große und die preußische Verwaltung,* Köln 1973.
D. B. **Horn,** *Frederick the Great and the Rise of Prussia,* London 1964.
*W. **Hubatsch,** *Frederick the Great Absolutism and Administration,* London 1975.
*S. **Isaacsohn,** *Geschichte des preussischen Beamtenthums* (3 Bde.), Berlin 1874–84.
*H. C. **Johnson,** *Frederick the Great and his Officials,* Yale 1975.
H. **Kaplan,** *The First Partition of Poland,* Boston 1962.
R. **Koser,** *Geschichte Friedrichs des Großen* (4 Bde.), Berlin 1914–25.
Th. B. **Macaulay,** *Friedrich der Große.* Ein historischer Essay. Berlin 1971.
F. **Meinecke,** *Machiavellism,* London 1962.

*P. **Paret** (Hg.), *Frederick the Great. A profile,* London 1972.
J. D. E. **Preuß** (Hg.), *Œuvres de Frédéric le Grand (31 Bde.),* Berlin 1846–57.
G. **Ritter**, *Friedrich der Große,* 3. Aufl., Heidelberg 1954.
**Staatskunst und Kriegshandwerk,* 4 Bde., München 1965–68.
E. **Simon**, *The Making of Frederick the Great,* London 1963.
*M. **Schlenke**, *England und das friederizianische Preußen 1740–1763,* Freiburg 1963.
S. **Skalweit**, *Frankreich und Friedrich der Große. Der Aufstieg Preußens in der öffentlichen Meinung des Ancien Régime,* Göttingen 1952.
›Friedrich der Große und der Aufstieg Preußens‹, in *Die Europäer und ihre Geschichte,* hg. v. L. Reinisch, München 1961.
*H. **Weill**, *Frederick the Great and Samuel Cocceji: A Study in the Reform of the Prussian Judicial Administration 1745–1755,* Madison, Wisc., 1961.

7. Kapitel

*C. **Brinton**, *A Decade of Revolution 1789–1799,* New York 1934.
*H. **Brunschwig**, *La crise de l'état prussien à la fin du XVIIIe siècle et la genèse de la mentalité romantique,* Paris 1947.
H. **Conrad**, *Die geistigen Grundlagen des Allgemeinen Landrechts für die preußischen Staaten von 1794,* Köln 1958.
K. **Epstein**, *Die Ursprünge des Konservativismus in Deutschland,* Berlin 1973.
K. D. **Erdmann**, *Die Umgestaltung Deutschlands im Zeitalter der Französischen Revolution und Napoleons 1786–1815,* Stuttgart 1952.
*L. **Gershoy**, *From Despotism to Revolution 1763–1789,* New York 1944.
*G. P. **Gooch**, *Germany and the French Revolution,* London 1965.
K. **Griewank**, ›Hardenberg und die preußische Politik 1804–1806‹, in *Forschungen zur Brandenburgischen und Preußischen Geschichte,* XLVII, 1935.
O. **Hintze**, ›Preußische Reformbestrebungen von 1806‹, in *Gesammelte Abhandlungen III,* Leipzig 1943.
W. **Hubatsch**, *Eckpfeiler Europas. Probleme des Preußenlandes in geschichtlicher Sicht,* Heidelberg 1953.
H. v. **Kleist**, *Sämtliche Werke und Briefe,* München 1964.
*R. **Koselleck**, ›Staat und Gesellschaft in Preußen 1815–1848‹, in *Staat und Gesellschaft im deutschen Vormärz,* Stuttgart 1962.
*P. **Lahnstein** (Hg.), *Report einer ›guten alten Zeit‹. Zeugnisse und Berichte 1750–1805,* Stuttgart 1977.
O. v. **Lettow-Vorbeck**, *Der Krieg von 1806–1807* (4 Bde.), Berlin 1891–96.
*H. **Möller**, *Aufklärung in Preußen,* Berlin 1974.
E. **Ruppel-Kuhfuss**, *Das Generaldirektorium unter der Regierung Friedrich Wilhelms II.,* Würzburg 1937.
H. J. **Schoeps**, *Aus den Jahren preußischer Not und Erneuerung, Tagebücher und Briefe der Gebrüder Gerlach und ihres Kreises 1805–1820,* Berlin 1963.

*A. **Sorel,** *Europe and the French Revolution. The Political Traditions of the Old Regime,* hg. v. A. Cobban und J. W. Hunt, London 1969.
C. G. **Svarez,** *Vorträge über Recht und Staat,* hg. v. H. Conrad und G. Kleinheyer, Köln 1960.
*A. **de Tocqueville,** *L'ancien régime et la revolution,* Paris 1952.

8. und 9. Kapitel

*E. N. **Anderson,** *Nationalism and the Cultural Crisis in Prussia,* Princeton 1939.
R. **Aris,** *Political Thought in Germany 1789–1815,* London 1936.
*H. **Butterfield,** *The System of Peace. Tactics of Napoleon 1806–1808,* Cambridge 1929.
H. **Delbrück,** *Das Leben des Generalfeldmarschalls Neithardt von Gneisenau* (2 Bde.), Berlin 1920.
H. **Diwald,** *Ernst Moritz Arndt – Das Entstehen des deutschen Nationalbewußtseins,* München 1971.
J. G. **Droysen,** *Das Leben des Generalfeldmarschalls Graf Yorck von Wartenburg* (2 Bde.), Berlin 1913.
J. **Droz,** *L'Allemagne et la révolution française,* Paris 1949.
*H. C. **Engelbrecht,** *Johann Gottlieb Fichte: A Study of his Political Writings with Special reference to his Nationalism,* New York 1933.
*J. G. **Fichte,** *Reden an die deutsche Nation.* Erlangen 1808.
G. S. **Ford,** *Hanover and Prussia 1795–1903. A Study in Neutrality,* New York 1903. *Stein and the Era of Reforms in Prussia,* Princeton 1922.
I. **Freund,** *Die Emanzipation der Juden in Preußen* (2 Bde.), Berlin 1912.
*P. **Hassel,** *Joseph Maria von Radowitz,* Berlin 1905.
C. J. H. **Hayes,** *The Historical Evolution of Modern Nationalism,* New York 1931.
H. **Heitzer,** *Insurrektionen zwischen Weser und Elbe,* Berlin 1959.
*O. **Hintze,** *Historical Essays of Otto Hintze,* hg. v. Felix Gilbert, Oxford 1975.
R. **Ibbeken,** *Preußen 1807–1813,* Berlin 1970.
S. A. **Kähler,** *Wilhelm von Humboldt und der Staat,* München 1929.
*E. **Kehr,** ›Zur Genesis der preußischen Bürokratie und des Rechtsstaats‹, in *Der Primat der Innenpolitik,* hg. v. H. U. Wehler, Berlin 1965.
*G. F. **Knapp,** *Die Bauernbefreiung und der Ursprung des Landarbeiters in den älteren Teilen Preußens* (2 Bde.), Berlin 1927.
*H. **Kohn,** *Prelude to Nation States. The French and German Experience 1879–1815,* New York 1967.
M. **Lehmann,** *Scharnhorst (2 Bde), Leipzig 1886–87.*
F. **Lenz,** *Agrarlehre und Agrarpolitik der deutschen Romantik,* Berlin 1912.
E. **Longford,** *Wellington. The Years of the Sword,* London 1969.
*G. **Mann,** *Friedrich von Gentz,* Berlin 1972.
F. **Meinecke,** *Leben des Generalfeldmarschalls Hermann von Boyen* (2 Bde.), Stuttgart 1896–99.

Das Zeitalter der deutschen Erhebung 1795–1815, Bielefeld 1913.
Cosmopolitanism and the National State, Princeton 1970.
*S. **Neumann,** *Die Stufen des preußischen Konservatismus: Ein Beitrag zum Staats- und Gesellschaftsbild Deutschlands im 19. Jahrhundert,* Berlin 1930.
*P. **Paret,** *Yorck and the Era of Prussian Reform 1807–1815,* Princeton 1966.
Clausewitz and the State, Oxford 1976.
R. **Parkinson,** *Hussar General: The Life of Blücher,* London 1975.
Clausewitz, London 1970.
R. C. **Raack,** *The Fall of Stein,* Cambridge, Mass. 1965.
G. **Ritter,** *Stein. Eine politische Biographie,* (2 Bde.) Stuttgart 1931.
*H. **Rössler,** *Graf Johann Philipp Stadion. Napoleons deutscher Gegenspieler,* (2 Bde.) Wien 1966.
*F. **Schnabel,** *Deutsche Geschichte im neunzehnten Jahrhundert,* Freiburg 1964.
*J. R. **Seeley,** *Life and Times of Stein,* (3 Bde.) Cambridge 1878.
F. C. **Sell,** *Die Tragödie des deutschen Liberalismus,* Stuttgart 1953.
*W. O. **Shanahan,** *Prussian Military Reforms* 1786–1813, New York 1945.
*W. M. **Simon,** *The Failure of the Prussian Reform Movement,* New York 1971.
*H. **Stuebig,** *Armee und Nation. Die pädagogisch-politischen Motive der preußischen Heeresreform 1907–1914,* Frankfurt 1971.
*P. R. **Sweet,** *Friedrich von Gentz: Defender of the Old Order,* Madison, Wisc. 1941.
*H. v. **Treitschke,** *Deutsche Geschichte im 19. Jahrhundert* (5 Bde.) Neuausg. 1927.
H. **Ulman,** *Geschichte der Befreiungskriege,* (2 Bde.), München 1914.
W. v. **Unger,** *Blücher, (2 Bde.), Berlin 1907–8.*
C. K. **Webster,** *The Foreign Policy of Castlereagh 1812–1815. Britain and the Reconstruction of Europe,* London 1931.
The Foreign Policy of Castlereagh 1815–1822. Britain and the European Alliance, London 1934.
P. **Wentzcke,** *Geschichte der deutschen Burschenschaft,* Bd. I, Heidelberg 1919.
R. **Wohlfeil,** *Spanien und die deutsche Erhebung,* Wiesbaden 1965.
E. W. **Zeeden,** *Hardenberg und der Gedanke einer Volksvertretung in Preußen 1807–1812,* Berlin 1940.
J. **Ziekursch,** *Hundert Jahre schlesischer Agrargeschichte: Vom Hubertusburger Frieden bis zum Abschluß der Bauernbefreiung,* Breslau 1915.

10. Kapitel

*E. N. **Anderson,** ›German romanticism as an ideology of cultural crisis‹, in *Journal of the History of Ideas,* 1941.
W. v. **Eisenhardt-Rothe** und A. **Ritthaler,** (Hg.), *Vorgeschichte und Begründung des deutschen Zollvereins 1815–1834,* (3 Bde.), Berlin 1934.
W. **Foerst,** (Hg.), *Das Rheinland in preußischer Zeit,* Köln 1965.

E. Foerster, *Die Entstehung der preußischen Landeskirche unter der Regierung Friedrich Wilhelms III.*, (2 Bde.), Tübingen 1905–7.
***T. E. Hamerow,** *Restoration, Revolution and Reaction in Germany 1815–1871*, Princeton 1958.
***W. O. Henderson,** *The Zollverein*, Cambridge 1938.
W. Kosch, *Die deutsche Literatur im Spiegel der nationalen Entwicklung*, Bd. I, München 1925.
***R. Koselleck,** *Preußen zwischen Reform und Revolution*, Stuttgart 1967.
G. R. Mason, *From Gottsched to Hebbel*, London 1962.
J. H. Pirenne, *La Sainte Alliance*, Paris 1946.
P. Rassow (Hg.), *Deutsche Geschichte im Überblick*, Stuttgart 1953.
G. de Ruggiero, *The History of European Liberalism*, Oxford 1927.
H. G. Schenck, *The Aftermath of the Napoleonic Wars*, London 1947.
H. Schneider, *Der preußische Staatsrat 1817–1918*, München 1952.
H. J. Schoeps, *Die Ehre Preußens*, Berlin 1951.
Das andere Preußen, Berlin 1952.
***H. v. Srbik,** *Metternich* (3 Bde.), München 1925–54.
**Deutsche Einheit* (4 Bde.), Darmstadt 1963.
***W. Treue,** *Wirtschaftszustände und Wirtschaftspolitik in Preußen 1815–1825*, Stuttgart 1937.
V. Valentin, *Das Hambacher Nationalfest*, Berlin 1932.
L. A. Willoughby, *The Romantic Movement in Germany*, Oxford 1930.

11. Kapitel

L. Bergsträsser, *Geschichte der politischen Parteien in Deutschland*, München 1960.
H. Bleiber, *Zwischen Reform und Revolution. Lage und Kämpfe der schlesischen Bauern und Landarbeiter im Vormärz 1840–1847*, Berlin 1966.
K. F. Brüggemann, *Fr. Lists nationales System der politischen Ökonomie*, Berlin 1842.
L. Dehio, *Friedrich Wilhelm IV., ein Baukünstler der Romantik*, München 1961.
***E. Eyck,** *The Frankfurt Parliament 1848–49*, London 1968.
F. Fejtö (Hg.), *The Opening of an Era 1848*, London (o. J.)
L. v. Gerlach, *Denkwürdigkeiten aus seinem Leben* (2 Bde.), Berlin 1891–92.
Geschichte der deutschen Arbeiterbewegung, Bd. I, veröffentl. v. Institut für Marxismus-Leninismus beim ZK der SED, Berlin 1966.
***B. Gloger,** *Als Rübezahl schlief. Vom Aufstand der schlesischen Weber 1844*, Berlin 1961.
J. Hansen, *Gustav von Mevissen.* Ein rheinisches Lebensbild (Bd. 1), Berlin 1906.
F. Harkort, *Bemerkungen über die Hindernisse der Zivilisation und Emanzipation der unteren Klassen*, Elberfeld 1844, Neuaufl. Frankfurt/M. 1919.
R. Herrnstadt, *Die erste Verschwörung gegen das internationale Proletariat*, Berlin 1958.
H. J. Heuer, *Allgemeines Landrecht und Klassenkampf*, Berlin 1960.

*E. **Hobsbawm**, *The Age of Revolution*, London 1962.
The Age of Capital 1848–1875, London 1975.
*E. R. **Huber**, *Deutsche Verfassungsgeschichte seit 1789* (3 Bde.), Stuttgart 1963.
*F. **Meinecke**, *Radowitz und die deutsche Revolution*, Berlin 1913.
*L. B. **Namier**, *1848 Revolution of the Intellectuals*, Oxford 1944.
*K. **Obermann**, *Deutschland von 1815 bis 1849*, Berlin 1967.
(Hg.), *Männer der Revolution von 1848*, Berlin 1970.
(Hg.), *Flugblätter der Revolution*, München 1972.
H. v. **Petersdorff**, *König Friedrich Wilhelm IV.*, Berlin 1900.
J. M. v. **Radowitz**, *Nachgelassene Briefe und Aufzeichnungen zur Geschichte der Jahre 1848–1853* (2 Bde.), Stuttgart 1922.
L. v. **Ranke**, *Friedrich Wilhelms IV., Briefwechsel mit Bunsen, Sämtliche Werke*, Bde. 49–50, o. J.
P. **Robertson**, *Revolutions of 1848: a Social History*, Princeton 1953.
W. O. **Shanahan**, *Der deutsche Protestantismus vor der sozialen Frage 1815–1871*, München 1962.
F. J. **Stahl**, *Der christliche Staat und sein Verhältniß zu Deismus und Judenthum*, Berlin 1847.
Der Protestantismus als politisches Prinzip, Berlin 1863.
J. **Strey** und G. **Winkler**, *Die Politik und Taktik der ›Neuen Rheinischen Zeitung‹ während der bürgerlich-demokratischen Revolution in Deutschland*, Berlin 1971.
*V. **Valentin**, *Geschichte der deutschen Revolution 1848–1849* (2 Bde.), Stuttgart 1922.
*G. **Vogler/K. Vetter**, *Preußen. Von den Anfängen bis zur Reichsgründung*, Berlin (Ost) 1974.
*E. **Zechlin**, *Die deutsche Einheitsbewegung*, Berlin 1968.

12. und 13. Kapitel

*E. N. **Anderson**, *The Social and Political Conflicts in Prussia 1858–1864*, Nebraska 1954.
F. **Balser**, *Sozialdemokratie 1848/49 bis 1963*, München 1963.
O. v. **Bismarck**, *Gedanken und Erinnerungen* (3 Bde.), Stuttgart 1898–1921.
Politische Schriften, Reden, Briefe, Gespräche, Friedrichsruher Ausgabe, Berlin 1924–32.
*H. **Böhme**, *Deutschlands Weg zur Großmacht*, Köln 1966
(Hg.), *Probleme der Reichsgründungszeit, Köln 1968.*
*G. **Bonnin (Hg.)**, *Bismarck and the Hohenzollern Candidature for the Spanish Throne*, London 1957.
*K. E. **Born**, *Moderne deutsche Wirtschaftsgeschichte*, Köln 1966.
P. **Bronsart v. Schellendorf**, *Geheimes Kriegstagebuch 1870/71*, Bonn 1954.
W. **Carr**, *Schleswig-Holstein 1815–1864*, London 1963.
*J. H. **Clapham**, *The Economic Development of France and Germany*, Cambridge 1951.
W. **Conze** und D. **Groh**, *Die Arbeiterbewegung in der nationalen Bewegung*, Stuttgart 1966.

R. Dahrendorf, *Gesellschaft und Demokratie in Deutschland,* München 1965.
***W. E. Dawson,** *The Evolution of Modern Germany,* London 1908
***J. Dittrich,** *Bismarck, Frankreich und die spanische Thronkandidatur der Hohenzollern,* München 1962.
E. Engelberg und **R. Weber,** *Im Widerstreit um die Reichsgründung,* Berlin 1970.
E. Eyck, *Bismarck and the German Empire,* London 1950.
***E. Forsthoff,** *Deutsche Verfassungsgeschichte der Neuzeit,* Stuttgart 1961.
E. Franzel, *1866. Das Ende des alten Europa,* Wien 1968.
H. Friedjung, *The Struggle for Supremacy in Germany 1859–1866,* London 1935.
***L. Gall** (Hg.), *Das Bismarck-Problem in der Geschichtsschreibung nach 1945.* Köln 1971.
***A. Gerschenkron,** *Bread and Democracy in Germany,* New York 1943.
O. Hauser, *Preußische Staatsraison und nationaler Gedanke,* Neumünster 1960.
H. Heffter, *Die deutsche Selbstverwaltung im 19. Jahrhundert,* Stuttgart 1950.
***A. Hillgruber,** *Bismarcks Außenpolitik,* Freiburg 1972.
***M. Howard,** *The Franco-Prussian War,* London 1961.
***E. Kehr,** ›Das soziale System der Reaktion in Preußen unter dem Ministerium Puttkamer‹, in *Primat der Innenpolitik,* hg. v. H.-U. Wehler, Berlin 1965.
›Zur Genese des Königlich-Preußischen Reserveoffiziers‹, in *Der Primat der Innenpolitik,* hg. v. H.-U. Wehler, Berlin 1965.
E. Kessel, *Moltke,* Stuttgart 1957.
W. L. Langer, ›Red Rag and Gallic Bull‹, in *Festschrift für Egmont Zechlin,* Hamburg 1961.
G. Masur, *Imperial Berlin,* London 1971.
A. O. Meyer, *Bismarck,* Stuttgart 1949.
W. Mommsen, *Deutsche Parteiprogramme,* München 1960.
W. E. Mosse, *The European Powers and the German Question 1848–1871,* Cambridge 1958.
L. v. Muralt, *Bismarcks Verantwortlichkeit,* Frankfurt 1955.
***S. Na'man,** *Lassalle,* Hannover 1970.
***Th. Nipperdey,** *Die Organisation der deutschen Parteien vor 1918,* Düsseldorf 1961.
H. Oncken, *Lassalle. Eine Biographie,* München 1965.
***O. Pflanze,** *Bismarck and the Development of Germany,* Bd. I, Princeton 1963.
***N. v. Preradovich,** *Die Führungsschichten in Österreich und Preußen 1804 bis 1918,* Wiesbaden 1956.
***R. W. Reichard,** *Crippled from Birth. German Social Democracy 1844–1870,* Iowa 1969.
***G. A. Rein,** *Die Revolution in der Politik Bismarcks,* Göttingen 1957.
L. Reiners, *Bismarck* (2 Bde.), München 1957/58.
***W. Richter,** *Bismarck,* London 1962.
G. Ritter, *Die preußischen Konservativen und Bismarcks Politik 1858–1876,* Heidelberg 1913.
Das deutsche Problem, 1962.
D. G. Rohr, *The Origins of Social Liberalism in Germany,* Chicago 1966.

H. Rosenberg, *Große Depression und Bismarckzeit. Wirtschaftsablauf, Gesellschaft und Politik in Mitteleuropa,* Berlin 1967.
***H. Rothfels,** *Bismarck, der Osten und das Reich,* Stuttgart 1960.
Bismarck, Stuttgart 1970.
***Th. Schieder** und **E. Deuerlein** (Hg.), *Reichsgründung 1870/71,* Stuttgart 1970.
W. Schüssler, *Bismarcks Kampf um Süddeutschland 1867,* Berlin 1929.
H. v. Sybel, *Die Gründung des Deutschen Reiches durch Wilhelm I.,* (7 Bde.), München 1889–94.
***L. D. Steefel,** *Bismarck, the Hohenzollern Candidature and the Origins of the Franco-German War 1870,* Cambridge, Mass. 1962.
***F. Stern,** *Gold and Iron,* London 1977.
***M. Stürmer** (Hg.) *Das kaiserliche Deutschland.* Düsseldorf 1970.
A. J. P. Taylor, *The Struggle for Supremacy in Europe 1848–1918,* Oxford 1954.
**Bismarck. The Man and the Statesman,* London 1955.
Th. Veblen, *Imperial Germany and the Industrial Revolution,* Ann Arbor 1966.
***L. Walker Muncy,** *The Junker in the Prussian Administration.* New York 1970.
***H.-U. Wehler** (Hg.) *Moderne deutsche Sozialgeschichte,* Köln 1966.
H. A. Winkler, *Preußischer Liberalismus und deutscher Nationalstaat,* Tübingen 1964.
E. Zechlin, *Schwarz-Rot-Gold und Schwarz-Weiß-Rot in Geschichte und Gegenwart,* Berlin 1926.
Bismarck und die Grundlagen der deutschen Großmacht, Darmstadt 1960.

14. Kapitel

***M. Balfour,** *The Kaiser and his Times,* London 1964.
***K. D. Bracher,** *Die Auflösung der Weimarer Republik,* Villingen 1960.
O. Braun, *Von Weimar zu Hitler.* New York 1940.
E. v. Salomon, *Die Kadetten,* Hamburg 1959.
***H.-U. Wehler,** *Krisenherde des Kaiserreiches 1871–1918.* Göttingen 1970.
Sozialdemokratie und Nationalstaat, Göttingen 1971.
Das deutsche Kaiserreich 1871–1918, Göttingen 1973.

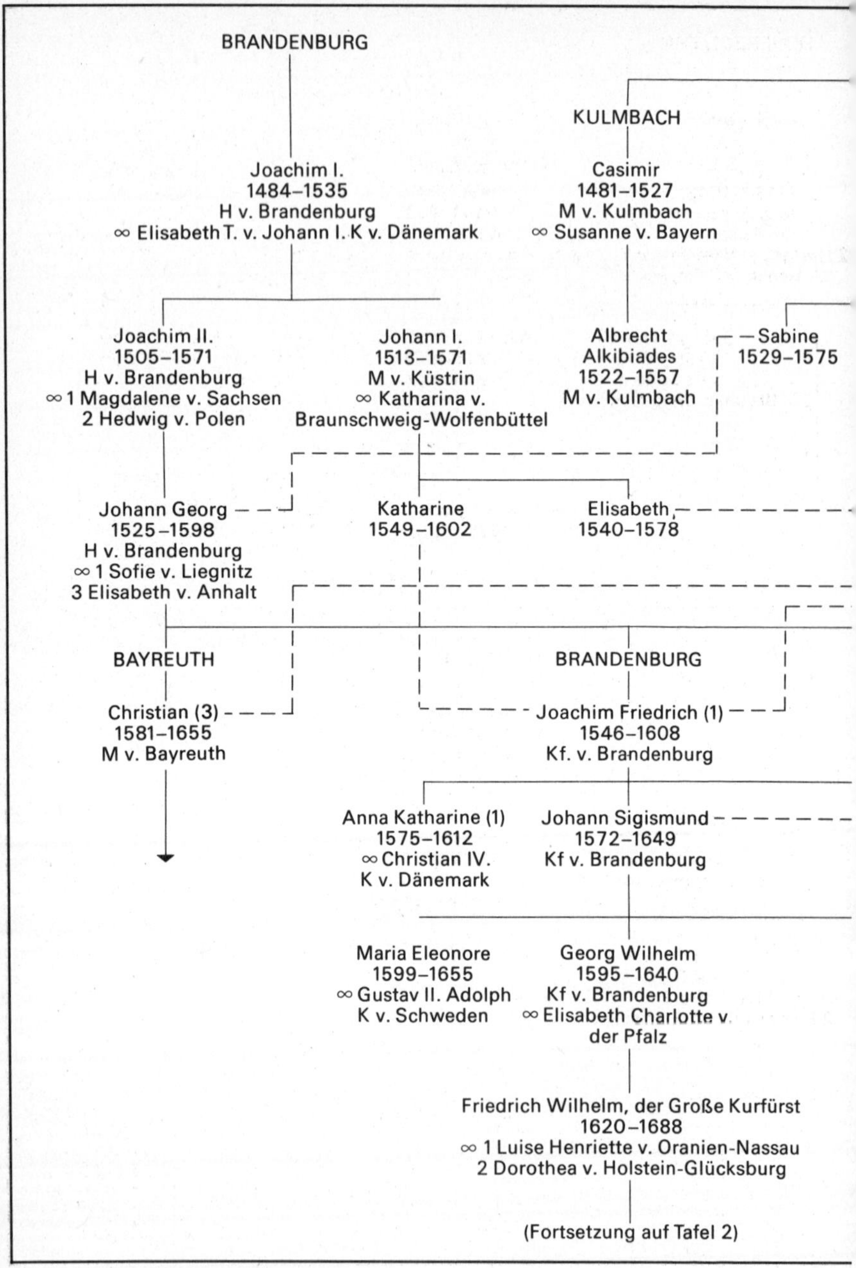

TAFEL 1 Der Aufstieg der Hohenzollern in Brandenburg-Preußen im 16. und 17. Jahrhundert

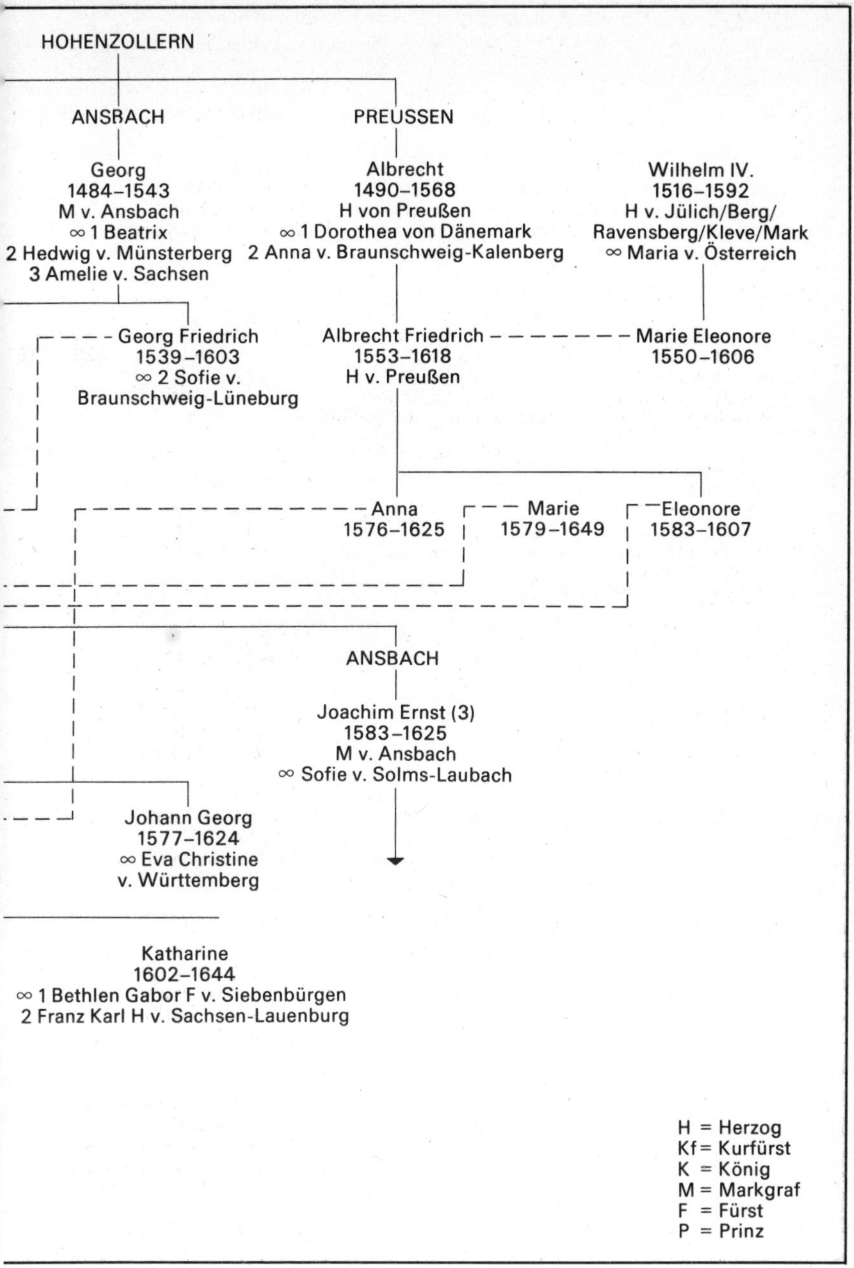
HOHENZOLLERN
ANSBACH
PREUSSEN
Georg
1484–1543
M v. Ansbach
∞ 1 Beatrix
2 Hedwig v. Münsterberg
3 Amelie v. Sachsen
Albrecht
1490–1568
H von Preußen
∞ 1 Dorothea von Dänemark
2 Anna v. Braunschweig-Kalenberg
Wilhelm IV.
1516–1592
H v. Jülich/Berg/
Ravensberg/Kleve/Mark
∞ Maria v. Österreich
Georg Friedrich
1539–1603
∞ 2 Sofie v.
Braunschweig-Lüneburg
Albrecht Friedrich
1553–1618
H v. Preußen
Marie Eleonore
1550–1606
Anna
1576–1625
Marie
1579–1649
Eleonore
1583–1607
ANSBACH
Joachim Ernst (3)
1583–1625
M v. Ansbach
∞ Sofie v. Solms-Laubach
Johann Georg
1577–1624
∞ Eva Christine
v. Württemberg
Katharine
1602–1644
∞ 1 Bethlen Gabor F v. Siebenbürgen
2 Franz Karl H v. Sachsen-Lauenburg
H = Herzog
Kf = Kurfürst
K = König
M = Markgraf
F = Fürst
P = Prinz

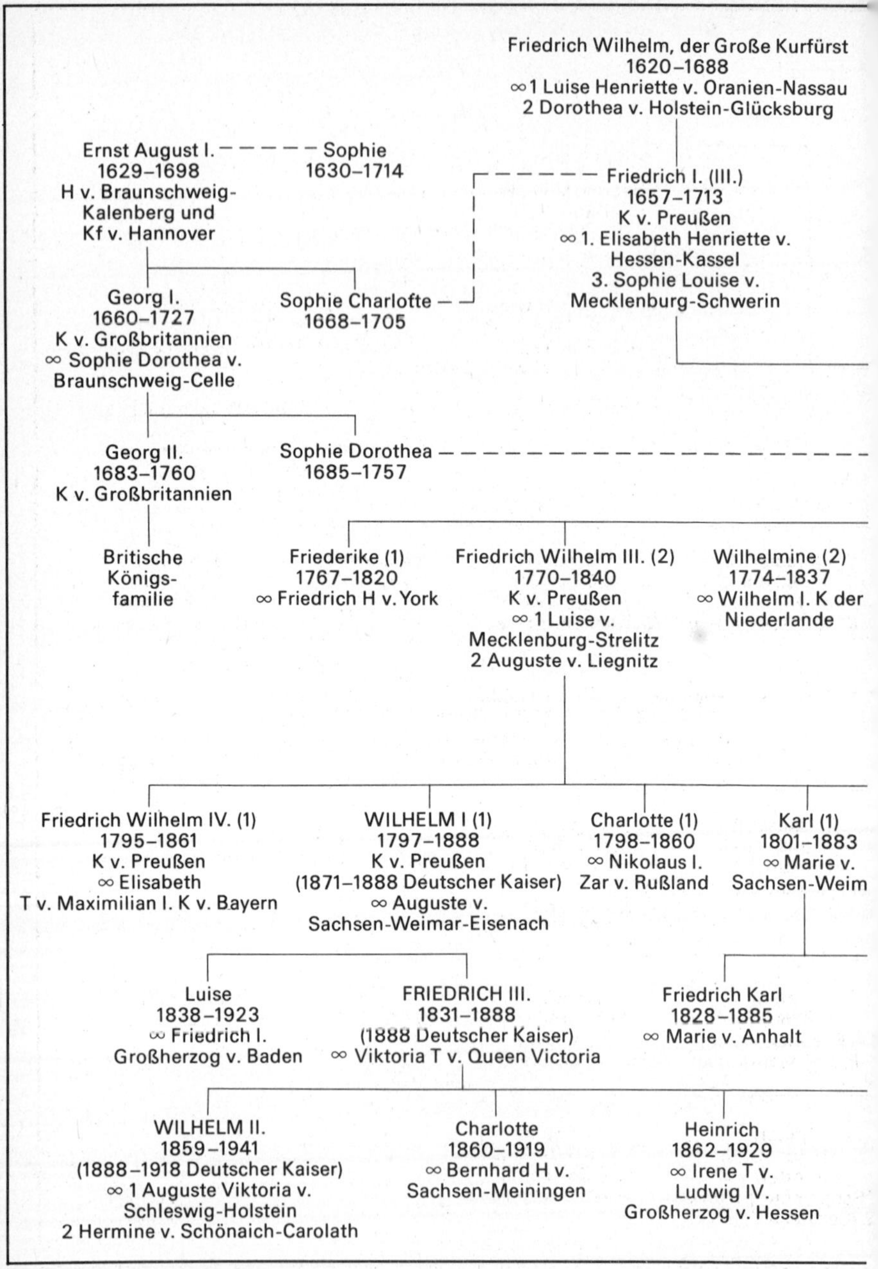

TAFEL 2 Die Dynastie der Hohenzollern nach dem Großen Kurfürst

Friedrich Wilhelm I.
1688–1740
K v. Preußen

Friedrich II., der Große
1712–1786
K v. Preußen
∞ Elisabeth v. Braunschweig-Bevern

August Wilhelm
1722–1758
∞ Luise v. Braunschweig-Wolfenbüttel

Friedrich Wilhelm II.
1744–1797
K v. Preußen
∞ 1 Elisabeth v. Braunschweig
2 Friederike v. Hessen-Darmstadt

Auguste (2)
1780–1841
∞ Wilhelm II.
Kf v. Hessen-Kassel

Ludwig (2)
1773–1796
∞ Friederike v.
Mecklenburg-Strelitz

Heinrich (2)
1781–1846

Wilhelm (2)
1783–1851
∞ Marie Anna
v. Hessen-Homburg

Friedrich
1794–1863
∞ Luise v.
Anhalt-Bernburg

Friederike
1796–1850
∞ Leopold H v.
Anhalt-Dessau

Elisabeth
1815–1885
∞ Karl P v.
Hessen-Darmstadt

Marie
1825–1889
∞ Maximilian II.
K v. Bayern

Luise (1)
1806–1870
∞ Friedrich P der
ar Niederlande

Albrecht (1)
1809–1872
∞ 1 Marianne T v.
Wilhelm I. K der
Niederlande
2 Rosalie

Anna
1836–1918
∞ Friedrich Wilhelm
P v. Hessen-Kassel

Charlotte
1831–1855
∞ Georg II. H v.
Sachsen-Meiningen

Albrecht
1837–1906
∞ Marie T v.
Ernst I. H v.
Sachsen-Altenberg

Alexandrine
1842–1906
∞ Wilhelm H
v. Mecklenburg-Schwerin

Viktoria
1866–1929
∞ 1 Adolf P v.
Schaumburg-Lippe
2 Alexander Zoubkoff

Sophie
1870–1932
∞ Konstantin I.
K v. Griechenland

H = Herzog
Kf = Kurfürst
K = König
P = Prinz
T = Tochter

KARTE 1 Norddeutschland und Skandinavien im späten Mittelalter

KARTE 2 Das Gebiet des Deutschen Ordens in seiner größten Ausdehnung zu Beginn des 15. Jahrhunderts

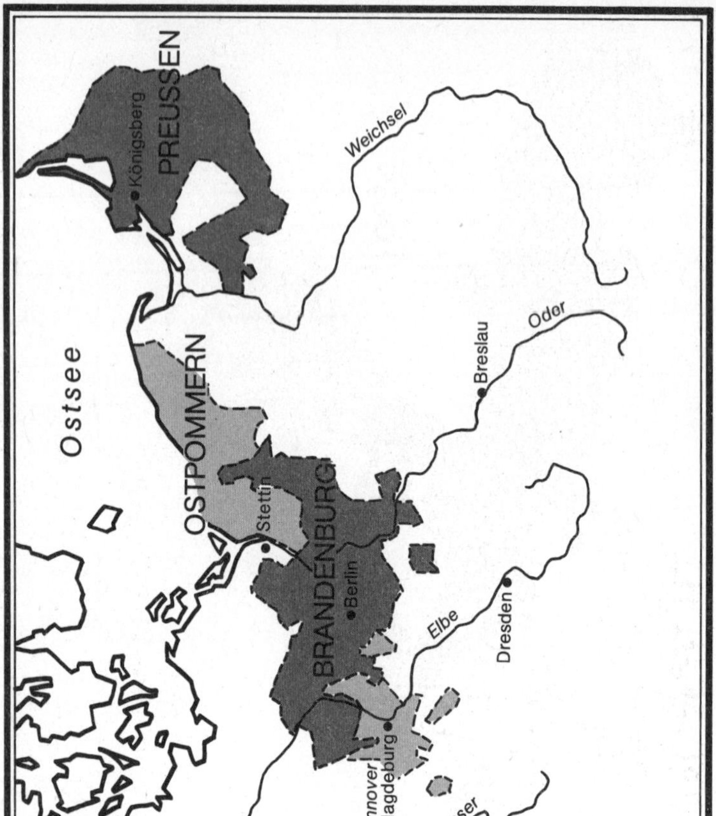

KARTE 3 Die Ausdehnung Brandenburg-Preußens während der Regentschaft des Großen Kurfürsten 1640–1688

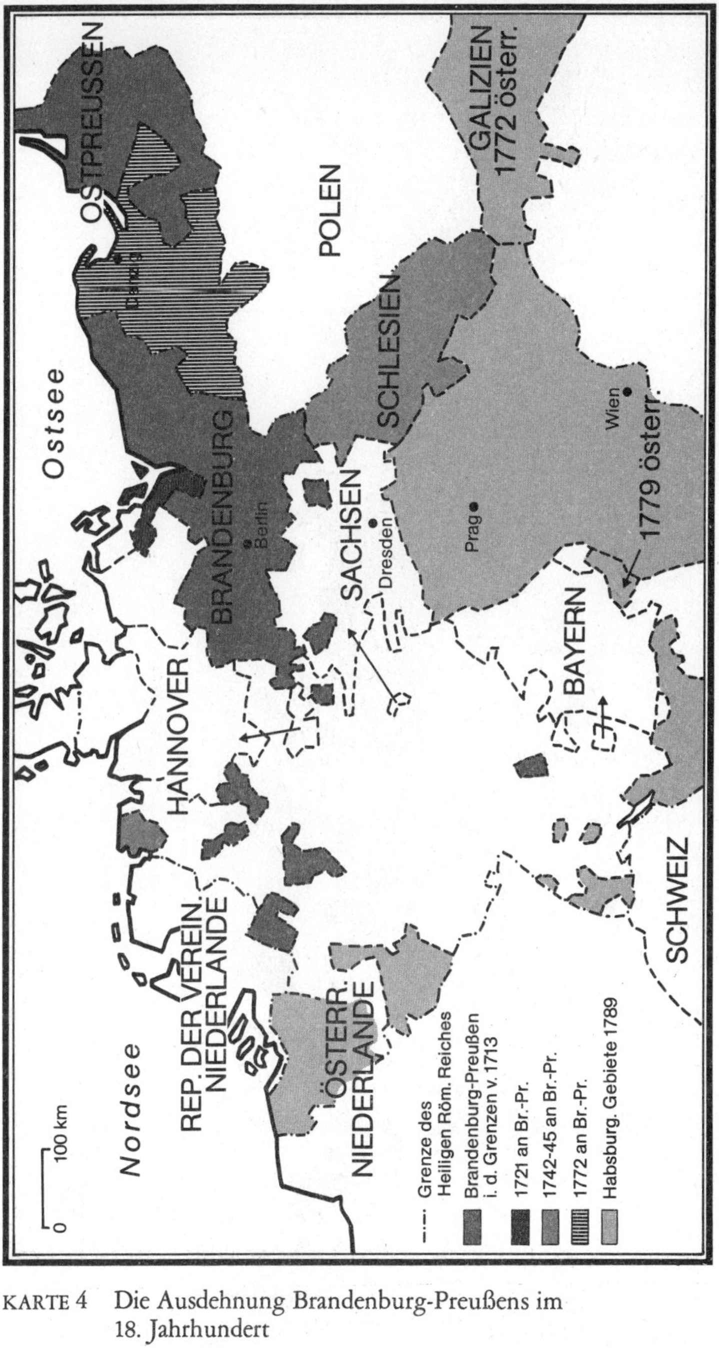

KARTE 4 Die Ausdehnung Brandenburg-Preußens im 18. Jahrhundert

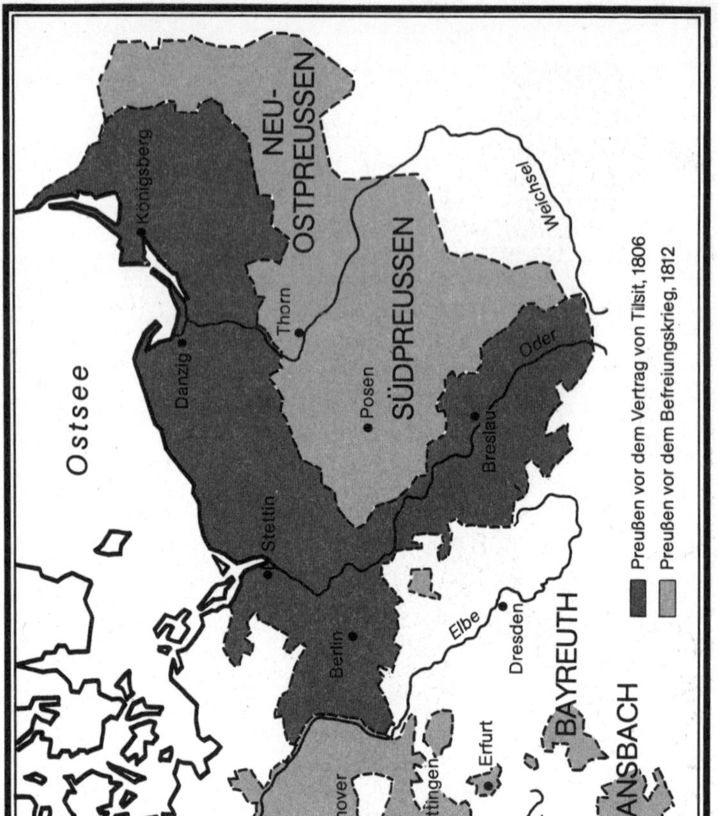

KARTE 5 Preußen 1806–1812

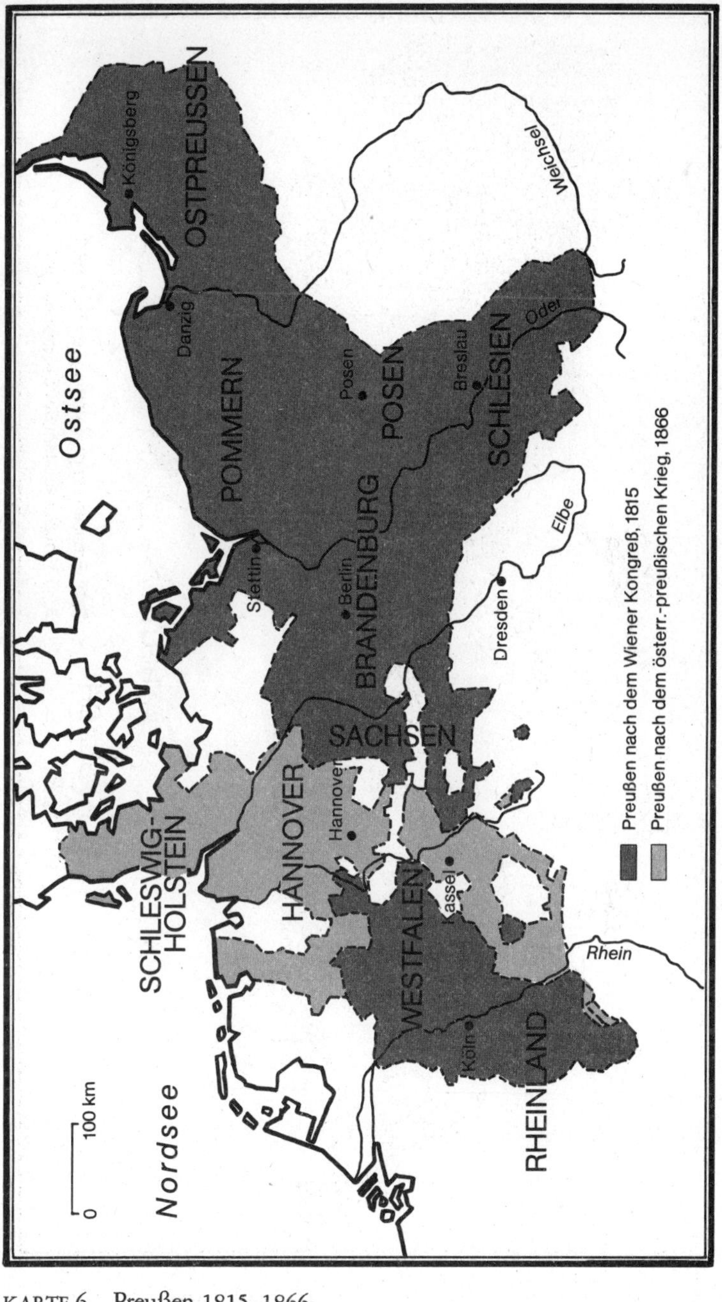

KARTE 6 Preußen 1815–1866

KARTE 7 Preußen und die Einigung Deutschlands 1871

SCHWEDEN
Ostsee
Memel
Königsberg
Danzig
OSTPREUSSEN
WEST
PREUSSEN
POMMERN
Stettin
DENBURG
Berlin
POSEN
Weichsel
Warschau
RUSSISCH
POLEN
Breslau
Dresden
SCHLESIEN
SEN
Teplitz
Sadowa
BÖHMEN
Königgrätz
Prag
Elbe
Troppau
GALIZIEN
MÄHREN
Olmütz
Nikolsburg
ÖSTERREICH
Wien
Preßburg
UNGARN
lzburg
Donau
Buda
Pest
0
100 km

Namen- und Sachregister